Erich Rothacker (Hg.)

Briefwechsel

zwischen Wilhelm Dilthey und dem Grafen Paul Yorck von Wartenburg

1877 – 1897

Rothacker, Erich (Hg.)

**Briefwechsel zwischen Wilhelm Dilthey
und dem Grafen Paul Yorck von Wartenburg 1877 – 1897**

ISBN: 978-3-86741-646-7
Auflage: 1
Erscheinungsjahr: 2011
Erscheinungsort: Bremen, Deutschland

© Europäischer Hochschulverlag GmbH & Co KG, Fahrenheitstr. 1, 28359 Bremen

www.eh-verlag.de

Bei diesem Titel handelt es sich um den Nachdruck eines historischen, lange vergriffenen Buches aus dem Jahre 1923. Da elektronische Druckvorlagen für diese Titel nicht existieren, musste auf alte Vorlagen zurückgegriffen werden. Hieraus zwangsläufig resultierende Qualitätsverluste bitten wir zu entschuldigen.

Briefwechsel zwischen Wilhelm Dilthey und dem Grafen Paul Yorck v. Wartenburg 1877—1897

Halle (Saale) // Verlag Max Niemeyer // 1923

1] Graf Yorck an Dilthey.

Kl. Oels den 23. Nov. 1877.

Da ich, mein verehrter Freund, in den nächsten Tagen nicht nach der Stadt komme, so will ich Ihnen in einigen Zeilen sagen, was Ihnen auszusprechen mir wie Bedürfniß so Freude ist.

Ihre Abhandlung über die dichterische Einbildungskraft war mir in ihren Grundzügen, theilweise auch in der Ausführung bekannt. Die Lektüre der vollendeten Arbeit in dem meinem Denken entsprechenden langsamen Tempo hat mir einen neuen und ungleich größeren Genuß gewährt. Ich wünschte an Ihrer Arbeit nichts anders als es ist. Auch wo, wie bei dem Passus über Wolfram und Gottfried, der Zusammenhang des Einzelnen mit dem Ganzen kein nothwendiger zu sein scheint, ist mit so feinem, sinnigem Verständniß die Seele der Erscheinung berührt, daß der scheinbare Überfluß nichts als Gewinn ist. Überdem ist das Problem weit und in seiner ganzen Complexität — allein richtig — gefaßt, — so bleibt nur eine Unverhältnißmäßigkeit übrig, die zwischen Veranlassung und Leistung. Das Beste an dem Grimmschen Buche ist Ihre Arbeit hervorgerufen zu haben. — Ihre Arbeit ist mir werth durch das, was ausgesprochen ist, nicht minder aber durch das, was zwischen den Zeilen steht, durch die vorurtheilsfreie Methode, die dem Vorwurfe selbst entnommen, nicht von Außen herangebracht ist, wie durch das Ergebniß. Wichtiger vielleicht ist die Durchführung ersterer innerhalb eines Gebietes der Geisteswissenschaft. Allein die Besorgniß könnte wach werden, daß der Vortrag ein zu esoterischer sei, um wie wünschenswerth, ja nothwendig, zu zünden. Jener Charakter aber entspricht dem Wesen der Leistung. Vornehmes trägt vornehm Gewand und die Perlen taugen nicht als Mastfutter.

Die ruhige Entschiedenheit, mit der Sie allen Hypothesenkram zur Seite schieben, das sittliche Verhalten dem Probleme gegenüber, die Grazie, mit der ohne jegliche Verletzung der Person durch positive

1

Leiſtung Kritik geübt wird, ſind gleich erfreulich und nachahmens=
werth. Ich habe ſeit langer Zeit nichts geleſen, in dem die Perſon
des Schriftſtellers, die gegenwärtig ſich ſtets in den Vordergrund zu
ſtellen pflegt, ſo ganz aufginge in der Sache.

Wenn Sie von Goethe mit Recht ſagen, in ſelbſtloſer Be=
trachtung ſei er gleichſam ganz Auge geweſen, wenn Sie ſolche
Stimmung ruhiger Klarheit preiſen, ſo darf ausgeſprochen werden,
daß aus gleichem Verhalten, aus gleicher Stimmung Ihre Arbeit
hervorgegangen iſt. Hier iſt beſſer als es Ranke in ſeinen großen
Arbeiten gelungen, deſſen Objektivität mehr oder weniger Hegelſcher
Art iſt, das Selbſt ausgelöſcht und die Sache zum Reden gebracht
worden, zugleich aber das Selbſt in höchſtem Grade lebendig ge=
weſen, indem es die Sache erlebte. Kurzum die Arbeit iſt nicht nur
ihrem Gegenſtande nach ſondern an ſich poetiſch, obſchon der Gang
der Unterſuchung ſtreng analytiſch iſt, in wiſſenſchaftlicher Hinſicht
ihr größter Vorzug. Hier iſt ein Beiſpiel ſtreng analytiſcher Methode,
an dem die Naturwiſſenſchaftler ein Vorbild nehmen mögen. Die
Syntheſis aber iſt auch hier wie überall das Erſte, nur daß ſie die
Zuſammenfaſſung und =Schauung der Sache ſelbſt iſt, kein Theil
ſondern die ſachgemäße Vorausſetzung der analytiſchen Unterſuchung,
während ſie in unſerer geſammten Naturwiſſenſchaft, in ſo fern ſie
nicht in die Grenzen der Mathematik gehört, als außer der Sache
liegende und deshalb willkürliche Hypotheſe auftritt, welche als Theil
der folgenden Zerlegung die Analyſis zur Unwahrheit macht. Hier
iſt ein thatſächlicher Proteſt der Empirie gegen den Empirismus.

Vorſtehendes in Eile als Ausdruck meiner Freude. Ein
Mehreres mündlich zu guter Stunde.

Haben Sie C. Frantz jüngſtes Produkt angeſehen? Er gehört
in die Kategorie: Julian Schmidt. Gute allgemeine Einfälle, die
über den Köpfen der Allgemeinheit ſind aber wie Wolken oben
bleiben, ohne ſich zu Regentropfen zu kondenſiren und befruchtend
mit der Erde in Rapport treten zu können. Damit zuſammenhängend
Form und geiſtiger Aufwand der Arbeit nicht wiſſenſchaftlich ſondern
publiziſtiſch. Keine guten Ausſichten für Schelling.

Vorgeſtern war hier großes Morden. Mehr als 300 Faſanen=
hähne erlagen grauſamer Geſchicklichkeit. Zwei derſelben folgen
anbei mit beſten Grüßen von Haus zu Haus.

Ihr

treuergebener

P. Yorck.

2

2] Dilthey an Graf Yorck.

Breslau d. 28. Jan. früh [1878].

Hier, verehrtester Graf, kommt als Ersatz für das Unglücksheft die neueste Berliner Philosophie, an Ort und Stelle, unter wohl= thätigem Einfluß des Genius loci als Morgenlektüre zu genießen. Es war mir sehr bedrückend, daß ich versäumt hatte — Ihnen zu sagen, wie jeden achten Tag ein in der Wissenschaft ergrautes Haupt auf seinen Zeitschriften=Antheil wartet und wie mit alten Herren, die ein Leben lang Citate gesammelt, in Bezug auf Gedrucktes nicht zu spaßen ist.

Ich zweifle freilich, ob Sie, auf der Hochflut des Berliner Lebens dahintreibend, Ihre philosophische Muße sich erhalten. Wir haben sie Gott sei Dank und machen davon einen theils angenehmen theils mühsamen Gebrauch. Durchackern vier Quartbände fragmenta historicorum graecorum nach einigen Körnchen politischer Philo= sophie der Alten und fangen das ein und andre Capitelchen des Schleiermacher an. Ihering ist ja, nach dem was man hört, in die Mördergrube des deutschen Darwinismus gefallen. Aus Egoismus Gesetze, aus Anpassung derselben an die gesellschaftlichen Bedürfnisse ihre Entwicklung, aus diesen thatsächlichen Gesetzen das Rechtsgefühl: wenn das wirklich der darwinistisch=naturrechtliche Kern der schönen dicken Hülse ist, so ist wieder einmal ein schöner Verstand todt ge= schlagen.

Meine Frau sah gestern Ihre Kinder, wie sie wohl und frisch von einer Spaßierfahrt zurückkehrten. Meine Wenigkeit entbehrt Sie alle Tage und freut sich, wenn Sie, beladen mit dem ‚Neuesten aus dem Reich des Witzes und guten Geschmacks‘ hier anlangen werden.

Brentano war vor ein paar Tagen bei mir mit der Mittheilung, daß ihm Schmoller geschrieben, sein Schwager, der jüngere Preller, sei nicht abgeneigt als Maler hierherzukommen. Er sprach davon daß Sie vielleicht in Berlin Herrn Berg sähen und das Gespräch zu dieser Mittheilung Gelegenheit gäbe. Ich sagte ihm, daß ich nicht wisse ob Sie gerade jetzt nochmals Herrn Berg in Berlin begegnen würden, daß ich es Ihnen jedoch mittheilen würde. Was ich hiermit pflichtschuldigst thue.

Mit der Bitte uns Ihrer Frau Gemahlin angelegentlichst zu empfehlen

der Ihrige
Dilthey.

3] Dilthey an Graf Yorck.

Mit lebhafter Theilnahme, lieber Graf, habe ich aus Ihrem Brief den Verlust ersehen, den Sie gehabt und die Folgen, welche für Ihre nächste Existenz daraus resultiren. Möge die Lernzeit für Sie kurz sein; denn daß der Staat (außer den Ansprüchen welche die sanctissima philosophia an Sie macht) Sie einmal nöthig haben wird, sehen Sie wol aus dem was heute vorgeht. Daher bedaure ich auch auf das lebhafteste daß Sie Ihre verwaltungs= gerichtliche Thätigkeit abbrechen müssen, da regelrechte Folge in Allem Begonnenen (hier greife ich anklagend in meinen Busen) so nothwendig ist. Es gilt jetzt ‚arma virumque' zu bereiten für den Tag, an welchem die Unfruchtbarkeit der ganzen gegenwärtigen inneren Politik klar wird.

Ich glaube übrigens — in Bezug auf Ihre Zeilen gesagt! — daß die Regierung nicht planlos handelt. Sie will den National= liberalismus zugleich mit compromittiren und Zwei Fliegen mit einer Klappe schlagen. Sie arbeitet aber mit so ungenügenden Kräften und Kenntnissen daß die Bismarck'schen Instinkte und Blicke alle kein brauchbares Verwaltungsverfahren werden können.

Freuen uns sehr darauf, Sie wenigstens einen Tag hier zu sehen und bitten sich ja vorher durch eine Karte zu annonciren, dann hole ich Sie auf dem Bahnhof ab. Und zählen die Tage, bis wir mit Ihrer verehrten Frau Gemahlin und Ihnen das Leben der Phäaken führen. Denn mir ist wirklich immer noch zu Muthe wie einem von Wind und Wellen umhergejagten alten Seefahrer.

Am Freitag vor dem Feste ist noch Prüfungscommission und wahrscheinlich auch Vorlesung, sodaß wir wol erst Sonnabend den 8ten, den Tag vor dem Feste reisefertig sein werden. Dann fahren wir in die Pfingstmaien hinein.

Scholz zurückgekehrt, noch nicht gesehen. Weingarten auf der Synode, als ‚Wilder', wo er heute wieder eine Rede halten soll. In die Generalsynode soll aber nach ausgegebener Parole niemand kommen, der nicht Mitglied der Mittelpartei oder Rechten. Auch Berg soll wieder hier sein.

4] Dilthey an Graf Yorck.

Hôtel de l'Aigle Noir Grindelwald
[August 1878].

Lieber Graf, also der gute Ebstein hat, nachdem er mich essend gehend 2c. anderthalb Tage beobachtet, auch auscultirt und percutirt, seine Meinung (meinem Bruder gegenüber) dahin zusammen gefaßt, ich sei kerngesund und es sei einerlei wo ich faullenze. Nämlich auf dies letztere legte er denn doch großes Gewicht und hat mir auf zwei Monate alles Philosophiren auf das strengste verboten. An= fänglich glaubte ich, es würde mir unglaubliche Qualen kosten dies Verbot zu halten, und auf der Veranda meines Bruders, während wir auf das durch die Bibliothek, Lotze und Jhering gegenwärtig noch berühmte Universitätsdorf herunter blickten, lief in unsrem Gespräch noch einiges Verbotene mit unter. Seitdem aber, zumal seitdem wir uns nun hier niedergelassen und Bädeker und die Rechnungen uns also keine Kopfschmerzen mehr machen, ist mir wenigstens wissentlich nichts Verbotenes mehr passirt, und es wird nicht leicht sein, nach Verlauf der zwei Monate, noch das eine und andre von der verbotnen Waare in den Winkeln meines Gehirns zusammenzulesen.

Die Natur redet hier allein, in Sonnenschein und Wolken= massen, und wir lassen uns von Niemandem stören, während wir wandernd und ruhend zu ihr aufblicken. Hebler that uns zwei Tage recht wohl, jede andere Berührung mit Menschen that uns übel. Welche Reisegenossen wären Sie und Ihre verehrte Frau Gemahlin uns gewesen, und wie manches Mal haben wir Sie schon lebhaft an irgend eine Stelle gewünscht — sehr sicher natürlich, daß Sie auch da den Beweis liefern würden auf der norddeutschen Ebene sei es schöner.

Wir gedenken nun hier so lange als möglich auf der milden Höhe zu bleiben, da der kleine Hammer in Bibrich auch ohne uns verwöhnt wird. Dann geht es mit dem Rhein hinunter nach Bibrich und ich fahre fort zu hoffen, daß wir uns dort begegnen; Sie können dann erleben, wie langweilig ein Philosoph ist, dem das Denken verboten ist und der wirklich zu denken aufgehört hat.

Mein Bruder ist nach S. Moritz geschickt und will dann wo möglich noch, etwa am Thuner oder Genfer See zu uns stoßen; mein Schwager Usener ist mit meiner Schwester nach Ostende ge= gangen; Erdmannsdörffer schreibt daß er zu uns stoßen würde und ich will hoffen daß bei dem Hin und Herreisen unsrer Briefe keine Confusion entstanden ist und wir ihn wirklich einmal wiedersehen.

Und nun lassen Sie einmal ein Wort hierher (Grindelwald, Adler) gelangen, das uns versichert daß es Ihnen allesammt gut geht und mir einen Begriff giebt, womit Sie beschäftigt sind: es verlangt mich so sehr danach. Und lassen Sie es sich gut gehen und empfehlen allen Ihrigen den Ihnen allezeit gleich ergebenen

W. Dilthey.

5] Graf Yorck an Dilthey.

Kl. Oels den 4. 9. 78.

Erst heute, mein verehrter Freund, komme ich dazu Ihren Brief zu beantworten, zunächst mit dem Ausdrucke der Freude darüber, daß es Ihnen gut geht. Denn eine Zeit lang und nach meiner Empfindung eine lange Zeit lag ich, unfreiwillig, in den Banden der Hühnerjagd. Bekannte hatten sich zu dieser Herbstunterhaltung angesagt und nöthigte mich die Höflichkeit des Wirthes den täglichen Begleiter auf den Jagdzügen abzugeben. Was von Verstand bei derartigem Treiben nicht verknallt wird, wird todtgelaufen. Nun bin ich wieder Selbstherr und in Benutzung des Tages ungehindert. Nachdem vor Kurzem die einzige männliche Seele in Gestalt des Graraurs Otto aus Berlin uns verlassen, bin ich in einem zahlreichen Damenkreise der einzige Vertreter des schwachen Geschlechts. Im Laufe der kommenden Woche trifft mein Schleibitzer Bruder mit seiner Familie ein. Demnächst werden mein jüngster Schwager und mein Vetter nebst Frau erwartet. Von Erne keinerlei Nachricht. Durch Andere drang die Kunde von einem neuen Trauerspiele hierher. Bei solcher Schnellgeburt ist zu besorgen daß es in aesthetischer Beziehung ein Trauerspiel sei. Ich habe den Unermüdlichen auffordern lassen uns Nachricht zu geben über die Chancen der Frankfurter Aufführung, deren rechtzeitiges Statthaben die Rheinreise herbeiführen würde und somit ein Wiedersehen in Ihrer Heimath. Ein mir erfreulicher Gedanke. Denn trotz vielen Besuches war ich nicht in der Lage der Mittheilung, die Ihnen vorgeschriebene Enthaltsamkeit aber würde peripatetischem Philosophiren nicht im Wege stehen. Denn die Unbehaglichkeit Ihres Zustandes war durch andauerndes Sitzen hervorgerufen, nicht unmittelbar durch angestrengtes Denken. Wie ich denn daran nicht glaube, daß das Gehirn durch Denk-

6

arbeit als solche lahm werden könne, vielmehr nur durch die durch begleitende Umstände hervorgerufenen Stockungen. Die Vorschrift das Denken zu unterlassen ist um nichts leichter zu erfüllen als die bei geöffnetem Auge nicht zu sehen. So bin ich denn überzeugt, daß die Ruhe, die Sie Sich gönnen und deren Sie bedurften, die Ruhe, welche in Bewegung besteht, mancherlei Gedankenkeime gezeitigt hat. Bei dem Mangel an Ungestörtheit ist, was an Gedanken mir geworden, flüchtig hin und hergezogen, wie die Schwalben durch die Luft. Ich bin dabei sie einzufangen, um sie Ihrer Lupe zu unterstellen während nächster winterlicher Gemeinschaft. Unter Anderem glaube ich erkannt zu haben, daß der Satz von Grund und Folge neben dem der Identität keinen Anspruch auf Selbstständigkeit machen kann. Er ist vielmehr nur eine Applikation dieses Satzes, dieser grundlegenden Erkenntnißform in ihrer Anwendung auf verschiedene Phaenomene. Alle Erkenntniß ist im Grunde Gleichsetzung innerhalb der Phaenomenalität. Einmal wird ein Phaenomen fixirt durch Gleichsetzung mit sich selbst, ein anderes Mal werden zwei oder mehr Phaenomene zur Gleichung gebracht, indem ihre Identität in Form der Voraussetzung ausgesagt wird. Ein Beispiel: Wenn ich sage: weil es regnet, wird es naß, so stelle ich die beiden verschiedenen Erscheinungen in den Rapport der Identität, nur daß das Identische in der Stellung eines regulativen Faktors bleibt. Es aus der Stellung der Voraussetzung in die des Satzes zu erheben, zu fördern, ist nun die Aufgabe aller Naturwissenschaft und ihr Monistischer Trieb hierin begründet. So strebt z. B. die Chemie nach Darstellung des identischen Objekts verschiedener Erscheinungen, welche demnächst aus seiner Analyse sich wieder zu ergeben haben. Die Verschiedenheit des Satzes von Grund und Folge — nicht von Ursache und Wirkung — von dem der Identität liegt, um dies zu wiederholen, nicht in der Verschiedenheit der Erkenntnißform, sondern ausschließlich in der des Erkenntnißsubstrats. Das Urtheil ist daher hier wie dort wie immer analytischer Natur, das synthetische Moment liegt in dem Wahrnehmungsakte und zwar in beiden Fällen, nur deutlicher in dem Falle der identischen Verbindung zweier Erscheinungen. In dem einen Falle negirt das Urtheil nur die Verschiedenheit der Zeit, in dem anderen auch die Verschiedenheit des Raums und der Empfindung. Leitet man nun die Erkenntnißform der Gleichsetzung von dem unmittelbaren materialen Bewußtsein der individuellen Selbigkeit ab, so erscheint der Erkenntnißprozeß als Projection des unmittelbaren Bewußtseins, alles Erkennen als partielles Anthropomorphifiren, das Bewußtfein der Schlüffel für die Welt und das Schloß zugleich. Hieraus ergiebt fich auch die mindere Dignität des Erkennens, welches an einen gegebenen Bewußtfeinsbefund gebunden ift, nichts anderes thut als ihn analogifch anzuwenden, fo wie der nonsens eines Begreifens der Freiheit, gleichfam eines Verfuchs fließendes Waffer feftzunageln. Die pfychologifchen, paedagogifchen, politifchen, theologifchen Confequenzen find zu umfaffend, um darauf einzugehen.

Von Lektüre nenne ich Claafen, Preger, Mill, Schleiermachers Pfychologie, in der ich noch drinn ftecke. Seien Sie nicht böfe, auch in diefer Schleiermacherifchen Arbeit finde ich nichts als das alte bekannte kurze Fleifch mit der gewohnten langen Sauce fervirt. Über Mill: ‚über die Freiheit' ift mein Urtheil weit weniger günftig als das Ihrige. Er dokumentirt fich als Vertreter einer endlich im Abfterben begriffenen Staatsauffaffung. Auch ihm ift der Staat nichts als eine Rechtsanftalt, die Gefellfchaft eine Maffe von Atomen. Der Standpunkt der Betrachtung ein rein abftrakter. Als Staatsbürger fetzt er felbftftändige, urtheilsfähige Menfchen voraus und kommt natürlich bei folcher Vorausfetzung zu praktifch unmöglichen und verderblichen Confequenzen. Er vergißt daß Ethifches anerzogen und nicht bewiefen wird, die Confequenz der falfchen Stellung, welche er dem Intellekt giebt. Ich finde hier wie bei den kleinen Schriften von Hume eine oberflächliche Lucidität. Politiker ift er nun gar nicht, da Politik nicht in Durchführung eines Prinzips fondern in richtiger Binkulirung verfchiedener Prinzipien und Intereffen befteht. Formale Politik wefentlich = Mittellehre. — Doch genug von All dem. In den nächften Tagen wird nun die unfehlbare Nation aus unfehlbaren Mündern reden, das gallertartige Gerinnfel des f. g. gefunden Menfchenverftandes vor der Aufgabe der Löfung komplizirtefter Probleme. Möge die Regierung fich gegenwärtig halten, daß Sozialismus und Judaismus (Plutokratie) zwei Seiten derfelben Sache find. Viel Phrafe muß aus der Welt gefchafft werden, die wie Nebel die Wirklichkeit verbirgt.

6] Dilthey an Graf Yorck.

Interlaken den 20. Sept. 78.

Herzlichen Dank, lieber Graf, für Ihre Mittheilungen, die uns fehr lebendig nach dem fchönen Klein=Oels verfetzt haben. Sie find alfo jetzt in Klein=Oels im Dienfte eines großen Kreifes von Damen und behaupten wahrscheinlich nur mühsam durch den Schrecken Ihrer Paradoxen einige Selbständigkeit. Philosophie und Wahrheit (eigentlich dasselbe) sind eben überall im Zustande der Unterdrückung. — Wir hier haben inzwischen droben in Grindelwald ein recht lustiges Leben geführt. Was man irgend Gedanken nennen kann, ließen wir unten im deutschen Tiefland; das Nöthigste von Verstand hatten wir in unsren besten Momenten in den Augen, gewöhnlich in den Beinen. Ich behandle mich also nach beiden Methoden, nach der Ihrigen, welche vom Prinzip der Bewegung (nämlich der Beine) ausgeht, und nach der meines Leibarztes Ebstein (der übrigens heute hier anlangt und mich einer Besichtigung unterwerfen wird), die vom Prinzip der Ruhe (des Gehirns nämlich) ausgeht. Beide Systeme haben leider noch nicht die volle gewünschte Wirkung bei mir gehabt. Mit dem Philosophiren hat es also noch einige Weile. Ich habe über den Gegenstand Ihres Briefes das Eine und Andre gedacht: doch ist es zu unreif, es schriftlich zu äußern. Desto lebhafter soll im Winter philosophirt werden, und Sie erwerben sich ein großes Verdienst dadurch daß Sie zu schreiben, aufzuschreiben angefangen haben. Damit ist hoffentlich Ihre Abneigung gegen das Aufschreiben ein für allemal überwunden und das Eis bei Ihnen gebrochen.

Unsre Schweizerreise geht zu Ende. Ich sitze in Interlaken am Kamin zwischen schwatzenden Engländerinnen, während ich diese Zeilen schreibe; draußen regnet es und ein paar hundert Fuß höher hat es in der Nacht geschneit. Wir sehnen uns heute recht nach Hause. Ich habe seit Tagen große Sehnsucht nach meinem stillen Studirzimmer und meiner Bibliothek ...

Unser nächster Plan ist nun, nach Bibrich zurückzukehren; dort will ich sachte zu arbeiten beginnen. Nichts Besondres, mit Hilfe der vortrefflichen Wiesbadner Bibliothek will ich Memoiren und Briefwechsel der von mir zu behandelnden Zeit lesen und excerpiren. Zwischen dem 15ten und 22ten October reisen wir dann von Bibrich über Berlin, wo ich wenn möglich noch ein paar Akten ansehe, nach Breslau: der nähere Termin wird durch den ersten Termin der Prüfungscommission bestimmt, der noch nicht angesetzt ist. In dieser Zwischenzeit hoffen wir denn sehr stark Sie am Rhein zu sehen und ich freue mich außerordentlich darauf Ihnen beiden meine Heimathgegend zu zeigen.

Das Sozialistengesetz kommt also nach dem ersten heute hierher gelangten Commissionssitzungsbericht offenbar zu Stande. Bismarck

9

merkwürdig: eine sehr richtige und große Gesammtempfindung, welche durchaus ein positives Eintreten der Regierung in eine Reformgesetzgebung fodert, und dabei ganz veraltete Vorstellungen, auch solche die jederzeit unberechtigt waren wie das sonderbare Urtheil über Lassalle. Veraltet besonders die Hoffnung auf Produktivassociationen, die Einschränkung der Frage auf das Verhältniß von Arbeiter und Lohngeber. Eingehüllt von theologischen Phrasen fand sich bei Kleist Retzow manches Gute. Im Übrigen die Debatte so arm wie gewöhnlich an Gedanken.

Von Grimms Befinden gute Nachrichten. Neumann sitzt am Vierwaldstätter See und es geht ihm nicht gut. Mit Erdmannsdörffer habe ich in Grindelwald sehr heitere Tage verlebt. Dort zeigten sich denn auch sonst manche Bekannte, Weinholds kamen uns zu besuchen, ebenso der Philosoph Windelband 2c. Ebenso hatten wir Hebler aus Bern, den Philosophen, nach uns gezogen, eines der prachtvollsten Schweizeroriginale.

Hier, wie gesagt, schlägt der Regen an die Fenster, der Kamin glüht und die Engländerinnen plappern in einer so verdrießlich störenden Weise, daß ich nur diesen Brief schließen will: allerhand fremdartige Worte und Gedanken tanzen, während ich schreibe, auf meinem Papier. Ein Wort von Ihnen, wie es mit Ihren Reiseplänen steht, wie es Ihnen und Ihrer verehrten Frau geht träfe uns nun demnächst in Bibrich unter der Adresse meiner Mutter Frau Kirchenrath Dilthey. Doch ebenso auch unter der meinigen.

7] Dilthey an Graf Yorck.

[Ende November 1878.]

Eben, mein lieber Graf, lese ich, daß der alte vortreffliche Graf Harrach im 84. Lebensjahr gestorben. Da ich vermuthe, daß Sie zu der Abends stattfindenden Einsegnung in die Stadt kommen werden, und ich große Sehnsucht habe Sie zu sehen: setze ich Ihnen gleich den status causae auseinander. Bis 3½ Uhr bin ich bei mir; dann habe ich auf der Universität (es ist der unglückliche Donnerstag) bis 7 Uhr zu thun, wo ich dann gleich wieder zu mir zurückkehre; werde also 7½ wieder zu Hause sein. Am Ende bleiben Sie bis Freitag!

Ich bin, neben den Akten, immer noch damit beschäftigt, festzustellen, was Schleiermacher von der alten Philosophie gewußt hat.

Fühle mich also in der Gesellschaft der Herren Meiners, Fülleborn, Tiedemann recht ausgetrocknet. Bin wie ein Mensch, der auf halbem Weg immer noch das Gefühl hat obs nicht bequemer sei wieder nach Hause zu gehn.

Inzwischen genießen Sie der frühlingswarmen Sonne bei der Jagd und bei nachdenklichen Spaziergängen!

Mittwoch früh.

Gestern das Brahmssche Requiem, welches die Gränzen dieses Genies leider nur zu deutlich machte. Er zersplittert sich in der Tonmalerei (ausgenommen wo er die Schrecken des Todes und die Nichtigkeit des Lebens so mächtig als wahr darstellt), die einzelne Säße characteristisch ausdrücken soll, der Glaube kommt dabei gar nicht zum Ausdruck. Natürlich muß man ihn haben, wenn man ihn musikalisch lebendig machen will. So geht die ganze Musik von außen nach innen. — Der Prinz von Homburg vorgestern, wo der nixenhafte Fischschwanz der Romantik nicht sichtbar, außerordentlich!

8] Dilthey an Graf Yorck.

[Mai 1879.] Dienstag Mittag.

Lieber Graf, das Bild von Makart soll von jetzt ab noch etwa drei Wochen hier bleiben; Sie haben also die Wahl in Bezug auf die Zeit Ihres Herkommens. Kommen Sie in der nächsten Zeit nicht, so bin ich wahrhaftig im Stande bei diesem strahlenden Wetter am nächsten Sonnabend oder Sonntag Sie drüben zu besuchen und dort über die Axiome der Mathematik nachzudenken, anstatt hier mit Vorlesungen, die ich verwünsche, und Plato, den ich noch mehr verwünsche, meine Zeit zu verderben, während in Eß und Schlaf=zimmer gehämmert wird.

Säßen Sie nicht in Kleinöls, so würden Sie die Poesie meines jetzigen Zimmers sicher bewundern.

Arrivirt eben eine Abhandlung die mir Sigwart schickt und die als Universitätsschrift Ihnen sonst vielleicht nicht in die Hand käme. Ich schicke sie Ihnen also mit.

Breslauer Neuigkeiten wüßte ich keine. Doch ja, gestern be=gegnete mir Berg — Böcklin kann sich nicht entschließen Italien zu verlassen und von seinen paradiesischen Zimmern nicht mehr in das Thal des Arno hinabzublicken. Ein wenig hofft Berg noch auf neue Geldnoth. — Bei Lichtenberg nichts, als ein neuer Oswald Achenbach, italienische Landschaft. — An der Universität erhebliches Sinken der Juristen; wir aber halten uns aufrecht.

9] Graf Yorck an Dilthey.

Kl. Oels 7. 5. 79.

Besten Dank, mein verehrter Freund, für die heute erhaltenen Zeilen und Sigwartsche Beilage. In letztere habe ich nur erst hereingesehen und kann somit noch nichts Weiteres sagen als: warum erst immer eine Weile um die Sachen herumgehen, ehe man ihnen zu Leibe geht? Ein Verfahren welches Abhandlungen länger, nicht aber gewichtiger macht. Die Frisur der Gedanken hält zu lange auf.

Nachdem einige Eiskontinente in Form von kalten Wasser= dünsten über uns hinweggezogen, emanzipirte sich die Sonne für zwei Tage. Heute war sie schon wieder unsichtbar. Ebenso lange wie der Himmel war mein Gehirn nebulos. Jetzt hoffe ich meine Grippe endlich los zu sein. Sie können sich denken, daß Gedanken während der Zeit fern standen. Es blieb beim Anbeißen und Kauen, zum Verdauen waren die geistigen Kräfte zu schwach. Ihr Einwand ist berücksichtigt und — ich denke — überwunden. Aber bei solcher schriftlichen Confession, wie die mit der ich beschäftigt bin, ergeht es einem wie dem Touristen. Auf dem Wege der Darstellung und Lösung eines Problems, welches zum Niederschreiben nöthigte, stößt man auf — wenigstens in ihren Dimensionen — nicht vorher= gesehene Hindernisse und ist eine Höhe überwunden, so steht eine neue, steilere, vor Augen. Das ist mir klar: auch das voreilig Ihnen Vorgelesene muß an manchen Stellen umgearbeitet werden. So werde ich zu Pfingsten mich auf die Rolle des Zuhörers beschränken. Ich erfahre täglich, daß ein Forciren zu nichts führt.

Ist das Wetter nicht gar zu winterlich, so beabsichtige ich am Freitage um drei Uhr in Breslau einzutreffen. Ich komme vom Bahnhofe zu Ihnen. Gegessen habe ich dann hier; so wird Ihre Tageseintheilung nicht gestört.

Den Vormittag reservire ich, wie Sie wissen, wenn irgend thunlich meinem Zimmer. Der nächstfrühere Zug aber verläßt Ohlau schon um halb zehn Uhr. Hoffentlich überrede ich Sie dann, am Sonnabend herauszukommen. — Die optische Voreingenommenheit Boecklins thut mir sehr leid. Er wäre ein bleibender Gewinn für

Schlesisches Kunstleben gewesen, auch wenn er nicht länger als einige Jahre in Breslau ausgehalten hätte. Was sagen Sie zu der gewaltigen agitatorischen Rede Bismarcks? Neptunische Kräfte, die so alle Wogen aufrühren! Sein Ideal einer Befreiung des gesammten Volks mit Ausnahme weniger von direkten Steuern bei Conservirung dieses Steuermodus ist sehr bedenklich. Ohne Steuer und Militärpflicht keine Möglichkeit einer Verstaatlichung der Massen. Schon die Camphausenschen Steuerbefreiungen, die Hobrecht ausdehnen will, halte ich für schädlich. Hobrecht übrigens hat sehr gut und klug gesprochen. Nur fehlt der Klugheit die Kraft der Leidenschaft. Rein demagogisch und absolut sachlos Richter. Und Bennigsen wiederum hohl wie ein ausgeblasenes Ei. — Im Resultate wird die Sache gut werden im Ganzen und Großen.

Doch nun gute Nacht — denn es ist spät geworden — und hoffentlich auf frohes Wiedersehen!

10] **Graf Yorck an Dilthey.**

Kl. Oels 8. X. 79.

Mein verehrter Freund.

Wohin soll ich diese Zeilen des Dankes für Ihren liebenswürdigen Brief vom 3. d. Mts senden? Heringsdorf haben Sie verlassen. Ihre Berliner Adresse aber ist mir unbekannt. So schicke ich sie nach Breslau, von wo sie den Weg zu Ihnen finden oder wo sie den Heimgekehrten begrüßen mögen. — Seit einigen Wochen sind wir nun alle wieder zusammen hier in Oels. Während Sie eine Meeresidylle genossen, habe ich den brutalen Charakter der öden Salzwassermasse ertragen. Aber nicht länger als vierzehn Tage. Fünftägiger Regen, von Sturm begleitet, ließ den Wunsch nicht länger auf Borkum-Patmos zu weilen zur That reifen. Die Jagdpassion war überdem nach Erlegung zweier Seehunde befriedigt. Bis zur Ermattung hatte ich bei langdauernder starker Bewegung in der zehrenden Seeluft mich einer Art von Hungerkur ausgesetzt, durch gesteigerte Intensität die mangelhafte Extension der Kur ersetzend, ein Verfahren, welches sich auf das Beste bewährt hat. Denn um dreizehn Pfund leichter und wesentlich erfrischt kehrte ich in den ersten Tagen des Septembers hierher zurück. Hier nun haben wir einen köstlichen Herbstmonat verlebt. Wie es am Meere eine Freude ist zu athmen, so war es [hier] ein Genuß zu sehen. Hierzu bot die tägliche Jagd auf Rebhuhn und demnächst auf Schnepfe ausgiebige Gelegenheit. Daß bei solchem Treiben alles Studium geruht hat, ist verständlich. Seit unserer Trennung habe ich gar nichts gearbeitet. In Borkum laß ich Buckle, im Ganzen genommen ein todtes Buch. Hier habe ich in den II. Band der Geschichte Frankreichs von Hillebrand hineingesehen. H. ist ein Feuilletonist, aber kein Historiker. Geistige und äußere Thatsachen werden von ihm zu Hauf getragen und nach einander vorgewiesen, indem Phrasen die Verbindungsglieder abgeben. Die Struktur der Zeitpsyche erkennt er nicht. Es fehlt eben an Philosophie. Ernster zu nehmen ist J. St. Mill, in dessen Logik ich im Hinblick auf die eigene Schreiberei hineingelesen habe. Bis jetzt habe ich viel Gutes, aber nicht eigentlich viel Neues gefunden. Überdem die bekannte, bei Hume am Glänzendsten auftretende nationale scharfsinnige Oberflächlichkeit. Die Engländer lassen, wenn sie philosophiren, ihren moralischen Menschen außer dem Spiele. So bleiben sie — und der Gesammtgeist der Nation — bei allem scepticismus stets im Gleichgewicht, im Gegensatze zu den Franzosen, zugleich aber entbehren sie aller mystischen Tiefe. Die schlichten, dürftigen Deisten.

Wie ich, werden auch Sie mit erneuter Bewunderung Bismarcks Thun während der letzten Monate verfolgt haben. In der That, die diesjährige diplomatische Campagne ist kaum weniger bewunderungswürdig, als die des Frühjahrs 1866. Der Mann hat eine Art providenziellen Verstandes und immer den höchsten Atout in der Hand. Die Situation sah recht drohend aus. Die chronische Wetterwolke im Westen und eine rasch heraufziehende im Osten, deren Vereinigung über Deutschland England trotz gegentheiliger späterer Äußerungen gewiß kein Hinderniß bereitet haben würde. Da zieht Bismarck in positiver, erfinderischer Weise die Consequenzen seines Verhaltens im Jahre 1866 und 1878, und für Zeit wenigstens ist der politische Himmel wieder klar. Oestreich erkennt, daß der europäische Staatsmann es nicht nur nach Osten verwiesen, sondern ihm auch den Weg dahin, speziell nach Saloniki, geebnet hat. Ich habe, von der wärmeren Empfindung des Patriotismus und der Verehrung abgesehen, an dem stillen, gewaltigen Drama der letzten Wochen meine hohe aesthetische Freude gehabt. In den Händen dieses größten Mannes unseres Jahrhunderts ist auch die deutsch-römische Frage gut aufgehoben. Ich bin überzeugt, daß die Abwickelung eine günstige sein wird. Ob der definitiv daraus resultirende Zustand ein normaler sein wird, hängt wesentlich von der

Haltung der evangelischen Kirche ab. Hier beginnen meine Befürchtungen. Es kostet mir Überwindung das Treiben all der Kirchenräthe und Unräthe auch nur ins Auge zu fassen. Behörden, Vertretungen, Worte, Phrasen, Streberei, im Vordergrunde. Dahinter aber nichts, wenigstens gewiß nicht die christliche Selbstverleugnung. Kirche ist zu dem caput mortuum eines Begriffs geworden.

Über Falks Stellung sind wir wohl etwas verschiedener Ansicht. Nicht daß ich meinte, Falk solle mit seiner Ministerstellung die Vertheidigung seines Prinzips aufgeben. Aber nicht in der Weise darf er auftreten, wie er es durch Veröffentlichung seines Briefes an die Redaktion der Revue gethan. Sie wissen, wie ich über Falk denke. Stelle ich ihn geistig auch nicht sehr hoch, so halte ich ihn doch für einen Mann aus anderem Holze als seinen Nachfolger. Eines aber hat Puttkamer was Falk abgeht, Takt. Und so kann es geschehen, daß der weniger konkrete über die bedeutendere Natur den Sieg davonträgt. Auf alle Fälle Adieu Schulgesetz!

11] **Graf Yorck an Dilthey.**

Kl. Oels 1. XI. 79.

Mein verehrter Freund.

Vielleicht interessirt Sie nachstehende Notiz:

„Eine glänzende nur nicht sonderlich bekannt gewordene Rechtfertigung ist dem Hyperius als Theologen in der jüngsten Vergangenheit zu Theil geworden. Seinen Schriften hat Schleiermacher die Hauptsache von demjenigen entlehnt, was er in der ‚kurzen Darstellung des theologischen Studiums‘ entwickelt hat. Sein Eigenthum ist namentlich der berühmt gewordene Ausspruch, daß die praktische Theologie die Krone des theologischen Studiums sei.“

pag. 140 Steinmeyer, Begriff des Kirchenregiments.

Ob der Ausdruck ‚entlehnt‘ nicht zu viel besagt? In Anbetracht der Geschlossenheit des Schleiermacherischen Denkens ist der Zusammenhang wohl eher ein historischer als ein kausaler.

Auch diese Schrift Steinmeyers von gelehrter Vornehmheit, ohne faßbares Resultat und aller Aktualität ermangelnd. Seine Worte reichen nicht weiter als bis an die vier Wände des Studirzimmers. Die Erkenntniß des mystisch tiefen lutherischen Individualismus, seiner überragenden christlich=religiösen Kraft gegenüber der rationalistischen Allgemeinheit der Reformirten, sein Bewußtsein von der christlichen Gemeinschaft lutherischen Prinzips im Gegensatz zu dem reformirten Gemeindeprinzip, welches nach meiner Meinung im Wesentlichen und darum greifbar in seinen Consequenzen dem Katholizismus verwandt ist, verleiten ihn dazu, Luthers historische Bedingtheit zu verkennen, den Wortlaut der lutherischen Bekenntniß=schriften zu aeternisiren, Luthers, zumal des späteren, Lehre vom Amte, ein Punkt an welchem diese Confession den katholischen Stempel nicht verwischt hat, der Hauptsache aequal anzusehen. Den synodalen Schwindel erkennt und mißachtet er. Was aber empfiehlt er? Die Vergangenheit repristinirend das landesherrliche Kirchen=regiment und die pure Consistorialverfassung!

Guten Morgen!

der Ihrige
P. Y.

12] Dilthey an Graf Yorck.

[Sommer 1880.]

...

Bismarcks Aktion tritt ja durch die Veröffentlichungen und Puttkamers Rede in ein sehr anderes Licht, trotzdem kann ich nur in der Sache Falk Recht geben, wenn auch seine Rede manchmal etwas derber ist als von einem gewesenen Minister zu erwarten war.

13] Dilthey an Graf Yorck.

[Sommer 1880.]

Lieber Graf,

Glück zur Reise. Wenn Sie diese Zeilen bekommen, schwelgen Sie also in den Kunstschätzen von München. Vergessen Sie doch nicht das Bild von Dreber, Sappho, bei Schack und machen sich ja persönlich mit Schack bekannt.

Und wenn Sie wieder hier sind, müssen Sie die Artikel schreiben, doch so daß sie nachher zusammen gedruckt werden können. Ich bedaure auf das lebhafteste daß die Ermüdung der Pairs des Reiches Ihnen unmöglich machte, die Hauptgedanken dort zu ent=wickeln. Vielleicht wirken sie als Zeitungs=Artikel und dann als Broschüre außer dem Zusammenhang mit dem in Frage stehenden Gesetz noch reiner. Das dialektische Spiel des Katholicismus, welches

so alt ist als dieser selbst, scheint sich mir nicht nur auf die Ver=
tauschung von Kirche und religiösen Gefühlen zu beziehen, sondern
auch correlat auf die von Religionsfreiheit im Sinne eines Schutzes
der Religion durch den Staat und Religionsfreiheit im Sinne eines
Nichthinderns der religiösen Handlungen. Die katholische Kirche
behauptet nichts vom Staat zu verlangen; die letzte Consequenz wäre
dann daß dieser mit seiner Rechtsordnung wirklich von ihr zurück=
träte: dann dürfte jeder bei religiösen Handlungen eine Flöte heraus=
holen und musiciren und der Kirche bliebe nur übrig, innerhalb ihrer
Räume das Hausrecht anzurufen. Der Rechtsschutz kann nur unter
der Bedingung der Unterordnung in die Rechtsordnung gewährt
werden. Ich möchte sehen was daraus würde, wenn ein bischöflicher
Sprengel auf denselben verzichten müßte und der Priester den, der
die Flöte in der Kirche bläst oder die Kühe auf den Pfarracker treibt,
herauswerfen müßte.

Die Falksche Gesetzgebung wollte auf dem Weg der Ordnung,
mit Vermeidung aller die Kirche bloßstellenden Vorgänge den Kampf
führen. So wurde sie polizeilich. Stellt man sich auf den Satz
daß Rechtsschutz nur den sich der Rechtsordnung Unterwerfenden zu
Theil wird, dann bereitet man indirekt die Auflösung der Kirche vor,
indem man den Schein der Unantastbarkeit der heiligen Vorgänge
wegnimmt. Nicht der Staat greift dann zu, aber er erlaubt jedem
zuzugreifen. Nicht der Staat unterbricht die heiligen Handlungen,
aber er gestattet das jedem anderen 2c. Doch genug bis zum
Wiedersehen.

... Ich bin fleißig am Schleiermacher ... Reisen Sie vergnügt
und was die Spiele nicht leisten, erwarten Sie von der immer großen
und reinen Natur.

14] Dilthey an Graf Yorck.

1. Sept. 1880. Vulpera bei Tarasp.

Lieber Graf, hier bin ich aus dem Regen in die Traufe ge=
kommen: hatte ich in der letzten Breslauer Zeit wenig Muße, so
habe ich hier gar keine. Ob ich gleich gar nicht bade, sondern nur
Morgens ein paar Gläser trinke, so spielt doch die Bewegung bei
der hiesigen Kur eine so eingreifende und gesunde Rolle, daß der
ganze Tag mit Beschlag belegt ist. Übrigens bekommt mir die Kur
recht gut und ich nähere mich dem Ende derselben.

Wissenschaftliche Gedanken vertragen sich natürlich mit derselben nicht; fliegt einmal ein Einfall durch den Kopf, so lasse ich ihn in der blauen Luft auf Nimmerwiedersehen sich verlieren. Und auch für den Winter meine ich, es sollen ein paar Capitel des Schleiermacher geschrieben und gelegentlich philosophirt werden: vor Allem aber wollen wir uns des schnell dahinfließenden Lebens freuen.

Etwas Politisiren gehört dazu. Das Ding fängt immer krauser zu werden an. Hier waren der Minister Bitter, Herr von Philippsborn, der Oberpräsident Horn aus Preußen, Ministerpräsident Krüger, und so ist mancherlei politisirt worden und ich habe allerlei fragen können bei den Herren, wenn ich auch nicht weiß ob sie aufrichtige Antworten gegeben haben. Das scheint festzustehen, daß die von uns vielbesprochene Rede von Bismarck über die Zukunft des deutschen Reiches mit ihrem Pessimismus ein Ausdruck seiner wirklichen sehr trüben Ideen hierüber gewesen ist. Klammern und Stricke zu finden, die das Reich zusammenhalten in künftigen Stürmen, gleichviel ob sie wohl oder wehe thuen: scheint das Grundmotiv seiner ganzen jetzigen Politik. Mit der Kronprinzessin hat er sich förmlich ausgesöhnt: Damals als der Kronprinz seine schwere Krankheit hatte, ließ derselbe die Kronprinzessin kommen und verwies sie an Bismarck, dem sie sich gänzlich anvertrauen solle. Sein Vertrauen scheint er Niemandem mehr zu schenken: auch Bucher nicht, und keiner der anscheinend Mitregierenden weiß ob er morgen noch irgend etwas zu sagen haben wird. Dies und die Art wie er sie behandelt bestimmt auch Alle ohne Liebe von ihm zu sprechen.

Die neue Parthei erfüllt natürlich mit Unmuth. Die Regierung, soweit sie das Centrum nicht liebt, sieht sich ein Stück Boden unter den Füßen weggezogen. Was mich betrifft so bin ich vor Allem darauf begierig ob nicht die Conservativen mit einer selbst ohne Bismarcks offene Zustimmung geschloßnen Verbindung mit dem Centrum antworten. Alles treibt einer kurzen Verständigung mit diesem und dann einem sehr starken liberalen Vorstoß entgegen.

Was machen denn Ihre Artikel, die fortfahren sehr an der Zeit zu sein? Ich habe von neuem den Eindruck gehabt daß mit einem sehr maßvollen und in keiner Weise übertriebenen Quantum von Intelligenz unser liebes Deutschland, wahrscheinlich die Welt (Deutschland freilich immer von Bismarck abgesehen, in dessen Hand Alles Werkzeug ist) regiert wird. Was ich damit sagen will, wissen Sie längst. Erfindungskraft findet sich in dem Quantum so gut als gar nicht und ist doch gewissermaßen nöthig.

Wir gedenken durch Tyrol und über Wien zurückzureisen. Bis zum 10ten oder 11ten September würde uns in Meran poste restante ein Brief treffen und gar sehr erfreuen. Möchten wir uns dann bald in Breslau froh wiedersehen: die Aussicht auf unsre Gespräche in Kleinöls, wenn Sie fortfahren uns dann noch zu wünschen, bildet den schönen Abschluß unsrer Reise=Freuden.

15] Graf Yorck an Dilthey.

Kl. Oels 9. Mai 1881.

Mit bestem Danke sende ich Ihnen, verehrter Freund, die Druck= bogen der römischen Geschichte Neumanns zurück. Es ist eine Arbeit großen Stils, auf einer ganz anderen Persönlichkeit und Urtheil staatlichen Lebens fußend als Mommsens reale Bodenlosigkeit. Man sieht den Unterschied, den es macht, ob einer vom Privatrecht, einem Abstraktum, oder von selbsterfahrener staatlicher Tätigkeit an die Historie herankommt. Darf ich solcher Arbeit gegenüber einen weitergehenden Wunsch aussprechen, so wäre es der, daß der Ver= fasser neben der ethischen Werthung der Personen und Verhältnisse ebenso eingehend dargestellt hätte, was er mit Recht behauptet und was vor und neben ihm von vielen Seiten behauptet, von keiner im Einzelnen und von Grund aus ausgeführt worden ist, daß und warum und in wie fern der kommunale Rahmen unzureichend war für das Reich. Die Inkongruenz der Aufgaben und Gestaltungen hätte ins Einzelne verfolgt werden sollen. Eine Parallele mit Venedig hätte, meine ich, Licht verbreitet. Weiter vermisse ich noch an einer Stelle unbefangenen Tiefblick. Nicht nur der Immoralität der damaligen römischen Handelsherren wegen schadeten die Handels= den Staats=Interessen. Vielmehr liegt es in der Sache selbst und wäre aufzudecken gewesen, daß Handel und Staatsführung einander ausschließen. Im Übrigen freue ich mich uneingeschränkt der character= vollen Arbeit. Das ist doch das Wesentliche, daß ein Chárakter sich ganz ausspricht, daß sonach nicht eine Rankeske Schilderung gleichsam einer natürlichen Abwandelung gegeben wird, sondern eine ethische Werthung. Alle wahrhaft lebendige und nicht nur Leben schillernde Historie ist Kritik. Vortrefflich kommt das nationell=Individuelle heraus. Die Politik der Republik ist Macchiavell und Napoleon. Jener läßt sich sonach nicht wie üblich nur aus dem renaissance= Boden erklären. Und wiederum die renaissance war solche noch

19

weit mehr als gemeiniglich angenommen wird. Die städtische Commune als politischer Typus ist das characteristische Merkmal der neueren Zeit, in der wir noch drin stecken. Ich wiederhole mich, wenn ich sage, Lebens= und Staatsauffassung, richtiger der Gedanke des Reichs gegenüber dem des Staats, im Mittelalter ist die Frucht der Ländlichkeit. Der Schauplatz verändert das Leben. An der Übermächtigkeit der Commune geht der Staat in die Brüche, Revolution. Auch hier ist Bismarck in das Zentrum der historischen Aufgabe, als Reichsvertreter, eingetreten. Nicht minder verderblich wie die Latifundien war die unförmliche Größe der Stadt Rom. Und nicht anders liegt es in der Gegenwart. Ohne Beschränkung der radikalen Freizügigkeit keine Lösung des Pauperismus, keine Conservirung des Vaterlandes. Mit der Entfremdung von dem Boden geht die haltende Kraft verloren. Der boden=lose Status bewirkt im Menschen und in seinen Lebensgestaltungen das labile Gleichgewicht, welches jeder Erschütterung weicht. Daß England London und die Latifundien und den Handel verträgt erklärt sich aus der politischen Alleinherrschaft des Grund und Bodens.

16] Dilthey an Graf Yorck.

[Mai 1881.]

Verehrtester Freund, das Wetter ist so unbeschreiblich, daß ich bei der leichten Angreifbarkeit meines Hauptes, die immer noch fort= dauert, solchem wüsten Sturm und Regen es nicht aussetzen möchte: denn Sie sollen nicht einen Patienten beherbergen. Ich habe nun zwar die Idee, daß für Montag doch schließlich die Sache günstiger liegen muß, behalte mir aber vor, noch für den Fall daß ich auf Montag Nachmittag neue Hoffnungen setze, Ihnen eine Zeile zu schreiben ...

Lotze ist ein zweifelnder und resignirter Metaphysiker. Der Grund liegt darin daß er von der Metaphysik Herbarts und der Naturwissenschaft aus in die Philosophie eingetreten ist und sofort, eintretend, seinen Standpunkt fixirt hat. In Folge hiervon ist für seine ganze Logik die stillschweigende Voraussetzung, daß es sich in der Erkenntniß um die Außenwelt handle. Er unterscheidet nicht das primäre Studium der Thatsachen des Bewußtseins von dem Studium der Außenwelt. Hiedurch entsteht die unfruchtbare Ab= straktion: Wahrheit, mit welcher seine ganze Erkenntnißtheorie sich

20

herumschlägt. Am Deutlichsten ist das im Capitel der Logik über den Skepticismus.

Aber der Grundfehler in seiner geistigen Organisation ist: er vermag nicht in sich Ursprünglichkeiten lebendig zu machen; den Erdgeruch durch den geistige Thatsachen auf ihr erstes Keimen zurückdeuten zu gewahren; ja er ist selber so sehr Kunstprodukt, daß er nur in der feinsten Luft einer intellektuellen und ästhetischen Überkultur athmen kann. So ist der Aufbau seiner Gedanken ohne ein einfaches Knochengerüst, dem man zutrauen könnte, daß es all diese Feinheiten und Subtilitäten auch wirklich trüge. — Daher alle seine Genialität nur in der Kritik zu einem wirklich faßbaren Resultat gelangt.

Ich möchte sehr gern Heinrich über ihn und sein Berliner Auf=treten hören.

— ich sitze in meinem stillen Loche, und verlasse es den ganzen Tag nicht.

Mit dem Beschluß meines Zahnwehs und des ersten Bändchens habe ich auch den Nabab beschlossen. Es ist wol Alles lebendig und wahr, insonderheit die Luft, Sonne oder Staub, in der die Gestalten leben, jedoch er sieht nirgend so tief, daß er einem die Seele bewegte. Welche Kluft trennt ihn von seinem Vorbilde Dickens, der plötzlich mit dem furor seines germanischen Geistes Bewegungen des Gemüths in seinen Gestalten hervorruft, die Außer=ordentliches offenbaren.

Ich habe angefangen Mill über Hamilton zu lesen, und mir sogar von der Bibliothek Spencer kommen lassen, mit dem Entschluß mich durch ihn durchzulesen.

Also ich schreibe noch ein Wort, ob ich Montag komme, und dann bringe ich Stoff zu unabsehbaren Gesprächen mit.

17] Graf Yorck an Dilthey.

Kl. Oels 1. 6. 81.

Mein verehrter Freund.

. . .

Lotzes Logik glaube ich unterschätzen Sie. Meine letzte Äußerung darüber bezog sich zunächst auf das Formale, Schrift=stellerische. Und die weitere, wie Sie bei meiner mühsamen Art zu lesen denken können, langsame Lektüre bestätigt mir mein früheres

Urtheil, daß die Führung eine meisterhafte ist. Dieser Vorzug ist mit einem Nachtheile verbunden und zwar naturgemäß. Der Vortrag erweist, daß man gedruckte Vorlesungen vor sich hat. Daher eine gewisse Oberflächlichkeit bezüglich der Ausführung. Dem Lehrer kam es darauf an, eigene Gedanken, an denen es nicht mangelt, zu geben, ohne sich polemisch auseinander zu setzen und ohne erkenntnißtheoretische Begründung, welches beides aus dem zeitlichen Rahmen der Vorlesung herausgefallen wäre. Allerdings ist wohl die zeitliche Rücksicht nicht die allein maßgebende gewesen. Lotze meint wie Sigwart, der übrigens des ersteren Arbeit fleißig benutzt und verwerthet hat, eine Logik ohne Erkenntnißtheorie geben zu können. Bei beiden zum Nachtheile der Sache. Andererseits aber ist die Frische der Darstellung eine Folge der Vorlesungsform. Sachlich erfreulich und mir bedeutsam als mit dem Eigenen übereinstimmend die Unterscheidung eines zweifachen Allgemeinen und das Abweisen der logisch und erkenntnißtheoretisch bedeutungslosen Urtheile der Quantität, Qualität und Modalität. Ließe sich das auch noch etwas anders darstellen und begründen, so ist es doch genügend hierüber auf die gethane Arbeit Lotzes zu verweisen. Als Urtheilsarten behält Lotze sonach das kategorische, hypothetische, disjunktive und zwischen ihnen sucht er einen nothwendigen Zusammenhang nachzuweisen, so daß eine jede Form gleichsam eine höhere Staffel ist. Den Nachweis solchen Zusammenhangs halte ich für erkünstelt, aber auch die Beibehaltung des disjunktiven Urtheils als eines den anderen gleichwerthigen für unrichtig. Mir erscheint es nur als eine Applikation des hypothetischen Urtheils zu Orientirungszwecken. Es vertheilt und fixirt gleichsam innerhalb des Erkenntnißraums, nicht aber geht es darauf aus Erkenntniß zu fördern. Eine Entwickelung des Begriffs findet nur statt von dem kategorischen zu dem hypothetischen Urtheile und erweist sich das letztere als Steigerung des ersteren, vom Merkmal zum wesentlichen Merkmal. — Weiterhin ist durchaus unrichtig Lotzes Fassung des Identitätsgesetzes. Identität ist ihm Einerleiheit, der Mathematiker ist, wie so häufig, perniziös für den Logiker. Unklar der Übergang von diesem todten Gesetze, welches verbiete zu sagen: Gold ist gelb, da man nur sagen dürfe ‚Gold ist Gold' und ‚gelb ist gelb', zu dem belebenden Gesetze von dem zureichenden Grunde. Die Unklarheit versteckt sich wie so häufig hinter mathematischer Ausdrucksweise. Wie ich mittelst jenes Gesetzes über die Starre des Lotzeschen Identitätsgesetzes hinwegkommen soll, ist mir nicht klar geworden.

22

Da fehlt es eben auch an Ausführlichkeit, der Rhetor gleitet darüber zu rasch hinweg. — Ich beschränke mich einen Gedanken anzudeuten. Man sagt ursprünglich nicht ‚Gold ist gelb‘ sondern ‚das Gold ist gelb‘. Ersterer Ausdruck ist ein abgekürzter, nachlässiger. Das Substantivische ist das Wesen des Subjektivischen, wenn auch die nicht nur von der Logik sondern auch von der Phantasie beherrschte Sprache darüber hinausgeht. Nach jenem Identitätsgesetze könnte ich nicht einmal sagen Gold, also auch nicht Gold ist Gold, denn in dem Gold steckt das Gelb schon darin. Diese Identität verzehrt sich selbst, so daß vor ihr nur die mathematische Größe besteht. Und in der That würde es nur Mathematik geben, wenn die Sinnlichkeit nicht artikulirt wäre. Diese Artikulation ist die Voraussetzung alles Urtheilens, welches ein Beziehen, Vergleichen der verschiedenen Sinnesaussagen auf einander ist in dem Einheitspunkte, der eine Projektion des Selbstes ist. Das vom Begreifenwollen getriebene Urtheilen löst in seinem Verlaufe das Bild — und ursprünglich ist das Subjekt immer Bild — in den Begriff, das Praedikat auf. Der Begriff aber, nicht die Summe, sondern die Einheit der Merkmale ist immer unbildlich, Empfindungsresultat. Jedes Urtheil kann man eine Gleichung, nicht Gleichheit, zwischen Auge und Empfindungssinn, Anschauung und Empfindung, nennen, welche aber bei der relativen Selbstständigkeit der Sinne nie aufgehen kann, so daß Idee nie Begriff wird. Zu meiner Freude kennt auch Lotze den Unterschied zwischen Idee oder εἶδος und γένος, nur daß er ohne Verwerthung stehen bleibt. Ein weiterer Fortschritt, den man den vom Begreifen zum Erkennen im engeren Sinne nennen könnte, vollzieht sich innerhalb des Praedikats, indem die Einheit des Begriffs als Grund gefaßt wird. Hier ist die Stelle des hypothetischen Urtheils. Doch hierüber ein anderes Mal.

Vermissen thue ich auch bei Lotze die Unterscheidung zwischen Aussage und Urtheil.

Mit Interesse habe ich von der letzten Arbeit des vor einigen Tagen gestorbenen J. Bernays über Phokion Kenntniß genommen. Wenn man von einiger manchmal lächerlichen Kleinkrämerei und gesucht philologisch genauen Frisur, wie daß er z. B. anmerkt, daß derjenige, welcher einige griechische Worte anzieht, die Accente nicht hinzugesetzt hat, absieht, recht anziehend. Bemerkenswerth, wie Bismarck wirkt. Vor fünfundzwanzig Jahren wäre bei einem Philologen eine derartige politische Werthung einer historischen Persönlichkeit unauffindbar gewesen. Höchst dankenswerth das hiſtoriſch vermittelte Verſtändniß für die politiſche Lehre Platons und Ariſtoteles. Intereſſant auch die richtige Werthung und Reduktion auf das menſchlich Beſchränkte der Perſon des Demoſthenes deſſen Bild die exaltirte Bewunderung lebensflüchtiger Geſinnungsprieſter in das Unbeſtimmte auflöſte.

Doch genug für heute. Hoffentlich morgen auf Wiederſehen.

18] Dilthey an Graf Yorck.

[1882.]

Lieber Freund,

Wir haben hier böſe Zeiten gehabt ... Da iſt denn alle Arbeit liegen geblieben. Die Bogen häufen ſich uncorrigirt in dem Schrank. Geſtern habe ich wieder zu arbeiten angefangen, langſam ...

Übrigens aus Berlin nichts Neues. Dagegen ſchreibt mir Schwager Uſener aus Bonn daß Eucken in Jena für Berlin auserſehen ſei. Auch das ſonderbarſte was geſchehen wird, ſoll mich nicht aus meiner Stimmung bringen, die allein von meinen Bogen abhängt. Aber die bringen mich aus der Stimmung und verſetzen mich ihrer Unvollkommenheit wegen täglich in Desperation, wenn ich hineinſehe. Überall fühle ich daß Alles voreilig iſt. Sehr lieb iſt mir daß meine Frau im Grunde lieber hier bleibt als ſonſt wohin zu gehen. Wenn Sie — hoffentlich bald — kommen, finden Sie mich alſo, nachdem das paſſagere Intereſſe für den armſeligen Berufungströdel vorüber iſt, wieder blos mit meinen Bogen, dem was leider nicht drin ſteht etc. beſchäftigt.

19] Dilthey an Graf Yorck.

[Sommer 1882.]

Lieber Freund,

Ich ſitze noch hier und — ſchreibe. Und werde wol auch noch bis mindeſtens Freitag hier ſitzen. Das Mittelalter iſt eine furchtbare Arbeit, und wenn es fertig iſt, wird man's ihm nicht anſehn. Sie werden ſich hoffentlich über die Methode freuen, durch welche ich aus dem Schulhaufen von einander ähnlichen Syſtemen herausſuche was damals wirklich geſchehen iſt.

Meine Frau geht Mittwoch nach Berlin, in Charlottenburg Wohnungen anzuſehen. Denn wie Sie wiſſen: ich kann da nur leben, wie ein Dominikaner, der aus seiner Zelle kommt, spricht und in sie wieder zurückkehrt.

Wie gern sähe, spräche ich Sie vor der Schweizerreise. Aber heraus kann ich unmöglich. Denn ich werde auch so mit dem Mittelalter wol nicht ganz fertig werden. Wie schön wäre es, Sie kämen einmal nach dem alten lieben Breslau . . .

Die Bücher von Ihnen sende ich durch Scholz.

In die Schweiz sollen mich die Schlußkapitel über Metaphysik im Allgemeinen begleiten. Die drei zwischenliegenden historischen Capitel über die Bedingungen der Entstehung des modernen Bewußtseins und der modernen Metaphysik will ich dann hier und in Klein=Oels noch umzuarbeiten suchen. So wird hoffentlich in der Hauptsache der Rest noch fertig, bevor Logik und Psychologie mich gefangen nehmen.

20] **Graf Yorck an Dilthey.**

Kl. Oels 7. 8. 82.

Lieber Freund.

Vor Kurzem habe ich Ihr Briefchen erhalten. Ich glaubte Sie schon in der Schweiz. Nun im Regen und Unwetter hätten Sie auch dort gesessen, also haben Sie nichts versäumt. Ob es mir möglich sein wird, vor Ihrer Abreise noch auf ein paar Stunden nach Breslau zu kommen, kann ich nicht bestimmen. Ich habe schlechte Zeit gehabt. Eine selten reiche Ernte, die das Unwetter schädigt, wenn es noch länger andauert, beinahe vernichtet. Da ich wie Sie wissen land= wirthschaftlich auf Weizen im Wesentlichen gestellt bin, so handelt es sich um sehr große Werthe. Erklärlich, daß mir alle Ruhe und Unbefangenheit des Geistes zum Arbeiten fehlte. Ich sitze im Aristoteles, der viel aparter ist als Zeller, Trendelenburg u. s. w. ihn darstellen. Eine Welt, das Leben, zwischen ihm und uns. Sehr freue ich mich auf Ihre nächsten Bogen, auf das Mittelalter, das bisher entstellt, durch romantische oder rationalistische Brille gesehen worden ist. Ich rechne fest auf Ihren Octoberaufenthalt als auf eine Zeit bewegter Stille nach dem bevorstehenden Trouble der Einquartierung und Feste. Der Winter soll dann arbeitserfüllt sein. Freilich werden Sie mir sehr fehlen. Da mein Hereinkommen vor Ihrer Abreise ungewiß ist, sende ich Ihnen das von Ihnen und die durch Sie von der Bibliothek entliehenen Bücher per Post. Könnte ich doch Wilamowitz erlangen!

... Ich beneide Sie um die arbeitsvolle Vergegenwärtigung der Vergangenheit. Mit der Geschichte ists so, daß was Spektakel macht und augenfällig ist nicht die Hauptsache ist. Die Nerven sind unsichtbar wie das Wesentliche überhaupt unsichtbar ist. Und wie es heißt: ‚Wenn ihr stille wäret, so würdet ihr stark sein' so ist auch die Variante wahr: wenn ihr stille seid so werdet ihr vernehmen d. h. verstehen.

21] Dilthey an Graf Yorck.

[Herbst 1882.]

Lieber Freund, lange hätte ich Ihnen geschrieben, wäre etwas Angenehmes zu schreiben gewesen. Aber mir ist diesmal die Kur in Tarasp so schlecht bekommen, daß ich mich erst almälig davon einigermaßen erhole. Augenscheinlich war ich viel zu angegriffen für den heiligen Lucius. Dabei hatte ich Anfangs noch die thörichte Idee etwas bei der Kur arbeiten zu wollen. Schon war ein langer Brief an Sie über Metaphysik projektirt — aber seit dieser Zeit wage ich bis auf diesen Tag nicht etwas anderes als eine Novelle oder eine Zeitung zu lesen oder gar etwas zu denken.

So bin ich, nachdem wir in Tarasp nach zwei und einer halben Woche abgereist, mit meiner Frau nach Weesen am Wallensee zur Nachkur gegangen. Dort befand ich mich sehr schlecht, so gingen wir nach Zürich und sind nun zu meiner Mutter, die gerade ein paar Wochen hier in Wiesbaden in einem sehr schönen Quartier ist, gegangen und hier zuerst fange ich an mich — trotz des sehr schlechten Wetters — etwas zu erholen.

So komme ich denn später als beabsichtigt, aber daß wir noch zusammen sein müssen, steht mir ganz fest; denn es ist mir vor dem Winter tiefstes Bedürfniß.

Sie haben inzwischen bewegte Tage verlebt, die Zeitung lehrte mich, daß der Kaiser auch sich Ihnen freundlich erwiesen, woran ich treulichst mit Freude theilgenommen.

Mancherlei Menschen habe ich gesehen. Brentanos waren uns zu sehen nach Vulpera gekommen und ebenso sein Wiener Bruder, mit dem ich philosophirt habe. Er ist ein mittelalterlicher Meta= physiker geblieben. In Tarasp fand ich auch Goßler vor. Es war mir interessant, daß ich sein Mißtrauen gegen mich, ja sein Unbehagen mir gegenüber noch viel deutlicher als in Berlin erkennen konnte. Man sagte mir gleich, er habe angelegentlich nach mir gefragt und

erzählt, er habe meine Bogen ganz gelesen, finde sie sehr schön ge=
schrieben 2c. Am Brunnen kam er mir gleich entgegen. Aber er
vermied jedes andere als gleichgiltige Badegespräch; einmal berührte
er die katholische Frage (er arbeitete dort viel und die Breslauer
Frage spielte) und im Zusammenhang damit die katholische Professur,
theilte mir mit es sei mit Jemandem verhandelt worden, aber der
betreffende hätte sich nicht gern entschlossen, sich in einen ganz anderen
Boden verpflanzen zu lassen, zumal seine Stelle eben so schwer zu
besetzen gewesen wäre — augenscheinlich Hagemann in Münster.
Als ich dann mit der Bemerkung: Die Katholiken knüpften sehr
weitgehende Hoffnungen an die Besetzung dieser Professur, in die
Materie einging, erklärte er mit der berühmten formalen büreau=
kratischen Schneidigkeit: er würde Niemanden ernennen der nicht
zugleich den Katholiken unanstößig und der Regierung die noth=
wendigen Garantien böte. Da ich die natürliche Gegenbemerkung
über dies hölzerne Eisen, die im Namen Herzog lag, herunter=
geschluckt und nicht ausgesprochen habe, war damit das Gespräch
abgeschlossen. Über meinen Nachfolger sprach er kein Wort mit mir,
hat mir dagegen nachher durch Schöne darüber eine Anfrage zu=
gehen lassen, die sich auf einen Candidaten bezog, den dort ein
lutherischer Theologe ihm unter den Fuß gegeben hat, wie ich zu=
fällig weiß, anstatt mich unbefangen dort danach zu fragen. Dagegen
unterhielten er und seine Frau sich mit meiner Frau desto angelegent=
licher und unbefangen behaglicher. So hatte ich einen neuen Beweis
für meine Situation ihm gegenüber. Das Zusammentreffen mit
Sigwart kam leider nicht zu Stande ...

22] Dilthey an Graf Yorck.

1. Nov. [1882]. Hinter den Zelten,
Villa Rosenau.

      Mein lieber Freund,

Von uns hier ist noch gar wenig Erfreuliches zu berichten: sonst
hätten Sie schon früher ein Wort aus der neuen Heimath erhalten.
Meine Frau fand ich sehr angegriffen und erkältet: .. die ganze Ein=
richtung stockte: und noch diesen Tag ist unsre Existenz in unfertigem
Zustande.

So habe ich denn auch von Berlin noch sehr wenig gesehen ...
Dann kamen die Vorlesungen. Hier hatte ich alle Leiden eines

Neuangekommenen, der im Vorlesungsverzeichniß gar nicht steht, durchzukosten. In der Psychologie habe ich ein leidliches Auditorium mir zusammengeredet, nach hießigen Verhältnissen immer noch sehr unbefriedigend, aber in der Logik bestand eine solche Collision von Schwierigkeiten, daß ich in dem Colleg nur wenige Studenten habe. Und zu diesen habe ich kein Verhältniß noch gewinnen können, theils des Ärgers über ihre Zahl wegen, theils des abscheulichen Auditoriums wegen, zum Theil auch offenbar — weil die Vorlesung ihnen zu schwierig ist und es mit den fundamentalen Fragen zu gründlich nimmt. Ich habe zunächst den Eindruck als könne ich hier den Studenten weniger zumuthen, als den an mich gewöhnten Breslauern. Aber ich lasse mich nicht abhalten Logik als Erkenntniß= theorie ihnen wie ein sehr schwieriges Rechenexempel vorzurechnen, kühl und entschieden vorzumachen.

Gesehen habe ich beinahe Niemanden noch, außer Sprech= zimmer und Fakultätssitzung. Denn die wenigen Stunden, welche Einrichtung der Papiere, Bücher, Vorlesungen übrig ließen, habe ich auf das Capitel über Mittelalter verwandt, das noch ab= zuschließen ist, und sich doch nicht will mit Gewalt schließen lassen. Aber was ich gesehen war angenehm. Die Verhältnisse an der Universität sind in den Formen wie in der Empfindung gegen= einander sehr viel erfreulicher als in Breslau. Treitschke gestern flüchtig gesehn: er kam frisch aus Palermo, da er ganz Italien durchschwärmt hat. Auch Grimm in Italien gewesen und wieder leidlich munter. Doch hat er etwas müdes. Am lebendigsten Scherer, was er mir aber über Goethe auseinandergesetzt, wollte mir noch wenig einleuchten. Mit Zeller noch kein philosophisches Gespräch. Beseler waltet auf dem Sprechzimmer wie ein ehr= würdiger allgemeiner Onkel.

Wie denke ich der Stunden und Tage in Klein=Oels, Ihrer Theilnahme, Ihres Gesprächs. Ich darf es nicht zu sehr, will ich mir Wehmuth und Sehnsucht fern halten. Und meine ganze Hoffnung auf wirklichen inneren Umgang steht auf Ihrem Her= kommen. Dann werde ich Ihnen die Reihe von Sätzen, wie ich sie nun für die Vorlesungen von Neuem durchdenke, nach den Heften auseinandersetzen und ich glaube Sie werden an dem Fort= gang, wie er Aufzeigen von Thatsachen und Folgern aus dem Früheren verbindet und so ein wie ich hoffe Unangreifbares aufbaut, Ihre Freude haben. Aber dazu müssen Sie bei uns wohnen. Die Wohnung ist geradezu entzückend. Von meinem Arbeitstisch blicke ich auf den von dichten Bäumen eingeschlossenen Wasserspiegel über unsren Garten weg: es ist wie ein Märchen, daß man in Berlin so wohnen kann. Die Unsicherheit eine thörige Fabel: ich gehe bei völligem Dunkel quer durch den ganzen Thiergarten, und gar die Wege bei uns ganz sicher ...

Nach Breslau waren Windelband, Paulsen und Siebeck (letztrer in Berücksichtigung der Wünsche Webers als unschädlich) vorgeschlagen. Die Regierung will nicht nur Windelband nicht, sondern hat sich von seinen Procédés, eben in Straßburg 2c. sehr verletzt gefunden. Mit Paulsen wird unterhandelt, er hat aber keine rechte Lust.

Adieu, genießen Sie Ihre herrliche Muße!

23] Dilthey an Graf Yorck.

[Nov. od. Dez. 1882.]

Lieber Freund, ich habe so große Sehnsucht ein Wort von Ihnen zu hören, und Sie schweigen beharrlich. Sind Sie doch nicht krank? Oder haben meinen Brief nicht bekommen? der Ihnen unsre hiesige Lage schilderte.

Es fährt fort uns nicht gut zu gehn. Mit mir will sich's trotz Alledem nicht bessern. Auch meine Frau kränkelt. Wir haben noch den ersten Besuch zusammen zu machen, ich allein machte drei — drei oder vier!

So sitzen wir auf unsrem verzauberten Schloß so einsam als Sie nur sein können, leider ohne Ihre Muße. Immer noch ist das Capitel nicht ganz fertig, das Manuscript noch nicht fort, die Correctur liegt unberührt.

Was soll das werden? der einzige Trost, daß ich in den Vorlesungen etwas lerne — und daß die Weihnachtsferien nicht all zu entfernt sind.

Also lassen Sie Mußevoller ein Wort von sich hören ...

In aller Misere muß ich doch sagen, daß die Verhältnisse hier durchgehend sehr angenehm sind. Alles kommt mir freundlich entgegen; sogar die alte graeca: Curtius Mommsen Zeller Schöne und ein paar Excellenzen, hat ihre Arme mir entgegengestreckt: leider bin ich diesen Winter außer Stande, irgend welche gesellschaftlichen Verpflichtungen einzugehen.

24] Dilthey an Graf Yorck.

[31. Dez. 1882.]

Lieber Freund, Eine lange Pause, in der ich nur mit Abälard, Anselm und andren furchtbaren Schriftstellern verkehrt habe. Morgen gehen die Bogen, die Sie von Klein=Oels kennen, in abschließender Correktur fort, und ich hoffe, daß sie Ihnen jetzt fertiger erscheinen werden. Freilich habe ich gar viel nur andeuten können, insbesondre meinen alten Gedanken, daß die Logik des Mittel=Alters nur (im Gegensatz gegen Prantls unglückliches Buch) als Theorie der Theo= logie in ihren Eigenthümlichkeiten verstanden werden kann, muß ich ein andres Mal in einer Einzelabhandlung ausführen, und habe das Ergebniß nur mittheilen können.

In diesen Tagen kommt dann die Correctur des politischen Capitels vom Mittel=Alter, welchem ich nur Einiges neu zufügen will: sonst aber es belassen.

So könnten Sie also noch die Correktur erhalten.

Einige gute Gedanken glaube ich für den zweiten Band bei der Arbeit für das Colleg gefunden zu haben. Arbeite für dasselbe jetzt auch die Verhandlungen über Psychophysik aus den letzten Jahren durch.

Lebe in tiefster Einsamkeit. Weihnachten war mein Bruder ein paar Tage bei uns: die einzige Unterbrechung. Mit meiner Gesundheit immer noch sehr wenig zufrieden.

In Treitschke finde ich das Gefühl für die landschaftliche Verschiedenheit deutschen Wesens und das locale Colorit der Er= zählung erstaunlich schön; den Band überhaupt besser als den ersten.

Sobald die Correkturen fertig hinter mir liegen schreibe ich vernünftiger über mich und ‚das Andere', gegenwärtig ist mir wie einem Wanderer der nach einem langen mühseligen Marsch die letzte Stunde ganz besonders erschöpfend findet.

Und da Schreiben überhaupt wenig ist, bleibe ich entschlossen, wenn Sie Ostern in Klein=Oels sind, und Sie uns brauchen können, dort mit Ihnen zusammen zu philosophiren.

Treitschke schreibt über das Gymnasial=Unwesen, und es wird wieder ein kräftiger Schlag werden, wie seiner Zeit der gegen die Juden.

Nehmen Sie mit diesem flüchtigen Gruß am letzten Tage des alten Jahres freundlich vorlieb. Hat es uns räumlich getrennt, so soll doch dasselbe dann nicht gescholten sein, wenn das eine Vor=

bereitung zu späterem dauernden Zusammenleben hier war, wie ich zuversichtlich hoffe, ja bedarf; denn ich entbehre Sie täglich. Möge das neue Jahr Ihnen Allen nur Erfreuliches bringen, und uns Ihre treue Gesinnung erhalten, die zum besten Erwerb unsres Lebens gehört.

Treulichst

Ihr Dilthey.

25] Dilthey an Graf Yorck.

[Ende Februar 1883.]

Lieber Freund,

Zu den treuesten Wünschen zu Ihrem Geburtstag, die Gesundheit, Glück in der Familie und heitere fruchtbare Arbeit umfassen, hoffte ich diesmal doch gewiß das Buch, das Ihnen gehört, als Geburtstagsgabe legen zu können. Aber eine Laune boshafter mich umgebender Kobolde, deren Tücke sich daran zu ergötzen scheint, mir seit Jahr und Tag das Leben schwer zu machen, hat es anders gewollt. Eine kleine Verletzung am Knie ist schlimm geworden, mühsam schleppe ich mich in meine Vorlesungen, und da ich so von aller Bewegung wie vom Gebrauch der Bücher abgeschnitten bin, stocken die Correkturen. Mir ist jetzt manchmal, als existire eine geheime Verschwörung in der Natur, ich solle meines Lebens nicht mehr froh werden. Jedenfalls muß ich mich der Gewalt fügen, die mir versagt, Ihnen heute das Geburtstagsgeschenk zu schicken, das ich mit so großer Freude für Sie eingepackt haben würde.

Ich corrigire am 31. Bogen und letzten Capitel; ich vermuthe es werden 33 werden. Ganz fertig ist aber erst Bogen 23. Die Vorrede zu beendigen fehlt mir die Stimmung.

So ist denn auch noch nicht zu sagen, wann ich reisefertig sein werde. Aber ich höre ja, Sie werden in wenigen Tagen hierher kommen, und dann werden wir ja sehen, wie mir zu Muthe ist. Jetzt ist mein Schwager Usener hier, doch habe ich unter diesen Umständen natürlich weniger von ihm als sonst sein würde...

Möchten wir bald unter diesen ausgesucht nichtsnutzigen Winter einen Strich machen, umschlagen und ein neues Blatt des Lebens anfangen können.

Der Aufsatz Treitschkes in den preuß. Jahrbüchern zeigt doch, daß er auf diesem Gebiet nicht zu Hause ist, ähnlich wie seiner Zeit der über die soziale Frage. Die Debatten im Abgeordnetenhaus über Darwinismus 2c. sind eine Schande für die Nation. — In der

Philosophie kommt mir nichts Neues zur Hand; endlich scheint hier doch die eilfertige Produktion ins Stocken gerathen zu sein. — Der Streit zwischen Zeller und Brentano geht immer weiter, Brentano will sich nochmals ausführlich vernehmen lassen, Zeller ist nun in der Berliner Literatur=Zeitung auch recht persönlich geworden. Ich fühle wieder lebhaft, daß man in der Polemik alles Persönliche durchaus zu Boden fallen lassen muß.

26] Graf Yorck an Dilthey.

Kl. Oels 7. 3. 83.

Lieber Freund.

Nur mit wenigen eiligen Worten kann ich heute Ihren freund=schaftlichen Brief dankend beantworten, und zwar neben dem Danke mit den besten Wünschen für Ihr Befinden . . . Sie beide wissen, daß ich aufrichtig Theil nehme an Ihrer, ins besondere Ihrer Frau schweren Sorge und der religiös verklärten Betrübniß. Dem nach=denklichen Herzen erscheint in solchem Falle das Leben ein Im=pediment, wie der lebendige d. h. transzendente Christenglaube es ansah und ansehen muß.

Daß ich dem Glanze der Berliner Festlichkeiten fern geblieben bin, haben Sie bemerkt. Die Schwere und Wahrheit des Lebens ist so interessant, daß ich für das Spiel keine Teilnahme erübrigen kann. Überdem ist der Hintergrund dunkel, von dem jene Festzüge sich abheben. Klarer, königlicher Wille des Regiments thut der Welt noth. Regieren ist wie Leben untheilbar. Ja oder nein — ein Drittes ist nicht gegeben. Heraus aus den Abstraktionen, aus dem abstrakten Staate, aus der mathematischen Freiheits= und Sozietätslehre, in der so weit ich sehe auch die Wissenschaft noch steckt! Auch die moderne Nationaloekonomik oder Sozietätslehre oder wie sie sich nennen mag, diese s. g. Wissenschaft, eine Ver=bindung von methodisch schwankender Art — auch hier der Spuk von Deduktion und Induktion — eine Verbindung von disparaten Elementen. Letzthin las ich eine Kritik, welche Wagner übt an einer Kritik Schmollers des Schönbergschen Sammelwerks. Die gegenseitigen Ausstellungen scheinen mir richtig, aber nicht die gegen=seitigen Behauptungen. Schmoller in der psychologischen Intention tiefer aber es scheint mir in Ermangelung erkenntnißtheoretischer Einsicht bei der Intention zu bleiben und mangelnde Systematik läßt nur historische Forschung übrig. Klarer im Wollen, aber auf dem Boden der Leidenschaft, nicht der Erkenntniß, Wagner. Warum gab er nicht die Grenze der Verstaatlichung innerhalb des oekonomischen Lebens an? Weil er kommunistisch beeinflußt ist. Es fehlt an Erkenntniß des ethischen Faktors, der immer persön= lichen Ursprungs ist. Eigenthum ist keine rechtliche und keine oekonomische Kategorie, sondern vorrechtlich, voroekonomisch. Wer das leugnet, steht bewußt oder unbewußt innerhalb der Bewegung der sozialen Revolution. Mensch und Gut — in oekonomischem Sinne, stehen nicht einander gegenüber, sondern eines ist an und mit dem Anderen. Die von Wagner nicht angegebene Grenze der Verstaatlichung ist aber leicht zu bestimmen. Wo nicht wie bei den Domänen historisch=politisch begründet, darf keine primäre Güter= quelle der Einzelproduktivität entzogen werden. Das ergiebt sich auch von der anderen Seite her, wenn man kritisch ansieht, was ‚Staat' ist. Doch darauf lasse ich mich heute nicht ein. Dagegen kann und soll ausschließlich nach Rücksichten der Zweckmäßigkeit ‚verstaatlicht' werden innerhalb des Gebietes der Gütervermittelung. So erleben wir hoffentlich noch die Verstaatlichung der Börse. — Wagner ist wirksamer durch sein Temperament. Aber mit Vorsicht ist er zu benutzen. Doch haben die Conservativen einen Todtengräber unter sich, das ist Stöcker. Schmoller dagegen mit seinen historischen Untersuchungen z. B. den von ihm beeinflußten über die Genesis der jetzigen Rittergüter kommt mir vor, wie jemand, der es unternimmt an einem von dem Brand ergriffenen Fuße ein Hühnerauge zu operiren.

Auch historische Untersuchungen über gewerbliche Zustände bei ganz anderen technischen und Communikations=Verhältnissen haben im Wesentlichen nur historischen Werth, also keinen, wo es brennt.

Gerade den Bogen Ihres Buches, wo Demokrit, besitze ich nicht. Ich weiß daher nicht, ob Sie die interessante Stelle Pseudo= Plutarch de plac. philos. I. XXIII περὶ κινήσεως angezogen haben.

... Denken Sie an das Frühjahr und Oels.

27] Dilthey an Graf Yorck.

[Mai 1883.]

Endlich, mein lieber Freund, die Exemplare, und nachdem sie da und in dieser Menschenwüste ein Buchbinder gefunden, kann ich Ihnen heute das Buch schicken, das Ihnen gehört, wie außer mir keinem andren Menschen auf der Welt.

Es ist eine Stufe in dem Gang zur Wahrheit, auf dem wir beide begriffen sind. Die nächste muß Ihr ‚Griechenthum' sein. Mit dem was in diesem Bande noch mehr Postulat ist, muß es Ernst machen.

Bin von Vorlesungen und Geschäften zerrissen. Befinden besser, bei uns beiden. Die Tage hier draußen im Freien wunderschön.

Nächstens ein Brief. Heut nur dies zum Geleit der Sendung und von Haus zu Haus die besten Grüße und Empfehlungen.

Treulichst

Ihr Dilthey.

28] Graf Yorck an Dilthey.

Kl. Oels 14. 5. 83.

Den schönsten Dank sage ich Ihnen, lieber Freund, für die Zusendung Ihres Buches. Nun möge es wirken in stets steigendem Maße! Die Vorrede, die ich als Ganzes noch nicht kannte, ist dem Buche entsprechend vortrefflich gelungen. Ernst und Fülle unbefangener empirischer Betrachtung ist darin angedeutet, die Emanzipation des Ursprünglichen von dem Derivirten proklamirt. Daß der Standpunkt ohne Weiteres und alsbald dem Verständniß begegne, ist nicht wahrscheinlich. Aber Neues muß vor die Köpfe stoßen, um darin einzudringen . . .

Den Aufsatz von Sigwart über Bacon, den ich ehe ich das Buch zurückstellte, las, finde ich ebenso sauber wie dünn. Immer derselbe scharfe aber ungeniale Mann, der das sacrificium des Logismus nicht zu vollziehen vermag.

29] Dilthey an Graf Yorck.

[Oktober 1883.]

Die schöne Hoffnung, lieber Freund, wenigstens noch ein paar Tage bei Ihnen zuzubringen, ist mir nun doch geschwunden. Die Vorlesungen fangen so früh an, daß ich, vor drei Tagen zurückgekehrt, nächsten Dienstag schon mit der Logik beginnen muß. Ich bin allein zurückgekommen. Meine Frau ist noch bei Brentanos in Straßburg und bleibt dann bei meiner Mutter, wohin sie dieser Tage geht und wo sie das sehr muntere Schlingelchen findet, einige

Zeit. So wäre mir ein Ausflug zu Ihnen eine schöne Unterbrechung der hießigen einsamen Existenz gewesen. Aber der Lehreifer hier ist wahrhaft erschrecklich.

Die lange Abwesenheit in der Schweiz hat mir gut gethan. Meine Besorgnisse in Bezug auf meine Gesundheit sind Gott sei Dank geschwunden. Ich konnte mich in den Bergen ohne davon Beschwerde zu empfinden tummeln. Der Schlaf freilich läßt auch jetzt noch sehr zu wünschen übrig. Wir haben herrliche Wochen in Graubündten verbracht; zuerst in Flims, dann am Zusammenfluß der beiden Rheine in Reichenau. Dann kamen wir an den Vier= waldstädter See, aber die dortige weiche Seeluft vertrieb uns, und so brachten wir noch in Baden=Baden einige Zeit zu. Gingen von da nach Straßburg, wo ich meine Frau bei Brentanos zurückließ, die gar nicht so wohl war, als sonst auf Reisen, und ich bin dann über Biebrich und Göttingen hierher zurückgegangen. In Biebrich feierten wir den 76ten Geburtstag meiner lieben Mutter, und sie konnte Morgens mit uns einen anderthalbstündigen Spaziergang machen, Nachmittags wieder im Freien sitzen und spazieren: das war ein schönes Erlebniß. Das Kind ist herrlich bei ihr gediehen und nicht Einen Tag unwohl gewesen.

Hier habe ich noch Niemanden gesehen, außer Schmoller und Zeller, und muß mich zunächst ein wenig in die Vorlesungen ver= graben, da ihr Beginn schneller kommt als ich dachte.

Und Sie, lieber Freund? Ich habe große Sehnsucht nach Ihnen. Vieles ist mir in diesen langen müßigen Wochen durch den Kopf gegangen, Manches ist aufgeschrieben worden. Alles sollte mit Ihnen besprochen werden. Ihre Karte zeigte mir daß Sie auch an mich gedacht haben. Möchten Sie bald einmal herüber kommen.

Von meinem Buch noch keine Recension gesehen. Eben schickt mir Stumpf in Prag den ersten Band seiner Tonpsychologie, ein Privatdozent Lipps Thatsachen des Seelenlebens: beides scheinen interessante Bücher.

Treitschke wird den historischen Preis erhalten: eine schöne Satisfaktion für ihn. Und denken Sie, es kam dabei in der Sitzung zu lebhaften Debatten, in denen Sybel und Duncker sich sehr scharf gegen Ranke erklärten, wollten ihn nur als historischen Essayisten gelten lassen. So ändern sich die Zeiten.

Empfehlen Sie mich vielmals Ihrer heiteren festlichen Tafelrunde.

Treulichst

Ihr Dilthey.

30] Dilthey an Graf Yorck.

Berlin 10. Nov. 83.
Hinter [den] Zelten 1 Villa Rosenau.

...

Jetzt erst richte ich mich wieder almälig zu ruhigerer Arbeit ein. Meine Vorlesungen regen mich an, die systematischen Hauptfragen einmal wieder durchzudenken. Wie ich Sie dabei vermisse, ist nicht zu sagen. Aber Sie machen wenigstens die Hoffnung, nächstens mit einem Manuscript hier einzutreffen, wenn auch das Stück noch nicht groß ist, bringen Sie ja einmal mit was Sie niedergeschrieben haben.

Grimm schreibt einen Raphael in diesem Winter und ist von den Vorlesungen dispensirt. Mommsen, Weierstraß, Kummer: alle dispensirt. In Bezug auf Helmholtz geht man mit dem Plane um, ihm eine Stellung zu schaffen, welche ihn von den Vorlesungen frei mache, doch mag noch manches Jahr darüber hin gehen, bis es dazu kommt. Er hat ein großes Vermögen geerbt und wünscht sich augenscheinlich eine Lage, in welcher seine Zeit seinen Arbeiten gehöre. Auch hat er ein Recht dazu, und ich will ihm wünschen, daß er wie Humboldt die späteren Lebensjahre ungestört sammeln dürfe, sein Testament niederzuschreiben. Wie das ja auch in Bescheidenheit mein Wunsch bleibt, wenn ich spätere Lebensjahre erreichen sollte. Denn zunächst ißt der Tag und sein Geschäft meine Zeit auf.

31] Dilthey an Graf Yorck.

[Ende 1883.]

Mein lieber Freund,

Ich habe eine rechte Sehnsucht, zu vernehmen wie es bei Ihnen und den Ihrigen geht. Bisher bildete Heinrich unser gegenseitiges Auskunftsbureau und wir wußten durch seine Vermittlung meist das Wichtigste; wir entbehren nun jetzt auch darum sehr, daß er zur Zeit nicht hier ist.

Seitdem ich Ihnen neulich schrieb bin ich recht fleißig gewesen. Freilich fließt Alles zunächst in das große Reservoir der Vorlesungshefte. Inzwischen hoffe ich, daß es später nicht zu schwer sein wird, davon Gebrauch zu machen. Ich habe besonders in der physiologischen und psychologischen Literatur die Theorie der Empfindung und des Raumes durchgearbeitet. Erstaunlich daß eine so windige Theorie als die Lotzes von den Lokalzeichen zu einem Ruhmestitel für ihn bei den Naturforschern und einem regelmäßigen Bestandtheil der Darstellungen werden konnte.

Sonnabends.

... Wir leben sehr still. Haben uns aber kleine Mittagessen mit Scherers und Julian Schmidts eingerichtet, die sehr nach Ihrem Geschmack sein würden. Von Treitschke ist wenig zu sehen, außer den Donnerstag Abenden, zu denen ich mich jetzt nach der Fakultäts= sitzung einfinde, während meine Frau bei Frau Julian Schmidt ist, mit welcher sie sehr gut übereinstimmt. Er hat schon wieder vom Manuskript des nächsten Bandes das erste Stück fortgeschickt und ist so wieder in dem Troubel von Schreiben und Drucken, der sein Lebenselement ist. Scherer wird jetzt in die Akademie kommen, wo eine Stelle für neure Literatur durch Anregung des Kronprinzen seit langen Jahren gegründet ist, aber sein Lehrer, Freund und Gegner Müllenhoff hinderte bisher seinen Eintritt — jetzt ist Müllen= hoff durch einen Schlaganfall hilflos, Scherer giebt ein Fragment des neuen Bandes seiner Alterthumskunde heraus und der Friede ist wieder geschlossen. Helmholtz will sich von der Universität sachte zurückziehen. Das Kollegienlesen ist ihm lange störend, ja un= angenehm. Es soll eine große naturwissenschaftlich=technische Anstalt — eine Art Akademie — für Erfindungen begründet werden, und Helmholtz soll Präsident mit 8000 Thalern Gehalt werden. So besteht das Projekt. Es würde mich außerordentlich freuen, geschähe dasjenige, was geeignet ist, ihm volles Lebensbehagen zu gewähren. Es ist nicht zu sagen, wie gänzlich er sich durch die Weite seiner Interessen von allen anderen Naturforschern unterscheidet. Auch wäre es wol nur ein Schritt, ihm die Stellung Humboldts in dem künftigen Berlin und an dem künftigen Hofe zu geben. Von Ranke eine hübsche Geschichte. Waitz ging zu ihm ihn zu bitten, er möge seine kritischen Beilagen zum neusten Band über Gregor v. Tours nicht veröffentlichen. Die Sachen seien ganz unhaltbar. Er müßte ihm darauf antworten. Es fehle ihnen die exakte, kritische 2c. — Sie kennen das. Worauf der Alte es zwar versprach zu unter= drücken, dann aber konnte er das Druckenlassen sich nicht versagen und meinte vergnüglich: ‚ich kann mir schon so was erlauben’. Mit Zeller lebe ich gut zusammen, doch eigentlicher geistiger Aus= tausch will sich nicht entwickeln. Jetzt habe ich die Studenten

37

angeregt, daß sie zu seinem 70. Geburtstag ihm einen Commers geben im Januar. Inneren Austausch habe ich [mit] niemandem. Mit Ebbinghaus geh ich wöchentlich spazieren und wir philosophiren dann. Er ist der welcher die besten und klarsten Kenntnisse psychologischer 2c. Art hier hat. Wie ich Sie vermisse und immer aufs Neue wünsche und hoffe Sie siedeln über kann ich nicht sagen.

Von Breslau vernehmen wir wenig. Jetzt endlich ist die Berufung Erdmanns in meine Stelle entschieden. Er hat mich hier aufgesucht und mir gut gefallen. Doch war es so kurz daß ein ordentliches Gespräch nicht möglich war.

Kommen Sie, kommen Sie — als Mitglied des Herrenhauses — oder als Vater — oder in sonst einer Eigenschaft.

32] Dilthey an Graf Yorck.

[Febr. 1884.]

Lieber Freund,

Wie sehr hat mich ein Lebenszeichen von Ihnen nach so langer Zeit gefreut. Zunächst zeigt es mir, was ja auch Ihre Nachrichten sagen, daß in Ihrem Hause die alte Heiterkeit wieder eingekehrt ist, und in Ihrer Stube die unschätzbare Ruhe des Gemüths. Klagen Sie nun über den langsamen Fortschritt Ihrer Arbeiten, so würde, was ich sagen könnte, wie ein Echo lauten. Ich habe diesen Winter sehr angestrengt gearbeitet und war manche Zeit hindurch wieder ganz in der Unterwelt: Sie kennen an mir die Verfassung, in der ich zu keinem Gespräch oder Geschäft, das nicht auf meine Gedanken sich bezieht, tauglich bin. Auch glaube ich erhebliche Fortschritte gemacht zu haben. Aber wenn ich das Ziel des zweiten Bandes vergleiche mit den wenigen Fuß Weges die ich durchlaufen habe, so habe ich für denselben überhaupt wenig Hoffnung. Es hat sich so geschickt, daß ich den ganzen Winter an der Frage nach der Verbindung der Sätze einer Grundlegung bleiben konnte; die Vorlesungen Psychologie und Erkenntnißtheorie — Logik — sowie Übungen über Kants Vernunftkritik gestatteten das. Es ist mir auch vielfach gelungen, ganz plane Formeln und Beweise zu finden. Der zweite Band, könnte er fertig werden, würde sich von dem ersten gar sehr unterscheiden durch die erreichte Simplicität des Gedankens und der Fassung. Aber ich könnte einen Holzhacker

beneiden darum, daß er jeden Tag, jede Woche sieht was er
gethan hat. Die Anforderungen an die philosophirende Person
sind unerfüllbar. Ein Physiker ist eine angenehme sich und anderen
nützliche Wirklichkeit; der Philosoph existirt, wie der Heilige, nur
als Ideal.

...

Sie können sich schwer vorstellen, welchen Dienst meinem
Buche in einer solchen Welt Gierke geleistet hat. Wie wünschte ich
auch, daß Sigwart sich ausspräche ...

... Der Aufsatz über Lasker war — rathen Sie? — von
Freund Rößler. Mommsen schreibt nun doch Kaisergeschichte. Aber
er ist müde und recht staubig von dem Weg auf den Landstraßen
der Philologie, Inskriptionen und Partheipolitik. Und es ist nicht
zu denken, wie Jemand die Zeit des anhebenden Christenthums ohne
alle Religion soll schreiben können, ja selbst ohne Heimweh des
Geistes nach dem unsichtbaren Reich. Selbst das Jugendalter der
germanischen Stämme darzustellen, halte ich ihn nicht für fähig.

33] Graf Yorck an Dilthey.

Breslau 4. III. 84.

Den besten Dank, lieber Freund, Ihnen und Ihrer Frau für
die freundlichen Wünsche. Ich ergreife heute ein enges Blättchen,
weil ich hoffe daß wir uns bald sehen. Ich denke am 10 oder
11ten nach Oels zu kommen entweder dort Sie vorfindend oder mit
Ihnen zusammen ...

Die Bodenlosigkeit der abstrakten wissenschaftlichen Dogmatik,
die sich so recht zu Hause fühlt in der dünnen und dürren Berliner
Atmosphäre, kann nur wissenschaftlich überwunden werden durch
Erklärung. Vermag ich den Darwinismus zu erklären, so brauche
ich mir wegen des fehlenden Gliedes in der Entwickelungskette nicht
den Kopf zu zerbrechen. — Aber die Erklärung muß aus voller
Erfahrung gegeben werden. Die ‚Wissenschaftler' stehen den Mächten
der Zeit ähnlich gegenüber wie die feinstgebildete französische Gesell=
schaft damaliger Revolutionsbewegung. Hier wie dort Formalismus,
Kultus der Form. Verhältnißbestimmungen der Weisheit letztes
Wort. Solche Denkrichtung hat natürlich ihre — wie ich meine —
noch nicht geschriebene Geschichte. Die Bodenlosigkeit des Denkens
und des Glaubens an solches Denken — erkenntnißtheoretisch
betrachtet: ein metaphysisches Verhalten — ist historisches Produkt.

Der Darwinismus mit allem was von Hypothesen ihm verwandt ist selbst ein Züchtungsprodukt. — Doch genug, sonst reicht die Karte doch nicht.

34] Graf Yorck an Dilthey.

Breslau 6. III. 84.

Lieber Freund.

Ich fahre Mittwoch den 12. März nach Kl. Oels und zwar, wenn Sie diesen Tag wählen, mit dem Nachmittagsschnellzuge, also mit Ihnen. Wollte es nur wärmeres Wetter werden! Ich sehne mich nach Luft und Entferntsein von allem Druckwerk. In Berlin scheint es ja stürmisches Wetter in hohen Regionen. Leider viel persönliche Schärfen, die die Zukunft recht problematisch machen. Berg sprach ich gestern. Er war in Kunstsachen in Berlin gewesen, hatte aber von dem Leben nichts gesehen noch erfahren. Selbst ein solcher Musterknabe wie Goßler fällt von der Stange! Ich weine ihm nicht nach. Für den Moment noch Vertuschung. Aber wenn Bismarck erscheint?!... Über den Sitz der Differenzen habe ich meine Vermuthungen, die ich aber nicht aussprechen mag bei dem geringen Anhalt für sie. — Regiment ist eben untheilbar wie das Leben.

35] Dilthey an Graf Yorck.

[Ende März oder Anfang April 1884.]

Hier sitze ich, mein verehrter Freund, noch in Erwartung der kommenden Dinge. So sende ich Ihnen heute nur ein Wort herz= lichen Dankes für die schönen Tage die ich bei Ihnen verleben durfte, sende es der verehrten Frau Gräfin und Ihnen.

Hier geht sonst in diesen Tagen Alles noch bunt durcheinander. Heute habe ich Erdmannsdörffer zur Bahn gebracht. Gestern den ganzen Tag bunte Gesellschaft. Es sind so viele Professoren hier, daß nur aus diesem Grunde Schmoller und Scherer für die nächste Zeit geflüchtet sind. So suche ich denn heute nur mühsam meine schöne Arbeitsstimmung von Klein=Oels wieder zusammen. Die ruhige Beschaulichkeit der gelben Stube will nicht zurückkehren.

Und Sie? Sie haben nun wohl die äußeren Geschäfte erledigt, und sind wieder ganz bei sich eingekehrt. Möchte der Plato wachsen und gedeihen wie draußen Sträucher und Bäume, an denen hier schon die Blüthen hervorbrechen.

36] Dilthey an Graf Yorck.

[Juni 1884.]

Sie sind so in Schweigen versunken, lieber Freund, daß ich mir vorstelle, Sie schreiben und der Plato rückt voran ...

Bei uns geht es mit dem kleinen Menschen recht gut. Er verfolgt schon alle Szenen seines Daseins mit ruhiger Voraussicht, hört zu schreien auf, wenn er bemerkt, daß etwas geschieht, das seine Wünsche bald zur Erfüllung bringen wird, besonders interessirt mich aber das lebhafte Streben sich mitzutheilen und eine Communikation herbeizuführen. Ich sehe recht, wie absurd die Ableitung des Sprechens von den Reflexbewegungen ist, die an die Stelle eines zweifellosen primären psychischen Thatbestandes eine physiologische Interpretation setzt. Leider hatte ich keine Zeit ein Tagebuch wie eine Zeit lang bei Clärchen zu führen, nur Einzelnes kann ich mir notiren, will aber besonders das auf die Sprache Bezügliche aufschreiben, da das Kind gerade in dieser Richtung sich sehr früh entwickelt ... [Wir werden] die Taufe ganz still feiern, ich denke mir am Sonntag, nur in der Familie. Ohne daß ich darüber· nachgedacht hätte, war es für mein Gefühl selbstverständlich, Sie zum Pathen meines Sohnes zu wünschen. Es ist ja nur wieder ein neues äußeres Zeichen davon, wie ich mich Ihnen innerlich im tiefsten Fühlen und Denken verbunden fühle. Das Kind soll nach meinem Vater Maximilian (als Rufnamen) heißen, und Hermann Usener in Bonn und Hermann Grimm sollen mit Ihnen Pathen desselben sein. Möge es dann nur in seine Pathen hinein wachsen und möge Anschauung und Eindruck derselben ihm eine bildende Kraft werden.

Ich bin sehr fleißig; leider nehmen mich die Vorlesungen und andre amtliche Arbeiten gar sehr in Anspruch. Ich habe mit intensiver Anstrengung die Geschichte der Erziehung in Europa durchgearbeitet, und es hat sich mir daraus eine thatsächlich genaue Anschauung von den bildenden Kräften im frühesten uns zugänglichen Leben der Völker und der Bedeutung der Willenserscheinungen (des Ethos) innerhalb derselben entwickelt, welche ich als ein wichtiges Glied im Organismus des zweiten Bandes betrachte. Dazu nähere ich mich einer pädagogischen Theorie und denke an einen großen Aufsatz über die brennenden Fragen von ihr aus.

Haben Sie in der Nationalzeitung Julian Schmidt über mein Buch gelesen? Auch in der freisinnigen ‚Nation‘ war eine

41

Besprechung. Respektvoll, doch nirgend Verständniß, leider auch bei Julian Schmidt zu meiner großen Überraschung keine Fähigkeit mehr, einen schwierigeren Gedankenzusammenhang aufzufassen. Schlußergebniß: ich muß den zweiten Band viel einfacher und faßbarer schreiben.

Nächstens über hier allerhand Nova.

Novissima: Dove kommt höchst wahrscheinlich nach Bonn, Gierke vielleicht nach Göttingen, Mommsen schreibt wirklich an der Kaisergeschichte und studirt — Kritik des Urchristenthums!

37] Graf Yorck an Dilthey.

Kl. Oels 18. 6. 84.

Lieber Freund.

Mit Freude und Dank nehme ich die Pathenstelle bei Ihrem kleinen Sohne an, ein neues und an sich bedeutungsvolles Zeichen innerer Gemeinschaft. Gern wäre ich bei der schönen Feier, deren lebendige Bedeutung unter der Vorstellungshärte dogmatischer Satzung gelitten hat, zugegen. Meine treuen Wünsche und volle Theilnahme sind, Sie wissen es, bei Ihnen. Ich habe in früherem Gespräche die Nothwendigkeit hervorgehoben die dogmatischen Gestaltungen, von denen einige Veranstaltungen geworden sind, nach ihrem Motive aufzulösen, wo dann eine wirkliche historische Dogmatik sich ergeben würde, an die Stelle bisheriger Chronik der Dogmen tretend. Die Betrachtung aus dem Motive heraus würde den Gegensatz von Sache und Symbol, welch letzteres sich bis zu der Fadenscheinigkeit einer Rekognitionsgebühr entleert hat, als einen partikularen erkennen lassen. Transzendenz gegen Metaphysik! Das lehrt die Erfahrung gesteigerten und bereicherten Lebens. Gehen wir bei dem Leben in die Schule, wie Sie jetzt gerade mit durch innigstes Gefühl geschärftem Blicke von der Lebendigkeit Ihres kleinen Sohnes sich informiren lassen, so erkennen wir das Unzutreffende einer so genannt wissenschaftlichen Hypothese, die sich vornehm dünkt, weil von jenem empirischen Standpunkte aus allerdings zu keiner Construktion zu gelangen ist. Naturwissenschaftlich nicht zu verwerthen! Das ist der Vorwurf, der erhoben wird. Das Praktisch werden können ist ja nun allerdings der eigentliche Rechtsgrund aller Wissenschaft. Aber die mathematische Praxis ist nicht die alleinige. Die praktische Abzweckung unseres Standpunkts ist die paedagogische, im weitesten und tiefsten Wortsinne. Sie ist die Seele aller wahren Philosophie und die Wahrheit des Platon und Aristoteles. Ich schreibe diese Namen nicht gern, weil die Erwähnung mich zu dem Bekenntniß führt, daß ich die letzte Zeit so gut wie nichts gearbeitet habe. Erst als mir das Lesen unerträglich wurde, habe ich angefangen an früheres Eigenes wieder anzuknüpfen. Bei Ihrem Fernsein fällt eben der äußere Anstoß fort . . .

Nach Ihren Universitätsnachrichten scheint Breslau und der Osten wissenschaftlich ja nun ganz aufgegeben. Arge politische Sünden, die sich rächen werden. Denn nicht wie der Sozialdemokrat im Reichstage sagt, christliche sondern historische Wahrheit ist es, daß der Väter Sünden sich rächen an den Kindern und von ihnen gebüßt werden müssen. — Mommsen ist seit der Jämmerlichkeit seines letzten öffentlichen Briefes als unmöglicher Historiker überführt. Was er etwa, von historisch-philologischer Erdarbeit abgesehen, noch schreibt, ist nach meiner Ansicht gleichgiltig. Daten mag er gerade rücken, Fakten mag er richtiger wie bisher lokalisiren, die Werthung wird immer eine verrückte sein, ich möchte beinahe sagen, wegen mangelnder Aufrichtigkeit. In der Historie aber ist die richtige Darstellung gebunden an die richtige Werthung. — Was sagen Sie zu dem neuen nationalliberalen Anlauf? Ich habe kein Vertrauen, denn eine innere Mainlinie wird verkleistert. Die Süddeutschen wollen und sind Anderes und Mehr. Ich meine auch hier ist Bennigsen verhängnißvoll. Auch hier mangelt Aufrichtigkeit, die der Respekt vor der Person verdeckt. Das Rechtgehabthabenwollen ist das Unrechthaben und eine anfängliche Schwäche. Von der glaubenslosen, kurzathmigen Klugheit der Berliner Parteileitung, Hobrecht 2c. will ich gar nicht einmal reden. Der kommt am Ende nicht einmal in den Staatsrath! Der mir übrigens eine mosaikartige Zusammensetzung zu erfahren scheint. Aber wer weiß? Bismarcks Odem belebt vielleicht auch dies Gebilde. Nicht ohne Interesse ist der Wechsel in der kronprinzlichen Umgebung.

38] Dilthey an Graf Yorck.

Lieber Freund,   [Juni 1884.]

. . .

Sie Glücklicher, daß Sie wenig zum Arbeiten in schönen Sommertagen zu kommen brauchen. Ich jage die ganze Geschichte der Erziehung in Europa durch: ein ungeheurer Stoff, voll von Aufschluß auch für die Geschichte der intellektuellen und wissenschaftlichen Entwicklung: aber ich verzage und versinke im Material. Möchte wenigstens eine Abhandlung über den heutigen Stand der pädagogischen Frage daraus für den Augenblick entstehen. Dann hat mich eine Habilitationsschrift, deren Thema ich dem jungen Mann selber vorgeschlagen hatte, in die Geschichte des cartesianischen Systems und die Kulturwirkungen von Port-royal geführt. Ich habe Sainte-Beuves weitläufiges aber angenehm lässiges, die Geschichte ächt französisch in Memoiren, eine ernsthafteste religiöse Bewegung in Sentimentalität auflösendes Werk zum Theil gelesen. Sehe immer deutlicher wie anders Geschichte der neueren Philosophie behandelt werden müßte. Und lese jetzt Leibniz. So hoffe ich denn bald auf dem Punkte zu sein, den Abschnitt über die neuere Entwicklung dh. das dritte Buch definitiv schreiben zu können.

. . .

Der Staatsrath ist freilich wunderlich genug zusammengesetzt. Es bleibt meine Überzeugung, daß alle wahrhaft conservativen Maßregeln durch einen Zusatz von etwas Kögel 2c. verdorben werden. Und so nützt es wenig, daß die ‚Freisinnigen‘ sich durch Operationen wie die letzten kolonialpolitischen ins Unrecht setzen.

. . .

Ich führe mein Sommerleben. Komme nur bei amtlichen Gelegenheiten mit Menschen zusammen, sonst lebe ich mit meinen Büchern auf dem Balcon, im Garten wo alles voll Rosen ist oder im Grunewald. Und wünschte mir, ich könnte wie Sie oder wie Carlyle dieser Welt ganz den Rücken kehren. Habe auch für meine alten Tage, wenn ich in sie gelangen sollte, keinen andren Gedanken, als gänzliche Zurückgezogenheit von der Welt. Eigenthümlich in Port-royal die Weltflucht und die Sehnsucht nach Einsamkeit in dem glänzenden Zeitalter Ludwigs XIV. bei einem Pascal, Arnauld, Nicole, Racine — den ersten Geistern des damaligen Frankreichs — nur in anderer Art zeigt Descartes diese Stimmung — ebenso die Oratorianer und Malebranche — ja auch Spinoza.

39] Graf Yorck an Dilthey.

Lieber Freund.

Ich muß doch einmal wieder anklopfen bei Ihnen, um ein Lebenszeichen hervorzulocken. Hoffentlich geht es Ihnen, Ihrer Frau, für deren freundliche Zeilen ich meinen schönsten Dank sage, und der kleinen Gesellschaft gut. In der Nothwendigkeit zu arbeiten mögen Sie recht von der Hitze gelitten haben, die selbst hier, auf dem Lande wenig erträglich war und die Miturfache eines längeren Unwohlseins, welches mich befiel. Ein gewaltiges Unwetter setzte die Natur in den normalen Gleichgewichtsstand und brachte in Folge dessen die Restauration des Menschen zu Wege. Nach langer Pause, zum Theil durch Reformen und Neueinrichtungen innerhalb meiner Wirthschaft veranlaßt und ausgefüllt, rufe ich jetzt allmälig zusammen meine verstreuten Gedanken, die so lange und oft ich mir wiederholt habe, daß sie für mich — und wer weiß, ob nicht auch für andere — den Reiz der Neuheit verloren haben. Neu erscheinen sie mir nur, wenn ich in die philosophischen Zeitschriften — mit Überwindung — hineinsehe und dann das monotone sich in engem Zirkel drehen eines von einer leblosen Methode gleichsam vor den Kopf geschlagenen Denkens vor Augen habe. Wie glücklich sind Sie gestellt, mitten in die amtliche Nothwendigkeit des Kämpfens hinein. — Während meines Unwohlseins habe ich Dante gelesen und über Augustin spekulirt. Ich glaube den Sinn, weil das Motiv der Lehre des Augustin von der Gnadenwahl und damit den Unter= schied zwischen ihr und der Theorie der Praedestination gefunden zu haben. Aus dem Motive heraus ist allein alles Leben und so auch lebendiges Denken zu verstehen. Das ganze antinomische Netz widerspruchsvoller Scholastik wäre aus den Lebensimpulsen zu ver= stehen, ein Schritt hinaus in das Positive über die kritisch=negative Erkenntniß der psychischen Provenienz des Widerspruchs, seiner Un= vermeidlichkeit wegen der Unübertragbarkeit der Daten der psychischen Grundfunktionen. Hegels Lehre von der Negation und dem Wider= spruch ist doch recht tiefsinnig und über schulmeisterliche Trendelenburg= Haymsche Kritik erhaben. Der Widerspruch des scholastischen Denkens ist sein Leben. — Die schönste, weil adaequate Form lebendigen Denkens aber ist das Gespräch, welches mir seit lange nicht ge= worden und wonach ich recht verlange. Das für Ihre ganze Familie geeignete Quartier wird am 12. August, zu welcher Zeit ja Ihre

Ferien ungefähr beginnen, frei ... Mögen Sie Ihre Zusage erfüllend den Einsiedler besuchen ...

Lepsius Tod trauervoller Umgebung ihn entziehend hat mich ergriffen und rührend ist mir, daß sein wandernder Geist mehrfach zu mir sich gewendet hat. Die Erinnerungsbilder alter froher Zeit traten an sein Sterbebett. Die Lösung hat etwas von dem Dunkel antiker Tragik. Sein geistiges Gefüge war ein besonders festes. Er war eine herrschende, herrliche, ja herrische Natur. Im Lebensnerv getroffen ist er sich doch treu geblieben in selbständiger Energie bis zum letzten Athemzuge. — Was soll denn nun eigentlich aus Breslau werden? Dove, Gierke, nun auch der dort vielleicht einzige lebendige Theologe Lemme fort! Es ist unverantwortlich, dumm und kurzsichtig. Welch ernstes Unglück sind politische Ressortminister. — Julians Besprechung Ihres Buchs habe ich nicht gesehen. Bringen Sie sie doch mit!

40] Dilthey an Graf Yorck.

[Sommer 1884.]

Mein lieber Freund, ich sitze bei dem herrlichsten Wetter auf dem Balkon und blicke die grünen Spreeufer entlang — heut so poetisch, daß sie auch die des Neckar sein könnten. Ich erfreue mich des Bewußtseins daß die Ferien herannahen. Und doppelt schön ist das diesmal, da die Ferien uns so bald vereinigen sollen. Gern kommen wir, und meine Frau wird in diesen Tagen an Ihre Frau Gemahlin mit herzlichem Dank für die gütige Einladung das Nähere schreiben. Ich bringe eine unbändige Lust zu philosophischem Gespräch mit. Denn meine Gespräche mit Ebbinghaus beziehen sich nur auf die environs der Philosophie, die experimentelle Psychologie. Den Gesprächen mit Zeller fehlt ein belebendes Etwas, ein Hauch, der die Gebeine des Vergangenen auf der Trümmerstätte der Geschichte wieder lebendig macht. Noch gestern saßen wir hier lange auf dem Balkon zusammen. Am meisten lebendig wurde doch wieder unsre Unterhaltung als wir auf die Tübinger Schule kamen: da er einst von dem Genie Baurs persönlich berührt worden ist. Apropos: Baur müssen Sie nun doch auch bei nächster Gelegenheit lesen, wenigstens seinen Paulus und sein Johannisevangelium oder seine drei ersten Jahrhunderte, um so sich mit der am meisten centralen kritischen Arbeit, die der Intellektualismus seit Kant gethan hat, auseinanderzusetzen. Sehr interessirt mich, was Sie über Augustin und die Gnadenwahl andeuten. Die Antinomien liegen nach meiner Ansicht nur im Gebiet der Vorstellung. Dringt man zu dem Motiv, dh. dem religiös=sittlichen Vorgang, so liegt dieses jenseit der Widersprüche und also auch der Hegelschen Dialektik, deren von Proklus 2c. herrührende Technik ich nicht als tiefsinnig ansehen kann, vielmehr für ganz unwahr halte. Der Wechsel in dem tiefsten Leben ist durch die Einseitigkeit jedes persönlichen Lebens bedingt, und dies ist der tiefste und wahrhaft tragische Punkt in der Lebensarbeit des Individuums das Ewige zu besitzen.

Ich habe diese drei Vorlesungsmonate vorherrschend in der Geschichte der Erziehung in Europa verbracht. Selten hat mich ein historisches Studium innerlich so angeregt und mir Aufschlüsse über Universalgeschichte überhaupt dh. die Kausalbeziehungen (psycho= logischen) von Lebensideal, Erziehungsideal, Poesie, Bildung, Wissen= schaft gegeben. Ich meine mich immer mehr dem Punkte zu nähern, an welchem ich durch die bisher gebrauchten Kategorien für Auf= fassung der geschichtlichen Erscheinungen des Geisteslebens hindurch= breche und ins Freie, Offene gelange, wo man mit wirklichen Seelen zu thun hat.

In Bezug auf Breslau ist ja die Regierung ohne Schuld. Gierke war nicht zu halten: sie hatte kein Mittel.... Doch das Alles mündlich, ich gehe erst noch ein paar Tage ins Riesengebirge, wandere und hoffe dann mit den Meinigen sei es 13. oder 14. c. Sie alle froh wiederzusehen und schöne Tage mit Ihnen zu ver= leben.

41] Dilthey an Graf Yorck.

[31. Dez. 1884.]

...

Wir haben schöne Weihnachtstage gehabt. Zeichen der Liebe und guter Gesinnung von allen Seiten und ein schönes Gefühl, in die hiesigen Verhältnisse inniger hinein zu wachsen.

Mit der Arbeit geht es in den Ferien täglich etwas voran. Wiefern es mir glücken wird, der Wahrnehmungslehre von Helmholtz eine haltbarere gegenüberzustellen, ist jetzt die Frage. Ab und zu bespreche ich jetzt mit Helmholtz den einen und andern der Streit= punkte ein wenig, gestern noch, als wir bei ihm ganz allein mit dem früheren Minister Delbrück und Frau sowie Vom Rath zu

Tiſche waren, ſah ich wenigſtens wieder worauf es ihm in ſeiner Raumentſtehungslehre ankommt.

Ich fürchte jetzt die Einleitung werde noch zwei Bände werden, der nächſte .Abſchnitt die neure Zeit geſchichtlich kritiſch, etwa 10 Bogen — dann die Theorie der Wahrnehmung und des Denkens — die Methodenlehre aber in einem letzten Bande. Wie würden Sie über eine ſolche Ausdehnung denken? Allzu dick wird ja das Buch ſo immer noch nicht und das eigentliche Ziel, die Methodenlehre der Geiſteswiſſenſchaften erhält die richtige Ausdehnung.

Dann würde ich nach Band II zunächſt den Schleiermacher fertig machen, der mir auf der Seele brennt. Überhaupt zwiſchen Band II und Band III Älteres und Neueres, das ja Alles mit Band III in Beziehung ſteht, abſtoßen. Denn für den wichtigen Band III iſt ja dann der Schleiermacher ſo gut Vorſtudium als das Syſtem der Pädagogik im Grundriß Beiſpiel einer Behandlung einer einzelnen Geiſteswiſſen= ſchaft — ebenſo Alles über Poeſie. Glückliches neues Jahr!

42] Graf Yorck an Dilthey.

Kl. Oels 4. I. 85.

Lieber Freund.

... Ich freue mich der erfreulichen Nachrichten über Ihr und der Ihrigen Ergehen. Was mich betrifft, ſo amüſire ich mich ausnehmend hier in meinem ſtillen Zimmer und denke immer beſſer von dem Einſiedlerleben. Hätte ich Sie ſo in der Villaentfernung dann wär's noch beſſer. Leider muß ich mit meinen Augen vor= ſichtig zu Werke gehen — richtiger müßte ich. Aus dem leichten liebenswürdigen Buche Scherers über J. Grimm habe ich einiges Nützliche entnommen. Ich muß mir mal Lachmanns Prozedur be= trachten. H. Schulz, den ich um Definition der philologiſchen Methode befragte, erklärte das kritiſch=praktiſche Verhalten noch nicht der Reflexion unterworfen zu haben.

Perſönliches Intereſſe ließ mich das ſoeben herausgekommene Buch meines Bruders Max über Napoleon leſen. In der That immerhin eine außergewöhnliche Arbeit, überlegen gemacht, wenn auch menſchlich recht einſeitig. Meine eingehendere Antwort — denn das kriegeriſche Weſen erweckt immer, wenn es mir nahe tritt, mein Intereſſe — führte mich zu der Einſicht in den hiſtoriſch=pſycho= logiſchen Zuſammenhang der ſtrategiſchen Formulirungen. Überall

Zusammenhänge, weil alles Denken und Handeln Manifestationen einheitlichen Lebens. Es klingt paradox und ist doch wahr, daß z. B. die Strategie des 17. Jahrhunderts dependirt von dem Geiste, der in Galilei typisch Fleisch geworden. Es ist eben so: wo man's anfaßt, ist es interessant. Ich kam bei der Gelegenheit auch darauf den Gedanken kurz auszusprechen und kurz zu begründen, daß bei Gleichheit des Kriegszwecks die Methode seiner Herbeiführung bestimmt wird durch die Natur der Mittel. Nachweis der be= stimmenden Bedeutung von Eisenbahn und Telegraphie — dieser neu hinzugetretenen Kriegsmittel — für den strategischen Aufmarsch. Aus ihnen zu verstehen die Modifikation der Napoleonischen Strategie durch Moltke. — Doch das interessirt Sie nicht. Darum nichts weiter davon . . .

Im neuen wie im alten Jahre treu

Ihr   P. Borck.

Schöne Willroiders hängen in meinem Zimmer. Musikalische Malerei.

43] Dilthey an Graf Yorck.

[Ende Febr. 1885.]

Herzlichste Glückwünsche, lieber Freund, zu Ihrem Geburtstag. Das Leben liegt so einfach und heiter vor Ihnen, daß Ihnen nur Gesundheit und Erhaltung Ihrer lebendigen Besitzthümer zu wünschen ist, damit Sie Ihrer und der Ihren wie bisher froh bleiben. Zwischen uns haben die Jahre gemeinsamen Denkens, die Uberein= stimmung in dem was den mächtigsten Impuls dieses unsren Denkens — das unser Leben ist — ausmacht, ein Band gebildet, das stark ist wie die der Natur selber. Denn je mehr wir im Leben über die Mittagslinie hinausschreiten, desto sicherer festigt sich die Erfahrung, daß wir aufeinander angewiesen bleiben und kein Ersatz möglich ist. Alle Beziehungen dieses Winters haben mir wieder keinen festen Anschluß meiner Gedanken an irgend Jemanden gewährt. Ich muß mich bescheiden, auf unser Zusammensein Alles hinzuschieben, was mich innerlich beschäftigt.

Sehr gern folge ich Ihrer erneuten Auffoderung, sobald ich kann zu kommen. Haben Sie denn aber auch oben in Ihrer Nähe ein Zimmer frei? Denn wenn ich allein bin, möchte ich auch auf Ihrem Flügel hausen. Meine Vorlesungen gehen wol Ende der nächsten Woche zu Ende. Einen Grundriß der Sommervorlesung Universalgeschichte der Philosophie hätte ich gern vorher fertig gemacht (nur 2—3 Bogen histor. Lit.), kann es aber auch bei Ihnen zu Ende bringen: es giebt das dann um so lebendigeren Anlaß des Gesprächs. Ich bin übrigens furchtbar abgearbeitet und semestermüde.

Usener war zwei Tage hier und fast ganz mit mir zusammen. Er steckt außer in Epikur ganz in Plato. Glaubt jetzt die Politie zerlegen und den ursprünglichen Entwurf ausschälen zu können — dieser wäre ein rein politisches Werk gewesen — dann hätte ein besonderes Gespräch Thrasymachus für sich bestanden — Timäus wäre vor der Umarbeitung dieser ersten Politie — Meno unächt. — Grimm will Urlaub nehmen, reisen und Raphael fertig machen. — Treitschke traurige Zeit hinter sich: seine Frau jetzt zu einer ein-jährigen Kur abgereist. Sein neuer Band wird fabelhaft inter-essant werden, das Material so ungeheuer daß er sich nun wieder zurückgeworfen sieht. — Helmholtz macht neue Auflage seiner Optik. — Bei uns geht Alles gut. Der Junge gedeiht — unberufen — ganz vortrefflich unter ausschließlicher Pflege meiner Frau ...

44] Dilthey an Graf Yorck.

[Frühjahr 1885.]

Mein lieber Freund,

...

Seit ich Ihnen zum Fenster hinauf ein letztes Adieu zu-gerufen, ist es mit Muße und Muse zu Ende. Ich bin Arbeitsthier in diesen ersten Wochen. Meine Frau freute sich sehr über mein gutes Aussehn und läßt Frau Gräfin und Ihnen herzlich ergeben für alle freundliche Sorge für mich danken und freut sich mit mir gar sehr über die Aussicht, Sie hier zu sehen. Also ich bin munter in das Wirrsal von Arbeit hineingegangen. Die beiden Vorlesungen sehr voll und die Geschichte der Philosophie macht mir ein sehr großes Vergnügen. Wie es scheint den Studenten auch. Recht haben Sie behalten; bin bei Parmenides. Weiß der Himmel wie ich mich durchschlage. Glaube die pythagoreische Zahlenlehre jetzt leidlich richtig auseinander gesetzt zu haben. Aber was für Arbeit, so Tag für Tag weiterzugehen, Fragmente und Bücher wirr durch-einander lesend, als bestünde die Welt aus Büchern. Neben den

Fragmenten der alten Philosophie lese ich jetzt Cicero. De legibus l. I und Anfang II eine populäre Metaphysik des Rechts amüsantester Art. Von de rep. begeistert als einem literarischen Werk ersten Ranges ...

45] Dilthey an Graf Yorck.

Berlin 2. August [1885.]

Lieber Freund, da meine Frau so plötzlich hat abreisen müssen, hat sie nicht einmal das angenehme schöne Geschäft, Bertha zum Hochzeitstage eine Aufmerksamkeit zu erweisen, die sie an uns und unsren innigen freudigen Antheil erinnere, ausführen können. Ich bin leider absolut unfähig ins Haus etwas auszusuchen. Von nichts als von Büchern verstehe ich etwas. Aber hier glaube ich auch sicher sein zu dürfen mit dieser classischen und jedes andre Werk überflüssig machenden Geschichte der Malerei von Crowe und Cavalcaselle ihr eine wirkliche Freude zu machen und dauernd, in schönsten Zeiten des Kunstgenusses sie an unsre Freundschaft und unsre innige Verehrung für sie zu erinnern. Eins dabei vorausgesetzt, daß nicht Graf Hans oder Heinrich dieselbe Idee hatten: dann ist ein Umtausch leicht erwirkt.

Ich genieße eben den Sartor Resartus. Das Buch eröffnet eine merkwürdige Perspektive in die Art wie die ‚Transscendentalphilosophie' moralisch-politisch in Europa zu wirken bestimmt ist. Daß der Geist allein Realität, alles andere Erscheinung und Gewand dieser alleinigen Wirklichkeit sei, diese Lehre, die kritisch genommen so wahr und in der Hand des einseitigen Enthusiasmus immer in Begriff ist dogmatisch zu werden, sieht man hier die Gränzen Deutschlands überschreiten; vergleicht man Fichte, Hegel, Schopenhauer, Lotze: so ist die Form in der sie bei Carlyle auftritt vielleicht die verhältnißmäßig gesundeste. Denn wie unvollkommen sie auch ist: hier ist doch starkes Gefühl, daß diese Lehre eine aktive Kraft für Gestaltung des Lebens und der geschichtlichen Wissenschaft sei.

Nächster Tage schreibe ich mehr und besser.

46] Dilthey an Graf Yorck.

[zum 3. Oktober 1885.]

Mein lieber Freund,

Es traf sich schön, daß heute, an dem Tage an welchem ich zu Ihrem Feste zu schreiben gedachte, das Erscheinen von Herrn Gräf und seine Erzählungen mir auf das anschaulichste das Bild Ihres ganzen reichen Lebens vergegenwärtigen. Wie ist doch dieser ganze Reichthum Ihres schönen Familienlebens, von dem ich wieder das seine Gemüth des Herrn Gräf ganz erfüllt fand, mit dem eigensten Wesen Ihrer lieben verehrten Frau Gemahlin, mit diesen fünfundzwanzig Jahren Ihrer Lebensgemeinschaft verflochten! Wol dürfen Sie gerade jetzt in festlichster Stimmung sein, wo der älteste Sohn als eine eigene begabte Natur fertig dasteht, das junge Glück der Tochter seinen hellen Schein in Ihr Fest hineinwirft. Das ist der Segen des Familienlebens, daß wir so, auch nachdem wir die Höhe unsrer eigenen Existenz erreicht haben und almälig über-schreiten werden, mit und in den Kindern wachsen, und wie voll und reich ist Ihnen und Ihrer lieben verehrten Frau Gemahlin, der ich diese meine Zeilen mit meinen Wünschen zugleich zueigne, dieser Segen zu Theil geworden.

Möge das nun Alles um Sie beide her wachsen und gedeihen, Ihnen beiden aber möge die Frische des Herzens und die Gesundheit bewahrt bleiben, lange, lange, es zu genießen und sich reich darin zu finden. Mit unbändiger Sehnsucht nach eigenem vollsten Glück treten wir in das Leben; sich auszuleben ist das Geheimniß unsres unruhigen Herzens; und almälig kommen wir hinter die tiefsinnige Welteinrichtung, nach welcher wir uns nur ausleben in dem Leben andrer, in der Thätigkeit für andre. Das Fest jener ersten Höhe des Daseins liegt fünfundzwanzig Jahre hinter Ihnen; das Fest dieser anderen, stillerer, reinerer, höherer Luft vergleichbar, ist dies silberne Hochzeitsfest.

Ihnen mein lieber Freund ist außerdem beschieden, was den Philosophen macht, das Leben sich als innere Erfahrung zum besonnenen Bewußtsein zu bringen, und Erfahrungen zu Gedanken zu steigern. Verzeihen Sie dem Freunde, wenn er bei dieser Gelegenheit mahnt, Sie möchten die Apfel an diesem reichen Lebensbaum nun auch pflücken, sammeln, den Freunden und der Welt zu genießen geben. Das wird wieder ein schönes Fest sein, wenn der intellektuelle Ertrag dieses Ihres reichen Lebens vor

Ihnen liegt, in der soliden Gestalt eines stattlichen Bandes, für Heinrich auf Velinpapier, für Ihren alten Freund — mit einem recht breiten Rande, damit er reagiren kann.

Und mir, ja uns allen vieren, mein lieber Freund, wünsche ich, daß ich einen Platz in Ihrem reichen Leben und Ihrem Herzen behalte. Die Welt, als Schauplatz des Lebens, scheint der Jugend gränzenlos, dann findet man später daß wenigstens die Welt, so als Schauplatz des Lebens genommen, gar nicht so groß ist und wie auf einer Bühne eine mäßige Anzahl von Personen darin wechselnd auftritt, hinter dem Vorhang verschwindet, wieder erscheint. Wie noch ganz anders ist es mit den Menschen, die ein Theil unsrer Selbst, eine Kraft in unsrem Wesen, und auf die wir wieder als Kraft wirken, sind. Wir beide werden keine Freundschaft mehr schließen, die der unsrigen vergleichbar ist, und ich bilde mir ein, daß dieselbe überhaupt in dieser dunklen und dummen Welt nichts Alltägliches ist. Mögen wir einander lange erhalten bleiben, möge in dies ungetrübte klare Verhältniß nichts Störendes treten, und die Umstände seien uns günstig, miteinander zu leben. Mit großer Freude habe ich von Herrn Gräf wieder vernommen, daß der Plan Ihres Berliner Aufenthaltes dauernd feststeht. An dem Festtage werden viele in der Ferne Ihrer gedenken und die treuesten Wünsche für Ihre liebe verehrte Frau Gemahlin und Sie hegen: treuere Niemand, das wissen Sie, als wir. Ich werde sehr vermissen, nicht zugegen sein zu können.

Von uns schreibe ich Ihnen zu einer anderen Zeit, wann Sie die Ruhe haben, Antheil zu nehmen. Ich bin sehr fleißig in diesen Ferien gewesen. Erstlich habe ich (Nachklang der Vorlesung!) die historische Parthie des zweiten Bandes bebrütet: würde ich das Bild der letzten Jahrhunderte malen können, das ich innerlich ausgedacht habe! Dann habe ich von hinten, von der Methodenlehre der einzelnen Wissenschaft aus die Logik rückwärts durchgearbeitet, so vom Schluß meines Bandes aus Linien gezogen. Ein halbes Jahr in Ihrer Thurmstube, anstatt im Trouble der Vorlesungen, und der Band 2 könnte zu Duncker und Humblot wandern, von denen ich eben vernehme daß sie mit dem Verkauf des ersten Bandes sehr zufrieden sind und mir nach Abzug der Extrakosten für Satz und Umdrucken — etwa 100 Thaler in Aussicht stellen! Was sagen Sie zu diesem Ertrag meiner Güter?

47] Dilthey an Graf Yorck.

[Dez. 1885.]

Mein lieber Freund,

Ich habe lange nichts von mir hören laffen; es waren hier für uns recht schlechte Zeiten . . .

So sorgt das Leben beständig, daß es Einem nicht zu wohl in der eigenen Haut werde. Auch daß man nur mit unaufhörlichen Unterbrechungen seinen Zielen sich annähere. Diese erste Hälfte des Winters ist mir fast erfolglos verlaufen. Um so mehr freue ich mich, daß Sie nun bald vom Lande mit frischen Gedanken hier ankommen werden, und mich wieder in Bewegung bringen. Denn nach so großen Gemüthsaufregungen verfalle ich jedesmal in eine völlige Passivität, die ich auch als einen Wink der Natur ansehe und nachgebe. Sie werden gehört haben, daß Scherer, der diesen Sommer durch Goethe 2c. Poetik 2c. sich überladen hatte, einen sehr schweren Zufall gehabt hat, Lähmungserscheinungen in Sprache und Arm. Er ist in der Reconvalescenz. Doch wird er Manches von dem, was er zusammenzuhalten hoffte, fallen laffen müssen.

Ende dieser Woche schließe ich, bis zum — 5ten Januar! Dann sind Sie schon da! Denn zum Regierungsjubiläum am 4ten wollen Sie doch sicher in Berlin sein, Ihre Frau Gemahlin wird sich das nicht nehmen laffen. Den 28ften halte ich in der staats- wissenschaftlichen Gesellschaft einen Vortrag: Die Erziehungsfragen der Gegenwart und die pädagogische Wissenschaft.

48] Dilthey an Graf Yorck.

[Bieberich, Frühling 1886.]

Mein lieber Freund,

Ihr Brief ward mir lange von meiner Frau angekündigt, doch glaubte sie ihn geschickt zu haben, erst später kam er dann, von ihr haben Sie schon vernommen daß ich abgereist war.

Wie freute mich daß Sie wieder selber schreiben, und wie gern vernahm ich, daß es Ihnen nach Wunsch geht! Schon hatte ich mir Vorwürfe gemacht nicht entschiedener noch bei Ihnen einen Wiesbadener Aufenthalt befürwortet zu haben. Vom ersten Tag ab war hier nichts als ein Meer von Blüthen und Sonnenschein. Dieser Rhein im Frühling ist wie ein Märchen. Usener war acht Tage hier bei mir, er brachte seine religionsgeschichtliche Arbeit mit, und so hätten Sie auch nach dieser Seite — er las sie sublime vor — Interessantes in Menge mit erlebt. Seine Tendenz ist in dem mythenbildenden Vorgang des Christusglaubens die Einwirkung der griechischen Mythen, mehr aber noch des mythischen Vorstellens wie es bei den Griechen fest geworden war aufzuzeigen. Es ist ihm gelungen die Entstehung der Weihnachtsfeier und den Zusammenhang mit griechischem Kultus und Mythos so exakt zu erweisen, wie dergleichen der Baurschen Schule doch nie so sauber gelungen ist. Ja er hat aus den ältesten römischen Liturgien rückwärts für den antiken Kultus Elemente gewonnen. More solito: werden Sie sagen. Aber wir wissen ja daß solche Untersuchungen nur innerhalb gewisser Gränzen zur Exaktheit gelangen.

Ich habe ein ganz kleines Buch über Einbildungskraft des Dichters hier fertig diktirt. Jetzt habe ich zum Schluß auch die andre Abhandlung wieder vorgenommen, will heut zu diktiren beginnen. In Wiesbaden merkwürdige französische Ausgabe von Reid mit Zusätzen der französischen Schule gefunden, die mir sehr nützlich für die historische Ansicht, die Abhandlung der Gründe für Existenz der Außenwelt. Die Erkenntnißtheorie des 18. Jahrhunderts zeigt innerhalb der empiristischen wie der idealistischen Schule die selbe Erscheinung. Überkommen ist: Die Existenz der Außenwelt soll von dem Ich aus erreicht werden. Seit Descartes ist man am Brücken= schlagen. Existenz der Außenwelt wird als eine jenseitige Thatsäch= lichkeit betrachtet, getrennt vom Ich und dessen Vorstellungen. Ver= kettung aus Vorstellungen soll sie erreichen. Dabei besteht die Voraussetzung, es seien Vorgänge von Empfindung, Vorstellung, Denken aus denen dieser Glaube an die Außenwelt bestünde; correlat der Aufgabe aus solchen verstandesmäßigen durchsichtigen Bestandtheilen die Brücke in Frage zu construiren. Und indem nun Hume, Kant, Kants Schüler dort es sehr scharf nehmen, finden sie natürlich, daß wir schließlich in das Ich des Descartes eingeschlossen bleiben. Dann aber finden dagegen Reid und die entsprechenden Franzosen bis Cousin, dort Jakobi 2c. daß im Existenzbewußtsein etwas liegt, das so gar nicht erfaßt ist. Merkwürdig dann wie verwandt sie es formuliren. Merkwürdig wie man nun zu meta= physischen Hypothesen greift, sich zu helfen usw. Bis dann die= jenigen Voraussetzungen erreicht sind von denen aus wir den Glauben an äußere Objekte in seiner wirklichen Thatsächlichkeit verstehen können 2c.

49] **Graf Yorck an Dilthey.**

Klein=Oels den 28. 6. 86.

Mein lieber Freund.

Schon früher hätte ich von mir hören lassen und Ihren Brief beantwortet, wenn nicht das regnerische und kühle Wetter der letzten Zeit meine Augen affizirt und mir Schonung derselben auferlegt hätte. Denn noch immer bin ich nicht in integrum restituirt, wenn auch die Behandlungsweise Försters von sehr wohlthätigen Folgen gewesen ist. Ich kann doch, wenn nicht schlechtes Wetter einwirkt, in wenn auch läßlicher so doch genußreicher Weise, zeitlich beschränkt, arbeiten. Ich vermuthe, daß Förster mich demnächst in ein Seebad schicken wird, in welchem Falle ich die Freude haben würde Sie zu sehen, mit Ihnen die Ausstellung zu durchwandern. Sie erzählten mir dann Näheres von den gewonnenen Einblicken in den psychischen Assimilationsprozeß, die Funktionsvorgänge, welche mittelst der Abweichungen von dem Normalen am besten sich erkennen lassen. Ich sollte denken, daß auch für den Psychiater die Aufhellung der psychischen Bedingungsverhältnisse von großem Werthe sein müßte, indem er dadurch von todten Classifikationen befreit wird — wie wir noch kürzlich gesehen haben, daß ein höchst komplizirtes Verhältniß nur nach den Phaenomenen beurtheilt und dadurch daß es mit der Etikette Paranoia versehen worden für erledigt erachtet worden ist. — Ein weiterer Schritt zur genauen Constatirung der Bedingungsrapporte ist der Versuch, die Stärkegrade der Funktionen festzustellen, bei deren Überschreitung eine Gesammtgleichgewichtsstörung eintritt, woraus sich eine psychologische Mathematik von negativer Bedeutung ergeben könnte, eine Mechanik der Psyche, welche nicht wie die im Grunde metaphysische Atomistik kritisch anstößig wäre, bei empirischem Ausgangspunkte und negativer Tendenz auf alle Construktion verzichtete. Ein Anderes ist es den Vorgang wechselseitiger Beeinflussung beschreibend zu charakterisiren. Sie gebrauchen den Ausdruck: Metamorphose, der gewiß sehr verdeutlichend ist. Ich vermag zunächst ihn allerdings nur als eine optische Projektion des in der Unsichtbarkeit der Causalität sich vollziehenden Assimilationsvorgangs zu verstehen. Denn eine eigentliche Umsetzung von Empfindung in Vorstellung resp. Willensakt findet doch wohl nicht statt, sondern nur ein motorisches Verhältniß, so daß die Stärkegrade des Motors den Effekt, auch nach seiner

56

Richtung, bestimmen, ein Verhältniß, das die überragende Gesammt=
zuständlichkeit modifizirt, wie sie hinwiederum dadurch bestimmt wird.

Mir scheint für die Betrachtung unterschieden werden zu
müssen ein zweifaches Verhältniß, nämlich das der psychischen
Funktionen zu dem Veranlassenden, dem s. g. Objektiven und das
der Funktionen zu einander. Ersteres ist dem Experimente zugäng=
licher als das zweite. Derartige Experimente sind die hypnotischen
Versuche etc. Die Entferntheit des Wirklichkeitsfaktors bei wachem
Zustande wird die eigentliche Verrücktheit charakterisiren, die Irratio=
nalität, wie denn die ratio gebunden ist an den Kosmos, während
die Störung des Gleichgewichts der psychischen Funktionen bis auf
einen gewissen Grad dem Poeten mit dem Wahnsinnigen gemein ist,
weswegen die Sprache von poetischem Wahn und Wahnsinn redet.
Die Äußerungen und somatischen Zustände, wie auch wo überhaupt
ein solcher vorhanden der besondere anatomische Befund, werden
verschieden sein, je nachdem die zentrale Veranlassung der Störung
diesem oder jenem Verhältnisse zugehört. — Vorstehendes diene nur
dazu die Freude und das Interesse daran zu bezeugen, daß Sie
in körperlicher Frische thätig sind, nicht wie ich behindert und
beschränkt. Auch Heinrich schrieb mir von Ihrem Wohlergehen und
aus Ihrem Briefe entnehme ich, daß die Villegiatur Ihrer Frau
und den Kindern insbesondere dem kleinen Max gut bekommt.
Hier geht im Allgemeinen Alles den alten Gang ...

50] Dilthey an Graf Yorck.

[Juli 1886.]

Mein lieber Freund,

Ihre Zeilen haben mich sehr erfreut. Einmal durch die Nach=
richt daß Ihre Augen sich leidlich gut (wer kann im Leben in jeder
Rücksicht das ganz Gute genießen?) befinden und so wie ich sicher
annehme, bei knapper Lesediät, almälig sich völlig herstellen werden...
Dann durch die Aussicht, daß Sie bald hier durch passiren werden.
Schreiben Sie ja einigermaßen vorher, damit ich mich nach Ihnen
einrichte und wir die erstaunlich belehrende Ausstellung — die
belehrendste die ich sah — recht miteinander genießen können.
Meine Rede über Einbildungskraft, mit Anmerkungen, ist dann
hoffentlich schon fertig und kann auch mitgetheilt werden. Hinter
ihr steht freilich ein schon im Ersten in Bibrich 2c. geschriebenes
kleines Buch über die Sache, ein Theil der Abhandlungen über

Poetik. Unmittelbar danach will ich dann die Ausarbeitung des Aufsatzes über die Außenwelt anfangen: ein unglaublich schwieriges Ding, aber ich fange an zu begreifen, warum noch niemand diesen verwickelten Knoten aufgedröselt hat. Lese ich Ihnen hier oder in Kleinoels die Rede vor, dann wollen wir auch Ihre mir sehr interessanten brieflichen Bemerkungen dabei erörtern. Unter Metamorphose der Einzelvorstellungen verstehe ich, daß die Einzelvorstellung, das Bild nicht ein constantes Atom des Seelenlebens ist, sondern ein unter wechselnden Bedingungen auftretender Vorgang, und zwar wirkt die Vertheilung der Gefühlserregung in dem einzelnen Bilde Verstärkung der Intensität einzelner Bestandtheile, Ausdehnung, Verschiebung der Theile. Vorstellungen ändern sich also nicht nur von außen, gleichsam in ihren Relationen, während sie selber fest blieben, sondern sie sind Agentien, Vorgänge, die je nachdem aus dem Inbegriff der Erregungsvertheilung ihnen Gefühlserregung zuwächst innere Veränderungen erleiden. Der erworbene Zusammenhang des Seelenlebens wirkt dieser Metamorphose gegenüber als ein regulirender Apparat. Da diese Sätze bewiesen werden können, da die ganze innere Gehirnphysiologie und -pathologie dasselbe Ergebniß in ihrer Art hat: ist die psychische Atomistik nicht mehr zu halten und muß einer lebendigeren Psychologie Platz machen.

Nun habe ich nur den Wunsch, Sie möchten bald Ihre Seepromenade antreten. Denn es hat sich jetzt als möglich ergeben, daß ich dann wenn auch nicht lange in Kleinoels mit Ihnen zusammen sein könnte. Im Spätherbst gehe ich nach Bibrich, ebenso so Gott will wieder künftige Ostern; um so lebhafter ist mein Wunsch, daß diese einzige Möglichkeit im Lauf des nächsten Jahres ein paar Wochen zusammen zu sein sich verwirkliche. Am 3ten oder 4ten August schließe ich, dann brauche ich hier noch ein paar Tage, die Materialien der Abhandlung, soweit sie dann noch ungeschrieben, zusammenzuordnen und abzuschließen. Dann bin ich reisefertig. Frau und Kinder gehen dann von Westend nach Kösen bis Ende September, 1. Oktober ist der Umzug 2c. 2c. Nun schreiben Sie, bitte, recht offen, ob Ihnen und Ihrer verehrten Frau Gemahlin das so in Ihre Existenz- und Besuchsdispositionen passen würde. Es wäre doch schön, wenn auf diese Weise ein Zusammensein in menschlich absehbarer Zeit möglich würde. Ich habe bisher nichts verlauten lassen, weil ich sonst, bei Änderung meiner Projekte, schließlich in den Geruch eines wankelmüthigen Menschen komme.

. . .

58

N. B. von R. Scholz ein so unbeschreiblich abscheuliches Bild auf der Ausstellung, daß ihm, wenn es eine Schönheitspolizei gäbe — ein Institut das erforderlich wird — das Handwerk gelegt werden würde. Aber Defregger, Angely (ein Portrait N° 1!), Knaus wieder sehr respektabel, von Makart ein herrliches Portrait. Sie sehen, ereignet hat sich nichts. Von Begas eminenter Bismarck. Aber es lebe der alte Schadow!

51] Graf Yorck an Dilthey.

Klein Oels den 6. Juli 86.

Mein lieber Freund.

Das war eine gute Nachricht, die von Ihrem Besuche! Sie wissen welche Freude Sie mir damit bereiten und daß Ihr Lieblingszimmer immer für Sie bereit steht. ...

Heute nur wenige Worte. Die letzten Preuß. Jahrbücher bringen eine Besprechung des Haymschen Buches von Suphan und eine Außerung Rößlers über Ranke. Erstere von einer beängstigenden schulmeisterlichen Schwärmerei, die staubige Begeisterung eines Editors, mehr in das 17te Jahrhundert Deutschlands passend als in die Jetztzeit. Historische Gestalten müssen flüßig gemacht werden, sonst kommt Staub zu Staube. Und der Mangel daran ist so weit ich das Buch kenne, auch der Mangel Hayms, der ja scharfsinnig, sorgfältig und gewissenhaft arbeitet wie Wenige. Aber den richterlichen, intellektuell = moralischen Stand= und Gesichtspunkt wird er nicht los. Ein besser Litterarhistoriker, der sich abgeschlossenen Sachen gegenüberstellt. Haym ist eben kein Historiker, weil er Kantischer Rationalist ist — auch eine Spezies des modernen Metaphysikers.

Anders wie Suphan ist Rößler lebendig, ein Beweis, daß in Hegel über den er nicht hinauskommt, ein erhebliches Quantum Lebendigkeit ist. Solch Hegelianer hat eben doch ein intimeres Verhältniß zur Geschichtlichkeit. Im Einzelnen läßt sich m. E. viel an jener Besprechung aussetzen. Daneben hübsche Bemerkungen. Der horror vacui ist allerdings nicht ethisch, wie Rößler bemerkt, sondern aesthetisch und diese richtige Bezeichnung hätte auf den Grund der Eigenthümlichkeit geführt. Im Zusammenhange hiermit wäre Rankes ‚Unparteilichkeit' verständlich geworden. Ranke war eben Aesthetiker und ein echter Zeitgenosse und Nachbar Tiecks:

Auch seine kritischen Grundsätze sind okularer Natur und Provenienz. Der Geschichtsstoff aber ist ihm eine Fluktuation von Gestalt annehmenden Kräften. Seine historischen Personen sind im eigentlichen Sinne personae, Träger historischer Rollen. Der Dichter bleibt verborgen, nicht eigentlich Subjekte oder ein Subjekt hat nach ihm die Geschichte — ebensowenig wie die Hegelsche Weltanschauung — sondern subjektivirte Potenzen — ein Lieblingswort Rankes. Ranke ist ganz Auge als Historiker, die Empfindung als ein rein persönliches behält er für sich, es ist ein Geschichte sehen, nicht ein Geschichte leben. Darum fehlt es am letzten Sinne solcher Geschichte. Goethe, man kann sagen, weil er großer lyrischer Dichter war, empfand die Gestalt, die Symbol wurde, sinnvoll. Sein empfindendes Auge ließ ihn, ohne Griechisch, die Graezität erkennen. Demgegenüber denke man an Rankes Darstellung des Griechenthums! Ranke ist ein großes Okular, dem nicht, was entschwand, zu Wirklichkeiten werden kann. Aber der romantische Zauberer ist er, der das vergangene Leben auf die Bühne bringt, die Wahrheit zur Dichtung verschleiert. Und Dove sollte sich — wenn das Hinterlassene nicht nahezu vollständig ist — hüten, den Zauberstab zu ergreifen, der des Meisters Hand entfallen. — Weil Religiosität sich nicht sehen läßt, darum ist sie für Ranke keine historische Potenz, bleibt sie dem religiösen Historiker eine transzendente. Man kann sagen, daß er historisch betrachtet ein Deist gewesen, so gläubig und vielleicht sogar dogmatisch gebunden er als Person gewesen sein mag. Wenn aber irgendwo, so sind in der Geschichte Himmel und Erde eins. — Aus Rankes ganzer Art erklärt sich auch die Beschränkung des Geschichtsstoffs auf das Politische. Nur dies ist das Dramatische. Doch genug, weil sich zu viel sagen ließe.

52] Graf Yorck an Dilthey.

Norderney den 5. Aug. 86.
Lieber Freund.

Soeben Ihr Briefchen erhalten. Das ist ja sehr schön, daß Sie den ersten Plan unseres Zusammenseins nun doch realisiren können. Ihr Zimmer in Oels erwartet Sie. Und ich freue mich sehr, daß Sie mich in dem lieben alten Neste bei meiner Rückkehr von dieser Inseleinsamkeit empfangen. Schreiben Sie nur meiner Frau den Tag Ihres Eintreffens, damit Wagen in Ohlau. Ich weiß noch nicht ob ich am 15ten oder am 21^{ften} von hier loskommen kann. Je eher je lieber. Aber meine Augen entscheiden. Es geht mit ihnen ja viel besser aber noch immer nicht so wie ich möchte. Es würde gewiß besser gehen, wenn ich nicht der Selbsterhaltung wegen genöthigt wäre ziemlich viel zu lesen. Im Augenblicke: Hermann, Geschichte und System der Platonischen Philosophie. Um einen kunstkritischen Ausdruck des trefflichen Vischer zu gebrauchen: ein zügig geschriebenes Buch, aber von einer entsetzlichen intellektuellen Trivialität. Er berührt ja nirgends die Seele platonischen Denkens. Der echte Philologus, der einen Begriff von Historie hat als von einem Antiquitätenkasten. Wo keine Palpabilität — wohin nur lebendige psychische Transposition führt, da kommen die Herren nicht hin. Sie sind eben im Innersten Naturwissenschaftler und werden noch mehr zu Skeptikern, weil das Experiment fehlt. Von all dem Krimskrams, wie oft z. B. Platon in Großgriechenland oder Syrakus gewesen, muß man sich ganz fern halten. Da hängt keine Lebendigkeit dran. Solche äußerliche Manier, die ich nun kritisch durchgesehen habe, kommt zuletzt zu einem großen Fragezeichen und ist zu Schanden geworden an den großen Realitäten Homer, Platon, Neues Testament. Alles wirklich Reale wird zum Schemen, wenn es als ‚Ding an sich' betrachtet, wenn es nicht erlebt wird. — Wer arbeiten könnte! Geschriebene, verstreute, überall verstreute und ungeschriebene Notizen erdrücken mich. Es giebt bisher nur eine vollständige Auffassung Platons, die Schleiermacherische, und die ist dogmatisch, unlebendig, weil metaphysisch. Wer hat die große intellektuelle Bewegung — typisch und doch zeitlich — aber die Zeit als psychischer Faktor gefaßt — die Platon als eine große Lebendigkeit sie umspannend zur Ruhe bringt so lange wie er athmet, würdig dargestellt? Und wie dann seine Gestalt, die des höchsten Griechenthums von den frei werdenden Gegensätzen gesprengt, welche ein Eigenleben der Zersetzung beginnen. Alles Leben ist seiner inneren Struktur nach gegensätzlich, schon physisch genommen. Und jedes Leben ist ein Restaurationsprozeß. Die historischen Gegensätze in der Weite ihrer Vereinzelung bedürfen einer ich möchte sagen übernatürlichen synthetischen Kraft und nur Heroen besitzen sie, wie nur sie diese Gegensätzlichkeit empfinden d. h. in tiefstem historischen Sinne leben. Ihre Arbeit ist ihr Leben. Und sind sie universal, so sind sie Restauratoren, darum aber ihres geschichtlichen Ortes wegen tragische Gestalten. — Was soll man nun sagen, wenn man eine entschuldigende Auseinanderſetzung z. B. darüber leſen muß, daß Platon nicht aktive Politik getrieben habe, wenn man ſeinen Dorismus als Folge ſeiner Familien⸗verbindungen erklärt lieſt? U. ſ. w. u. ſ. w. Man muß zunächſt den großen Gegenſtand aus ſolchen Händen nehmen. Denn das niveau der Betrachtung iſt doch zu niedrig für eine Diskuſſion. Da wird von ‚der abſtruſen Höhe der Platoniſchen Spekulation' ge⸗ſprochen. Keine Ahnung davon, daß es ſich um ganz eigentliche Exiſtenzialfragen handelte, wenn exiſtiren etwas anderes heißt als Eſſen und Trinken.

Doch genug. Denn bei Lampenlicht darf ich nicht zu viel ſchreiben. Was ſagen Sie zu Heidelberg? Mit zwei redenden Zellers! Schon einer iſt m. E. zu viel. Viel Rhetorik. Die ernſteſten Worte immerhin die des Kronprinzen. Aber ich vermiſſe bei dem ganzen Feſte den heiligen Ernſt der Beſcheidenheit. Ein beſcheidenes Vergnügen iſt unſerem trefflichen Erdmannsdörffer geworden: der Hofrath! Und Kuno Fiſcher als Kanzelredner iſt auch nicht übel. Nun mancher Schauſpieler hat wohl vor ihm da geſtanden.

53] Graf Yorck an Dilthey.

Klein⸗Oels den 18. Novemb. 86.

Lieber Freund.

Zum Geburtstag Ihrer Mutter wollte ich unſere herzlichen Glückwünſche Ihnen an den Rhein ſenden. Da machten mir meine Augen einen Strich durch die Rechnung, ein Telegramm aber verbot Ihre gelegentliche Mittheilung, daß dieſe Communikationsform er⸗ſchrecke. Demnächſt kamen Ihre freundlichen Worte und die beiden jüngſten Arbeiten im Drucke. Bei wiederhergeſtellten Augen hätte ich nun längſt ſchreiben und danken ſollen. Da kann nichts oder nur die Kürze des Tages entſchuldigen. Mit großer Befriedigung las ich wiederholt Ihr Portrait Scherers, von Neuem erkennend, daß in dieſer maleriſchen Intellektualität Sie Meiſter ſind. Kein Anderer kann mit ſolch Lionardoſcher Feinheit vom richtigen Hinter⸗grunde einen durchempfundenen Charakterkopf abheben. Die ‚Ein⸗bildungskraft' liegt zu friſchem Genuſſe noch vor mir, auf meinem Schreibtiſche. So haben Sie auf das Schönſte für Ihre Praeſenz geſorgt, der mir übrigens auch gegenwärtig iſt, wenn ich mich mit den Megarikern und Stoikern unterhalte und über den trivialen Forma⸗lismus des Elementarlehrers Ariſtoteles erſtaunt bin. Es iſt doch merkwürdig daß so nahe liegende Fragen nicht gestellt worden sind wie die: warum ernste und scharffinnige Männer sich bei der Aristotelischen Kritik nicht beruhigt haben, warum Aristoteles mächtiger im Mittelalter und zur Zeit der Kirche gewesen als in den seinem Wirken unmittelbar folgenden Jahrhunderten? Die Annahme daß Leute wie Diodor oder Chrysipp, um gleich gegnerische zu nennen, die Aristotelische Kritik der zeitlichen und intellektuellen Voraus- setzungen ihres Denkens nicht geprüft hätten, ist doch ebenso lächerlich als die andere daß sie sich ein langes schriftstellerisches Leben hindurch damit abgegeben hätten dialektische schlechte Witze zu machen. Wird das eigene lebendige Philosophiren, das Nach- denken, ja Wiedererleben an die Stelle der litterarischen Kenntniß- nahme gesetzt, dann kommen die Sachen anders wie bisher zu stehen und wird unter Anderem verständlich, warum die Zauberformel von δύναμις und ἐνέργεια nicht kräftig befunden wurde, ebenso wenig von den Schülern des Euklid und Antisthenes wie von Bacon — und aus ähnlichen Gründen. Der radikale kontemplative Rationalis- mus ist großartig, wenn er in Aristotelischer Universalität auftritt und gerade durch diese Universalität. Die Problematik kommt dabei zu kurz. Kaum ein Problem finde ich in Aristoteles anders als rein logisch, häufig durch den Appell an den bon sens und so nicht ohne Trivialität — fast unsachlich — gelöst. Problematisch ist das Leben und mit der Lebensferne wächst eine gewisse Durchsichtigkeit. So finden wir denn auch, daß jede originale philosophische Strebung späterer Zeit sich in Gegensatz zu dem Aristotelismus setzt. Die Sonne Platons geht über der neuen Zeit auf und erst mit dem Schulmeister kommt Aristoteles wieder. — Und das Neueste sind alte Kämpfe in neuer Gestalt. — Diese entsetzliche Fertigkeit des Rationalismus, des destillirten, der nicht mehr bekriegt, wenigstens von Mächtigen [nicht], die Rüstung seiner großen moralischen Gesinnung abgelegt und mit dem Bürgerkleide tadelloser Respektabilität vertauscht hat, ist mir kaum noch so widerwärtig aufgefallen als bei Lektüre der Selbstbiographie Freytags. Erschreckend wie man so gar nicht leben kann, wie alle Wandelung die der Umgebung. Der geschichtslose Mensch sieht zu, wie sein ‚Programm‘ sich erfüllt, schreibt auch ab und zu sein Wörtchen. Er ist wirklich der von vorn herein fertig gemachte homunculus. So zeigt sich denn allen Ernstes der Mecha- nismus als Menschenbildner, als Demiurg. Aus Lutherscher Tiefe seufzt man nach Sünde. — Anderes von Nebenlektüre viel erfreulicher. So ist R. Vischer auch in seinem Signorelli tüchtig, wenn auch seitdem gewachsen. Der Abschnitt über terribilità ist vortrefflich. Er müßte einen Lionardo schreiben. Von seinen Fachgenossen würde er allein wissenschaftlich dazu qualifizirt sein.

Doch nun endlich zur Hauptsache: zu meinen herzlichen Glück= wünschen zu Ihrem Geburstage. Gesundheit, Kraft und Freude seien Ihnen gestärkt und gemehrt. Das Glück sehe Sie an aus den fröhlichen Augen Ihrer Frau und Ihrer Kinder wie aus dem tiefen Blicke der Wissenschaft, der Sie Ihr Leben geweiht haben! ...

54] Dilthey an Graf Yorck.

[Dezember 1886.]

Mein lieber Freund,

Mit einer Zeile wenigstens will ich zur Wende des Jahres bei Ihnen erscheinen. Obwol der Tag für mich keine Stunden hat. Ich bin sehr abgespannt und schleppe mich mit dem letzten Theil der Bausteine zur Poetik hin, ohne daß es etwas Rechtes werden will. Fünf Bogen Korrektur sind glücklich hinter mir. Im Niederschreiben habe ich die kurzen Anwendungen auf die Form und Technik der Poesie noch vor mir. Ich habe gezögert daran= zugehen, definitiv zu schreiben, da ich stets glaubte eine Entdeckung wie die des Lautgesetzes auf dem Gebiet der Grammatik in Folge meiner analytisch hergestellten Elementarvorgänge nun machen zu können: sie schwebte vor mir her: ich muß indeß darauf verzichten sie zu erzwingen, sondern hoffen, daß später ein glücklicher Augen= blick mich beschenkt. Eine angestrengte Arbeit ist indeß gethan. Und jede Beschäftigung mit Poesien in künftiger Zeit wird mir auf solcher Grundlage Gewinn abwerfen müssen. Eine große Förderung verspreche ich mir denn auch von Scherers Poetik, die nun zum Druck vorbereitet wird. Und es wird vielleicht das ziemlich Gleich= zeitige Erscheinen von zwei Versuchen, die von den entgegengesetzten Enden der Methode ausgehen, die Poetik in Fluß bringen.

Wäre ich wohler, so würde ich sobald ich fertig bin gleich daran gehen, nun den zweiten Band in Ordnung zu bringen. Mehr als das will ich nicht. Ich kann Schwierigkeiten, die noch auf dem Wege liegen, nicht erst auflösen wollen: ich muß mit dem Gold das flüssig ist meine Schulden zahlen. Denn auf einem so ganz un= ermeßlichen Gebiet würde man sonst zwei oder drei Leben ohne Ergebniß zubringen. Nur das kann ich hoffen, daß was ich gebe

wohlerwogen und leidlich begründet ist, ist im Ganzen innere Wahr=
heit: dann wird es so wirken und Ergänzungen herbeiführen.

Wäre nur meine Gesundheit diesem Doppelberuf gewachsen.
Ich verliere bei intensiver eigener Arbeit jedes Interesse an der Vor=
lesung, und so bin ich so ungeeignet als möglich dazu solche Doppel=
aufgabe zu lösen. Dann beneide ich Sie immer aufs Neue. Möchten
nur Ihre Augen Ihnen ermöglichen, Ihre schöne Muße auszugenießen
und wenn Ihnen so zu Muthe auch auszunutzen. Das ist auch mein
inniger Wunsch fürs neue Jahr, mein lieber Freund.

. . .

Eine Rarität, die doch eben erst gedruckt ist, und welche nur
zurückstand, da Zeller sich von der Lektüre noch nicht trennen konnte,
wollen Sie heiter genießen und der Majoratsbibliothek einverleiben.

55] Graf Yorck an Dilthey.

Klein=Oels den 13. I. 87.

Mein lieber Freund.

Für den litterarischen Caviar und die freundliche Einladung
habe ich herzlich zu danken. Ich bin nun aber nicht ein moderner
Mensch, dem Raumanschauung zum bloßen Zeitbegriff geworden
ist. Überdem muß man in diesen Zeiten die Rücksichten des guten
Haushälters walten lassen. Und so gern ich an Ihrem gastlichen
Tische säße, so gern ich als politischer Mensch jetzt in Berlin wäre —
nicht als Herrenhausmitglied, denn nicht die Form sondern nur die
Kraft lockt — so ist es vernünftig Entsagung zu üben. Ich bin tief
und freudig bewegt in diesen Tagen durch den Bismarckschen Eingriff,
eine große Lebensmanifestation wieder mitten in intellektuellen und
moralischen Miasmen. In dem ernsten Carlyleschen Sinne ist B.
eben eine seltene ganz wahre Natur. Und wenn auch die mir er=
regte politische Herzensbewegung für einige Zeit die Arbeitsruhe
nimmt, so ist doch die Stimmung eigenem, stillem Bemühen nicht
widersprechend. Die neue Denkweise, die kommen muß, manifestirt
sich zuerst in und mittelst einer genialischen Persönlichkeit und wie
immer zuerst im Bereiche der That. Ein politischer Prozeß zwischen
Realismus — nicht in dem gemeinen sondern in dem historisch=
psychologischen Verstande — und Nominalismus. Das Zeitalter
des Nominalismus geht zu Ende und es ist Zeit. Glücklich der,
der es mit sehenden Augen erlebt — trotz der Krisen, die den ganzen

politischen Horizont verdunkeln. Denn die Spießbürgerweisheit, daß rings herum Friede sei, ist doch gar zu kurzsichtig. Wann die Entladung statthaben wird, mag nicht zu bestimmen sein, aber verziehen kann das Gewitter sich nicht. Die Revolution — die Bewußtseinsmacht — ist auch ein internationaler Faktor und zwar nicht in dem Ausdrucke der Internationalen erschöpft. Es ist doch bemerkenswerth, daß mit dem Eintritte der modernen, naturwissenschaftlichen, Denkweise jede politische verbindliche Gestalt aufgehört hat. Der Reichsgedanke wurde von dem Gleichgewichtsgedanken — dem man seine Herkunft ansieht — abgelöst. Die reine Faktizität dieser Kategorie konnte nie als Glaubensinhalt dienen. Und die Lebendigkeit jeder kräftigen Person genügte das Gleichgewicht, welches bei der Lebendigkeit der Kräfte nur ein labiles sein konnte, aufzuheben. Diesem rationalen Verhältnisse ist in unserem gepriesenen Jahrhundert der Animalismus gefolgt — wie denn das der Fortgang gewesen ist von einer bodenlosen ratio zur Impetuosität des Triebes, womit das Leben in seiner niedrigsten Art zum Rechtsgrunde des Lebens gemacht ist. Von da muß es nun endlich wieder aufwärts gehen — aber wohl nicht ohne viel Blut und Unglück. Leider ist die Menschheit so geartet, daß Schmerzen das allein ganz wirksame paedagogische Mittel sind. Auch in meine Familie würde und wird der Krieg als schwere Sorge eingreifen. Ich selbst werde dann auch zusehen eine militärische Stellung zu erhalten. Das würde dann mich rasch nach Berlin führen. — Ob irgend eine Anstandspflicht mich früher in das Herrenhaus nöthigt, warte ich ab. Im Übrigen habe ich mich recht winterlich=behaglich hier in meinem Craigenputtock eingesponnen und suche die reiche Mannigfaltigkeit für mich ins Enge zu bringen.

56] Dilthey an Graf Yorck.

[Sommer 1887.]

Mein lieber Freund,

Sie wissen es schon, wenn ich schweige, geht mir's schlecht oder wenn mir's schlecht geht, verberge ich mich wie jedes schamhafte kranke Geschöpf. Sonst wäre ja nicht zu verantworten gewesen, daß nach den schönen Klein=Oelser Tagen, in denen Ihre verehrte Frau und Sie sich so liebevoll unserer annahmen, kein Wort des Dankes, dann als der Enkel erschien, keines des Glückwunsches bei Ihnen anlangte. Es ist mir sehr schlecht gegangen. Mein Befinden war so daß ich alle Arbeit außer den Vorlesungen ganz habe suspendiren, ja selbst die Vorlesungen öfters aussetzen müssen — und Sie wissen was das bei mir besagt. Inzwischen fange ich Dank der völligen geistigen Entziehungskur wieder an aufzuleben, und dieser Brief ist der zweite — nach dem nach Bibrich der nächste — in dem ich mich wieder als lebendig vorstelle.

Nun lassen Sie mich vorab Ihnen und Ihrer verehrten Frau zum Enkel unsre Glückwünsche sagen ...

Von mir ist kaum was zu berichten. Ich thue einfach nichts — vegetire im Grunewald. Vor ein paar Tagen hielt ich meine Antrittsrede in der Akademie, am selben Tage auch Schmoller — wir haben beide mit stolzem Bewußtsein über die Geisteswissenschaften gesprochen — ein neuer Klang in der Akademie der letzten Zeit, gar lange nicht vernommen, und da Alles bis auf den letzten Platz gefüllt und voll Spannung war, deutete es doch auf eine beginnende Änderung in den Zeiten.

Fahre jetzt fort im Grunewald zu brüten über dem nächsten Buch, das die Neueren, besonders Erkenntnißtheorie kurz behandeln soll. Ich verfestige mich darin: auf der Unterlage der europäischen Vernunftwissenschaft, wie sie mit den Theologien sich vereint hatte und eigentlich der europäische Glaube ist: Gott, unsterbliche Seele; Erkenntniß des vernünftigen Zusammenhangs, Handeln aus ihm, sind Systeme hervorgegangen, welche die großen Hauptzüge moderner Geistesarbeit zur Voraussetzung haben und in verschiedener Art benutzen. Rationalismus, Empirismus, Philosophie des congenialen Weltverständnisses oder wie Sie es nennen wollen. Dieser dritte Höhenzug unseres Denkens geht von Giordano und der Kunstphilosophie und Kunstübung der Renaissance, wirkt in Spinoza und Leibniz hinein (in den Schriften des letzteren läßt sich aus vielen Stellen der Einfluß einer ästhetischen Weltbetrachtung aufzeigen), ist mächtig in Shaftesbury, einem sehr merkwürdigen Centrum dieser Richtung, Rousseau, Winckelmann 2c. 2c. Wollen Sie es sich einmal überlegen?

57] Graf Yorck an Dilthey.

Klein-Oels den 4. Dezember
Abends [1887]

Lieber Freund.

Ihr Brief mit seinen wissenschaftlichen Sorgen heimelte mich
an. Zögen mich doch nicht anders geartete von dem Gebiete, wo
jene gedeihen ab! Aber meine wissenschaftliche Isolation wollte ich
nicht klagen. Denn bei unleugbarer Entbehrung habe ich doch dem
Papiere so viel zu sagen, daß Unthätigkeit erst das Abgetrenntsein
zum Übel macht. Ich habe nämlich nun nicht länger zögern können
der Wirthschaft Johns ein Ende zu machen. Die Zeiten sind für eine
energische und umsichtige Wirthschaftsführung schwer genug. Tritt
nun hinzu, daß ein grober Fehler über den anderen gemacht, und
als das Schlimmste, daß gar nicht dirigirt wird, so wird der Zustand
unerträglich. So muß ich mit der Sehnsucht nach Contemplation
im Herzen mich um das liebe Vieh, um Getreide, um Beschaffung
von Geld kümmern, Fehler zu heilen oder zu verhindern suchen,
kurz mich außerhalb des Paradieses bewegen. Als Folge ergiebt
sich, daß ich auf meinen Wunsch wenigstens für einige Wochen
während dieses Winters nach Berlin zu kommen verzichten muß.
Ich hoffe bestimmt, daß Sie den Freien das Frühjahr zu dem Ge-
fesselten führt.

Aus Ihrem Briefe glaube ich entnehmen zu sollen, daß bezüglich des zweiten Bandes das historische Residuum Ihnen in so
fern ein aesthetisches Unbehagen bereitet als die Anknüpfung des
Systematischen an jenes innerhalb des einheitlichen Körpers eines
Bandes schwierig erscheint. Nun mag ja bei der hergebrachten
Trennung des Historischen von dem Systematischen der Unterschied
sich nur künstlerisch überwinden, verschleiern lassen. Anders für
eine andere Auffassung der Geschichtlichkeit. Es mögen hierbei doch
Differenzen unserer Betrachtungsweise unterlaufen. Denke ich mich
Ihrer Aufgabe gegenüber, so ginge ich davon aus, daß das Zeitalter des Mechanismus: Galilei, Descartes, Hobbes virtuell Gegenwart ist. Die Denkrichtung, die Problemstellung ist eine aktuelle.
Die Modifikationen, die der Zeitverlauf gebracht hat, erscheinen mir
unwesentlich, und da mag ich wohl anders werthen. Denn z. B.
die s. g. historische Schule halte ich für eine bloße Nebenströmung
innerhalb desselben Flußbettes und nur ein Glied eines alten durch-

gehenden Gegenſatzes repraeſentirend. Der Name hat etwas Täuſchen=
des. Jene Schule war gar keine hiſtoriſche ſondern eine antiquariſche,
aeſthetiſch konſtruirend, während die große dominirende Bewegung
die der mechaniſchen Conſtruktion war. Daher was ſie methodiſch
hinzubrachte, zu der Methode der Rationaltät nur Geſammtgefühl. —
Andererſeits aber bei der inneren Geſchichtlichkeit des Selbſtbewußt=
ſeins iſt eine von der Hiſtorie abgeſonderte Syſtematik methodologiſch
inadaequat. Wie die Phyſiologie von der Phyſik nicht abſtrahiren
kann, ſo die Philoſophie — gerade wenn ſie eine kritiſche iſt —
nicht von der Geſchichtlichkeit. Iſt doch die ganze unkritiſche Kritik
Kants nur geſchichtlich zu verſtehen, alſo zu überwinden. Das Selbſt=
verhalten und die Geſchichtlichkeit ſind wie Athmen und Luftdruck
— und — es mag dies einiger Maßen paradox klingen — die
Nicht=Vergeſchichtlichung des Philoſophirens erſcheint mir in metho=
diſcher Beziehung als ein metaphyſiſcher Reſt. Ich möchte hier
die Grenzlinie erblicken zwiſchen Philoſophie als Erkenntnißlehre
und Pſychologie als Einzeldisziplin.

Gern hätte ich Sie als Programmatiker der neuen Zeitſchrift
geſehen. Zellers Aufgabenſtellung iſt keine neue, und auch nicht
neu die tadelloſe Klarheit und logiſche Durchſichtigkeit ſeiner Form=
gebung. Waſſer iſt ein gutes Getränk, aber es macht nicht ſatt.

Von Lektüre könnte ich manches erzählen, aber ich käme ins Weite
und Weitläufige. Intereſſiren würde mich ein Urtheil Schmollers über
von Böhm=Bawerk: Geſchichte und Kritik der Capitalzins=Theorien
zu erfahren. Es iſt doch ſehr merkwürdig — und die Einheitlichkeit
aller Lebendigkeit dokumentirend — daß Capital als iſolirter Faktor,
als reine Kraft auftritt, als der Kraftgedanke Weltgedanke wird.

Würde doch endlich der Gedanke abſtrakter Vereinzelung gerade
in der Nationaloekonomik als der Wiſſenſchaft von den Regeln wirth=
ſchaftlicher Geſtaltung überwunden! Dann wäre z. B. gleich erkannt,
daß der Brotpreis an ſich ob hoch ob niedrig kein Selbſtwerth iſt.
Mechanismus wirkt eben immer nach dem Geſetze der Schwerkraft,
unorganiſch, während die natürliche Marke des Lebens relative
Independenz von der Schwerkraft iſt, daher Cirkulation.

Das neue Zeitalter von dem Sie in dem fünften Capitel
ſprechen wollen — mir, lieber Freund, erſcheint es noch im Keime
und eine wiſſenſchaftliche Manifeſtation deſſelben ſoll doch der Odem
ſein, der alle Capitel durchweht.

Doch es iſt ſpät geworden und ich darf noch immer nicht un=
höflich umgehen mit dem Schlaf. Laſſen Sie mich nur noch erwähnen,

daß die Meinen Gott sei Dank gesund sind. Von meiner Frau und mir Ihnen vier die schönsten und besten Grüße. In der Politik mitten in dem leidenschaftlichen und im Westen und Osten geradezu animalischen Getriebe — oder vielmehr abseits davon einsam wie alles große Unglück der Ablauf einer menschlich ergreifenden Tragoedie. Es neigt sich ein Leben ohne historische Spur zu hinterlassen. Nun der Christ steht über der Historie.

Für das nächste Jahr sehe ich schwarz. Die Wässer werden sich nicht mehr länger dämmen lassen. Ich glaube an eine große und günstige historische Peripetie, aber wie hoch wird der Preis sein, der der Zukunft gezahlt wird! Dann möge auch der Mann nicht fehlen, der Reformator des Bewußtseins! — Gute Nacht und schicken Sie mir bald wieder ein Briefchen!

Treu ergeben

Yorck.

58] Graf Yorck an Dilthey.

Klein=Oels den 4. Januar 88.

Lieber Freund.

Wenn ich in und mit meinen Gedanken einhergehe oder Notizen mache, so korrespondire ich mit Ihnen, dem einzigen Mitphilosophirenden. Da kommt denn die Ihnen vor Augen kommende Correspondenz leicht zu kurz. Und auch die heutige Antwort auf zwei freundliche Briefchen wird nur eine kurze sein können. In ihrem wesentlichen Theile aber verliert sie darum nichts an Gewicht, den mein herzlicher Dank für Ihre Freundeswünsche verbunden mit meinen gleichen treuen Wünschen für Ihr und der Ihren Wohlergehen darstellt. Sie klagen über Schlafmangel und seine Folgen. Gewiß ist er die Folge abendlichen Arbeitens, welches Sie vermeiden sollten. Setzen Sie Sich nur selbst keinen bestimmten Termin für den Abschluß des zweiten Bandes, sondern erhalten Sie Sich das Behagen der Arbeit. Die Anforderungen der Planheit und sinnlichen Anschaulichkeit erscheinen mir nur theilweise gerechtfertigt, während Bestimmtheit zu den unerläßlichen Erfordernissen gehört. Fechner und Lotze hatten unstreitig ein seltenes Darstellungstalent. Aber ihre Denkweise erleichterte auch den Ausdruck. Aesthetische Analysis, das Verbleiben [in] dem metaphysischen Anschauungshimmel, der als Horizont das alleinige Aktionsgebiet des Mechanismus umschließt, findet leichter wörtlichen Ausdruck, bei der breiten Provenienz der

70

Worte aus der Okularität erklärlich, als eine hinter die Anschauung zurückgehende Analysis. Dabei bleibt doch das Lotzesche Zentrum dunkel, weil Opsis und Mechanik trotz aller stylistischen Übermalung so getrennt neben einander verbleiben, wie in dem Parmenideischen Gedichte. Was dagegen in den Grund der Lebendigkeit eindringt, ist einer exoterischen Darstellung entzogen, woher denn alle Terminologie nicht gemeinverständlich, symbolisch und unvermeidlich. Aus der besonderen Art des philosophischen Denkens folgt die Besonderheit ihres sprachlichen Ausdrucks. Ich könnte mir grammatische Charakteristiken denken, denen gegenüber die philologisch=statistischen Nachweisungen über den Gebrauch einzelner Worte und Wendungen bei einzelnen Schriftstellern als Kärrnerwerk erscheinen würden. Die stumpfe Bezeichnung des Sprachgebrauchs würde Sinn und Werth erhalten.

In Ihrem früheren Briefe haben Sie mit Recht bestimmt, was ich unter Historizität des Bewußtseins nicht verstanden haben könne, ohne mich einer Metaphysik der Bewegung schuldig zu machen, an der aller Darwinismus, sobald er nicht nur ein heuristisches Prinzip, eine technisch=wissenschaftliche Hypothese ist, krankt. Streng genommen würde solches Prinzip alle Erkenntniß und Erkennbarkeit aufheben. Das ist seit Platons Kritik der Heraklitschen Schule ein für alle Mal klar gestellt. Wenn ich der psychologischen Behandlung die historische gegenüber stellte, so geschah das in dem Sinne, in welchem man Naturrecht und positives Recht trennt. Ich verstehe unter der Disziplin der Psychologie natürlich etwas Anderes als die gegenwärtig traktirte, die durch die moderne Unterordnung unter Anthropologie oder gar Biologie, Disziplinen welche eine wahre Psychologie vielmehr voraussetzen als einschließen, an Wissenschaftlichkeit noch mehr verloren hat. Wesentlich werden die Ergebnisse der Psychologie wie die des Naturrechts negativer Natur sein und in einem gewissen Sinne wird sich die Schellingsche Scheidung in eine negative und eine positive Philosophie als ein tiefes und geistvolles aperçu herausstellen. Daß die gesammte psycho=physische Gegebenheit nicht ist sondern lebt, ist der Keimpunkt der Geschichtlichkeit. Und eine Selbstbesinnung, welche nicht auf ein abstraktes Ich sondern auf die Fülle meines Selbstes gerichtet ist, wird mich historisch bestimmt finden, wie die Physik mich kosmisch bestimmt erkennt. Gerade so wie Natur bin ich Geschichte und so einschneidend ist das Goethesche Wort von dem mindestens dreitausend Jahre Gelebthaben zu verstehen. Umgekehrt folgt daraus, daß

Geſchichte als Wiſſenſchaft nur Pſychologie der Geſchichte ſein kann. Alle andere Geſchichtsſchreibung iſt, inſofern ſie berechtigt, Kunſt. — Rankes hinterlaſſenen 8. Band geleſen. Wenn man auch von dem Fehlen des finishing durch den Meiſter abſieht, vielmehr dies Moment in Betracht zieht, möchte ich Hanns Anſicht beitreten, daß eine Welt= geſchichte — wenn ſie nicht Philoſophie der Geſchichte iſt — nicht mehr möglich iſt, ſobald der im Bewußtſein gegründete einheitliche und univerſale Rahmen des Weltreichsgedankens ſchwindet. Außerdem mancherlei geleſen. Haben Sie einmal Calvins institutio angeſehen? Mächtig und im höchſten Sinne eine hiſtoriſche Urkunde. Der die Welt bewegende dynamiſche Gedanke äußert ſich hier auf religiöſem Gebiete. Weiter von Dante zu ihm als von ihm zu uns trotz der ſo viel kürzeren Zeit. Statt Dante kann auch der Aquinate geſetzt werden.

59] Dilthey an Graf Yorck.

[Sommer 1888.]

Mein lieber Freund,

. . .

Vorgeſtern mit dem vergleichenden Coler eine Grunewald= wanderung gemacht. Den müſſen Sie doch kennen lernen wenn Sie kommen. Eine Art von Meteor, wie ich mir Creuzer 2c. denke. Innerlich conſtruktiver Poet wie er iſt fühlt er ſich natürlich zu dem Poeten in mir hingezogen, dagegen vor dem Antimeta= phyſiker zieht er ſich dann erſchreckt in ſeine Poeſie zurück.

. . .

Von Freund Rößler ein Fauſtartikel in den preuß. Jahrbüchern, der den geiſtigen Banquerott dieſes begabten Hegelſchen Schwätzers noch ſichtbarer macht als etwas früheres . . .

Schreibe an der Überſicht der Pädagogik und brüte über dem erſten abſcheulichen hiſtoriſchen Buch der Einleitung. Die hiſtoriſchen Epochen der neuen Philoſophie ſcheinen ſich mir ſo ab= zugränzen: 1. Renaiſſance und Reformation. Elementariſches philo= ſophiſches Denken. Fortdenken der Alten. Central in dieſer Zeit nach Aufgabe des mittelalterlichen Realismus der von dem Syſtem zurückbleibende allgemeine Pſychismus als Erklärungsmittel der Geſtirnbahnen, Organismen 2c. Dann mit Galilei Beginn der con= ſtruktiven Mechanik, welche die Geiſter bis zu Newtons Elementa beherrſcht. Aber in den 80er Jahren des 17. Jahrhunderts tritt zu

72

diesen Ergebnissen ein Neues hinzu, das ein Neues Zeitalter herauf= führt. Überall beginnt die Analysis des Kleinen; diese Wendung fällt mitten in das Leben von Newton und Leibniz, nun erkenntniß= theoretische Analysis Lockes, die moralische 2c. — der weitere Fort= schritt besteht im Hinzutritt entwicklungsgeschichtlicher Methoden. Es sind drei verschiedene Methoden, die nacheinander angewandt. Doch nächster Tage das Genauere.

60] Graf Jorck an Dilthey.

Klein=Oels den 30. 11. 88.

Lieber Freund.

Lange habe ich nichts von mir hören lassen. Wiederholte und längere Zeit andauernde Affektion der Augen war hinderlich. Einige Jagden 2c. wirkten demnächst ermüdend und intellektuell depravirend. Auch heute nach zweitägigem Jagen bei Sauerma bin ich müde und arbeitsunlustig. Ihr Briefchen aber erinnert deutlich an meine Versäumniß. So sollen Sie wenigstens ein Lebenszeichen erhalten. Von den erwähnten Büchern sind mir keineswegs alle unbekannt. Riehls Kritizismus Bd. I habe ich vor langer Zeit gelesen, in die Fortsetzung nur hineingesehen. Ich habe den Gesammteindruck eines scharfsinnigen aber todten Denkens, im Wesentlichen eines Denkens am litterarischen Stoffe behalten. Näheres Urtheil würde Einsicht in meine damaligen Randbemerkungen nöthig machen. Spencers breiiger Rhetorik, einer echten Rentiersdenkerei gedenke ich allerdings nach wie vor aus dem Wege zu bleiben. Eben geöffnete Bücher= pakete brachten unter Anderem Paulsen Ethik, Kaftan Wahrheit der christlichen Religion. In beide Sachen hineingesehen, ein Kreuz ge= schlagen und beide zur Rücksendung bestimmt. Sie wissen was ich von der Möglichkeit einer Ethik als Wissenschaft halte. Trotzdem kanns immer etwas besser gemacht werden. Für wen eigentlich sind solche Bücher? Registraturen über Registraturen! Das einzig Bemerkens= werthe der Trieb von der Physik zur Ethik zu kommen — auf geradem Wege. Frischweg, kritik= und geschichts=los. Als wenn die großartige eleatische Antinomie sich niemals abgespielt hätte! Man muß die kenntnißlose Dürftigkeit des einleitenden Capitels von Paulsen sehen, um dergleichen für möglich zu halten. Und ebenso abgetragen wie die ethischen Kategorien von Pflichten, Tugenden, Gütern — eine Schematik, der, weil sie das ist, aller einheitliche Eintheilungsgrund verloren gegangen ist, mit dem aesthetischen Glauben

Schleiermachers alle Einheitlichkeit, bloß der der Nationaloekonomik entlehnte reine Maßbegriff des Werths als inhaltloses Trennungs= zeichen, nicht als copula verbleibt — ebenso wissenschaftlich faden= scheinig die Identifikation von natürlicher und christlicher Wahrheit. Und dabei eine Anmaßung des Vortrags als wenn das Gesagte nicht lauter längst bekannte Trivialitäten wären. Wie muß sich jenen beiden gegenüber als ein Ganzer und wirklicher Wissenschaftler Zeller fühlen! — Diese Strebungen scheinen mir nur interessant als symptomatisch. Die ἀρχαί der Naturwissenschaft sind Hypothesen geworden, das veräußerlichte Denken hat damit allen Halt verloren, über die im Grunde moralische Selbstgewißheit Descartes' durch weitere Abstraktion hinausgeschritten. Nun suchen Stimmung — Geschmack — und Utilitätsbesorgniß einen festen Boden, den sie nur in todter Gegebenheit, deren Sicherheit nur ihr Vorhandensein ist, finden können. Rentiersstandpunkt. Anders wie auf dem Ge= biete der Ethik aber nicht besser bei Herrn Kaftan und Genossen. Der Pilatusstandpunkt im Ganzen und Großen der gegenwärtige. Es fehlt eben Erkenntnißtheorie. Damit ists nicht gegangen, nun wird ohne solche Prüfung die Ethik als ‚zeitgemäß' angegriffen. Merkwürdig, daß die Überlegung nicht kommt, daß Ethik syndes= motisch niemals gewirkt hat noch wirken kann. — In die Abhand= lungen von Schmoller wie in Gierkes Genossenschaftstheorie habe ich hineingesehen. Die Besprechung Ihres Buches von ersterem ist von annähernder Verständnißempfindung, wenn auch eigenthümlich vage im Ausdruck, die damit verbundene Kritik Mengers dagegen unzutreffend und wenig scharf. Schmoller und Gierke sind Geistes= verwandte, beide bewegt von einem großen wissenschaftlichen Im= pulse, beide Realisten im Kampfe mit dem noch herrschenden Nominalismus. In dem Gefühle des höheren Prinzips haben sie ihre Stärke. Sie bedürfen beide — einer von ihnen unter aus= drücklicher Hinweisung — des Philosophen, der dem Gefühle die feste Gedankengestalt gebe. Mittlerweile greifen sie auf den historisch vorhandenen Realismus des deutschen Rechts= und Wirthschafts= lebens zurück. Ihm entnimmt Gierke Rechtskategorien, die approxi= mativ anwendbar sein mögen . . .

61] Dilthey an Graf Yorck.

Lieber Freund! [Dezember 1888.]

Meine Frau ist heute Abend in die Quitzows gegangen; ich
bin durch meine Augen noch immer von solchen Vergnügungen ausgeschlossen. Übrigens sind die Quitzows, von allem Persönlichen
abgesehen, hier obligatorisch, jeder anständige Berliner sieht sie
wenigstens einmal wie zu Schillers Lebzeiten die Maria Stuart.
Ich benutze nun ein halbes Stündchen des Abends, Ihren lieben
Brief zu beantworten, der wie jedes Wort von Ihnen im ganzen
Hause, bis zu Max herunter große Freude macht, gelesen, wieder
gelesen und durchgesprochen wird. Zunächst sah ich mit Freude,
daß Ihre Augen wieder alle Dienste thun, ja sogar zu Kaftan
und Paulsen ausgereicht haben. Etwas enttäuscht war ich dann,
über Ihre Eindrücke von den schlesischen Kaisertagen bis auf Ihr
Herkommen vertröstet zu werden ...

Bei uns geht es mit dem Befinden meiner Frau langsam doch
ohne Zwischenfall vorwärts. Das kleine Mädchen gedeiht vorzüglich,
Clärchen hat in der Schule wieder den alten Stand erreicht und
über Max werden Sie hoffentlich wenn Sie kommen sich freuen.
Ich bin zufrieden und der Augenkatarrh ist nun endlich ziemlich
vorüber, nur Schonung noch nötig. Neben reichlich zugemessener
Arbeit, an welcher die lästigen Amtsgeschäfte wie sie neben den ja
angenehmen Vorlesungen nebenherlaufen, einen großen Anteil haben,
regnet es Bücher. Sie kommen aus allen Windgegenden, man
kann sich ihrer nicht erwehren. Rankes Vorlesungen bei König Max
mußte ich ungern zurücklegen, den Velasquez von Justi habe ich
angefangen, vermag doch aber nicht durch so viel gelehrtes Busch-
werk und niederen Wald mich durchzuarbeiten. Ich muß mich an
einzelne wirklich glänzende Bilder wie das von Philipp IV. halten.
Was hätte Justi z. B. aus der Renaissance in Spanien machen
müssen, welche auch hier wie überall so merkwürdig die nationale
Dichtung vorbereitet. Ihm fehlt der Mut des Überblicks. Dann ist
von Sigwart die neue Auflage des ersten Bandes der Logik gekommen, bei kleinerem Druck und größerem Format erheblich stärker
geworden, sonach sehr vergrößert. Auch das zurückgelegt. Paulsen
jedoch zog mich an und ich begann ihn zu lesen. Lieber Freund,
die naturalistische Bewegung in der Wissenschaft hat etwas Unauf-
haltsames. Wir erleben nun heute, allem was wirklich geschieht

zum Troß, daß die liberalifirende Gefellfchaftslehre von Baftiat, Bentham und den Mills fich nunmehr auch der Ethik bemächtigt. Die Voraussetzung diefer Lehre ist, daß wer für fich forgt, auch am beften für die Wolfahrt der andern forgt, oder wer diefe Wolfahrt fördert, hierdurch auch am beften fich felber nützt. Die wunderbare Zweckmäßigkeit der gefellfchaftlichen Mafchine ist durch eine Harmonie aller Intereffen bedingt. Sie haben Recht, dies als eine fatte Rentiersphilofophie zu bezeichnen. Man follte einen Auszug davon unter die Arbeiter verteilen, ob fie an folcher Sattheit der oberen Claffen fich mitfättigen und wärmen. Getragen wird diefe platte Lehre, die nun wirklich rückständig ist, durch die moderne Biologie. Darwin und Herbert Spencer verleihen ihr einen Schein von Wiffenfchaft, jedoch verfchweigt diefe Anwendung auf das Menfchenleben, daß die Natur überall Sieg des Stärkeren, Freffen und Gefreffenwerden als Hülfsmittel braucht, Dafein, Gattungen zu erhalten und zu fteigern. So ist ein fetter, fattet und behaglicher Utilitarismus von Bentham her zu Herbert Spencer entwickelt worden, dann hat Ihering die Mechanik des gefellfchaftlichen Lebens vermittelst der Triebfedern von Lohn, Strafe und Zwang fowie das hiftorifche Gefetz vom Überleben der Sitte nach dem Schwinden ihrer erften Motive und im Wiedererfatz derfelben durch neue Motive hinzugefügt. Und nun fehen wir wie — in breitem, flachem Lauf — diefe Moral der Satten fich ausbreitet; fo trivial als bei Paulfen erfcheint fie allerdings bei keinem anderen, aber fie verfügt auch bei niemandem über einen fo glänzenden Styl und eine folche Kraft, Verftändniß auch bei dem Schlaffeligften zu erzwingen.

Mich befchäftigt nun nach meiner Ihnen bekannten Art, da alles was wirkt irgendwo eine Kraft dazu haben muß, worin das Recht einer folchen Sittenlehre gelegen ist. Es giebt in der Moral wie in der Aefthetik und Pädagogik durchgreifende allgemeingültige Regeln. Hier bemerke ich in Parenthefe, daß Sie mir wol über die pädagogifche Abhandlung in der Akademie etwas hätten fagen dürfen, wenn man ihr auch, zumal in dem haftigen letzten Teil, den Armbruch von Max anmerkt. Alfo diefe Regeln gehen auch durch die Moral hindurch und hier find fie der Ausdruck der Weifen in welchen auf Grund der menfchlichen Natur, die Gefellfchaft nach der Harmonie ihrer Intereffen auf die Handlung der Einzelnen reagirt. Daffelbe kann auch fo ausgedrückt werden, daß das Individuum in diefem Gefüge der Gefellfchaft nur dann ohne Reibungen handelt, wenn es in den Zweckzufammenhang derfelben fich einfügt; die

76

durch die Gesellschaft hindurch gehenden Zwecke wirken wie Natur=
kräfte; wie das Fallgesetz überall gilt wo Körper sind, so gilt auch
überall daß Rechtschaffenheit im wirtschaftlichen Verhalten allein ein
nirgend gestörtes Aufsteigen der ganzen Person zur Folge hat.
Ebenso wirkt, daß freundliches, sympathisches, hilfreiches Verhalten
von allen Seiten Liebe erwirbt.

Diese Urteile wirken um so stärker, die Regeln greifen um so
energischer durch, je gleicher die Lage der Personen und je solidarischer
ihre Interessen verbunden sind; sie wirken daher am stärksten in
der mittleren Schicht der gegenwärtigen Gesellschaft.

Die Naturgeschichte der Entstehung dieser Regeln wäre in der
That historische Moraluntersuchung. Wie in der gegenwärtigen
Gesellschaft im Lichte der Geschichte Rechtsregeln sich bilden so auch
herrschen die moralischen Gefühle; gleichsam Institute des moralischen
Verhaltens.

Aber diese ganze Sittenordnung welche ein durchschnittliches
moralisches Verhalten garantirt, das niemals aus der Kraft per=
sönlicher Sittlichkeit gleichmäßig und zuverlässig entspringen würde,
ist natürlich nur die Unterlage für den geschichtlichen Proceß und
den persönlichen Vorgang von persönlicher Sittlichkeit und Religiosität.
Diese geht gerade von den Erfahrungen des Weltlaufs aus; daß Glück,
im gewöhnlichen Sinne des Wortes, nicht das Gegengeschenk für
sittliche Hingabe ist, die Gebrechlichkeit der Welteinrichtung, der Un=
dank dem die Aufopferung begegnet, die Geltung des Scheins, der
Sieg der kalten Berechnung, welche Reibungen vermeidet, über den
Enthusiasmus: hiervon gehen Sittlichkeit, Religion und Poesie, kurz
das höhere Leben aus; die Transcendenz der Aufopferung an das
Individuum und der Hingebung an Zwecke, die an sich einen grenzen=
losen Wert haben, ist die Wurzel aller Transcendenz überhaupt.

62] Dilthey an Graf Yorck.

[Ende Febr. 1889.]

Mein lieber Freund,

Herzliche Glückwünsche zu Ihrem Geburtstag. Sie feiern ihn
diesmal bei der Tochter und dem Enkel. Wie gern hätten wir
diese Feier getheilt.

Möge das neue Jahr Ihre Arbeit fördern. Sie wissen wie
mein ganzes Herz dabei ist, daß was Sie lange in Kopf und Herzen

haben auf das Papier komme. Sie sind das uns allen schuldig. Und einen Dienst werden Sie mir insbesondere damit leisten.

Eben komme ich vom Mittagessen bei Althoff, wo wir Weinhold angetoastet haben, der nun Ostern hierher kommt.

Wie gedenke [ich] täglich der schönen Zeit mit Ihnen! Wie vermisse ich Sie täglich! . . .

63] Graf Yorck an Dilthey.

Klein=Oels den 7. März 89.

Lieber Freund.

. . .

Hier fand ich natürlich eine Menge zu thun vor. Dies und eine Grippe, welche seit mehreren Tagen und noch heute meine Frau im Bette hält, haben die alte Gemüthlichkeit noch nicht aufkommen lassen. So, noch außerhalb des Paradieses der Arbeit erweckte mir die Lektüre Ihres Grundrisses bis pag. 58, die mich gestern am späten Abende beschäftigte, eine wahre Sehnsucht nach bekannten Gefilden. Ich habe beim Lesen eine wahre Freude gehabt. Was nun das Ganze betrifft, so meine ich, daß innerhalb des Zweckrahmens eines biographisch=litterarischen Grundrisses die Arbeit eine überhaupt sowie insbesondere in hodegetischer Beziehung vortreffliche ist. Außerhalb dieses Rahmens liegt der aitiologische Gesichtspunkt, dessen Durchführung vielleicht auf die Struktur der Schrift, auf Werthung, Breite der Darstellung, Gewichts= vertheilung und Schätzung von Einfluß sein würde. Da aber diese Betrachtungsweise eine neue, die Resultate derselben, auch wo sie ausgesprochen, nicht festes Allgemeingut geworden, so konnte der Grundriß auch nicht in einen tieferen inneren Rapport mit Ihrem Buche von Ihnen gesetzt werden. Nicht so daß nicht eine Fühlung vorhanden sei, die Berührung zumal an einzelnen Punkten merklich, aber eine Durchdringung war ausgeschlossen durch die Stellung der Aufgabe und den Zweck der Schrift. Wenn ich nun bei einzelnen Bemerkungen doch von aitiologischem Gesichtspunkte mich leiten lassen sollte, so sehen Sie dies dem Interesse an dem von Ihnen behandelten Inhalte nach. Überdem bitte ich meine wenigen Bemerkungen als ‚unverantwortliche‘ anzusehen. Ohne Zeit zur Vorbereitung, zum Nachschlagen und zur Einsicht in meine Notizen und momentan noch außerhalb des lieben Gedankenkreises erscheint mir jede Äußerung eine Kühnheit, die aber Ihre Freundschaft zu verantworten hat.

p. 1 u. 2. moderne philologische Methode, scheint mir der Hinweis auf Winckelmann und hinter Boeckh der Name Welcker zu fehlen.

p. 3. am Ende: würde ich außer und vor Augustinus Origenes namhaft machen.

p. 5. unter den Fragmentensammlungen würde ich neben Mullach Carsten aufführen.

Als Quellen würde ich noch anführen Hippokrates und Hippolyt natürlich mit dem obligaten ‚Pseudo'. Aufgefallen ist mir, daß Hippokrates überhaupt keine Erwähnung findet.

p. 6. für die Geisteswissenschaften 2c. wiederum Winckelmann, Wolf. Für Mathematik Cantor.

p. 7. zu Thales aus phönikischem Geschlechte cf. Diels Archiv für Gesch. d. Philof. II. 2.

p. 17. unvollkommene Sokratiker: Sokratiker strikter Observanz.

p. 19. meines Erachtens muß Plato geradezu als Erfinder der Logik bezeichnet werden. Schriftstellerische Stadien, oder wenigstens innere Charaktere seines Schriftthums: 1. das dialektische 2. das logische 3. das konstruktive (politische). Hiermit ein Drittes zu Schleiermachers und Hermanns Auffassung oder vielmehr Resultat kausal=historischer Betrachtung gegenüber 1. der aesthetischen Schleiermachers 2. der okkasionellen Hermanns. Ich wünschte daß diese beiden letzteren, vorliegenden, Gesammtauffassungen Platons als solche und als über den philologischen Spezialunter=suchungen liegend und sie beeinflussend in ihrer Gegensätzlichkeit hervorgehoben worden wären.

p. 23. Wohl zu weit ginge es die bedeutendsten Arbeiten über die einzelnen Dialoge anzuführen. Wäre nicht übel. Daß die zweifelnde Dialektik das Übergewicht in der Akademie erlangte ist kurz er=wähnt. Die Erklärung wäre sehr erwünscht. Mir scheint die Sache an sich noch ganz unaufgeklärt. Ich glaube daß die Schul=benennung Hinderniß der Einsicht ist.

p. 10 trage ich zu Heraklit nach, daß Schuster und Teichmüller genannt werden müssen, wenn Lassalle Erwähnung findet.

p. 27. Rhetorik des Aristoteles bezeichnet als Durchführung des Platonischen Gedankens. Verbirgt die diametrale Differenz, die Abhängigkeit des Aristoteles von Antisthenes und, früher, Gorgias, kurz der rhetorischen Technik, gegen welche in Opposition die metaphysische Grammatik Platons. Die Grammatik bleibt seitdem rhetorisch.

p. 30. Allgemeine Charakterisirung des dritten Stadiums, scheint

mir die derzeitige wesentlichste Bewußtseinsstellung: die Stoa nicht
ganz zu treffen. Die Stoiker hatten — nur so konnte das Platonische
Weltbild verdrängt werden, so daß es wohl im weitesten Sinne
psychologisch, nie mehr aber naturwissenschaftlich=mathematisch den
Mechanismus verdrängen konnte — eine großartige geschlossene
Ontologie, von der die ethische Haltung ebenso abhängig war
wie umgekehrt. (Ogereau, essai sur le système philosophique
des Stoïciens 1885). Die Kraft lag in der Brauchbarkeit.
Utilitarismus, der ein ethischer gewesen ist und wohl sein kann
(Sokrates, Antisthenes, Stoa).

Das Verhältniß der Epikureer und Stoiker scheint mir noch
nicht aufgeklärt. In der Ontologie kaum große Differenzen.
Leider wissen wir wenig von Epikur, nur das Außenwerk. Hier
liegt eine Frage.

p. 32. Experiment im eigentlichen technischen Sinne haben, wie ich
glaube, die Alten gar nicht gekannt. Zergliederung, Vergleichung
und mathematische Bestimmung waren die einzigen Methoden dem
Objekte nahe zu kommen. Dem Experimente liegt der Kraft=
gedanke zu Grunde. Ich finde nirgends den Vorgang.

p. 33. ich würde die Welterklärung des Demokrit nicht als die des
sinnlichen Denkens bezeichnen. Dem Idealen steht das Mechanische
gegenüber. Sinnlich beides oder keines. Ja die Bildlichkeit,
εἶδος, sinnlicher als das Atom, dessen Gestaltsmoment nur im
Zwecke wurzelt. Mir scheint daß wir noch immer sittlich und
sinnlich in einen falschen Rapport setzen. Demokrits Standpunkt
weniger sittlich, weil weniger frei und unlebendig, nicht weil sinn=
licher.

p. 35. über Logos 2c. Heraklits äußere ich mich nicht, weil dazu
eine Darstellung das Recht geben müßte.

p. 36. desgleichen über den bedeutungsvollen, tiefen Einblick ge=
währenden terminus πρόληψις, der meiner Meinung älterer Pro=
venienz ist.

p. 37. wäre schön gewesen eine kurze Hindeutung, wie die des
ontischen Halts entbehrende Sittlichkeit als das Geziemende —
Convention — gefaßt werden mußte ebenso wie aus demselben
Grunde Wahrheit und Recht auf Koinonia gegründet. Neue
neben der alten hergehende Art der Fassung des Naturrechts.
Convention, Koinonie, common sense gehören zusammen.

p. 38. gelehrte Litteratur über die Skepsis fehlt.

Cicero, Varro, Seneca vortrefflich.

80

p. 49. Effener von den Pythagoreern beeinflußt?
Vorweltliche Materie auch femitisch.

p. 50. Philo scheint mir noch weit bedeutungsvoller als dargestellt.
Eine hübsche nach Heinze erschienene, wenn auch nichts wirklich
Neues gebende Arbeit von Soulier, la doctrine du Logos chez
Philon 1876. Übrigens bei Philo der Geist in Gestalt einer Taube.
Daher also bei den Evangelisten.

Litteratur über die Gnosis würde ich noch erwähnen Baur.

p. 51. Nach Holtzmann und Harnack gehört innerlich und nach
seiner Bedeutung Marcion nicht zu den Gnostikern, mit denen er
im Wesentlichen nur die negative Stellung dem Alten Testamente
gegenüber gemein hat. Seine Bestimmung des Demiurg aus
ganz anderem Motive. Er hat etwas von einem Aloger. —
Außerordentlich bedeutender Mensch.

Emanation kein allgemeiner gnostischer Begriff. Bei
Philo nur bildlich und Abhängigkeit von Philo groß.

So viel in Eile für heute. Es war mir eine große Freude
wenn auch flüchtig wieder zu Ihnen zu reden.

64] Dilthey an Graf Yorck.

[14. August 1889.]

Lieber Freund,

Seit gestern sind wir hier, in dem entzückendsten Schwarzwald=
thale: ein Hôtel von dem Comfort wie Hôtel Baur in Zürich hinein=
gedichtet in die schwarzwälder Bergschönheit. Meiner Frau ist nur
die Luft zu mild, da das Thal gegen Nord und Ost geschlossen ist.
Aber wie wir dem Herbst zugehn, wird auch diese südliche und
geschützte Lage sich als erfreulich erweisen.

Jede Stunde aber sagen wir: ganz wie für Sie eigens gemacht.
Die Luft entzückend mild, grüne Matten und Wälder soweit das
Auge reicht, der größte Comfort, Diners wie in Hôtel Metropole in
Berlin. Die Josephsquelle wird auch von den eisensuchenden Gästen
stets zuerst getrunken. Es ist der sanfteste Tarasper, mit einigem
Eisengehalt. Charakterisirt sich bei einem nicht unbeträchtlichen Eisen=
gehalt durch das Vorherrschen von Glaubersalz; sie ruft einen
rascheren Stoffwechsel und vermehrte Ausscheidungen hervor und
zeigt sich vorzugsweise wirksam, wenn bei mäßiger Anregung der
Absonderungen zugleich eine stärkende Wirkung beabsichtigt wird ...
Wollte ich Ihnen die Wirkung an mir schildern, so müßte ich poetisch

werden. Ich kenne Karlsbad, Tarasp und andre rohe und gemeine Gewässer. Hier aber müßte man in die dichterische Sprache greifen, um sich auszusprechen. Man kann dann Eisenquelle dazu nehmen oder wie meine Frau und ich thun werden, zu solcher übergehen.

Der Tag stellt sich für uns mit der Cur auf 11 Mark. Sie würden natürlich im ‚Fürstenbau‘ wohnen, und dann 13—14 Mark täglich gebrauchen. Von Bedienung, Comfort und Lebensüppigkeit wird man erstickt. Sie brauchen weder Diener noch Ihre Utensilien zu kaltem Bad 2c. mitzubringen: Alles hier exquisit. Sie brauchen sich nur eben zwei Hundertthalerscheine und zwei Anzüge einzustecken und Alles andre macht sich. Ich bitte Ihre verehrte Frau, Gräfin Helene und Gräfin Bertha aufs inständigste, Ihnen Alles einzupacken, Sie in den Wagen zu setzen und fortzuspediren. So bekommen Sies für Ihre Augen und Ihr Gesammtbefinden nie wieder — und fürs Gemüth nicht leicht wieder. Das Zimmer suchen wir Ihnen aus wenn Sie schreiben. Wir halten dann hier Philosophencongresse. Auch mit Riehl Zusammentreffen schon verabredet.

65] Graf Jorck an Dilthey.

Klein-Oels den 21. Aug. 89.
Lieber Freund.

Einladend, verlockend und herzlich erquickend war Ihr Brief vom 14. d. Mts, jene dankbar von mir empfundene Wirkung bleibt ungemindert, auch wenn ich der Lockung nicht folgen kann. Gewiß wäre es schön, wenn wir wieder einmal in freier Ungebundenheit nach antiker Weise ohne Rück- und Hinblick auf das: ‚Es steht geschrieben‘ und ‚der pp. hat schon gesagt‘ die eigene Lebendigkeit wandelnd und redend in Gedanken umsetzen könnten. Gegenwärtig aber muß ich auf diesen Genuß verzichten. Statt vieler Gründe seien nur zwei erwähnt. Meine Augen sind noch nicht in dem Zustande, daß ich eine Reise riskiren könnte. Leicht könnte es geschehen, daß ich unterweges von verstärkter Augenentzündung befallen würde und in Berlin oder Frankfurt acht Tage im Hôtel zubringen müßte. Die durch die Untauglichkeit des linken Auges veranlaßte vermehrte Anstrengung des rechten rief eine Entzündung des letzteren hervor. So habe ich lange Zeit ohne die Freude der Arbeit hinbringen müssen, durch Vorlesen einigermaßen genährt. Seit zwei Tagen geht es nun besser und heute hoffe ich Unterbrochenes langsam und in homöopathischen Dosen wieder aufnehmen zu können.

Das zweite Moment, welches mich hier feffelt, ift die Einquartierung. Ich habe das ganze Haus voll Offiziere und zwar nicht für ein oder zwei Tage, fondern bis zu Anfang des nächften Monats. Sie fehen, daß es mir nicht möglich ift, im fchönen Schwarzwaldthale mit Ihnen zu wandern und zu diniren. Die Speifekarte mit dem Punkt über dem i, der Schlußbemerkung: Und wie!! hat uns Allen viel Spaß gemacht. Ich muß bei dem freundlichen Ehepaare doch dezidirt in dem Rufe eines argen Genußmenfchen ftehen. Dem fei nun wie ihm wolle — ich bin der Meinung, daß es wenig unverwöhntere Menfchen giebt wie mich — fo freue ich mich über Ihr Wohlergehen, daß Sie den anfprechenden milde wirkenden Brunnen gefunden haben, der Ihrer fein organifirten und reizbaren Phyfis entfpricht. — Ein Frühftück mit neun oder zehn Offizieren hat diefen Brief unterbrochen. In zwei Stunden Mittageffen zu ungefähr achtzehn Perfonen. Leopold heute früh eingetroffen, fchießt in der Nähe Hühner. Mehrere Wagen heute nach Ohlau. Ein Hin und Her und nur in meinem Zimmer ruhige Zwifchenftunden. — Gern fpräche ich mit Ihnen über die moderne englifche Logik. Das daß, nicht das was derfelben von dem höchften pfychologifch=hifto= rifchen Intereffe. An Originalität Lotze und Sigwart dem gegen= über gering. Der konfequente Alogismus als Logik. Nebenfächlich aber mir perfönlich intereffant, daß Bain die Affoziationstheorie als wiffenfchaftliches Dogma kritifirt, wobei Bemerkungen, in denen ich eigene Gedanken wiederfinde. Allerdings · ift er weder tief noch radikal. Die Wellenfchwingungen hervorgerufen durch das exzentrifche Prinzip, welches vor mehr als vierhundert Jahren eine neue Zeit heraufführte, fcheinen mir bis zum Äußerften weit und flach geworden zu fein, die Erkenntniß bis zur Aufhebung ihrer felbft fortgefchritten, der Menfch fo weit feiner felbft entrückt, daß er feiner nicht mehr anfichtig ift. Der ‚moderne Menfch' d. h. der Menfch feit der Re= naiffance ift fertig zum Begrabenwerden. Jene Bewegung beginnt übrigens offenbar weit früher als die Wiederentdeckung des Griechen= thums im 15. Jahrhundert. Sie datirt im Allgemeinen gefprochen vom Jahre 1300 her. Die deutfche und die romanifche Myftik, Occam, Duns Scotus, Marsilius (Marsiglio), Philipp IV., Domini= kaner, Franziskaner — Alles Elemente derfelben Bewegung und die beftimmenden für die neue Zeit, lange vor der f. g. Renaiffance und dem florentinifchen Platonismus. Letzteres eine Nebenftrömung wie die deutfche aefthetifche. Zu jener Zeit fchon zerfällt die univerfale Formgeftalt. Die große Unterftrömung thut ihr Werk fo lange vorher, ehe Bacon Spektakel macht. Hieraus schon und überhaupt für den Analytiker ergiebt sich die Einseitigkeit und das Schiefe von Burckhardts Auffassung. — Doch meine Zeit ist abgelaufen. Seien Sie herzlich gegrüßt und zu der wirkungsvollen Schönheit des Badeaufenthalts beglückwünscht. Möge der Herbst Sie mit Ihrer verehrten Frau wieder nach dem alten Oels führen. Lassen Sie mich doch wieder ein Wörtchen wissen über Ihrer beider Befinden und Ergehen.

66] Graf Yorck an Dilthey.

Kl. Oels den 2. Novemb. 89.

Lieber Freund.

Ihr heute hier eingegangener Brief traf auf meine Intention Ihnen zu schreiben, um Sie in der Heimath zu begrüßen, nach dem Abschluß Ihrer odysseischen Wanderung. Während derselben waren Sie mir nicht erreichbar. Ihr dankbar empfangenes Telegramm aus Finstermünz, wie Sie doch wohl nur flüchtig sich aufhielten, gab auch keinen Fingerzeig darüber, wo Sie länger zu verweilen beabsichtigten. Sie hatten Sich eben für einige Zeit aus der Welt entfernt, so daß Geldbriefe sogar als unbestellbar an den Absender zurückgelangten. Glückliche und zweifellos fruchtbare Isolation. Das ist die Gestalt des modernen Lebens, daß man reisend die Einsamkeit besitzt. Ich unterdessen habe dieselben Sterne und dieselben Bäume und Felder über und vor mir gehabt und im Übrigen auch ein reichlich Maß von gedanklicher Einsamkeit, nur daß sie nicht fruchtbringend war. Es fehlt eben die Lockung der Gegenrede. Überdem störende Sorgen verschiedener Art, die der stoischen Lebens= haltung, die gemeiniglich zu sehr nach dem harten römischen Körper, den sie mit der Zeit empfing, angesehen wird und nicht nach ihrem feinen autochthonen griechischen Geiste, das Verständniß zu öffnen geeignet waren und sind. Hier zunächst einige Nachricht von unserem Ergehen: Bertha war recht angegriffen und konnte erst vor ungefähr acht Tagen ihrem Manne und Kinde nach Weimar nachfolgen ... Ihre Natur erquickte mich wieder sehr, wie ein schönes Instrument Kindes= und Mutter=liebe harmonisch wiedertönend. Heinrich ist stark beschäftigt ... Ist er hier, so fehlt es nicht an Wortgefecht und handelt es sich um etwas Aesthetisches, so ist er ganz bei der Sache. Begabung spricht hier mit, aber wo ist die Grenze zwischen Wirkung

84

der Begabung und der Bildung? Unsere moderne technische und utilitarische Bildung bewirkt oder befördert, daß die Aesthetik menschlich komplettirt. cf. Lange, Lotze u. f. w. Letzthin handelte es sich um den Zufall in der Dramatik, insbesondere im spanischen Theater, worüber ich glaube einiges Gute, historisch Gesehenes gefunden zu haben. Gelegentlich erzähle ich Ihnen davon, um daran den Unterschied zwischen wirklicher Analysis und den üblichen Formvergleichungen und Okkasionsherleitungen zu demonstriren. Jüngst hat auch wieder ein Schererscher Schüler solch antiquarischen Stoff zusammengebracht in einem dicken Buche, dessen ganzer Inhalt mir bei flüchtigem Einblick äußerlich zu sein schien. Heiliger Gottsched!

... Daran aber denke ich ein kleineres Quartier für einige Monate in Breslau zu nehmen, Sie können Sich denken: nicht meinetwegen. Ich bliebe lieber hier, wo ich denn auch oft sein werde, da eine auch bescheidene Behaglichkeit in Berlin außer dem Bereiche der Möglichkeit liegt. Es giebt Themata, über die ich nicht gern spreche. Auch genügen wenige Worte. Hier wie mit wenigen Ausnahmen im ganzen Osten Deutschlands ist dies Jahr eine Mißernte gewesen. Ich habe im vorigen Jahre nur eine Mittelernte gehabt, heuer dreitausend Schock Getreide weniger. Rechnen Sie durchschnittlich das Schock nur zu drei Scheffel, das Übrige weist jede Preistabelle nach. Welche Entfernung von der Wirklichkeit zeigt die Rhetorik des Reichstages. Wie sehr hat Platon Recht bezüglich der Rhetorik. Freilich auch die Forderungen der Regierung — nicht gerade die rein militärischen, die nothwendig sein mögen — wie wenig berücksichtigen sie die vorhandenen Kräfte. Der tief begründete Conflikt, im letzten Grunde eine psychische Antinomie, zwischen abstrakter Selbstbestimmung und gemeinsamer Wohlfahrt ist die Krankheit der Zeit, ein Riß im Bewußtsein. Composition des Syndesmos, dieser Wahn- oder Irrsinn der Revolution, ist eine Danaidenarbeit. Man stelle doch einmal die Frage woher es komme, daß das empfindsame Humanitätsgefühl des 18. Jahrhunderts es zu keiner Humanität als gestaltender Kraft gebracht hat und die Antwort wird gefunden werden. In diesem Falle nun wären die bekannten Monopole Wohlfahrtseinrichtungen und Postulate. Aber allerdings konstitutionelle Garantien dagegen, d. h. Sicherung abstrakter individueller Independenz giebt es dabei nicht. Der schärfste Ausdruck des sich in sich Widersprechenden ist Sozialdemokratie. — Wie radikale Bewußtseinszustände allseitig sich manifestiren und in dieser totalen Energie ihre Historizität kenntlich machen, so ist es das

thetische Prinzip, welches auch den Charakter der modernen Logik
d. h. der englischen Logik bestimmt, welche die einzige modern-origi-
nale ist. Die Intention derselben ist von Ihnen richtig bezeichnet,
aber diese Intention ist — Postulat und das Postulat ein unkritisches.
Schon der Ausgangspunkt, die Ansicht über das, was Urtheil sei,
ist durch besondere historische Verhaltung bestimmt. Das Hinzuthun
als welches urtheilen gefaßt wird, diese Auffassung ist die Voraussetzung des Substitutionsgedankens. Die Berechtigung der jedes-
maligen Substitution aber ist schließlich der Erfolg. Hinter ihm liegt
doch wieder der psychische Nexus, der die Seele der Platonischen
Logik ist. — Die Aristotelische ist zu einem erheblichen Theile Rhetorik. Ich meine, daß man übersieht, wie ganz verschieden die
Tendenz der antiken und der modernen Logik ist. Unter demselben
Namen verbirgt sich Verschiedenes. Jene war deklaratorisch, diese
will heuristisch sein. Ja, trotz Prantl, eine Geschichte der Logik,
nicht eine solche der logischen Schriften wäre noch zu schreiben. —
Am Oberflächlichsten ist in der logischen Frage Kant. Sein Formalismus ist eine Sandbank in Mitten des großen mechanistischen
logischen Stroms. Stubenluft! Es geht ihm hier wie bezüglich
des Problems der Raumgestalt, ja meiner Meinung nach zuletzt
auch in Bezug auf seine Gegnerschaft gegen Hume. Im Grunde
ist doch die bloße Applikationsnorm — zürnen Sie nicht über den
Ausdruck — eine Trivialität.

Was sagen Sie zu Freytag über den Kronprinzen? Mir ist
erschreckend, wie Herz und vornehmes Taktgefühl aus der Öffentlichkeit verschwunden ist. So roh ist doch kaum jemals noch die
Kritik gewesen. Alle Zeitungen des Lobes voll, über dies Schlimmste,
was über einen nicht starken, aber so gütigen und Herrn Freytag
so freundlichen Mann gesagt worden ist und werden konnte. Dagegen ist ja Geffcken unschuldig. Empörend das Verfahren und
die Haltung Freytags, der gar nicht verstehen, nur richten kann.
Dieser bourgeois des Jahres 1848 wendet in borniertem Hochmuth
sich selbst als Maßstab an, um danach eines Anderen Werth zu
bestimmen. Das ist die sogenannte bürgerliche Moral, die am
kräftigsten in der Öffentlichkeit ist, nach Außen hin. Von der Höhe
des: Gott sei mir armen Sünder gnädig! weiß sie nichts. Das
trifft auch Nebenpunkte. Daß die armen Kerls, die soeben gehorsam
bis zum Tode ihr Leben eingesetzt haben, nachher hungrig und
durstig Thüren aufbrechen, das, erklärt Herr Freytag, sei die
schlimmste Seite des Krieges. Gute Moral eines, der von fern der

86

Gefahr zugesehen hat, und unmenschlich bei dem, der doch den Jammer eines Schlachtfeldes gesehen hat. In solchen Augenblicken Reflexionen über den Johanniter=Orden, die überdem, wie mir Hanns sagte, der in solchem Spitale beschäftigt gewesen ist, unwahr sind. Wie unbedeutend gegen diese Seelenkleinheit ist die Schwäche des Kronprinzen, die kaiserliche Erscheinung zu repräsentiren. Wie un= schuldig. Aber wie gehässig solch Einzelnes herauszuheben. Derartige Schwächen müssen die Conture sein für das Gesammtbild, wenn sie überhaupt erwähnt werden müssen. Der Kronprinz repräsentirte gern, aber eine Idee, die ihm heilig war und die er in schwerer Zeit hoch gehalten, als deren Gestalt er sich fühlte. Ich meine in der Schrift ist nichts unrichtig, aber Alles unwürdig, ja unwahr. Und die vielen Judasküsse machen den Verrath des Herzens nicht gut. Welche Freunde hat der arme Herr gehabt! Er hatte eine Schwäche für Litteratur, Kunst, Geist. Er sah nicht, daß keines von diesen ein Selbstwerth ist.

Doch es ist spät geworden und somit Zeit diese Epistel zu schließen ... Hier starke Aufregung im Kreise — ich bin wohl der ruhigste. Die Husaren nämlich, die seit hundertundfünfzig Jahren in Ohlau garnisoniren, kommen zum April nach Gumbinnen und Umgegend. Damit fällt allerdings auch für mein Haus angenehmer Umgang fort.

67] Graf Yorck an Dilthey.

Klein=Oels den 5. Januar 90.
Lieber Freund.

Prosit Neujahr Ihnen und den Ihren! Und besten Dank für den freundlichen heute eingetroffenen Brief. Von der Freundesthat Ihrer Fahrt nach Leipzig hatten wir schon Kunde erhalten. Auch wir empfanden und empfinden sie wohlthuend und dankbar. Ihr Urtheil ist ein günstigeres als ich erwartet hatte. Ich erwarte nicht mehr die bisher fehlende Synthesis von Anschauungskraft und Ver= stand. Im Grunde und zuletzt fehlt es doch immer an wirklicher Arbeit, die die ausschließliche Vermittlerin ist. Darum werden m. E. wiederholt und häufig dramatische Scenen gelingen, kaum je ein ernsthaftes und tiefes Drama. Dies behalte ich für mich, denn der Mensch in seiner Art und Begabung ist mir sehr lieb und sympathisch. Sie wissen, daß ich die beiden ersten Akte, insbesondere den ersten, für das Beste halte, was Wildenbruch geschrieben hat. Aber die dort zu voller Anschauung gebrachten historischen Motive sind kein Fundament für das Folgende, bleiben im Widerspruche zu ihrem Eigenwerthe bloßer Hintergrund für die eigentliche Aktion, deren Grund in Folge dessen fehlt. Die Verinnerlichung, die Rückführung der reinen Thatsächlichkeit in das unsichtbare Kraftreich der Motive — daran fehlt es stets oder wenigstens sie ist ungenügend. Die Eselsbrücke der Liebe stellt sich immer als unvermeidlich dar. Das liegt auch bei Schiller vor, der darum bei aller Heldenhaftigkeit ein so dünner Dramatiker ist. Bei Schiller steht es, wie bei Kant und den so viel größeren Denkern, von denen dieser abhängig ist. Freiheitsgefühl und als Zuthat, innerlich symbebekotisch — Liebe. Jenes naturgemäß isolirend, diese die hinzugebrachte Verbindung, darum pathologisch, wie die Sympathie bei Adam Smith. Und weil jenes kein Bindemittel und diese pathologisch, darum die treibenden Momente der Handlung äußerliche, Situationsänderungen. Der Verstand ist in den Zufall verlegt, daher all das im tieferen Sinne Intriguenstück, welches in Spanien zu Hause ist. Aus Vorstehendem ist auch ersichtlich, warum Schiller von dem monotonen Liebesmotiv nicht lassen konnte. Es giebt Substanzdramen und Causaldramen. Letztere das was der moderne Mensch verlangt. Und trotz gegentheiligen Anscheins und geringwerthiger Ausführung ist der Erbförster von Ludwig mehr Causaldrama und daher weniger Intriguenstück als die große Dichtung: Der Wallenstein. Bei letzterem ist nun gar noch der undramatische Einfluß Goethes merklich. Goethes dramatische Gestalten haben die Beine wie die griechischen Bildsäulen zum Stehen aber nicht zum Gehen. So auch der Wallenstein, diese gesehene wunderbar konkrete Natur — er bewegt sich nicht, um ihn herum bewegt es sich wie um den Oedipus — und die Intrigue wie sie der Dichter in den Piccolomini explizirt, das ist das Dramatische und ganz wundervoll dargestellt. — Sie kennen wohl, lieber Freund, meine radikale Ansicht, wonach die ganze Fabel in der modernen Dichtung gleichsam verschluckt werden muß, ins Unsichtbare aufgelöst, so daß sie nur noch Darstellungsmittel, nur ein höheres oder breiteres Wort. Nur noch, um ein etwaiges Mißverstehen zu vermeiden: die antike Fabel (Aristoteles) nenne ich natürlich nicht Intrigue. Intrigue fängt an, sobald das Weltgefühl fortgefallen ist.

. . .

Haben Sie Sybel gelesen? Sehr glänzend gemacht. Philosophisches lese ich sehr wenig. Das würde mich stören. Kleineres

88

von Zeller. Was der Alte macht, ist doch, soweit überhaupt der Blick reicht, sehr gut. Übrigens sein Herz ist doch ein theologisches. Besseres über Zwingli, als er, hat Niemand geschrieben.

68] Dilthey an Graf Porck.

[Januar 1890.]

Mein lieber Freund,

Ihre freundschaftlichen Zeilen haben mir sehr gut gethan und die Stimmungen der Influenza wohlthätig gemildert. Inzwischen ist sie bis auf den noch verweilenden Katarrh abgezogen; doch finde ich mich noch im Rücken und auf den Beinen schwach. Der Kopf war mir eine Woche erheblich occupirt, und so konnte ich das lange Verweilen in der Stube dazu benutzen, eine für die deutsche Biographie bald fällige Arbeit, Biographie Schleiermachers, zu machen. Sie ist gestern fertig geworden, wird aber leider erst im Mai gedruckt, ich freue mich sehr darauf sie Ihnen senden zu können. Sie werden dann sehen, wie unermeßlich, wenn auch nicht für den Kopf, die Arbeit war, da ich sie ganz aus den Quellen gearbeitet habe. Meine Ansicht über Schleiermachers System und Bedeutung ist wenigstens wie in einer Nußschale darin. In der Methode ist Schleiermacher durch die Vereinigung der subjektiven (transscendentalen) mit der objektiven Methode in der Ethik allen andren gleichzeitigen weit überlegen. So kommt er zu einer Grundauffassung, die man nur aus dem ästhetisch-schematischen Denken in das empirisch-vergleichend, causale Denken zu übersetzen braucht, um die auch gegenwärtig z. B. in Herbert Spencer herrschende Philosophie zu erhalten. Seine Religion mußte seiner ethischen Anschauung entsprechend das weltfreudige Bewußtsein sein, daß wir Gottes Gestalt und Organ in dessen siegreichem Hindurchdringen in der Welt seien, daß, da ethisches Wirken Gemeinschaft ist, der Antheil am Wirken für Gottes innen herankommendes Reich, das tiefe Gefühl darin von Gott abhängig, und mit ihm und der Weltabsicht in Harmonie zu sein, die höchste menschenmögliche Steigerung unsrer Vollkommenheit und Freude sei, deren ewiges Symbol Christus als Urbild, als Ideal ist, vor uns herschreitend. Mit dieser ästhetisch-heroisch-idealen Religiosität, die eigentlich die unsrer arischen Race (ältere vedische Religion, Parsismus, Germanismus 2c.) ist, steht seine zunehmende Lebenserfahrung, der Geist der aufkommenden historischen Schule, sein christliches Gemeindebewußtsein in Widerspruch: und dieser, nicht der in der Vorstellung damit zusammenhängend auftretende Gegensatz von Pantheism und Theism, ist der herschende. Zumal Strauß Ansicht daß Spinoza überall bei ihm versteckt laure, bleibt im Symptomatischen und Zufälligen. Was sagt Ihr in der Thurmstube hausender spiritus familiaris philosophico-theologicus dazu?

Daß wir die Alternative einer Nachbesserung der Weltmaschine von außen oder der Skepsis los würden, Allgemeinheit der Offenbarung 2c.: das ist der Kern bei ihm.

Dann habe ich angefangen, einen Plan der neuen zweistündigen Sommervorlesung über Ethik zu machen. Einmal mußte der große Versuch gemacht werden, ob mir dieser Abschluß meiner systematischen Gedanken gelingen könnte. Dies hat mir denn ganz anders den Kopf heiß gemacht und thut es noch alle Tage. Ich fürchte, ich fürchte, Sie werden nicht mitgehen! aber warum sind Sie nicht wenigstens ein paar Tage hier, meine schlimmen Neigungen für Evolutionslehre, Anthropologie und Völkerkunde in Ordnung zu halten! Ich gehe von der Struktur des Seelenlebens, von dem System der Triebe aus. Der Punkt an dem ich im Fluß von Evolution und deren vagen Möglichkeiten, welchen die jetzigen modern denkenden Ethiker preisgegeben sind, festen Fuß fasse, ist, die psychologisch erkennbare Natur des Menschen, wie sie eben unser menschliches Seelenleben ausmacht, Ichbewußtsein 2c. Den psychischen Zusammenhang, den wir in uns finden, betrachte ich als festen Standort. Freilich ist alle Energie des Denkens darauf zu concentriren, zu zeigen, daß im Ichbewußtsein etwas Unauflösliches ist, das nicht aus Elementen und Beziehungen zwischen ihnen abgeleitet werden kann; dennoch wird die Durchführung dieses Satzes immer nur Wahrscheinlichkeit ergeben: dieser Satz würde ja dann einen ganz festen Standort begründen. Nun entwerfe ich ein Bild vom Haushalt des Seelenlebens und der Stellung des Systems von Trieben und Gefühlen in ihm. Der Mensch ist im Kern ein Bündel von Trieben. Dieses Bündel trenne ich aus einander. Ich zeige, wie nun nach den psychischen Gesetzen, wie ich sie entwickle (s. Poetik), Züge des Willens als eines Lebens höheren Grades entstehen: ein solcher ist innere Steigerung, in jedem Zustand wirkend, was dem Streben nach Entfaltung, Vollkommenheit, einer falschen Abstraktion, entspricht, und von den Gefühlen her in allen Vorstellungen, Bildern, Trieben wirkt. Ein andrer höherer Zug, sehr zusammengesetzt in seinem Ursprung, liegt darin daß wir, nicht Atome, in allen Einzeltrieben einen mitbedingenden Zug von Mittheilung, Antheil, Gemeinsamkeit 2c. haben. Der dritte höhere Zug ist daß wir andre als Selbstzweck zu achten in unsrer psychischen Constitution uns genöthigt finden. Dieses Alles aber entwickle ich mit einer gewissen empirischen Härte, mit unbefangener Anerkennung, daß aus den Diskrepanzen, Dissonanzen unsres Trieblebens Menschheit und Individuum sich schwer herausarbeiten.

Der zweite Abschnitt ist Darstellung der großen socialen Processe von Arbeitstheilung, Differenzirung, Anpassung 2c. in der Gesellschaft und der in ihnen gebildeten äußeren Organisation derselben sowie ihrer Kultursysteme. Hier kommt das empirische Komplement des ersten Buchs der Geisteswissenschaften.

Der dritte Abschnitt zeigt wie unter diesen Bedingungen unter den verschiedenen so ausgestatteten Individuis inmitten einer solchen Gesellschaft ein sittlicher Proceß unaufhaltsam die moralische Entwicklung der Menschheit erwirkt. Sittlicher Proceß: das ist natürlich nur ein abstrakter Ausdruck für ein neues Bündel realer Vorgänge, welche specifisch ethisch sind. Da die Triebäußerungen von Kampfslust, Haß, Ausschließung Andrer aus der eignen Intressensphäre, Unterdrückung Andrer zum eignen Nutzen durchweg die Zufriedenheit der Individuen und der Gesellschaft mindern, so sind sie in einer almäligen Abnahme begriffen (wenn man absieht von einwirkenden Faktoren, welche hier Perioden herbeiführen). Da Neigungen gewisser Art dauernde Befriedigung herbeiführen, werden sie bevorzugt. Einer der wichtigsten Punkte Entstehung des Lebensideals als einer Macht. Hier tritt schon Mitwirkung von Religion, Mythos, Kunst in diesen Vorgang. Schrittweise kann man dann so die Entstehung der leitenden sittlichen Ideen in der aktiven menschlichen Gesellschaft ableiten: das heroische oder aktive Lebensideal, die Anerkennung des Selbstzwecks und seiner Sphären in Recht und (stoischer) Philosophie 2c., die Bruderliebe und das Gottesreich, die Naturrechte des Individuums (sittlicher Kern des Naturrechts) 2c.

Der vierte Abschnitt hat dann die Entstehung der sittlichen Systeme oder Sittenepochen zu erklären und dieselben zu beschreiben. Sie haben die Willenszüge, Normen, Ideen zu ihrem Material und sind den Epochen der dichterischen Technik zu vergleichen. Die philosophischen Moralsysteme sind nur ihr reflektirter gespaltener 2c. Ausdruck.

Der fünfte Abschnitt schildert das gegenwärtige moralische Weltalter und unterscheidet zwischen den in ihm kämpfenden Moralsystemen.

Der sechste zeigt wie Personalität, Treue, Ideal, Gemeinschaft, Selbstwerth der Kultursysteme, Selbstzweck jedes Individuums als Lebenserfahrungen uns eines metaphysischen Zusammenhangs versichern, den wir aber nur in den lebendigen Erfahrungen selber besitzen, nie aber in abstracto ausdrücken können. Was ich metaphysisches Bewußtsein nenne. So erweist sich unbefangene Auffassung des Empirischen als überall zurückweisend auf seinen Realsinn und Realzusammenhang, der nicht überempirisch, aber dem Werth und der Bedeutung nach ein Metaphysisches ist.

Nun ist aber genug philosophirt. Können Sies lesen, so lassen Sie mich doch bald darüber ein Wörtchen hören. Vor Allem kommen Sie auf ein paar Tage zum Philosophiren, Plaudern, mit Heinrich und mir Diniren ꝛc. her. Ganz nur für Sie: gestern unsre erste Sitzung der Schillercommission, ich mit Weinhold und E. Schmidt als Ausschuß gewählt und ich hoffe es wird sich nach meiner Überzeugung so formiren, daß die Quitzows (hiedurch Wildenbruch zum zweitenmale) neben einem andern Stück (2 Preise) prämiirt werden. Dies wäre dann wirklich dem Kaiser gegenüber sehr wichtig für Wildenbruch, nicht blos Genugthuung, sondern wirksame Kraft. Von Frühjahrsplänen mündlich, kommen Sie!

69] Graf Yorck an Dilthey.

Klein=Oels den 21. II. 90.

Lieber Freund.

Ihr ausführlicher, im Eingange von einem nicht eingetroffenen früheren Schreiben in Frageform redender Brief war mir zunächst als ein Zeichen wiedergewonnener voller Gesundheit sehr erfreulich und willkommen. Da ich wohl nicht vor Ihrer Fahrt nach dem Süden nach Berlin kommen werde, empfinde ich ein gesteigertes Bedürfniß mich über den reichen Inhalt Ihrer Mittheilungen und damit Zusammenhängendes zu äußern. Zuvor aber bitte ich recht dringlich nunmehr, nach Feststellung Ihres Reiseplans, wenigstens die Pfingstzeit für hiesiges Zusammensein frei zu halten und in bestimmte Aussicht zu nehmen. Sie, Ihre Frau und Kinder, mein Schwager Erne und Frau — welch fröhliche Tafelrunde würde das geben! Kürzlich habe ich in Breslau, sehr gut aufgeführt, den Generalfeldoberst gesehen. Ich empfand die größte Lust eine Besprechung des Stücks in die schlesische Zeitung zu rücken. Nachdem diese aber eine ebenso dumme wie abfällige Kritik gebracht hatte, nahm ich im Hinblick auf frühere Erfahrungen davon Abstand. Schon früher nämlich hat die schlesische Zeitung ihrer Weisheit nicht konforme Ansichten zu veröffentlichen mir abgelehnt. Die Aufführung hat mich in manchen Punkten belehrt, so daß ich diesen und jenen Tadel revozire. Ich finde nunmehr durchgehenden historischen Zusammenhang, geschichtliche Causalität. Der Held ist nicht aktiv, aber eine heldenhafte Natur. Daß er nicht aktiv werden kann, ist seine besondere Tragik. Die historischen Potenzen sind stärker als er, aber niedriger, unwerther. Jene aber sind richtig gesehen, stark empfunden und gut dramatisch verkörpert. Ich gebe zu: alles basrelief, nicht hautrelief — immerhin greifbar. Die dramatischen und theatralischen Effekte koinzidiren. Daß der Held vor dem Zuschauer nicht stirbt, sein physischer Tod ins Unbestimmte gestellt ist, erscheint mir meisterhaft. Sein historisches Leben ist beschlossen. Er verschwindet, geht unter wie die Sonne. Das Reden von mangelnder Schuld, die Schuldfrage könnte gelegentlich dieses Trauerspiels einmal klar gestellt werden, wie Lessing weitgehende Aufklärungen an einen Einzelfall zu knüpfen liebte. Die Theorie von der Schuld als Essentiale jeder Tragödie ist gewachsen auf dem Boden der modernen rationalen Freiheitslehre. Es läßt sich dies auch äußerlich historisch nachweisen. Die antike Tragödie ist vergeblich gefoltert worden um sie zum Bekenntniß der Schuld zu bringen. Das Resultat des peinlichen Verfahrens war ein totales Mißverständniß des zu erklärenden Kunstwerks. Die große spanische Tragödie ist der peinlichen Frage entgangen, weil sie unbekannt war und im Allgemeinen noch unbekannt, jedenfalls unverstanden ist. Bei Shakspeare fand man Boden, wie denn Shakspearesche Tragik als allgemeine Norm genommen wurde, als Richtmaß. Shakspeare nun gehört jener historischen Denkrichtung im Allgemeinen an, allerdings als wunderbares Genie sie vertiefend. Die Schuld ist Natur, ein gegebener Charakter. Schon bei Goethe ist dies nicht mehr der Fall. Von einer Schuld kann ernstlich nicht die Rede sein im Götz, nicht tragisch sondern nur traurig und partikular ist die Verschuldung des Faust. Da wird nur die bürgerliche Moral resp. das Strafgesetzbuch tangirt. Bei Schiller ist die Schuld auch nicht als herabziehendes Gewicht beim Helden. Goethe kennt im Grunde so wenig eine Schuld wie Schleiermacher. Schiller aber mächtiger als sozialer denn als historischer Dichter verlegt die Schuld, die Schädlichkeit in die Convention der Gesellschaft. Wie ich und nicht-ich, Selbst und Welt zusammengehörig, dennoch gegensätzlich sind, so kann die Tragik in jedem der beiden Pole liegen. Danach giebts eine Charaktertragödie und eine Situationstragödie. Die Situation als äußerliche gefaßt ist Intrigue. Schiller nähert sich bedenklich dem Intriguenstück. Die Bewegung liegt hierbei in der Umgebung, der Held bleibt das eleatische Eins. Der historische Zusammenhang der spanischen Tragödie und des auch zuerst in Spanien heimischen modernen Intriguenstücks ist ersichtlich. Die Situation kann aber auch eine innerliche sein. Damit ist ein Conflikt gegeben. Bei Shakspeare ist von Conflikt nicht die Rede. Geradlinig bewegt ist der Held, wie ein englisches Rennpferd läuft er, bis er fällt. Er fällt im Grunde immer durch sich selbst. Alle Relation, alle Copula negirt er, den Satz des Lebens zerreißend. Die Harmonie erscheint als Narrheit, wo nicht wie in den höchsten, den astralen Dichtungen Shakspeares die Harmonie als solche den Inhalt der Dichtung ausmacht. Das Gleichgewicht ist aufgehoben, das stabile zum labilen Gleichgewicht gemacht, Ruhe nur eine Modifikation der Bewegung. Eine historische Bewußtseinsstellung die jener Dichtung und die jener Naturwissenschaft, ja Wissenschaft überhaupt. Confliktstragödie aber von besonderer Tiefe ist die antike, welche eine so äußerliche Beschreibung durch den Compromißphilosophen Aristoteles gefunden hat. Lassen Sie mich davon nichts Näheres sagen, denn sonst nimmt dieser Brief kein Ende. Wie steht es nun mit dem Generalfeldzeugmeister? Er ist eine Situationstragödie, aber keine Confliktstragödie. Daß er dies nicht ist, nimmt ihm die Tiefendimension. Er ist aber auch kein Intriguenstück, denn die Bewegungen der Situation sind keine gemachten teleologischen. Tragisch ist immer ein radikaler psychischer Contrast. Hier kontrastiren nicht Sozietät und Held wie im sozialen Drama Schillers — denn wir haben ein soziales Drama und das ist nicht ein nur zukünftiges — sondern das historische milieu und der Held. Wallenstein ist zu all dem der Vater und das Jahr 1870/71 die Mutter. Tragisch ist hier daß der Mann der Gegenwart des Dichters in das 17te Jahrhundert gestellt ist. Seine Tragik ist seine Zeit. Damit ist gesagt, daß er im Wesentlichen eine rhetorische Figur sein wird. Aber nicht nur, daß er dies in ergreifender Weise sein kann und ist, sondern er ist dies um deshalb weniger schwerwiegend, weil er zwar der Held aber nicht die Hauptsache ist. Die Hauptsache ist der zeitliche Conflikt als solcher. — — Auf mangelhaftes aber auch auf reizendes höchst gelungenes Nebenwerk, auf die meisterliche Vers= und Sprach=

behandlung, darauf daß nicht eine Scene schleppend ist, Auf=
merksamkeit und Theilnahme von Anfang bis zu Ende auf gleicher
Höhe erhalten bleiben u. s. w. lasse ich mich nicht näher ein, sondern
fasse mein Urtheil dahin zusammen, daß wenn gleich das Stück in
der That zu jetziger Zeit schwer aufführbar — auch mir — erscheint,
es m. E. das bei Weitem Werthvollste ist, was Erne geschrieben hat,
und unvergleichlich mehr als die Quitzows. Als Schillerpreisler
würde ich gerade dies Stück für mein Votum entscheidend ansehen.
— Ihre Ansicht nun vom sozialen Drama als dem der Zukunft
vermag ich weder zu theilen noch im Grunde zu verstehen. Den
sozialen Roman hatten und haben wir. Ein soziales Drama scheint
mir an demselben Fehler wie das bürgerliche Trauerspiel leiden
zu müssen. Ich vermag auch in der Bezeichnung nicht mehr als
ein Schema zu erkennen — selbstverständlich aller Belehrung zu=
gänglich und offen. Dramatische Kraft hat sich an dem Stoffe ver=
sucht: Ibsen unerträglich und unter dem niveau gebildeter Emp=
findung und ernster Denkkraft. Überdem ohne jede Originalität.
Probleme, welche die Franzosen aufgestellt haben, aber nichtsnutzige.
Ein anderer, ein wirklich Bedeutender Tolstoy, der aber die Natur
des an sich Pathologischen auch nicht zu ändern vermag. Einer
der bedeutendsten sozialen Romane ist Raskolnikow. Es läßt sich
meiner Meinung nach aus Natur und Gesetz der dramatischen Kunst
— aus der Art der Mittel — aufzeigen, warum der Stoff dieses
ausgezeichneten Romans dramatischer Behandlung — natürlich nicht
dem theatralischen Zuschneider — unzugänglich sein müsse. Wie ich
denn meine, daß eine Untersuchung des Verhältnisses von Stoff und
Mittel fruchtbar und förderlich sein würde. Endlich aber vermag
ich dem Satze nicht zuzustimmen: das soziale Drama sei als Realis=
mus berechtigt, solle das Feld haben und mittelst desselben könne
der Dichter das Geheimniß seiner Zeit aussprechen. Ich möchte
mich gegen die Kategorien von Realismus und Idealismus zunächst
erklären, die mir geeignet scheinen Verständigung nicht zu erleichtern
sondern zu erschweren. Corneille war seiner Zeit ein rechter echter
Realist — wir, wenigstens die Mehrzahl, würden ihn jetzt einen
Idealisten nennen. In gewissem Sinne darf kein Dichter Realist
sein, wenn er Dichter sein will. Er muß abstrahiren, um wirksam
zu sein, ja schon um zu dichten. Lehre von den psychischen Werthen
und Vertretungen, von dem Weniger als Mehr u. s. w. Auch kann
die dichterische Realität keine Palpabilität sein sondern Realität der
Empfindung, damit von einer anderen Seite angesehen ideal. Was

aber heißt Idealität? Man spricht davon als von einem Selbst-
verständlichen. Die Geschichte des Terminus macht ihn klar, aber
zeigt einen vom Gebrauche abweichenden Sinn. Weiter: ruht das
Geheimniß dieser Zeit in dem Problem? gewährt der Stoff das
Mittel es dramatisch zu offenbaren? In gewissem Sinne möchte
ich der Bejahung der ersteren Frage zustimmen, die zweite möchte
ich verneinen. Nicht jede Zeit kann ihren poetischen Offenbarer
haben, nicht jedes große historische Problem ist der poetischen Behandlung fähig. Auch kommt das Dichterwort zuletzt und nicht
zu Anfang. Da alle großen Dichterwerke dies bezeugen, enthalte
ich mich der Beläge, beschränke mich darauf zu bemerken, daß
Goethes Faust eine Epoche schloß und nicht wie die modernen
Alexandriner uns immer und immer wieder versichern, ein womöglich
äußeres Programm, Vorbild für eine lange Zukunft darstellt. Was
aber die erstere Frage betrifft, so ist allerdings Gedanke und Tendenz des Sozialismus universal oder vielmehr: jener ist die organisatorische Seite desselben Problems, welches zugleich ein logisches,
historisches, juristisches und theologisches ist und ein pädagogisches.
Ich theile nun bis auf einen gewissen Grad Ihre Begeisterung für
die letzten Schritte des Kaisers. Habe ich doch selbst ihm gegenüber
an das Wort des großen Königs: roi des gueux erinnert. Auch
ich meine, daß der internationale Appell dem Kaiser eine moralische
Stellung in Europa giebt, wie sie kaum je vor ihm ein Herrscher
gehabt. Der Effekt freilich wird ein weit bescheidenerer sein. Von
dem Joch der Arbeiter wollen wir uns nicht impressioniren lassen.
Darauf ist nichts zu geben. Stimmungen sind keine ernsten Motive.
Auch drei Arbeiter, gestern souveräne Urwähler, fand ich heute mit
Äxten versehen in meinem Walde beim Holzdiebstahl. — Politisch
erscheint mir also nicht unbedenklich der Anschein einer Parteinahme
für die Arbeiter, nach dem Verständniß der Interessenten d. h. der
Arbeiter bezüglich aller ihrer Forderungen. Da wird und kann
arge Enttäuschung nicht ausbleiben. Die internationale, die formal
politische Aktion wird, wie ich fest glaube, an England scheitern.
Diesem wird Frankreich, welches selbständig nicht gut ablehnen
könnte, folgen. Damit wird der Glanz der Aktion nicht schwinden,
wohl aber ein gut Theil des Erfolgs. Denn der internationale
Wettbetrieb hindert eine genügende Regelung der Arbeiterverhältnisse,
ganz zu schweigen von den exorbitanten Forderungen der Genußsucht
und Trägheit. Unrichtig an sich aber halte ich die Generalisirung
der Frage. Arbeiterfrage! Es giebt verschiedene Arbeiter und ver-

96

schiedene Fragen. Der Maurer ist z. B. nicht hilfsbedürftig, wohl aber der kleine selbständige Tischler, die arme Nähterin u. s. w. Da wo die Maschine den Lohn drückt, muß organisatorisch geholfen werden. Theile und herrsche gilt auch theoretisch. Oekonomie der Nahrungsmittel durch Anlage von Genossenschaftsspeichern u. s. w., dabei aber Schranken des Branntweingenusses. Es ist eine jämmerliche Weisheit zu meinen, wenn der wohlhabende junge oder ältere Mann sich betrinke, könne es auch dem Arbeiter nicht übel genommen werden. Eines ist ein privater, das andere ein öffentlicher Schaden. Humanität als konstruktives Prinzip — aber keine Sentimentalität. Die staatliche Regelung des Börsenverkehrs würde dem Arbeiter mehr nutzen als eine Menge Vertretungsrechte. Summa Summarum: Weniger wäre Mehr gewesen. Ich fürchte: auch hier der Versuch durch Synthesis Syndesmos herzustellen. Nun wir werden ja sehen. So weit die Wahlen bis jetzt bekannt sind, sind sie ausgesprochen schlecht. Auf die Länge kaum anders möglich. Lassalle wußte, was er mit dem allgemeinen geheimen Stimmrecht wollte. Und hier ist der einzige Punkt, wo Bismarck einer Stimmung nachgegeben hat in seiner ganzen großen politischen Laufbahn. Ich glaube an eine starke Vertretung des Freisinns in dem neuen Reichstage. Die Agitation dieser Partei war ebenso schamlos wie geschickt. Ich habe vor mir Flugblätter, die an geschickter Verlogenheit insbesondere durch Gruppiren und Verschweigen das Äußerste leisten. Das eine laudirt Bismarck als Zeugen mit Worten wie: ‚Gar artig sagte Fürst Bismarck' und nun folgt ein aus dem Zusammenhang gerissenes scheinbar passendes Wort. Aus solcher Beeinflussung erwächst die Reichsvertretung. Das ist sozialdemokratisch aber antisozial. Sandatome kann nur die geschlossene Faust zusammenhalten. Das Complement ist die Tyrannis. Was wird Alles unter ‚sozial' verstanden! Die Sozietät setzte sich an die Stelle des Staats status, verschluckte ihn, so daß Staat in höherem Sinne nur noch in der katholischen Kirche ist. — Eine schwere Folge wird möglicher Weise sich aus dem großsinnigen aber unartikulirten Vorgehen ergeben: der Rücktritt Bismarcks. Die Consequenzen sind schier unübersehbar. Vielleicht ist es günstig, daß die Diadochen auftreten, während Alexander noch am Leben ist. Denn auch in der Verborgenheit wirkt er wie Achill bei den Schiffen und der Übergang ist weniger gefährlich. Merkwürdig ist mir der 3te Band Sybel für die Psychologie Bismarcks gewesen. Ein Mensch, dem nie, sagen wir kurz, eine Idee den Verstand verdunkelt, bei dem Mittel und Zweck identisch: beide Macht sind, der immer mit Mächten rechnet, nie bis auf jenen einen Fall mit Stimmungen. Er bleibt sich weit ähnlicher als die veränderten Lagen anzunehmen veranlaßten. Er bleibt bis heute der Bismarck des Jahres 1847 und fühlt und weiß als seinen lebenslänglichen Gegner die Revolution. Alle anderen Feinde sind ihm nur Gelegenheitsfeinde, Revolution sein, er ihr Tod= feind. Doch für heute genug. Morgen sei noch Einiges hinzugefügt.

den 22. II.

Nach Einsicht in die heutigen Zeitungen, die Erbauliches melden, drängt sich die Frage auf: war der Zeitpunkt für die Kaiserlichen Erlasse günstig gewählt? Ich möchte glauben, daß Bismarcks ab= weisende Stellungnahme auch darin begründet ist, daß er den Zeit= punkt für ungeeignet hielt. Und er ist ein Meister in Beurtheilung des Zeitgemäßen und Nichtzeitgemäßen. Allzu tragisch beurtheile ich den Wahlausfall nicht. Der Reichstag wird ein geschäftsun= möglicher sein im schlimmsten Falle. Auf alle Fälle schwierig wird die Politik des Zentrums. Glücklicher Weise haben wir kein parla= mentarisches Regiment, sonst könnte in der That das große Deutsch= land in die Lage Belgiens kommen, welches genöthigt ist sich auf den Fels Petri zu stützen. Für die Behandlung der Arbeiterfrage wird der Wahlausfall nicht günstig sein. Auch Gutwilligkeit wird kopfscheu werden und leicht kann es kommen, daß die sympathische Stimmung des Kaisers alterirt wird. Zum Blutvergießen werden Bebel und Consorten es schon noch bringen. Auch das, an sich traurig, wollen wir nicht zu tragisch nehmen. Schrankenlosigkeit muß eben in der Geschichte wie in Shakspeares Dichtung zum Verderben führen. Dahin scheint mir der von Ihnen mitgetheilte Ausspruch des weitsehenden Bismarck zu zielen. Stimmungspolitik ist widerspruchsvoll in sich selbst und darum immer schädlich. Man vergegenwärtige sich: dieselbe Regierung, welche an dem Sozialisten= gesetz festhielt, schwieg als es ihr aus der Hand genommen wurde und versuchte sich an die Spitze der gegnerischen Truppen zu stellen! Da mußte Confusion und Schaden wirken. Den Schritt hat Bis= marck nicht mitgemacht. Jede ministerielle Gegenzeichnung unter= blieb. Daß er aber an seiner Stelle blieb, war staatsrechtlich richtig und bedeutsam. Damit dokumentirte er im Gegensatze zu der parla= mentarischen Doktrin, daß der Kaiser freie und selbständige Initiative hat, der Reichskanzler wie der Minister sein Diener ist, der nur den Abschied erbittet, wenn er materiell nicht einverstanden ist. Materiell aber ift Bismarck für das Wohl der Arbeiter, wie er in einer wenn auch einfeitigen fo doch großartigen Gefeßgebung gezeigt und bewiefen hat. Alfo lieber Freund, als politifcher Mann kann ich in Ihren Jubelruf nicht fo ganz einftimmen. Es kommt in der Welt der Handlung gar fehr auf Art und Zeit an. Und je mehr Humanität um fo weniger Sentimentalität. — Das Rafche und Abftrakte des Vorgehens fürchte ich auch auf einem anderen Gebiete, welches gleichwerthig der fomatifchen Fürforge und gleichwichtig ift, dem pädagogifchen. Hier wie dort wird, wie ich beforge, der Kraft und Güte des Wollens Weite des Blicks und Tiefe der Kenntniß nicht entfprechen. Der Kaifer drängt vorwärts — zu meiner Freude. Er ift der Überzeugung, daß das Unterrichtswefen durchaus reformbedürftig ift. Hierfür hat er die Majorität auf feiner Seite und in der Negative: es muß anders werden, bekenne ich mich zu der Majorität. Diefe meine Anficht habe ich dem hohen Herrn gegenüber klar ausgefprochen, wiederholt. Und wie ich weiß, nicht ohne Aufmerkfamkeit für die Sache zu erwecken. Details erzähle ich gelegentlich vertraulich. Hören wir nun die leßthin laut gewordenen Stimmen ab. Zeller kenntnißreich aber fcholaftifch=todt. Er ift Vertreter der Minorität, die im Ganzen Alles gut findet. Er hält die Univerfität für einen Selbftwerth und behandelt das Gymnafium nur im Hinblick auf die Univerfität, die fo wie fie ift, gut fei. Der ganze Gefichtspunkt ein zu enger und die litterarifche Geltendmachung unwirkfam. Güßfeldt nicht an fich fondern durch feine Stellung bedeutfam: frifch, fchneidig und intellektuell roh. Behandlung eines tief hiftorifchen Problems aus dem Sattel. Auch er gar nichts Neues bringend. Er weiß wohl nichts davon, daß Alles von Gedanken, was er vorbringt, von Locke ftammt und in großem Zufammenhange gefagt worden ift. Die englifche Provenienz wohl nicht bekannt aber die englifche Art beim Kaifer wirkfam. Es zeigt fich daß die falfche Beftimmung der ‚Wiffenfchaft‘ als Selbftzweck, eine Beftimmung welche organifatorifchen Ausdruck gefunden hat, fie dem Leben entfremdet hat. Daher bei frifchen und lebendigen Naturen der Einfluß folcher Unwiffenfchaftlichkeit. Kenntnißreicher als Güßfeldt und lebendiger als Zeller: Paulfen. Und darum halte ich diefen für gefährlich. Ich wäre gern in die Lage gekommen mich berichtlich zu äußern. Eine in Ausficht geftellte Veranlaffung ift nicht eingetreten — wie ich von vorn herein ihren Eintritt nicht angenommen hatte. Meines Erachtens ift zunächft die Frage zu zerlegen. Auf Grund hiftorifcher Betrachtung ift die jeßige Lage zunächst zu verstehen. Personifiziren wir die Potenzen des Preußischen Unterrichtswesens, so nennen wir Zedlitz (Kant), Altenstein (Hegel), Fried. Aug. Wolf, Schleiermacher, Humboldt. Die moralisch-rationale und die aesthetisch-intellektualistische Richtung — beide haben gewirkt und Ausdruck gefunden, jene mehr im Volksschulwesen, welches frischer geblieben, diese mehr im Gymnasium. Übergreifend der Gedanke (Altenstein) zur Freiheit und zur Schönheit zu reglementiren. Gegen diese sich immermehr mit der Zeit steigernde und gesteigerte Tendenz wäre als politische Karte das Schlagwort: Selbstverwaltung zu verwerthen. In Ausführung desselben wären organisatorische Vorschläge zu machen und zwar äußere der Aufsicht, innere der Verfassung. Der Unterrichtsminister — wo möglich zu trennen vom Kultusminister — hat verwaltungsmäßig in die Materie gar nicht einzugreifen, ist im Wesentlichen nur Personalinstanz und Organ dem Landtage gegenüber. In jeder Provinz ein Unterrichtskurator. Ein berathendes Collegium für den Minister können die Kuratoren bilden. In ähnlicher Stellung zu den Kuratoren stehen Schulräthe, welche in einen organisatorischen Rapport mit dem Collegium der Professoren gesetzt werden können. Die Schulräthe werden gut besoldet, insbesondere aber erhalten sie sehr hohe Reisediäten. Die wesentlichste schriftliche Arbeit derselben ist die Nachweisung, daß sie alle Diäten reisend verbraucht haben. Die Schulräthe üben an persönlicher Controle nicht mehr als irgend nöthig und haben wesentlich durch Rath und mündliche Besprechung darauf hinzuwirken, daß in weitem Rahmen eine gewisse Gleichartigkeit der Ausbildung gewahrt werde. Hier aber Latitüde. Conferenzen der Direktoren — ich spreche hier nur von den höheren Schulen, speziell von den Gymnasien — dienen zur allseitigen Verständigung. Alle Artikulation und Vereinzelung sei dem Direktor und dem Lehrerkollegium überlassen. Damit kommen wir zur inneren Verfassungsfrage, die Klarheit über den Unterrichtszweck voraussetzt. Der Unterrichtszweck nun ist nicht einer. Psychologisch und historisch nachzuweisen. Damit die Frage nach der Einheitsschule negativ beantwortet. Offen bleibe zunächst die Frage, ob bis zu gewissen Klassen gleicher Unterricht. Im Allgemeinen Differenzirung des Unterrichts, also der Anstalten. Ich will nun ausschließlich die Gymnasien ins Auge fassen. Zunächst die Verfassungsfrage, welche der Organisation am nächsten steht: das Abiturientenexamen. Es wird einfach und ganz aufgehoben. Hundert Jahre ist es ungefähr alt und hat je mehr es ausgebildet wurde, desto mehr Übles ge-

ſtiftet. Urſprünglich intentionirt als Zeugniß iſt es Unterrichts=
zweck geworden. Das Reglement iſt damit Unterrichtsnorm, ja
Unterrichtsgegenſtand geworden. An ſeine Stelle tritt lediglich das
Gutachten des Direktors und des Lehrerkollegiums. Schon das
wird gleichſam die Glasglocke abheben, freie Luft und Initiative
ſchaffen und mit geſteigerter perſönlicher Verantwortung Fröhlichkeit
des Lehrens. Nun zu Stoff und Methode. Die bisher maßgebende
aeſthetiſche Philologie (Fr. Aug. Wolf, der der eigentliche intellektuelle
Urheber der preußiſchen Unterrichtsreform zu Anfang dieſes Jahr=
hunderts war, iſt die Quelle für ſeines Schülers Boeckhs Anſicht
welche ſich in deſſen Enkyklopädie findet, wonach Philologie als
Alterthumswiſſenſchaft ſchlechthin Univerſale Geiſteswiſſenſchaft iſt)
hat einfach erzieheriſchen Bankrott gemacht. Wer das leugnet, will
nicht ſehen. Beweis dafür, daß alle auch die begabten und guten
Schüler degoutirt ſind, der Lernſtoff ihnen widerwärtig iſt. Die Er=
kenntniß aus den Früchten aber iſt die entſcheidende und unwider=
legliche. Wer den Lernſtoff, ſpeziell die alten Sprachen nicht liegen
läßt, thut es des Fachſtudiums wegen. Was humaniſtiſch wirken
ſollte, iſt degradirt zum Fachintereſſe, zum Handwerkszeug. Es war
dies der nothwendige Verlauf. Idee mußte zum Schema werden,
war es von der tragenden Empfindung der Einzelnen abgeſehen,
ſchon anfänglich. Und ſogar die Unterrichtsverwaltung erkannte
dies implizite an, indem ſie durch Zuthaten, ſo recht echt ſinnlos
ſynthetiſch, nützlichen Stoff hinzufügte, z. B. Franzöſiſch. Ich
freue mich nachträglich geſehen zu haben, daß ich den geiſtvollen
Süvern auf meiner Seite habe, wenn ich das Franzöſiſche aus
dem Gymnaſialunterricht herauswerfe. Beſchränkung des Stoffs,
Erhöhung des Intereſſes, Verinnerlichung des Wiſſens! Ich finde
den Geſichtspunkt des Nutzens und der Fertigkeit angebracht für
eine ganze Anzahl beſtimmter Anſtalten. Ein anderer Geſichtspunkt
dagegen, wenigſtens gleichwerthig an ſich, iſt entſcheidend für das
Gymnaſium: der innerer geſchichtlicher Bereicherung, der der Ver=
geſchichtlichung. Danach iſt der Lehrſtoff zu wählen. Nachweis
warum Sprachen und ausſchließlich die alten Sprachen ſo wirken.
Ausgang vom Ganzen der Lebendigkeit, wahre Analyſis, Bildungs=
kraft der Transpoſition u. ſ. w. kurz geſchichtliches Verhalten und
Methode gegenüber der naturwiſſenſchaftlichen. Beſchäftigung mit
ſich ſelbſt im Anderen. Freilich von dieſem Standpunkte aus eine
ganz andere Lehrmethode. Doch kann ich darauf in dieſem über=
langen Briefe nicht eingehen. Solcher Unterricht aber iſt des Staats=

wohls wegen erforderlich, nicht nur für Gelehrte, für Geistliche —
ein evangelischer Geistlicher muß doch, will er von Luther sich nicht
lossagen, das Neue Testament im Urtexte lesen können — sondern
auch für die höhere Bureaukratie. Also Gymnasialbildung, die,
darin hat Zeller ganz recht, auf der Universität nicht nachgeholt
werden kann, muß für eine bestimmte Anzahl von Berufsarten ver=
langt werden. Für andere ist sie nicht erforderlich. Sei sie z. B. für
die Ärzte fakultativ. Befreit aber wird das Gymnasium von allen
drückenden Privilegien wie Berechtigung zum Dienst als einjähriger
Freiwilliger, u. s. w. u. s. w. Da mögen besondere Prüfungen für der=
artige Benefizien eingerichtet werden. Endlich starke Erhöhung des
Schulgeldes bei einem beliebigen Prozentsatze von vollen Freistellen
für unbemittelte und besonders begabte Jungen. Entscheidung über
die Aufnahme bei dem Lehrerkollegium. — Wie viel kann man be=
züglich der Unterrichtsfrage frei lernen aus Platons Staat! Doch nun
endlich Schluß! Sie werden müde sein, wenn Sie diese Epistel bis
zu Ende gelesen haben. Wenige Punkte sind nur berührt aber das
Thema ist zu groß für einen Brief. — Ich werde nachsehen, was
von Vorberliner Sachen ich habe und senden resp. Mittheilung
machen.

70] Dilthey an Graf Yorck.

[Mai 1890.]

Mein lieber Freund,

Endlich nachdem die Vorlesung in der Akademie stattgefunden
und die augenblickliche Manuscriptnoth in der Ethik überwunden,
allerdings mit Aufstehen Morgens nach 4 Uhr und Essen als Neben=
sache behandeln: finde ich die Stunde Ihnen Allen meinen innigen
Glückwunsch zu sagen . . .

. . .

Der Anklang, den der Vortrag in der Akademie fand, hat
mir viel Freude gemacht. Leider ist noch viel an der Untersuchung
zu thun. Im Verlauf bin ich nun auf ganz neue Dinge gekommen
und gehe wie in einem unbekannten Lande.

Wie gut ist meinem ganzen Menschen gewesen, wieder einmal
mit Ihnen zusammen zu leben. Sagen Sie Ihrer verehrten Frau,
welcher ja immer die Mühsal zufällt, unsren herzlichen Dank für
den Antheil, welchen sie durch ihre Freundlichkeit an den schönen
Tagen hatte.

Die Ethik könnte mich krank machen. Die drei Methoden sind nun reinlichst entwickelt. Übermorgen wird der Utilitarismus als Prinzip der sozialen Ethik in unsrem Jahrhundert abgeschlachtet werden; dann hebt sich mir aus einer unbestimmten Dämmerung das historische Prinzip, das die andre Seite der Intention unsres Jahrhunderts ausmacht. Jenes Prinzip das der Naturerkenntniß und der Herschaft des Menschen, dieses das der Organisation dieser Herren.

71] **Graf Yorck an Dilthey.**

Kl.=Oels den 30. 6. 90.

Lieber Freund.

Ich höre von Unwohlsein, unter dem Sie zu leiden haben. Da komme ich denn fragend und baldige Wiederherstellung wünschend. Ein theilnahmsvoller Zuruf aus meiner regnerischen Einsamkeit. Erzählen könnte ich Ihnen nur aus dem Leben meines Zimmers und auch daher von nichts Ganzem, zu dessen Förderung es des anregenden und interessirten Gesprächs bedürfte. So habe ich mich, übrigens auch unter dem Drucke körperlichen Unbehagens, litterarisch herumgetrieben. Mein letzter Streifzug die Lektüre von Grimms Homer. Wie immer so geht es mir auch hier mit Grimm. Gemischte Empfindung, die zuletzt in dem Dilettantismus des Schriftstellers gegründet ist. Die Aufgabe war schön und ‚zeitgemäß‘ gestellt. Gegenüber der Rathlosigkeit und Erfolglosigkeit der s. g. philologischen Methode die Fruchtbarkeit einer auf unmittelbarer psychologischer Erfassung beruhenden Betrachtungsweise, welche nachfühlend, eingehend und vergleichend den dichterischen Vorgang, die poetischen Werth= und Kunstmittel zu erfassen, mit diesem Teleologischen die Personalfrage zu erledigen strebt. Kurz lebendiges Verhalten gegenüber dem mechanischen. Und die poetische Analysis von einem Dichter, also auf dem Boden des Objekts unternommen ist vielfach resultatreich. Der Verstand der Anordnung, der beabsichtigte Werth der Wiederholungen, die Tendenz und Tragweite der Zuthaten werden herausgestellt. Und damit erscheint in greller Bloßstellung die Bodenlosigkeit der Annahme einer innerlich zufälligen Crystallisation. Nicht urgirt sei das historische Manko, daß fehlt oder wenigstens beschwiegen ist die Einsicht in die Voraussetzungen der mechanisch=philologischen Methode, deren doktrinären

Charakter nachzuweisen erwünscht gewesen wäre. Ein Dichter hat das Recht ohne begründende Untersuchung, ohne kontradiktorisches Verfahren direkt durch Experiment zu überzeugen. Freilich so weit darf er nicht zurücktreten sein eigenes Unternehmen durch Verlegung in die reine Subjektivität vor jedem Angriffe zu wahren. Mit dem Satze: ‚Jeder hat das Recht die Entstehung der Ilias zu denken, wie er will' und den unmittelbar darauf folgenden p. 243. 44. bricht er dem eigenen Unternehmen die Spitze ab. Es zeigt sich hierin die romantische Willkürlichkeit, die sich auch in anderer Beziehung an die Stelle mühsamer Arbeit setzt. Beweis hierfür z. B. die Stelle auf p. 245: ‚Die Mittel mit denen er wirkt, sind so wenig zu ana= lysiren' 2c. Gerade diese Analysis aber ist das Problem und in so weit sie durchgeführt wird das ausschließliche Beweismaterial für die Grimmsche Thesis. — Bedenklicher ist ein anderes Manko, das völlige Fehlen innerer Historizität, in Folge wovon zwar das poetisch Menschliche, das Allgemeine der Homerischen Dichternatur kongenial erfaßt, die geschichtliche Besonderheit aber total mißkannt ist. Beweis hierfür die großentheils horrenden Vergleiche. Effekt die Uber= treibungen, wie Andromache das ewig Weibliche, die Hineintragung des Schuldgefühls, die Ansicht von Entwickelungsstufen, Charakter= entwickelung der Hauptfiguren. Wiedereinmal schadet die Ver= absolutirung der reinlichen Erkenntniß, beeinträchtigt der Mangel an psychologischer Einsicht. Geniales Bummeln auf dem Boden der Geschichte ohne mit dem Spaten mühevoller Forschung ihn zu bearbeiten. — Das Buch kostet Grimm die Akademie. — Schon in der übrigens meistens geistreichen Form und Diktion spricht sich dies Sehen von Oben her und gleichsam im Gehen aus. Größere Correkt= heit würde übrigens den Glanz der Diktion nicht beeinträchtigen. So steht p. 282: um zu verweigern, wo es heißen muß: um zuzu= erkennen. Mißleitend ist auch die Aufgabe des homerischen Vers= maßes. Das Versmaß ist ja nicht etwas Außerliches. Die griechische Tragödie mußte aus sich heraus von dem Hexameter absehen. Er verbietet alle Dialektik, giebt vielmehr eine innere Betrachtungsdistanz. Wo nun Grimm Jamben wählt, wird die Seele des Inhalts geradezu geändert, wodurch sich die irreführende Vergleichung mit Shakspeare erst ermöglicht. — Doch genug, um deutlich zu machen, warum meine Empfindung eine getrübte ist.

Vor einigen Tagen war für zwei Tage Leopold hier. Sachliche, Richtungsdifferenzen zwischen dem Direktor der Kunstschule, Grafen Görtz und ihm haben dazu geführt, daß Leopold, wahrscheinlich zum 1. Oktober, seine Stellung in Weimar aufgiebt. Es ist allseitig richtig und vornehm verfahren worden. Der Hausstand etablirt sich nun bis auf Weiteres in Hoeckricht, wo ich das Haus herrichten lasse ...

72] Dilthey an Graf Yorck.

[Juli 1890.]

Gern, lieber Freund, hätte ich Ihnen gleich geantwortet; aber das Wirrsal von Arbeit aller Art lastet auf meinem dumpfen Kopfe so daß ich froh bin, des täglich Nöthigen Herr zu werden. Ich laufe nun seit März wie der Esel im Tretrad: müde, oft mit Schwindel, Druck auf dem Kopfe.

Zweimal für Preisaufgaben durcharbeiten je drei Wochen, Doktorarbeiten, Habilitationsgesuche, eingereichte Studentenarbeiten. Wöchentlich zehn Stunden Kolleg, zweimal wöchentlich daneben Sitzungen. Jede vierzehn Tage ein halb Dutzend Examenarbeiten. Bei diesem Allen ein neues Kolleg. Und dies Alles lastend auf einem müden Kopf.

So konnte ich so viele mir gesandte Bücher, aber auch Grimms Homer und Schmollers Aufsätze, Munks Rindenlehre nicht lesen.

Dagegen habe ich zur Vorlesung vielfach den neuen Band von Harnack benutzt und erstens Gutes über Römisches Philosophiren und seine Wirkungen auf die Kirchenverfassung und Scholastik gefunden und verwerthet. Dann mußte die Ritschlmäßige Beschreibung von zwei christlichen Gemüthszuständen, Typus Luther, Typus Augustin mich sehr interessiren; jedoch im Verhältniß zu der sehr großen Mannichfaltigkeit von Typen christlicher Gemüthsverfassung mangelhafte Auffassung; dennoch ein nützlicher Anfang, ächt Schleiermacherisch, wenn man wie nöthig Gefühl und Willen im rechten Verhältniß dabei beschreibend annimmt und die alten langweiligen Querelen läßt, um vorwärts in der Historie zu kommen.

Eben lese ich bei der Vorlesung die zwei dicken Bände meines Schülers Laßwitz über Atomistik, mit sehr vieler Belehrung. Ich kann Sie nur dringendst darauf aufmerksam machen. Sie müssen seine eigene Ansicht, daß die Construktion der mechanischen Prinzipien vermittelst apriorischer Denkmittel sich vollziehe abziehen — soweit es geht; leider ist viel Geschichte von ihm corrumpirt durch diese Annahme. Dann aber bleibt ein höchst merkwürdiger Zusammenhang. Von Galilei bis Leibniz kann man bei Laßwitz eine

Entwicklung verfolgen, in welcher die dem Auge auffaßbare Seite der Bewegung, das Durchlaufen des Raumes, die Locomotion ergänzt wird durch Begriffe, die eine innere Seite des Vorgangs construiren. sforza, impetu, momentum, der Impetus von Hobbes 2c. Zuerst Kern des Vorgangs Ausbildung des Momentbegriffs, dann Einordnung des Begriffs von Druck, von Ruhe als gehemmter Bewegung in die Bewegungscategorie, dann kann nur so mit der Lehre von der Relativität der Bewegung (und Ruhe) reale Auffassung thatsächlichen Geschehens verbunden werden. So lassen die Begriffe von Spannkraft und lebendiger Kraft sich entwickeln. Das Gesetz der Erhaltung der Kraft läßt sich immer angemessen gestalten. Man sieht also in den Vorgang, in welchem die dynamische Betrachtungsweise die Natur construirt hat. — Die ersten Konceptionen hängen offenbar mit den psychistischen Theorien (bei Kepler z. B.) und der Scotistischen Willenslehre (Oxford) zusammen. Hier erschließt sich wirklich ein Gebiet, auf welchem die Bedeutung einer Weise sich und die Dinge zu erleben, in einer gegebenen Zeit, für die wissenschaftliche Construktion der Wirklichkeit nachgewiesen werden kann.

Über meine Ethik würden Sie sich freuen und bekreuzigen zugleich. Ich übertrumpfe den Utilitarismus! Zeige, daß er eine Construktion von oben nach unten ist. Gehe von den simplen Thatsachen aus, daß Willensweisen mit einer Erweiterung und Hebung unsrer Gefühlslage verbunden sind. Willensaufwand in seinen Formen, Erfahrung von Verwandtschaft im Nacherleben 2c. 2c. Festhalten der Selbigkeit des Willens im Wechsel 2c. Hierbei ist mir einerlei ob einmal jemand diese Urphänomene des Sittlichen wird reduciren können. Aber ich vertheidige die concreten Realitäten der sittlichen Antriebe gegenüber den abstrakten Prinzipien, eine männliche Sittlichkeit, die in ihnen sich fühlt, gegenüber der sentimentalen altruistischen, utilitaristischen 2c.

Jedenfalls wenn der Akademieaufsatz fertig ist will ich dies Stück des zweiten Bandes gleich auch ausarbeiten. So allein, daß ich Einzelnes fertig mache und drucken lasse, kann ich vorwärts gehen.

Alles Pädagogische ruht. Mir sagte neulich ein vielorientirter Schulrath ich sei gar nicht bei der Enquête.

Nun aber will ich nichts als die Abhandlung fertig machen und abreisen. Wir hoffen den 2ten August reisen zu können. Wenn ich nur Stand halte und nicht schließlich krank werde ...

106

Wir gehen zunächst nach Brennerbad oben auf dem Brenner: eine wilde rauhe Carlylesche Art von Gastein, nichts als stark wehende Winde, Felsen und Haide und Sonne und Wasser.

Dann gehen wir nach Gossensaß, nachdem wir von Brenner aus Quartier voraus genommen haben. So oder so, irgendwie, sehen wir uns gewiß und Sie mögen dann sehn wie sichs da oben in beständiger Bewegung lebt.

Treulichst

Ihr D.

Sie und Comtesse Bertha müssen in Sachen Carlyle lesen: zum socialen Frieden, von Schulzes Sohn. Muß höchst merkwürdig sein.

Wildenbruchs letztes Stück auf dem Königlichen Theater angenommen.

. . .

73] Dilthey an Graf Yorck.

Gossensaß am Brenner
[August 1890].

Mein lieber Freund,

. . .

. . . Es war zuletzt für mich eine furchtbar angestrengte Zeit. Die Geschichte der Philosophie zu Ende zu bringen, las ich fünfmal je 65 Minuten und dann eine Stunde danach noch eine zweite Vorlesung. Zwei Sitzungen an den Nachmittagen wöchentlich. Unter diesen Umständen mußte ich die ethische Vorlesung fertig schreiben, und schließlich die Akademieabhandlung wieder aufnehmen und so gut es ging zu Ende bringen. Sie hat mir noch große Qualen verursacht. Schließlich habe ich sie in die Druckerei geschickt und erwarte von den Einfällen bei der Korrektur hier das Beste. Ihr Umfang ist so daß sie in gewöhnlichem Druck 6—8 Bogen betragen würde. Ich bin unermeßlich begierig, was Sie nun dazu sagen werden. Mir ist sie nun nur ein Conzept, an Irrenärzte, Physiologen 2c. zur Vollendung, an Philosophen zur Beurtheilung zu versenden. Noch die eine Abhandlung über innre Wahrnehmung und Zeit — dann ist der zweite Band beinahe gefüllt. Für den historischen Theil habe ich viel Neues erwogen, bei Gelegenheit von Laßwitz Atomistik, die ich Ihnen noch sehr empfehle.

. . . Heute nicht mehr, nur noch daß Sie ,zum socialen Frieden' von Schulze (Sohn des ci devant Breslauers) über England sehr

107

intereffiren wird (befonders über Carlyle). Steuerdirektor Burghart der hier war erzählte daß er für Miquel ein Memoire eben ab= gefchickt habe und die Steuerreform los gehen foll.

74] Graf Yorck an Dilthey.

Mein lieber Freund.

Wie fehr und wie lange ich als Correfpondent in Ihrer Schuld bin, will ich gar nicht erft auszurechnen verfuchen, fondern lieber gleich mit den Nachrichten über unfer Ergehen beginnen. Seit mehr als acht Tagen bin ich nun hier mit meiner Frau. Wir find fehr gut untergekommen und gehören ganz und voll zu dem Wilde welches, rentabler als die Gemfen, oekonomifch abgefchoffen wird. Da ich mich aber hinreichend vorbereitet hatte und diefe Schattenfeite reichlich in Rechnung geftellt hatte, wende ich gleichmüthig den Blick hiervon ab und richte ihn ungetrübt — wenn auch in Anbetracht der hiefigen ftarken Lichtreflexe durch eine blaue Brille — auf die wundervolle Naturgeftalt. Die Combination von Phaenomen und Firmament, daß das Harte die Natur des wolkig Duftigen annimmt, der Contraft und die Transpofition der Sinnesausfagen ift das Reizende. Darin fcheint mir die befondere Lebendigkeit diefer Gebirgsnatur zu liegen, die um deshalb einen befonderen Reichthum von Sagen hervorruft. Auch pfychifch ift das Gleichgewicht ein labiles. So fchön die natürliche Anficht und Perfpektive ift, fo kann ich nach einigen Tagen mich damit nicht beruhigen. Daher habe ich durch Kenntniß der Sagen des Gafteiner Thals, noch mehr aber durch ein prächtiges kleines Buch, eine poetifche Verlebendigung der Gefchichte des Thals zur Zeit der Reformation mir die innere, die hiftorifche Perfpektive verfchafft. So ift mir das Natürliche menfchlich und perfönlich geworden und herzliche Theilnahme leitet auf langen Spaziergängen meine Schritte. Ein merkwürdiger und merkbarer Effekt der hiefigen Höhenluft, an die ich mich übrigens erft gewöhnen mußte, ift die gefteigerte Beweglichkeit. Fußtouren, die ich in Oels fcheuen würde, werden hier ohne Weiteres unternommen und aus= geführt und erinnerte nicht ein Herzgefühl an Vorficht, fo würde ich die wirklichen Höhenregionen auffuchen.

. . .

Ich kann sagen: die letzten Monate ist es mir körperlich nicht gut gegangen. Da habe ich denn die leichtere rezeptive Beschäftigung der Lektüre traktirt. Einige tausend Seiten Kirchen= und Dogmen= geschichte in meiner Weise Tropfen für Tropfen mit dem Bleistift in der Hand habe ich unter Anderem zu mir genommen. Das drei= bändige Werk von Harnack ist unbestreitbar sehr gelehrt und charactervoll. An vielen Stellen auch geistvoll. Die Betonung des personellen Faktors in der Religion ist verbunden mit einer be= merkenswerthen Fähigkeit Personen historisch zu fühlen. Die wissen= schaftliche Substanz des Ganzen ist und heißt Ritschl. Charakteristisch der streng wissenschaftliche Gegensatz gegen den Geist der Tübinger Schule incl. Strauß. Das ist das Neue und Bemerkenswerthe. Freilich die Lokalisation der Religion außerhalb des Intellekts ist schon Schleiermacherisch. Aber bei diesem ist die Scheidung in so fern weniger reinlich, als das Gefühl aesthetisch tingirt ist. Der lebendigen Zeit aber entspricht die Grundansicht, daß Person die eigentlich geschichtliche Größe ist. So weit ganz gut. Aber ein Riß und eine zentrale Dunkelheit geht durch das Ganze. Dogmatik wird als deteriorirende Alteration der Religion dargestellt. Hier fehlt der mißachtete Philosoph d. h. Psychologe, der den unvermeid= lichen Zusammenhang von Empfinden und Vorstellen — Darstellen — nachweist und aufklärt. Dem Griechenthum als bösem Faktor wird Alles in die Schuhe geschoben und damit die Geschichte als be= rechtigter Faktor auf die Tage Luthers reduzirt. Und wo bleibt Paulus? Diese kritisch sicherste kirchen= und dogmengeschichtliche Größe? Er wird nur angezogen bei Augustin und bei Luther. Eine Geschichtserzählung der Dogmenentwickelung wobei Paulus verschwiegen ist, weil er allerdings gleich einem streckenweise unter dem Boden fließenden Wasser nicht immer sichtbar ist. Aber Ge= schichtskenntniß ist zum besten Theile Kenntniß der verborgenen Quellen. Vor Allem aber kein Paulus zu seiner Zeit, weil er und seine Theologie nicht in das Schema der vorstellungsmäßigen Ver= unreinigung paßt. Dogmenverständniß und Werthung muß auf die lebendigen Motive der Gedankengestaltungen ein= und zurückgehen. Da mildert sich der scharfe und todte Gegensatz des Entweder= Oder. — Weiter: von jenem Standpunkte der Personalität aus konnte eine Dogmengeschichte ohne vorheriges Leben Jesu nicht ge= schrieben werden. Endlich aber: der Ausblick ist unklar. Lehre wird doch verlangt, ja sogar neue Dogmenbildung. Welche soll das sein? Und wo ruht die religiöse Gewißheit, wenn von aller

Psychologie abgesehen werden soll? Dann bliebe doch nur äußere Satzung.

So erscheint mir das Werk als eine große Arbeitsleistung einer kräftigen, gelehrten, charaktervollen, aber nicht tiefen und nicht reichen Natur. — Welch erhebliches Quantum Welt steckt doch in Ritschls Reich Gottes als religiöser Beherrschung aller Natur.

. . .

75] Graf Yorck an Dilthey.

Klein=Oels den 22. 10. 90.

Mein lieber Freund.

Seit lange bin ich als Correspondent in Ihrer Schuld, will daher Ihr gestriges Schreiben alsbald mit bestem Danke beantworten, noch bevor ich Ihrem Wunsche gerecht werden kann, meine Gedanken über Unterrichtsreform schriftlich zu firiren und diese Notizen Ihnen zuzustellen. Ihnen aus unseren Gesprächen nicht schon Bekanntes wird sich kaum ergeben. Doch werde ich in Kürze zusammenstellen, was mir zu sagen erforderlich und erwünscht erscheint und das Er=gebniß übersenden. Bei der Kürze der Zeit und daher der Form werden die Motive der Postulate nur angedeutet, von einer historischen Begründung wird ganz abgesehen werden müssen. Daß Sie den Entschluß gefaßt haben Sich vernehmen zu lassen, freut mich sehr. Sie wissen, daß ich dies für sachgemäß, ja in mehr als einer Hinsicht für erforderlich gehalten habe und halte. Sollte der Grund dafür, daß Sie die ursprüngliche Abneigung Sich zur Sache zu äußern überwunden haben, in Ihrer Berufung in die enquête= Kommission bestehen, so läge ein doppelt Erfreuliches vor. Ich hege den stillen Wunsch zu den Gestrichenen zu gehören, was mir auch wahrscheinlich ist bei der Breite des Abstrichs. Ein günstigeres Feld würde mir die demnächstige Kommissionsberathung im Stadium des Herrenhauses gewähren. Denn ohne Gesetzesform wird sich die Unterrichtsreorgani=sation doch nicht vollziehen lassen. Auch in rein persönlichem Interesse wünsche ich mir Freiheit. Denn ich habe die feste Absicht vom Januar ab mit Heinrich vier Monate in Italien zu verleben. — Wenn der Kaiser den Landtag selbst eröffnet, so werden wir uns am 12. Nov. in Berlin sehen.

Die Unruhe innerhalb des alten Staatsgebäudes nimmt, mir bedenklich, zu. Unterrichtswesen, Steuerwesen, Gemeindeordnung!

‚Es muß sich Alles Alles wenden.' Leider mit Haft, ohne Rast.
Von dem Rhetor Miquel erwarte ich Schlimmes. Er ist ein glaubens=
loses Talent. Die Parteiverschiebungen können monströs werden.
So kann ich mir denken, daß ich mit Windhorst gemeinsame Oppo=
sition mache gegen den platten Animalismus H. Spencerscher Paeda=
gogik. Denn weit lieber ein Aquinate als ein Materialist. Auf
H. Spencer kommt die Sache der Modernsten doch hinaus. Tendenz
der Erziehung Kräftigung der Selbstsucht und das in einem Staate
der gebaut ist nicht auf Interesse sondern auf Gehorsam. Ich fürchte
man gräbt an den Fundamenten, nicht nur von Seiten der Sozial=
demokraten. Diese haben m. E. in Halle einen großen Erfolg davon=
getragen. Praktische Schüler Spencers, mit dessen Begriff von
Wissenschaft sie operirt haben. Daß Liebknecht und Bebel, die
Selbstwerthe welche mächtig sind durch die große Reihe der hinter
ihnen befindlichen Nullen, die Bewegung in das gewerkvereinliche
Geleise leiten wollen, ist höchst bedeutsam. Organisation des Kampfes
Aller gegen Alle. In England bis auf einen gewissen Grad möglich
ohne Aufhebung des Staats. Aber bei uns? Das Buch von dem
jungen Schulze=Gävernitz eine schöne Arbeit, aber jung an Erfahrung.
Brentano ists, dem man dazu Glückwünschen kann. Er erscheint
als ‚der Meister'. Daß er es über Schmoller davongetragen, kommt
mir nicht unerwartet. Eine epimetheische Natur hat eben immer das
Nachsehen. — Also bald ein Weiteres, wenn auch Geringes.

76] Graf Yorck an Dilthey.

Kl. Oels den 10. [11.] 90.

Lieber Freund.

Zur Landtagseröffnung komme ich wohl nicht nach Berlin, da
mein rechtes Auge wieder einmal nicht in Ordnung ist, dem Herren=
hause übrigens auch keine Vorlage anfänglich zukommen soll. Zürnen
Sie nicht, daß ich zur Schulreformfrage noch nichts sendete. Meine
Aufzeichnungen haben einen umfänglicheren Charakter angenommen
als ich selbst annahm und überdem hindert das Auge. Sobald ich
fertig, sende ich den Aufsatz. Nunmehr scheint mir fraglos, daß auch
ich zu den glücklichen Gestrichenen gehöre. Es wäre voraussichtlich
doch nichts zu erreichen gewesen, persönlich aber ists weit bequemer
nicht betheiligt zu sein. So reiner Vortheil. Übrigens kommt die
Sache im Stadium der Legislation doch noch einmal unsereinem
unter die Hände.

Große Freude brachte mir die Nachricht von Heinrichs Assessor.
In der Annotation zu Ihrer Abhandlung über die Außenwelt begriffen, bekam ich Ihre Aufforderung bezüglich der Schulreform. Ich mußte daher jene angefangene Arbeit abbrechen und ruht sie seitdem und bis ich die Schulfrage los bin. Sind denn Sie in der Enquête=Kommission? Gern wüßte ich dies sowie die Namen der Mitglieder. Wenn nicht die Organisationsfrage gestellt und radikal erledigt wird, dann wird nichts herauskommen. Alle Änderung der Methode, wie sie so oft schon versucht worden, führt zu nichts, wenn es in jener Beziehung beim Alten bleibt. Es ist geradezu komisch zu sehen, wie die Weisen seit dem Jahre 1848 mit salbungsvollen wohlmeinenden Vorschlägen sich im Kreise drehen, sich bewegen ohne vorwärts zu kommen. Wiese, Schrader und Consorten doch alle halbe Denker. Freiheit aber Polizei, Spontaneität aber Bestimmung, Individualität aber Gleichheit. In solchen Widersprüchen treibt sich ein Compromißsentiment herum.

77] Graf Yorck an Dilthey.

Klein=Oels den 17. 12. 90.
Mein lieber Freund.

Wie lange ich nichts habe von mir hören lassen — ich mag es gar nicht nachrechnen. Willens Ihnen Umfänglicheres als einen Brief zuzusenden zögerte ich von einem Tage zum anderen. Rücksicht auf den Zustand meiner Augen und wiederholtes körperliches Unbehagen verzögerten die Arbeit, bei der wie gewöhnlich die Innehaltung der thematischen Grenzen daß Schwierigste ist. Gern möchte ich vor Antritt meiner italienischen Reise den Aufsatz abgeschlossen haben. Wenn ich so mit der Feder in der Hand spreche, so ist es doch im Wesentlichen zu Ihnen, daß ich rede, und die Hoffnung, daß dies oder jenes Ihnen gefallen möchte, ist der Hauptantrieb. Nun kam wieder ein beredtes Zeichen Ihrer freundschaftlichen Theilnahme: der Separatabdruck Ihres Artikels über Schleiermacher. Da will ich denn wenigstens den herzlichen Dank nicht länger zurückhalten. In anderer Gedankenrichtung mich bewegend bin ich zu aufmerksamer Lektüre noch nicht gekommen. Eine pietätische Freude erweckte mir, daß Sie im Litteraturnachweise Braniß' Arbeit aufgeführt haben. Vor vielen Jahren habe ich diese Arbeit gelesen, die einen schwachen Punkt der Schleiermacherischen Systematik zwar trifft, aber un=

genügend und ohne Tiefe des pſycho=hiſtoriſchen Blicks behandelt,
rein formal und echt metaphyſiſch.

Was ſagen Sie nur zu dem Verlaufe der ‚Schulfrage'?
Wünſche aber keine Gedanken. Das Ganze kommt auf ein todtes
Hinzu= oder Hinweg=thun heraus. Nach meiner Anſicht liegt ein
Bankerott vor, aber nicht nur auf einer Seite. Soweit man nach
den mageren Zeitungsnotizen urtheilen kann, war der Klügſte und
Lebendigſte doch Paulſen. Der Miniſter ſucht dem Kaiſer ein r
für ein u zu machen. Er wird bald eine Enttäuſchung erleben.
Schade um den Kultusminiſter, gut für das Unterrichtsweſen. Der
circulus vitiosus liegt in der regimentalen Sphäre des Unterrichts
und datirt von lange her. Auf das zu Grunde liegende antinomiſche
Verhältniß will ich beſtimmt hinweiſen. Beſſer für die Sache, wenn
Sie es thäten. — Heinrich iſt nun hier und erholt ſich von der
Examenanſtrengung jagend. Er theilte mir mit, daß Sie mit Ihrem
körperlichen Befinden nicht zufrieden ſeien. Hoffentlich haben Sie
beim Eintreffen dieſer Zeilen keinen Grund mehr zu ſolcher Klage.
Ja, lieber Freund, für Jemand, der wie Sie mit und in ſich lebt,
iſt Berlin ein anſtrengendes milieu, Kraft verzehrend ohne ent=
ſprechend Subſtanz zu bieten. Eine andere Nachricht erfreute mich
ungemein, die Mittheilung nämlich, daß Sie ins Auge gefaßt hätten
im Frühjahre uns in Rom oder Florenz zu beſuchen. Laſſen Sie
doch ja den Plan Wirklichkeit werden. Wie ſchön wäre ſolcher
gemeinſame Genuß! Auch körperlich würde Ihnen dieſer Ausflug
gewiß ſehr zuträglich ſein. — Und nun, lieber Freund, in aller
freundſchaftlicher Nachſicht laſſen Sie ein Wörtchen von Sich hören
von Ihrem und der Ihren Ergehen. Und nähern Sie dem Ein=
ſiedler auch wieder einmal ein Stückchen Welt. — Abends im Bette
leſe ich die Briefe Rankes. Doch ſehr reizend. Seine Hiſtorio=
graphie erhält auch von daher Licht. Die ganze Geſchichte ein in
einandergreifendes Kräfteſpiel von nur phänomenalem Werthe.
Neben anderem erſtaunlich die totale Goetheloſigkeit. — Abſtraktion
der Okularität von aller Empfindung, die rein perſönlich bleibt.
Da nun hiſtoriſche Wirklichkeit Empfindungsrealität iſt, ſo Geſchichte
Phänomen, höchſtens der hinter Wolken verborgenen Gottheit
lebendiges Kleid. — An perſönlichen Notizen hätte der Herausgeber
Dove Einiges hinzuthun müſſen. Der iſt ja nun übrigens wieder
in ſein natürliches Fahrwaſſer eingemündet . . .

78] Dilthey an Graf Yorck.

Mein lieber Freund,

Die Feiertage sind vor der Thür, ich bin von den Vorlesungen frei, da mahnt Ihr erfreulicher Brief zur Weihnachtsäußerung. Zunächst meine Freude daß Sie diese Weihnachtszeit umgeben von einer so großen und im Ganzen glücklichen Familie, in einer eigenen Arbeit, der Erfüllung eines lange gehegten Reisewunsches in der schönsten Form so nahe verleben dürfen.

Ihr Aufsatz ist ein wahrer Segen. Das Ergebniß der Konferenz ist so gänzlich unbefriedigend, für das große Publikum, die Zeitungen, das Abgeordnetenhaus, aber auch für den ernster den Fragen ins Auge Sehenden, daß wir nun erst am Anfang der ganzen Sache stehen. Die geheime Geschichte war folgende. Vor dem Zusammentritt war Goßler in täglicher Erwartung seines Falles, dies weiß ich ganz sicher. Die Diversion machte der alte Bundesgenosse der humanistischen Studien, der vortreffliche (denn so sehe ich ihn an) Lucanus. Ein Mensch dieser Welt, vielerlei als zu nehmen oder zu lassen ansehend, skeptisch, aber dann dahinter einige feste Überzeugungen, von denen er nicht läßt, einst durch diese Festigkeit auch für Goßler unschätzbar. Er hat den Kaiser bestimmt, seine Ideen über Deutsch, Geschichte, körperliche Übungen und gesunde Entfaltung auf den Gymnasien selber zur Durchführung bringen zu lassen, dagegen der ungemessenen Begehrlichkeit der Realgymnasien, die nun vor der Konferenz nach dem juristischen Studium die Hände ausstreckten, und die in der That von ihrer Existenz unabtrennbar ist, durch Vernichtung dieser Existenz ein Ende zu machen. Ein Einschnitt den nur der Kaiser selbst machen und vielleicht auch er nicht durchsetzen kann: wir werden ja sehen! Nun kam die Imperatorenerscheinung des Kaisers inmitten seines dienstpflichtigen Senates. Wiederum war die Stellung der humanistischen Parthei festgelegt durch die der Realgegner. Diese (Paulsen) traten nun zunächst dafür auf, daß an den Gymnasien nichts wo möglich geändert werden dürfe. Sint ut sunt. Dann war ja ihr Schicksal besiegelt. Dann in der Sitzung in welcher der Kaiser anwesend war brachte Paulsen den Antrag ein, man möge für das Abgangsexamen der Realanstalten für die Universität die Reifeanfoderung an abgehende Kadetten zu Grunde legen. Eine Bauernfängerei gröblichster Art, übrigens lächerlich mißglückt, da P. seine

Sache auch in der Form sehr schlecht begründete und der Kaiser nur mit dem Kopf schüttelte und dann sagte: Cadettenhaus und Officiersbildung aus dem Spiel! stehen unter mir! Zeller aber, der dem entgegen auf Friedrich den Großen hinwies, der das Griechisch aus Officiersbildung strich und für Studirte forderte, hatte einen durchschlagenden Erfolg damit und Er ist in der Schlußrede des Kaisers, die sich das aneignete, gemeint. Sie sehen durch diese Taktik müßten sich auch die Humanisten in ihrer Aktion bestimmt finden. Auch ich wirkte wo ich konnte dahin daß dieselben die Freiheiten, Erleichterungen, Änderungen, welche der Kaiser forderte, und theilweise mit Recht forderte, an den Gymnasien herbeiführten. Leider haben sie bei dem Maturitätsexamen sich schulmeisterlich und pfäffisch, bei dem Deutsch gedankenarm, bei der Geschichte unterthänig gezeigt: drei große Fehler, die ihre Situation sehr verschlechtert haben. Aber das Durchgreifende ist doch, wenn es gelungen, die Realgymnasien wieder aufzulösen, dann können falsche Reglements immer wieder geändert werden. Nun aber entstehen natürlich sehr große Schwierigkeiten, da das sociale Bedürfniß, die Berufswahl in etwas reiferes Alter zu schieben, nun gar nicht befriedigt ist. Zugleich wird von Polytechnikern, Architekten 2c. eine starke Opposition ausgehen.

Man muß also billig sein. Gelingt die Hauptsache, die Real= gymnasien zu beseitigen und durch kluge Einrichtungen entbehrlich zu machen, dann ist Vieles erreicht.

Alles Innerliche, wirklich Sociale, wirklich Politische — Vacat!

Noch einmal, wie schade daß Sie nicht darin waren!

Ein Aufsatz von mir, schon von der National=Zeitung an= genommen, liegt. Ich möchte von den nun zu erwartenden Angriffen, die über die Konferenz herfallen und sie zerfleischen werden, doch vielleicht einen abwarten. Dann sollen noch ganz andre Aufsätze von mir folgen. Dieser erste zahm, weil für die National=Zeitung. Also lieber Freund, es ist nöthig, wichtig und überaus heilsam daß Sie schreiben und das nächste Jahr wird von Streitigkeiten heftigster Art über diese Sache erfüllt sein. Kann man nicht irgendwie den Kern der Position des Kaisers und der Konferenz festhalten und entwickeln, dann wäre jedes Schreiben nutzlos, vielleicht schädlich. Doch das muß man können. Dann läßt sich entwickeln, wie die Verfassung der Schulen, die Freiheit, die Schulen zu geschichtlichen und socialen Geschöpfen zu bilden, nun die Hauptsache sind. Aber wie man sich zu stellen hat, wird ja bald noch klarer werden, so=

bald erst das Abgeordnetenhaus gesprochen haben wird, wodurch dann erst die ganze Lage sich klärt.

Lassen Sie doch ein Wörtchen hören, in welcher Stellung zu den Partheien Sie das Nothwendige, das jenseits dieser Partheien steht, sagen wollen. Denn gerade diese Stellung ist, da einmal die Interessen alle um die Partheifrage sich drehen, von sehr großer Importanz.

Ich arbeite eben an dem historischen Stück des zweiten Bandes: psychologische und sociale Philosophie des 17. Jahrhunderts, will es dann gleich ins Archiv geben und so aufs Trockne bringen. In Mußestunden an Zusätzen zu meinen Aufsätzen über Dichter und Poesie (natürlich ausgenommen den großen), aus denen eine Poetik erwachsen muß.

. . .

Möchte es sich verwirklichen lassen, daß wir Ihnen in Italien einen Besuch abstatten.

Theilen Sie vielleicht gütig diesen Bericht in der Villa mit tausend Empfehlungen und besten Weihnachtswünschen mit. Ihr Herr Bruder würde mir einen rechten Gefallen thun, wollte er meine Artikel über Lessing (preuß. Jahrb. 1867), Novalis, Grimm Goetheanzeige in Zeitschrift für Völkerpsychologie 1877 durchsehen und mir sagen wo er Verbesserungen und Zusätze wünschen würde.

79] Graf Yorck an Dilthey.

Klein=Oels den 15. Januar 91.

Mein lieber Freund.

In den nächsten Tagen gedenke ich nun meine Reise anzutreten. Mitten in zu Erledigendem ein kurzes Wörtchen der Verabschiedung an Sie, den ich in acht Wochen in Rom zu begrüßen hoffe. Mancherlei wollte ich noch vor der Abreise absolviren, aber der Faden läßt sich nicht abspinnen, er muß durchschnitten werden. Den Tag meiner Abreise kann ich noch nicht bestimmen. Meine Frau erkrankte vor zehn Tagen an der sehr schmerzhaften Gürtelrose. Ich warte nun den Ablauf der Entzündung ab, um dann sofort aufzubrechen. Zunächst nach München, von dort entweder in einem Zuge bis Rom oder mit Aufenthalt in Bologna. Dies sei vom Wetter abhängig gemacht. Wir sitzen hier im Schnee vergraben, rechte Arbeitsgelegenheit. So füllten sich die Bogen, ohne daß der Abschluß erreicht wäre. Erforderlich wäre doch ein Buch, keine Abhandlung. Dazu aber fehlt es an Zeit. — Ich meine, daß es durchaus unrichtig ist sich von der Conferenz das Thema stellen, die Aufgabe beschränken zu lassen. Sachlich unrichtig und unpolitisch. Die impulsiven Intentionen des Kaisers gehen weit über den Conferenzrahmen. Wird der allgemeinen Tendenz auf Grund der Erkenntniß der geschichtlichen Lage der Weg gezeigt, so wird dies von größerem Effekt sein als die Auseinandersetzung über Spezialfragen. Eine Spezialfrage aber ist auch die des Realgymnasiums. Auch der Standpunkt von dem Universitätsbetriebe aus erscheint mir nicht hoch genug gegriffen. Wird jener doch nicht außerhalb der pädagogischen Bewegung zu halten sein, gehalten werden dürfen. Die Schwierigkeit der Darstellung liegt in der stofflichen Beschränkung bei allseitigem Zusammenhange. Das Streichen ist demnach oft mühsamer als das Schreiben. Ich gedenke nur zur Reform des Gymnasialunterrichts mich vernehmen zu lassen. Gelingt es, so muß der Theil ein Segment sein. Auch ich bin der Meinung daß die Sache nicht eilig ist. Aber mir kommt nun Rom und Italien mitten hinein. Jedenfalls will ich versuchen, den Faden festzuhalten. — Das Rankesche Wort habe ich wieder erfahren: Einsamkeit ist der Genuß des Allgemeinen. Nun aber wird mir das bunte Spiel fremden Treibens erwünscht sein. Hoffentlich finde ich eine warme Wohnung in Rom, damit man nicht ganz außer sich komme.

80] Dilthey an Graf Yorck.

[Jan. 1891.]

Mein lieber Freund,

Ich freue mich unermeßlich für Sie, daß Ihnen nun, unter so günstigen Umständen, freien Herzens, vom Grafen Heinrich begleitet, Italien gründlich zu sehen vergönnt ist. Solche intime Kenntniß eines anderen Volkes und seiner Menschen rechne ich zu den höchsten Genüssen, und ist für Menschen unsrer Art unvergleichlich mehr als jede Art von Naturgenuß. Also Glückauf! Möge Ihnen Alles wohlgelingen!

... Ich habe mich in den Weihnachtsferien, einem plötzlichen Impuls folgend, aus allem Systematischen in das erste Buch des nächsten Bandes, das historische geworfen, um diesen ewigen Rest aufzuarbeiten. Wie ich Ihnen schon sagte, will ich die Ausbildung

der Erkenntnißtheorie rc. nur ganz kurz abmachen. Hierüber ist so
viel geschrieben, die Hauptschriften sind so durchgearbeitet daß es
ekelt Mehr zu sagen, und in dem Systematischen muß ja dann doch
die Auseinandersetzung mit den bedeutendsten Positionen erfolgen.
Dagegen die Geschichte der Geisteswissenschaften, die Folge der
Stellungen, die Methoden, die Ergebnisse: das ist ausführlicher zu
behandeln, als Grundlage für das Systematische. So schreibe ich
also an den Kapiteln über das natürliche System der Theologie,
Jurisprudenz, Aesthetik rc. Alte Sammlungen über die Analysis
des Menschen im 16. und 17. Jahrhundert, über allgemeine Staats
und Rechtslehre suche ich nun in Ordnung zu bringen und wo möglich zu vervollständigen. Wenn ich je schwere Arbeit hatte, so ist es
diese. Ein in unsrem Sinne noch fast unbearbeitetes Gebiet; un-
geheure Massen von Literatur. Für das nächste Archivheft will ich
das Kapitel: ,Analysis des Menschen im 16. und 17. Jahrhundert'
fertig machen. Für einen Vortrag in der Akademie das nächste:
die allgemeine Rechts und Staatslehre des 16. 17. Jahrhunderts
(bis zur französischen Revolution das natürliche System verfolgt).

. . .

Das letzte, doch nicht das letzte in meinem Interesse sondern eigentlich nächst Ihrer Reise das Allererste: Ihre Schulbroschüre! Es geht
mir wie Ihnen: Das Interesse erlahmt bei dem Gefühl daß in
diesem Momente Niemand mehr über diese Frage etwas lesen will.
Die Kommission ist sang= und klanglos begraben. Die kleine
Kommission, die eingesetzt ist, und die Arbeiten im Ministerium
gehen fort, jedoch fragt niemand danach. Daraus aber folgt nur
Eines. Es müßte etwas kommen, das die ganze Frage auf ihre
Höhe hebt und so Schwung und Leben in die Sache brächte. Und
das müssen Sie schreiben! Das kann Niemand wie Sie! Wenn
Sie nun also den Abschluß aufschieben, so darf das nur ein Auf-
schieben sein, besser fände auch dieses nicht statt. Besser mit dem
was Sie nun einmal haben, und wie Sie es haben in die Druckerei!
Jedenfalls werde ich auch in Ihre italienische Ferne Ihnen von
Allem was geschieht berichten.

Furchtbare Niederlage von Goßler daß das Gesammtministerium
seine ganze naturwissenschaftstrunkene Art die Kochsche Sache zu
behandeln verworfen hat. Aber ein solcher Fehlgriff (schon war mit
Koch nach langen Conferenzen ein Vertrag auf Grundlage von
3 Millionen, Staats=Geheimmittel=Vertreibung und andrem Unsinn
geschlossen) schadet ihm natürlich gar nichts.

118

81] Graf Yorck an Dilthey.

Rom den 4. Maerz 91: Pension Tellenbach
via due Macelli 66.

Mein lieber Freund.

Beinahe fürchte ich, daß Sie mich zu den Verschollenen zählen. Doch tröste ich mich damit, daß Sie Rom kennen, die Ansprüche, die es an Zeit und Aufmerksamkeit macht. Ich bin nun fünf Wochen hier gewesen und habe nach Kräften versucht einen Begriff dieser merkwürdigen Doppelstadt, in der in der That das Alte im Wesen neu und Alles Neue alt ist, zu gewinnen. Ich glaube mein Ziel erreicht zu haben. Wer Rom nicht historisch sieht, sondern nur aesthetisch, der begreift es nicht. Und in aller zeitlichen Differenz die physiognomische Einheit zu erkennen, ist der eigentliche Genuß. Der Charakter ist im Wesentlichen der des natürlichen ungemessenen Wollens, eine merkwürdige Willensabstraktion. Und die natürlichen Bedingungen entsprechen ganz der historischen Gestalt. Die vulkanische Provenienz der Campagna, die in der merkwürdigen Bewegtheit der Linien ihre Genesis repräsentirt, ist der adaequate Boden der geschichtlichen Machtgestalt. Nirgendwo wird man so bedeutsam den Coincidenzpunkt von großer Geschichte und großer Natur wiederfinden. Der Überschlag von Natur in Geschichte und umgekehrt giebt auch den besonderen landschaftlichen und allgemein aesthetischen Zauber. Die Baugebirge der Imperatoren sind wieder Naturgewächse, Hügel geworden, die neues Leben tragen. Man kann nicht unterscheiden, wo das Menschenwerk aufhört und die Natur beginnt. Wo aber das Werk noch nicht zur Erde geworden ist, da erscheint es in dem Colossalen der Dimensionen wie ein Naturprodukt. Bis in die Technik hinein kann man diesen Zusammenhang verfolgen. Die vulkanische Erde gewährt ein Bindemittel, welches versteint und dadurch allein Riesenbauten ermöglicht. Das Licht der Gräzität umspielt, aber durchdringt nicht den dunklen Ernst des römischen Charakters, ebenso wenig wie später der Glanz der Renaissance. Das blieben fremde Elemente. Julius II. und vor Allem Sixtus V. haben das Antlitz der Stadt gebildet, nicht Leo X. oder Clemens VII. Jene ersetzten radikal und doch in derselben Tendenz das Rom des Augustus. Diese politisch typische Figur kann nur hier erkannt werden, aus seinen Werken und — aus Macchiavell. Augustus ist der eigentliche Erfinder des historischen Imperatorenthums, welches nicht wie das Königthum ein Gegensatz sondern ein Complement der Demokratie ist. Nach diesem anstaltlichen Typus ist auch der ganze Bau der katholischen Kirche aufgeführt. Auch hier gehen die Analogien bis ins Einzelne. Die Einzelheiten des Cultus, die Cultussucht, die nämlichen. Das alte Rom hatte noch mehr Tempel als das neue Kirchen und meist an derselben Stelle. Die Combination von Macht und Gebundenheit dieselbe. Das pomerium hat sich nur verschoben. Auch jetzt will der Römer ein Imperium, aber als seine Repräsentation. Das Eigengefühl verlangt die Macht und den Glanz des Imperators, der unbeschränkter Beamter und Repräsentant. Macht ist Alles. — Das Alles läßt sich in allen Gebieten, dem religiösen, politischen, aesthetischen belegen, in alle Zeiten bis zum heutigen Tage verfolgen. Seiner Bewußtseinsstellung nach ist Rom zeitlos, daher das ewige Rom keine Redensart. Darum ist es der Sitz der Metaphysik — im Gegensatze zur Transzendenz. Rom begreift nicht, wie kein Römer, den Tod. — In diesem paganischen Medium bricht sich das Christenthum. Für eine tiefe Natur wie Luther bedurfte es nicht der Verwaltungsdepravation unter Leo X. Das war occasio, nicht causa. Die Renaissance des Christenthums war unvermeidlich, aber mußte von Außen her kommen. Die Renaissance der Moral predigte in gewaltigster Einseitigkeit Michel Angelo in der sixtinischen Capelle. Die stummen einfachen Kreuze, von Christen in die Steine des carcer Mamertinus geritzt, sie kamen durch Luther zu Worte. Wenn etwas gewaltiger ist als M. Angelos jüngstes Gericht, dieses größte moralisch-kritische Bekenntniß, so sind es jene Kreuze, die Lichtpunkte an einem unterirdischen Himmel, die Zeichen der Transzendenz des Bewußtseins. — Freilich das Schriftgelehrtenthum und der Verbalismus unserer s. g. Kirche vermag es nicht gegen den Katholizismus, der gestützt auf die Abstraktion der Aeternität der persona die gesammte Physis als ein bloßes Mittel hingiebt. — Doch All das sei Gesprächen vorbehalten. — Morgen früh gehen wir nun für vierzehn Tage nach Florenz. Wie schön wenn wir uns dort träfen! Für die Osterzeit kommen wir hierher zurück. Anfang April geht es nach Neapel und Sicilien. Lassen Sie mich ein Wörtchen über Ihre Pläne wissen ...

120

82] Dilthey an Graf Yorck.

Mein lieber Freund, Ihr heutiger Brief war mir und uns — auch Clärchen mußte bei der erneuten Lektüre zuhören — eine große Freude. Ihr Schweigen war mir begreiflich. Ich hätte längst, zumal zu Ihrem Geburtstag geschrieben, aber vernahm ich Ihre Adresse, so war sie zu Hause vergessen, wollte ich schreiben, so fehlte sie mir. In Gedanken habe ich Sie treulich begleitet. Wie ich vernehme geht ein Tagebuch von Ihnen um in das ich ja dann auch Einblick später zu erlangen hoffe.

Auf unser Wiedersehen in Italien haben wir verzichten müssen. Ich bin überarbeitet ... Zudem muß ich eine Abhandlung für die Akademie auf den 30. April schreiben. So haben wir denn beschlossen, Frau, Max und ich, selbdrei uns an den Lago maggiore zu setzen, Frühlingsluft uns umwehen zu lassen, und ich will das Kapitel über Ästhetik für mein Buch schreiben, das ich dann in der Akademie vorlese. Gar sehr schwer haben wir uns von dem Gedanken mit Ihnen zu sehen und Städte zu genießen los gemacht.

Nachdem ich bis Weihnachten am Systematischen des nächsten Bandes gearbeitet hatte, auch ein wenig an den Aufsätzen, einen Schulartikel geschrieben der noch liegt, habe ich mich seitdem mit aller Gewalt in den historischen Theil geworfen. In demselben behandle ich vornemlich die Historie der Geisteswissenschaften. Ich arbeite nun, nach längrer Sammlung meiner Materialien überhaupt, seit einigen Wochen an: die Analyse des Menschen und die Erkenntniß der sittlichen Autonomie im 16. und 17. Jahrhundert. Soll zunächst mit vielen Belegen, zumal dem Abschluß einer vieljährigen Beschäftigung mit der Affektenlehre des 17. Jahrhunderts im Archiv erscheinen. Indem ich schreibe, meine ich daß es größeren Zug habe als irgend etwas das ich vorher schrieb. Doch mag Täuschung dabei sein. Nun bin ichs satt, und will mich in einer schönen Gegend an einer ästhetischen Betrachtung erholen. Wir denken etwa den 11 oder 12ten zu reisen, etwa den 15. am See zu sein, wo uns in Pallanza poste restante Briefe treffen. Fänden wir jemanden der ein paar Tage dort Max unter seine Fittige nähme, so kämen wir zu Ihnen herüber. Jedenfalls erhalten wir ja von Ihnen dorthin Notiz. Da meine Frau Florenz noch nie sah, wäre es mir eine besondre Freude, ihr die Hauptsachen zu zeigen.

Wir waren dem Krieg recht nahe. Wir entbehren die mächtige Faust, die den Dreibund zusammen halten konnte. Da Häseler im

Generalstab ablehnte, ist dort auch das souveräne Vertrauen ge-mindert. Geklatscht wird mehr als billig und gut und die bösesten Seiten von Berlin machen sich geltend. Nicht nur wünschen die Räthe selbst von Goßler daß er endlich gehe und seine Chance Oberpräsident zu werden nimmt ab, auch Bötticher u. a. stehen nicht mehr recht fest, und dies vermehrt das Mißbehagen, daß jeder sich seiner Zukunft als Chef oder unter seinem Chef nicht sicher weiß. In der Schulangelegenheit wird nun geltend gemacht, die Berechtigungs-frage gehöre nicht in das Schulgesetz, sondern falle den einzelnen Departements zu, die ihr Bedürfniß kennen: Sie sehen, völliger Banquerutt der Leitung durch das Unterrichtsministerium und Re-traiteblasen in Bezug auf Realgymnasien. So wird hierin wol eine Versumpfung eintreten, auf lange hinaus ...

83] Graf Yorck an Dilthey.

Messina den 17. April 91.
Mein lieber Freund.

Gestern fand ich in Neapel einen Brief meiner Frau vor, in dem sie mir schreibt, daß Sie einen dreimonatlichen Urlaub genommen hätten. Ich hegte die Hoffnung, daß wir uns zu Pfingsten fröhlich in Oels treffen würden. Nun diese Nachricht, die mich beunruhigt, weil ich folgere, daß Sie Sich nicht wohl befinden. Vielleicht ist die Nachricht irrthümlich, hoffentlich die Folgerung falsch. Lassen Sie mich doch ein Wörtchen von ihrem Befinden wissen ... Ich erzähle heute nichts von all dem gesehenen und erlebten Reichthume. Wie gern erzählte ich Ihnen bei fröhlichem Zusammensein! Würde es Ihnen nicht auch körperlich wohlthun, wenn Sie mit Ihrer ver-ehrten Frau und Märchen einen behaglichen Aufenthalt bei uns machten? wo möglich unbeschränkt durch Amtspflichten?

84] Dilthey an Graf Yorck.

[23. April 1891.]
Mein lieber Freund,

Herzlichen Dank für die freundschaftliche Theilnahme, die aus Ihrem Briefe spricht; ich freue mich Ihnen schreiben zu können, daß irgend eine Vertauschung von Personen hierbei obwalten mag; allerdings hatte ich Ende des Semesters anhaltend über den Hals

122

zu klagen, doch denke ich, es wird kein Anstoß für das Sommer=
semester daraus erwachsen.

In Baden hatten wir schlechtes Wetter anhaltend. Ich bin
denn sehr fleißig gewesen und habe ein gutes Stück einer Abhandlung
über Methoden und heutige Ergebnisse der Ästhetik geschrieben,
heut in acht Tagen ist sie in der Akademie (theilweise nach ihrer
Länge) zu lesen; dann noch Manches nachzuarbeiten. Ich gehe
gelind gegen den Kultus der Fechnerschen Methode vorwärts, und
hoffe, Sie werden an diesem — Stück des dritten Bandes (!) Ver=
gnügen haben. Von Donnerstag an soll dann der historische Theil
des zweiten Bandes weitergeschrieben werden, zunächst zum Abdruck
im Archiv im nächsten Heft, also auch bald Ihnen vorzulegen.

Mit großer Freude begleite ich Ihre gründliche Durchmusterung
Italiens und der Kunst. Sie haben das Glück in der vollen Reife
historischen Denkens diese großen Eindrücke ganz in sich aufzunehmen
und durchzuarbeiten. Ich bin für Sie froh und befriedigt daß das
so, und unter den günstigsten Umständen und der angenehmsten
Begleitung dazu, hat geschehen können.

Wie freue ich mich darauf von Ihnen persönliche aus Ihren
Eindrücken zu vernehmen. Ich halte auch an einiger Hoffnung fest
daß wir, meine Frau und der unvermeidliche Knabe Max, Ihrer
gütigen Einladung Folge leisten können. Aber Alles hängt am
Fortgang der historischen Arbeit, die für das Archiv versprochen ist.

Inzwischen grüße ich Sie und Grafen Heinrich herzlich und
gönne Ihnen daß Sie auch noch nach Griechenland einen Ausflug
machen.

Hier Weyrauch, ultraorthodox=conservativ, ins Kultusministe=
rium! ꝛc. ꝛc. Goßler für Breslau ins Auge gefaßt!

Treulichst verfaßt während einer langweiligen Akademiesitzung

Von

Ihrem

Wilhelm Dilthey.

85] Dilthey an Graf Yorck.

[Sommer 1891.]

Mein lieber Freund,

Aus einem Briefe von Gräfin Bertha hören wir, wie wenig
gut es bei Ihnen geht. Der lange von Ihnen erwartete uner=
freuliche Gast ist wirklich eingetreten, und hat Sie an Zimmer und

Sopha eine Zeitlang unter Schmerzen gefesselt. Gerade nach der Reise, die Ihnen so sehr gut bekommen war, hätte ich das nicht erwartet . . .

Gestern hatte ich die letzte Korrektur meines Aufsatzes. Es sind 2½ Bogen, und erst die erste Hälfte! An der zweiten habe ich heut zu schreiben begonnen: vor den Ferien soll sie auch gesetzt sein, damit ich Ruhe habe. Dann erst kommt das 17. Jahrhundert auf welches es abgesehen war. Leider können Sie ehe der Schluß da ist, die Sache nicht übersehen: auf diesen und seine Pauken und Trompeten geht das Vorhergehende los. Bekommen werden Sie es ja schon in diesen Tagen.

Aber wie gut oder schlecht es auch sei, es hat mich täglich zwölf bis dreizehn Stunden außer Athem gehalten, und so kann ich erst heute, nach flüchtigen Zeilen, von denen ich nur das dunkle Gefühl habe daß die ganze Hast meiner Existenz darin war, Ihnen behaglicher schreiben, nochmals dankend der schönen Tage bei Ihnen gedenken, herzlich Ihnen sagen, wie ich antheilvoll Nachricht ersehne ob Alles hinter Ihnen liegt und Sie wieder in der behaglichen Arbeitsfrische, in der ich Sie fand, nun leben.

Von Schulsachen kein Wort. Uhlig ꝛc. Orden bekommen, also doch wie es scheint noch personae gratae und ihre Sache nicht aufgegeben. Offenbar aber die Sache aus dem Stadium leicht= sinniger Promessen in das der Nachdenklichkeit getreten, was für Sie höchst erwünscht. Der Löwe des Tages jetzt hier Herr Candidat Göhre in der socialdemokratischen Fabrik. Wir möchten dem sterben= den Herbert Spencer den Orden pour le mérite erwirken, aber die Akademie, welche das Vorschlagsrecht hat, ist einmal wieder specia= listisch toll. Wenn sie in solcher Stimmung ist vermag auch Helm= holtz Nichts über sie. Im Übrigen müssen Sie kommen die Aus= stellung zu sehen: Italiener und Spanier eine große Kunst, Michetti überwältigend, Sie werden sehen daß die ganze deutsche Malerei sich umwendet. Die Übermacht der zwei romanischen Völker über unsre unmalerische Nation ist zu groß. Dazu das Intriguantenthum vor dem Publikum enthüllt. Das zweifellos beste Portrait der deutschen Ausstellung, der Moltke der Parlaghi zurück gewiesen, dann vom Kaiser hinein befohlen, und nun in der deutschen Ausstellung der einzige Anziehungspunkt neben der Susanna im Bade von Böcklin, hier ‚die Sara' genannt, wie der Kladderadatsch commentirt: ‚lasse se das': so der Ehegatte der feisten Jüdin die es behaglich nimmt, zu dem Attentäter: alle nehmen es behaglich.

Schlechterdings muß aber Graf Kalckreuth einmal herüber=
kommen, sich die Italiener und Spanier anzusehen. Herzliche Grüße
dorthin. Von Ihnen aber bald ein Wörtchen. Bis zum 3ten August
sind wir hier ... Wie weit ist Ihre Abhandlung?

86] Dilthey an Graf Yorck.

[Sommer 1891.]

Mein lieber Freund,

Ihr gestriger Brief hat mir einen rechten Schrecken verursacht.
Ich hatte was Ihnen in den letzten Wochen begegnet nicht entfernt
so schwer veranschlagt ... Endlich aber erschreckte mich in Ihrem
Briefe daß Sie Ihre Arbeit liegen lassen, und bedauern aus der
halbfertigen vorgelesen zu haben. Ich müßte mir einen ewigen
Vorwurf machen, wäre ich der Anlaß dazu daß Sie diese Arbeit
zurücklegten. Sie können sich schlechterdings auf keine bessere Art
ins Publikum einführen als indem Sie in dieser wichtigsten Frage
unseres geistig=sittlichen Lebens das Wort ergreifen. Ich bin über=
zeugt daß es außer Ihnen schlechterdings Niemand kann. Vor mir
jedenfalls haben Sie außer anderen großen Vorzügen das voraus
daß die Auffassung des Geschichtlichen als der Äußerung des Lebens
selber, welche wieder Leben schafft, ich möchte sagen die Freiheit in
welcher Sie das Gebiet desselben auffassen, Ihnen für den Nachweis
des pädagogischen Werthes der geschichtlichen Welt eine kräftigere
Sprache, eine wirksamere Tiefe giebt, wie ich dies aus dem Vor-
gelesenen ersah und Ihnen aussprach. Nie könnte ich so concentrirt
und kraftvoll diesen Hauptpunkt entwickeln, und Niemand, glaube
ich, könnte es. Hierzu kommt Ihr nahes und intimes Verhältniß
zu dem pädagogisch=religiösen Problem. Dieses erscheint mir
gegenwärtig als besonders drückend. Natürlich entzieht hier die
Schwierigkeit der Lage sich der Kenntniß des Publikums: man weiß
davon nur in der Stille des Schulzimmers. Alle Anstalten füllen
sich mit Halb=Orthodoxen der älteren Form, oder mit Ritschlianern,
oder mit solchen die eben blos die Vortheile für Anstellung haben
wollen. Ich bin kein Christ, in specifischem Sinne, das wissen Sie;
aber vom Standpunkt meiner gleichsam vergleichend geschichtlichen
Religiosität lese ich Harnacks zweiten Band mit tiefster Abneigung.
Dieser Versuch, das Christenthum von den letzten Räthseln und Überzeugungen loslösen zu wollen und zu einem partikularen Datum zu

machen, das nicht mit der Menschennatur sondern nur mit einem nominaliftischen Gotte zusammenhängt, für diese Partikularität Beamte zu instruiren, gleichsam Landräthe Gottes, muß die tieferen Wurzeln des Christenthums überall durchstechen, durchschneiden und durchsägen. Er entspringt aus dem Vertrag mit dem Atheismus des wissenschaftlichen Denkens. Es ist eine politische Abmachung. Kann man nicht sagen, daß die unbefangene Auffassung, mehr das Erleben, ja das Erfahrenmüssen der inneren Thatsachen eine Auffassung des Zusammenhangs der Dinge herbeiführt, welche mit der Religion übereinstimmt, nicht durch mathematischen Beweis, doch aber auf dem Boden von Thatsächlichkeit und überwiegend einleuchtenden Schlüssen, und welche sich dann im Leben selbst durch die Übereinstimmung mit der Natur der Dinge immer mehr bewährt, giebt es nicht das was ich metaphysisches Bewußtsein in meinem Buche genannt habe, im Unterschied von aller wissenschaftlichen Metaphysik, Inneres Erleben von Vorgängen die mit Naturvorgängen keine Analogie haben: dann kann das entwurzelte partikulare Datum der Religion nur verdorren und absterben. Gegenwärtig bemüht sich die Schule, mehr noch als Sie aus den Zeitungen ersehen können, vermittelst der Anschließung an sociale Frage, innere Mission Boden zu gewinnen. Aber gerade der sozialistische 2c. Arbeiter 2c. bedarf doch einer Begründung oder doch Verbindung des religiösen Datums, von Vogt loszukommen. Dies Mauleselthum, diese Vermischung von Psychophysischer Korrelatenlehre mit einer vom nominalistischen Himmel gefallenen Offenbarung ist ganz unproduktiv. Hier müssen Sie das erlösende Wort sprechen. — Endlich haben Sie Verwaltungseinsichten, die unentbehrlich sind, soll die Reform der Institutionen nicht den Eindruck bloßer Zukunftsmusik machen. — Also lieber Freund, sobald Ihre Gesundheit es gestattet, nehmen Sie das wichtige, ja unentbehrliche Geschäft wieder auf. Meine einzelnen Bedenken betrafen ja nur die Art der Formulirung. Ich wollte nur Sie möchten nicht durch zu scharfe Zuspitzung Bedenken erregen oder erleichtern. Ich wollte nur durch meinen Moderantismus, der doch nur auf die Form geht, Ihrer Arbeit nützlich sein.

Ich schließe für heute. Wir wollen in die Ausstellung fahren. Lassen Sie bald wieder ein Wörtchen vernehmen.

87] Dilthey an Graf Dorck.

Berlin, Sonntag d. 20. Juli 91.

Lieber Freund,

ich eile Ihnen das eben eingetroffene, noch feuchte Exemplar des Aufsatzes zu schicken, mit welchem der II^{te} Band beginnen soll, bemerke nur dazu:

Bitte sich Capitel zu denken. 605 bis 623 reicht das erste Capitel. Von ihm strahlt als von dem eigentlichen Centrum die ganze Darstellung der schrittweisen Abnahme der europäischen Metaphysik und ihrer Umsetzung in das metaphysische Bewußtsein (vergl. Band I) aus.

623 bis 624 repräsentirt zwei schon geschriebene kleinere Capitel, für die diesmal kein Raum war.

Auf den Schluß S. 651 folgt in der nächsten Nummer viertens der Protestantismus im Norden und die Durchsetzung der moralischen Autonomie vermittelst desselben. Fünftens Bacon als Typus der Auffassung des Menschen unter dem Gesichtspunkt der Civilisation d. h. Herrschaft des Menschen über die Natur vermittelst der Naturwissenschaft.

Hierauf folgt dann die Darstellung der durch diese Analysen 2c. der europäischen Menschheit ermöglichten freien und lebendigen Darstellung des Menschen in der Geschichtschreibung und der Kunst, als höchster Ausdruck aller dieser Gedankenarbeit, reichend von der bildenden italienischen Kunst bis Shakespeare, Corneille und Rembrandt.

Dies ist der erste Abschnitt. Der zweite behandelt das was ich das natürliche System in den Geisteswissenschaften nenne und zeigt besonders auch zum ersten Male das Fortwirken der Stoa in diesem System.

Der dritte behandelt das Zeitalter der Analysis in den Geisteswissenschaften im 18ten Jahrhundert. Der letzte die modernen Methoden, Evolution, historische Auffassung, Studium der Entwickelung des Individuums usw.

Eben mache ich den ästhetischen Aufsatz fertig. Was würden Sie davon meinen, wenn ich ihn Ebbinghaus gäbe und ihn zugleich im Separatabzug erscheinen ließe? Der letzte Theil macht mir sehr viel zu schaffen.

Und nun, lieber Freund, herzliche Grüße und lebhaftester Wunsch zu vernehmen, daß Sie sich wieder ganz wohl und munter fühlen und Ihre so viel wichtigere Arbeit als das was ich machen könnte, gut voranschreitet.

88] Graf Yorck an Dilthey.

Klein=Oels den 22. 7. 91.

Mein lieber Freund.

Wenn auch nur in eiligen wenigen Worten sollen Sie herzlichen
Dank haben für Ihre beiden freundlichen Schreiben ... Ihrer
Drucksendung sehe ich mit Begierde entgegen. Sie haben die Denk=
und Arbeitslust bei mir einiger Maßen angefacht. Wir wollen sehen,
wie weit es den Berg hinauf gehen wird. Ihr zweiter Band ist ja
nun formirt und artikulirt. Ist er in schöner Weise und kräftigem
Schwunge beendet, dann steht der dritte vor Ihnen — wie es dem
Wanderer zu gehen pflegt, der vor dem erstiegenen Gipfel einen
höheren noch vorgelagert sieht. Dieser Band muß m. E. das neue
Prinzip als konstitutives zur Geltung bringen. Es kann nicht scharf
genug ausgesprochen und bestimmt genug nachgewiesen werden, daß
die letzten 3 Jahrhunderte vergangen sind, nicht das Capital für die
erforderliche neue geschichtliche Wirthschaft abgeben, insbesondere daß
die aesthetische Aushilfe, das aesthetische Complement der Mechanik
Bankrott gemacht hat. Eine ganze volle Selbstbesinnung nach Ent=
kleidung von der wissenschaftlichen Convention! Nach meiner sich
befestigenden Überzeugung stehen wir an einem historischen Wende=
punkte ähnlich wie das 15. Jahrhundert. Im Gegensatz zu der Art
des wissenschaftlich=technischen Fortschritts, der in verschärfter Ab=
straktion und Isolation besteht, bildet sich ein Neues dadurch, daß der
ganze Mensch wieder einmal Stellung nimmt und hinzutritt zu dem
Probleme des Lebens. Jedesmal ist es eine neue Lebensstellung und
=Auffassung, welche eine neue Epoche einleitet und bestimmt, nicht
irgend eine neue Einzelentdeckung oder =Erfindung und seien sie auch
von der größten Tragweite. Der Faden der Wissenschaft ist so lang
und immer dünner gesponnen, daß er nunmehr der impetuosen Frage:
Was ist Wahrheit? gegenüber reißt. Wo das Erkennenswerthe als
unknowable (Spencer) bestimmt wird, verliert das Erkennen sein
Existenzialrecht. Es muß kritisch zu sich selbst gebracht werden nach
solcher Exzentrizität, die den allgemeinen Probabilismus zur Folge
hat. Die Richtung die solches Denkresultat als Dogma nimmt: die
Sozialdemokratie zieht daraus die richtige Consequenz. Sie macht
Ernst, weil sie ernsthaft ist und bleibt nicht bei skeptischem Spiele. —
Wir leben hier still und noch gastlos, umhüllt von beständigem
Regen, der der Menschen Arbeit und Mühe und Hoffnung schwer
geschädigt hat ... Heinrich erwarte ich binnen Kurzem. Meine

Gedanken wandern noch häufig mit ihm in Italien. Das Erlebniß war doch zu groß, um bald für erledigt erklärt zu werden. — Und nun danke ich Ihnen nochmals herzlich für Ihre erwärmende und belebende Theilnahme. Lassen Sie bald wieder ein Wörtchen hören.

23. 7.

Eben Sonderabdruck eingetroffen. Beim Durchblättern freute ich mich dem Scipio Africanus zu begegnen. Zu der Stelle aus Livius hätten Sie die noch schärferen Worte Senecas hinzufügen können: Ubicumque vicit Romanus, habitat. Dieser Philosoph war übrigens nicht minder wie sein Schüler und Herr Schauspieler. Dies Beider innerstes Wesen.

89] Dilthey an Graf Yorck.

[Sommer 1891.]

Mein lieber Freund,

Mit einem Wort wenigstens will ich mich nach guter alter Sitte beim Antritt unsrer Wanderungen von Ihnen verabschieden.

Wir gehen nach Bormio ...

Ich denke ich werde mich auf Eine Vorlesung im Winter einschränken, vier Stunden sind genug. Dann darf ich auch hoffen daß in der zweiten Hälfte des Winters endlich der Druck des zweiten Bandes beginnen kann.

Die ästhetische Abhandlung ist fertig und ich habe mich doch nicht anders entschließen können als sie Rodenberg zu geben, obwol sie für diesen zu lang (2 Bogen Rodenberg) und zu schwerwiegend ist. Ich habe noch ungeheuer über dem zweiten Theil gebrütet und diesen dann um ein Drittel des Ganzen ergänzt, sodaß nun die Hauptsätze einer neuen Anti=Fechnerschen Ästhetik darin sind.

Dagegen habe ich leider das 15. 16. Jahrhundert nicht zu Ende gebracht. Ich blieb hängen an der Darstellung des neuen nordischen christlichen Ideals des Protestantismus und seiner Entwicklung bis zu der Lehre von der moralisch=religiösen Autonomie. Schwierigkeit gegenüber Harnack ... 1. nachzuweisen aus den Quellen daß das Luthersche ‚Lebensideal' gar nichts Neues 2. daß das Neue an Luther eben in der almälig entfalteten nun original erfaßten religiösen, natürlich symbolisch ausgedrückten Auffassung des Bandes der Wirklichkeit und des Zusammenhangs derselben liegt. 3. Daß die wirkliche Auflösung des Dogma von innen heraus aus dem religiös=sittlichen Bewußtsein stattgefunden hat, gleichmäßig und halbwahr in Pietismus, Aufklärung und Spekulation, da eben das Rest von Nonsens im Tiefsinn unerträglich war. Nachweis daß wirklich eine Auflösung nur durch Erkenntnißtheorie möglich 2c. Theologen können keine Dogmengeschichte machen.

Dann bei der Stellung der Kunst von den Florentinern des 15. Jahrhunderts bis Corneille in Europa in Rücksicht auf die Auffassung des Menschen hänge ich an den Zeugnissen über intel=lectuelle Einflüsse auf die bildenden Künstler. Ein Punkt der mir durch ablehnenden technischen Hochmuth nicht abgemacht ist. Hier in Berlin konnte mir Niemand helfen. Vielleicht Vischer.

Windelbands neues Heft Geschichte der Philosophie ist da, er hat sich mit seiner 'Problem'=methode tief in die Nesseln gesetzt. Geistreich ist er dabei und Sie müssen es ansehen.

Mein Buch steht zum Greifen vor mir. Ich brauche Freiheit, komme sie wie sie wolle.

Lassen Sie mich wenn wir nach Bormio kommen ein Wörtchen von Ihnen finden. Ich will dort den letzten systematischen Theil Band II zu entwerfen suchen, der besonders lebhaft vor mir steht.

90] Graf Yorck an Dilthey.

Kl.=Oels den 26. 10. 91.

Mein lieber Freund.

In der Heimath sollen diese Worte Sie begrüßen und Will=kommen heißen. Daß es Ihnen gut ergangen, meldete ein langer liebenswürdiger Brief Ihrer Frau, die mit aesthetisch empfindendem Auge irdische und himmlische Pracht genießend die Schönheits=empfindung in Worten wiederklingen ließ. Wie und daß es uns unterdessen sorgenvoll ergangen, haben Sie wohl vernommen. Ich spreche nicht davon, da nunmehr es sich zum Besseren gewendet hat. Daß Ihr letzter Aufsatz mich höchlich interessirt hat, bedarf keiner Versicherung. Im Allgemeinen bin ich ganz einverstanden und be=wundere die intime Klarheit. Im Einzelnen bleiben ja Wünsche und Differenzen. Da ich im Augenblicke von einigen Gedanken besessen bin, auch wieder einmal mit meinen Augen haushälterisch umgehen muß, so kann ich mich nicht anders als abgerissen und flüchtig äußern. Hobbes schätze ich höher. Die nordische Eigen=thümlichkeit verlangt, daß man sie nicht rein auf Italien und den

Romantismus radizire. Weiter meine ich, daß in Ergänzung resp. Correktur von Burckhardt betont werden muß, daß die Renaissance mit dem 13. Jahrhundert beginnt, daß im Ursprunge die Bewegung eine religiöse war. Die neue Bewegung beginnt mit Joachim Floris und Franz v. Assisi. Im Allgemeinen wissen Sie, daß ich die wissenschaftlich-technische Bedeutung der Theilung in Organisation und Cultursystem anerkenne, als Gestaltsprinzip aber für bedenklich erachte. Der locus des geschichtlichen Problems ist die Einheit der Motive, die in gleicher Weise die Handlung und den Gedanken bestimmen, so daß der Gedanke aus der Handlung klar wird und umgekehrt. Die Handlungsweise Sixtus des V^{ten}, dessen innerer geschichtlicher Character aus dem milieu Macchiavells hervorgewachsen ist, demonstrirt tiefer und in konkreterer Fülle die geschichtliche Bewußtseinsstellung als Macchiavells Abstraktion. Leben ist Alles und — das Problem, und die Handlung macht das Wort deutlicher als das Wort sich selbst. — Entschuldigen Sie diese unklare Eruption. — Was sagen Sie zu H. Grimms Pädagogik? Ist der Aufsatz eine Sturmleiter, um in die Akademie einzusteigen unterstützt von Allerhöchster Hilfe? Dies von einem Grimm! Die Erziehung, Bildung in Form von Eröffnung! Dem Knaben wird dies und jenes eröffnet und zwar bis zur Prima Lügen. Dahin ist der Glaube an Autorität gebracht! Dahin verliert sich der letzte Romantiker. Für die Kindheit, die ihrem Wesen nach universal und wie allverlangend so allbedürftig ist, soll die Humanität ersetzt werden durch politischen Patriotismus. Ich habe dergleichen nicht für möglich gehalten. Genug davon. — Welch sonderbarer Heiliger ist es, der sich Paul de Lagarde nennt? Er scheint mir eine Dühringartige Natur. Enormes Wissen ohne wissenschaftlichen Gesammtsinn. Sagen Sie mir doch gelegentlich etwas über den merkwürdigen Menschen. — Heinrich ist hier und wartet auf seine amtliche Verwendung. Wäre die wirthschaftliche Noth dieses Jahres nicht so groß, wir gingen nach Spanien. Die gleichsam centrirte Kraft der Volksindividualität dort muß doch sehr merkwürdig sein. Nun lieber Freund, lassen Sie mich mein langes Schweigen nicht entgelten sondern mir bald ein Wörtchen zukommen.

91] Dilthey an Graf Yorck.

[31. Dez. 1891.]

Mein lieber Freund,

Ein Gruß und herzlichstes Wünschen wenigstens soll heut in dem still=heiteren Klein=Oels auf der Thurmstube des heiligen Hieronymus erscheinen. Möge Ihnen dies Jahr in dieser Stube Sonnenschein, Schaffensfreude, den philosophischen Himmel im Ge= wahren des Wirklichen in seinem Zusammenhange gewähren.

Allen Ihrigen, voran Ihrer verehrten Frau Gemahlin, ebenfalls unsre herzlichen und getreuen Wünsche.

Wir haben uns mit den verschiednen Sorten von Krankheit weiter herumgeschlagen. Es ist langweilig davon zu erzählen.

Über Berlin liegen Nebel, Regen, Dunkel, Pessimismus, In= fluenza, psychische Begleiterscheinungen, ein gedankenloses Ver= dunkelungsministerium. Nur spärliche Menschen begegnet man an diesem letzten Jahrestage auf der Straße. Den meisten kommt der Ultimo nicht bequem. Allen erscheint das Leben als eine ‚mühsame Angelegenheit‘. Niemand zerbricht sich aber darüber den Kopf was danach sein wird, da Jeder meint genug mit ihm selber geschoren zu sein. Eine grämliche, müde und gedankenflüchtige Gesellschaft!

Und in der Thurmstube des heiligen Hieronymus entsteht langsam und lautlos über dies Alles ein menschliches Verständniß. Möge es im neuen Jahre gedeihen.

92] Graf Yorck an Dilthey.

Klein=Oels den 6. Januar 92.

Mein lieber Freund.

Ich benutze eine nächtliche Stunde, um Ihnen herzlich zu danken für Ihren Glückwünschenden Brief. Möge auch Ihnen die neue Jahreszahl eine Glückszahl sein, das Frühjahr aber uns hier zusammenführen zu altem Gedankenverkehr in unwandelbarer Ge= fühlsgemeinschaft. Ihr Berliner Stimmungsbild war mir sehr interessant. Gewiß haben Sie da nicht zu grau gemalt, wenn gleich zu hell und licht bei dem Gegenbilde der Kleinoelser Thurmstube. Auch sie ist nicht so isolirt, wie für ernste Arbeit unserer Art erforderlich. Auch hier macht sich der Nebenmensch unliebsam be= merkbar. Bald ist auf eine frivole Klage mit langen Deduktionen zu antworten, bald Miquels schauderhaftes Gesetz nebst den noch schlimmeren ministeriellen Anweisungen durchzunehmen, bald treten die wirthschaftlichen Schwierigkeiten dieses ertragsarmen Wirthschafts= jahres über die Schwelle meines Friedens u. s. w. Ich verstehe den Gang ernster Denker und großer Arbeiter in die Einsamkeit. Immerhin will ich nicht klagen. Sehen mich auch, wenn ich nach einigen Wochen gezwungener Nebengeschäftigkeit zu ihnen zurück= kehre, die eigenen Aufzeichnungen fremd an, so finde ich mich doch nach einiger Zeit und Anstrengung in den alten Kreisen wieder zurecht. Und dann genieße ich das stille Selbstgespräch und den Verkehr mit dem Geiste der Geschichte. Der ist in seiner Klause dem Faust nicht erschienen und auch dem Meister Goethe nicht. Ihm würden sie nicht erschrocken gewichen sein, so ernst und ergreifend die Erscheinung sein mag. Ist sie doch brüderlich und verwandt in anderem, tieferen Sinne als die Bewohner von Busch und Feld. Die Bemühung hat Ähnlichkeit mit dem Ringen Jacobs, für den Ringenden selbst ein sicherer Gewinn. Darauf aber kommts an erster Stelle an. — Ich gedenke nun die nächsten Monate mich still zu Hause zu halten. Die Eröffnung der Herrenhaussitzungen hat mich nicht nöthig. In Breslau habe ich auch nichts zu suchen. Letzthin war ich einmal dort zu einem Diner eingeladen. Ich lernte den Fürstbischof kennen und bei Tische neben ihn gesetzt hatte ich ein interessantes Gespräch. Der Mann ist sehr klug und von liebens= würdiger Art. Wie erstaunlich weise ist doch der kirchliche Bildungs= gang eingerichtet und wie perfekt gestaltet der regimentale Verfassungs= verband! Staatsrechtlich angesehen war der Kaiser Augustus˙ der erste Papst und der kaiserliche Senat das erste Cardinalskollegium. Bei jener Gelegenheit wurde auch die Kriegsfrage von militärischer Seite behandelt und die gegenwärtige Situation als ernst angesehen. Weiß man davon etwas in Berlin?

den 7ten Januar.

Heute nur noch die besten Grüße. Die Sonne lockt einen Gang durch den Park zu machen. Noch mehr locken die grünen Bogen, die ich zum Arbeiten benutze. Trotz dieser heilsamen Farbe mahnen ab und zu die Augen. Wie geht es mit Ihrem rechten Arme? Ich erinnere, daß Klein=Oels einer der besten Kurorte ist.

93] Dilthey an Graf Yorck.

[Anfang 1892.]

Mein lieber Freund,

Gern hätte ich Ihnen längst in dieser bewegten Zeit über meine hießigen Eindrücke geschrieben; schließlich läßt sich doch nur sprechen über das was vorgeht.

Praktisch empfinden Sie wie ich: Ihre Unterrichtsschrift ist hoch-nothwendig; wahrscheinlich wird auch nöthig sein, daß Sie zum Herrenhaus kommen, sich in die Kommission wählen lassen und im Plenum sprechen.

Denn die Sachlage soviel man ohne an der Komödie theil-zunehmen sehn kann: Zedlitz wirklich fromm, unbekümmert um die Fortdauer einer ihm wenig sympathischen Stellung, aber von einem stillen Fanatismus für das Positive, die religiöse Einzelheit, die Con-fession, unfähig, durch wissenschaftliches Denken hindurchgegangene Religiosität zu verstehen. Er hat Eynern nach dem Zusammenstoß sprechen wollen, Verständigung suchen; als dieser jedem Bedauern über gegenseitige harte Worte durch die Berufung auf die parla-mentarische Luft auswich, sagte er: dann spreche er als Christ ihm aus daß er zu weit gegangen. In den Ministerialsitzungen sagt er wol: wenn ich Ostern noch Minister bin. Aber er hat eine ruhige un-beugsame Energie. — Caprivi gehörte wie Treitschke gern erzählt zu den ‚nassen Engeln', den Gardeofficieren, die sich in der Kirche unter den Augen Friedrich Wilhelms IV. gern zeigten, um sich dann an dem Frühstück bei Habel zu erholen. Treitschke meint, er sei kalt wie eine Hundenase, andere halten ihn für aufrichtig fromm. Jedenfalls war er in seiner Aktion von einer ganz falschen Voraus-setzung über Pläne der Nationalliberalen geleitet. — Der Kaiser hat bei der Zusammenkunft bei Zedlitz mit keiner Silbe sich über seine eigene Ansicht ausgesprochen. Geäußert hat er sonst, er wünsche daß auch dies Gesetz wie die früheren unter Mitwirkung der Haupt-partheien zu Stande komme. Die Tendenz ist also das Gesetz zurechtzustutzen. Ob im Abgeordnetenhaus dafür die Conservativen noch zu haben sind? So hört man denn auch, dem Herrenhaus werde diesmal die moderirende und abwiegende Rolle zufallen.

So schwirrt es durcheinander. Morgen früh kommen eine Anzahl von Ordinarien, darunter Treitschke, Brunner, Schmoller, Helmholtz ꝛc., zusammen, um über eine Erklärung sich zu ver-einbaren. Zugleich wird von Halle eine kommen, von der ganzen theologischen Fakultät mitunterschrieben. Die öffentlichen Äußerungen sind nothwendig und werden hintereinander kommen, damit die Regierung fühle, in welchem Grade die Wahlen bedroht sind, wenn die Regierung uns dieser Papstherschaft und dem Kampf freier Volksschulen untereinander aussetzt. Für uns handelt es sich um mehr: geht dies Gesetz ungefähr so durch, dann zwingt es zu einer Ultra-Regierung, die den Kaiser verbittert, und deren Erbschaft dem Freisinn zufällt. Dieser hat keinen innigeren Wunsch als daß es durchgehe.

Ich habe mich herzlich der im ganzen guten Nachrichten von Klein=Oels gefreut, und Ihrer freundlichen Erinnerung an Klein=Oels als Kurort. Ich wünsche es möchte das sich verwirklichen. Mit meinen eigenen Arbeiten ist es in diesem schauderhaften Winter so schlecht als noch nie gegangen; ich bin nervös, des Treibens müde. Glücklich und gepriesen sei die Thurmstube des heiligen Hieronymus!

94] Graf Yorck an Dilthey.

Kl.=Oels den 9. II. 92.

Mein lieber Freund.

Besten Dank für Ihren freundlichen Gruß und den Berliner Stimmungsbericht. Was mich anbetrifft, so bin ich jetzt nicht in der Lage meine Unterrichtsschrift zu vollenden. Ich stecke in anderer Arbeit, die ich nicht plötzlich unterbrechen kann und mag. Später will ich sie fertig stellen aus eigenem Bedürfnisse und Interesse an der Sache als solcher. Taugt sie etwas, dann wird sie ein Recht der Existenz haben abgesehen von der zeitlichen Okkasion. Übrigens arbeitet die Conferenz so langsam, ungenügend und innerlich haltlos, daß auch eine spätere Arbeit immer noch zeitgemäß sein möchte. Mit dem Volksschulwesen als solchem beschäftigt sie sich, wie Sie wissen, überhaupt nicht. Dies im Vordergrunde des Interesses stehende Thema, dessen fascinirende Kraft zur Zeit die Aufmerksamkeit von der Gymnasialfrage ablenken würde, erscheint mir ein außerordentlich komplizirtes, weil schon an sich konkretes. Politisch steckt dahinter die Kirchenfrage. Das mußte Windhorst, dem eine politisch kurzsichtige Regierung über das Grab hinaus seinen Wunsch erfüllt. Die Fragstellung des Entwurfs ist doch Kirchenschule oder Staatsschule trotz aller Betonung der rechtlichen Natur der Schul= anstalt als staatlicher Veranstaltung. Die Frage mußte gesetzgeberisch

135

n i ch t aufgeworfen werden. Die Praxis mußte ruhig weiter arbeiten. Das ist der wesentliche politische Fehler, daß überhaupt der gesetz= geberische Weg beschritten worden ist. Damit kam die Regierung an die Rechtsfrage heran: Verfassung ausführen oder abändern? Eine politisch höchst mißliche Position. Das öffentliche Rechts= bewußtsein ist aber dahin verstimmt, daß die Verfassungstreue materiell gefaßt und bestimmt wird, während die Beeidung doch nur den Sinn haben dürfte die Willensgewalt zu binden. Bei uns aber wie in Belgien sind die Katholiken bei Abfassung der Ver= fassungsurkunde weitsichtiger und schärfer denkend gewesen als der rhetorische Liberalismus, der gegen die eigenen Lebensinteressen den Rechtsstandpunkt einer materiellen Bindung durch die Verfassung bis zu dem Kulturkampfe, den Kurzsichtigkeit als ein hors d'oeuvre betrachtet, vertreten hat, die katholische Ansicht vom Dogma ins Politische übersetzt. Wie ist nun in formaler Beziehung die Lage? Die Regierung verbaliter verfassungstreu, die Verfassungspartei par excellence gegen eine Grundbestimmung der Verfassung. Das ‚Möglichst' aber ist zu schmal um sich dahinter verstecken zu können. Entscheidend eingreifen, ohne doch den einmal angerichteten politischen Schaden ganz repariren zu können, könnte die konservative Partei. Sie wäre — ich muß doch sagen wäre vielleicht — in der Lage Religion und Gewissensfreiheit gesetzgeberisch zu vermitteln, wobei sie den charaktervollen und ihr sympathischen Cultusminister konserviren würde. Aber innerlich ist dieser Partei die Kirchthurmpolitik zu nahe. Sie wie die Regierung meinen, daß Christenthum nur als Confession existirt, ein Abstraktum von den Confessionen sei, mit mehr Unrecht noch, wie der Naturwissenschaftler Farbe für eine Abstraktion von roth, blau u. s. w. hält. Damit ist wiederum eine merkwürdige Verschiebung gegeben. Nach dieser Auffassung wird der Staat einer Partei, welche von dem christlichen Charakter des Staats unablässig spricht, doch zu einem nicht=christlichen Verbande, da er weder katholisch noch evangelisch ist. Nur von dem Gesichts= punkte aus, daß Christlichkeit die gemeinsame Substanz beider Con= fessionen ist, läßt sich die Schulfrage staatlich richtig behandeln — und ohne Anstoß nur im Verwaltungswege. Die Rolle nun, die Sie dem Herrenhause zuweisen, kann diese Körperschaft nicht spielen. Dafür hat die Regierung, Bismarck eingeschlossen, gesorgt und gewirkt. Das Herrenhaus bei der Landtagseröffnung in diesem Jahre ganz ohne Arbeit gelassen, im vorigen Jahre zunächst mit der Hundesteuer abgefunden, bekommt die gewichtigsten Gesetzentwürfe in den letzten Tagen der Session, unter geschäftlichem und regimentalem Hochdruck. Eine feste Parteibildung und die Möglichkeit dazu giebt es dort außer der Fraktion Stahl nicht. Die f. g. neue Fraktion ist nur ein Nebeneinander disparater Elemente, bestimmt nur durch den übrigens auch flüssigen Gegensatz gegen jene Fraktion. Das Grundgesetz der Composition des Herrenhauses verhindert von vorn herein jede selbständige Kraft. Kommt der genannte Gesetzentwurf überhaupt an das Herrenhaus, so hat Aussicht auf Amendirungs= erfolg nur Herr von Manteuffel. Im Plenum eine Confession ab= zulegen oder in der Commission pro nihilo zu arbeiten ist nicht nach Jedermanns Geschmack und sachlich bedeutungslos. So weiß ich noch nicht, ob ich überhaupt nach Berlin kommen werde.

Was die ministeriellen Personen angeht, so theile ich Ihr günstiges Urtheil über Zedlitzens Persönlichkeit. Aber man macht bei ihm die Erfahrung, daß administrativ und politisch Denken zwei ganz verschiedene Dinge sind. Seine polnische Politik beweist mir, daß auch große Begabung historische Schulung nicht zu ersetzen vermag. Ich ziehe hierbei in Rechnung, daß er dabei nicht die Initiative hat. Antirussische Tendenzen und persönliche Ansichten an höchster Stelle mögen maßgebend gewesen sein. Aber daß Zedlitz dazu die Hand geboten, hat mich überrascht und meinen Respekt vor seiner Begabung gemindert. Caprivi beurtheilt Treitschke ganz falsch. Er gehörte allerdings zu den f. g. nassen Engeln. Diese aber, welche jenen Spitznamen bekamen, weil sie als Temperenzler nicht kneipten, waren weder Gardeoffiziere noch Kopfhänger, gingen nicht zu Habel und nicht unter den Augen Friedrich Wilhelms IV. in die Kirche. Vielmehr, von aktivem Pietismus, hatten sie eine werkthätige Diakonie eingerichtet und bevorzugten von Innen heraus die strengsten Prediger und Kanzlerredner. Beschränkt — ja, un= lauter — nein. Vielmehr besonders lauter und in sich und in gedanklicher Enge aber Kraft der Gesinnung geschlossen. So auch ist Caprivi eine selten d. h. in seltenem Maße klare, in sich feste, uneigennützige ja stoische Natur. Man thut dem Manne und sich selbst positiv Unrecht, wenn man ihn anders beurtheilt. Daß er nicht an der richtigen Stelle, ist eine andere Sache. Ich fürchte und glaube, daß er viel geschadet hat, in der Handelspolitik, in der polnischen Frage 2c. Militärisch sehr begabt fehlt ihm meines Er= achtens jede Genialität des Blicks. Nichts Erfinderisches ist in ihm. Ohne die Begabung Dinge und Verhältnisse gleichsam im Voraus zu spüren, beurtheilt er nur feste Gegebenheiten. Die Kunde der

Motive ist ihm versagt. So sind wir unter seiner Leitung, wenn
auch gewiß nicht allein aus seiner Spontaneität dahin gekommen,
daß wir die zentrale Stellung in der politischen Welt verloren haben
und durch theuere Klammern den Zusammenhalt erkaufen müssen,
den unser früheres Schwergewicht natürlich bewirkte. Es sind eben
die historischen Mächte stärker wie jede Schneidigkeit und die ge=
schichtlichen Gewalten mächtiger als die bloße militärische Energie
und Ordnungskraft. — Bismarck nicht bloß abgesetzt sondern ver=
leugnet, Windhorst todt — die Zeit Richters kommt herauf. Seine
Geschäfte besorgen Andere z. B. der Minister des Inneren bis zu
den nächsten Wahlen. Dann wollen wir sehen, was es geben wird.
— Unerquickliche Aussicht! Daß allein — oder nein nicht allein,
aber radikal nur Pädagogik helfen könne, das wird immer mehr
zum Allgemeingefühl. Da wird nun Dressur versucht statt Bildung.
Und Religion wird als Anstalt gefaßt (Ritschl) und nicht als tiefste
Geistesbewegung, als universales historisches Element. Doch Sie
haben Recht, das Alles läßt sich besser besprechen. Kommen Sie
nur zu Ostern zum Zwiegespräch! — Mir werden die Tage zu kurz
bei meiner langsamen Art, und das Interessante mehrt sich. Wie
ein hoher Berg reichen die Schwierigkeiten gen Himmel. Wenn
erst sie ihn sicher berühren, sind sie richtig orientirt und überwindbar.

Die Raumfrage führte mich zu Stumpf. Den bekommen Sie
nicht nach Berlin, so lange Helmholtz lebt. Seine Arbeit über den
psychologischen Ursprung der Raumvorstellung (dieser nicht erkannte
Pleonasmus kommt auf Rechnung Stumpfs, nicht auf die meine)
ist tüchtig wenn auch nicht überall treffend in der Kritik. Uber des
Verfassers eigene Ansicht schweige ich im Interesse der Fertigstellung
dieses Briefs. In so fern ist auch die Kritik unvollständig, als das
geschichtliche Motiv der empiristischen Raumauffassung nicht erkannt
— oder verschwiegen ist.

95] Dilthey an Graf Yorck.

d. 29. 2. 92.

Mein lieber Freund,

Zu Ihrem Geburtstag morgen sende ich Ihnen heute schon
in früher Stunde vor den Vorlesungen meine treuen, herzlichsten
Wünsche. Mögen Sie im Kreis Ihrer Familie und Ihrer Arbeit
nur Freude erfahren. Wer weiß ob nicht in diesem Jahre Ihnen

Heinrich eine Braut bringt? Und das sicher wird ja geschehen, daß Ihre Arbeit mehr dem Abschluß entgegen gefördert wird. Was Abschluß heißt, in der Philosophie, wie schwer und durch wie große Anstrengungen er heute von unserem Standpunkte aus, welcher von allen heutigen Arbeiten so wenig benutzen kann, so viel bestreiten muß, erreicht wird, das weiß nur wer sich auch ‚strebend bemüht'.

Wie die öffentlichen Dinge, an denen doch unser Herz hängt, in diesem Jahre laufen werden, vermag wol kein Prophet auch nur halb zu errathen. Nach den vielen Gesprächen die ich mit den verschiedensten Personen des Kultusministeriums und Abgeordnetenhauses hatte, ist der Gedanke der Regierung, das Schulgesetz würde eine definitive Verständigung mit den katholischen Bischöfen (Kopp) und folgerecht dem Centrum herbeiführen und dann könnten alle Kräfte zur Lösung der Aufgaben vereinigt werden. Hievon klingt ja auch ein Ton aus der kaiserlichen Rede. Doch ist selbst die Mehrzahl der Beamten des Kultusministeriums nicht dieser Ansicht. Sie halten das Schulgesetz für einen Fehlgriff, aber sie wünschen alle daß Zedlitz bleibe, dessen menschlich offene und sachliche Art nach aller Urtheil gegen Goßler aufs angenehmste absticht. Da nun die Berathungen sich dehnen, so wird wahrscheinlich irgend eine Vermittlung zu Stande kommen, die die Dinge ohne Krisen weitergehen läßt. Mein Eindruck der Personen im Kultusministerium ist niederdrückend. Vorgestern sprach ich Schottmüller, und wie ein solcher munterer Windbeutel und Aufschneider eine solche Rolle spielen kann muß Unruhe erregen.

In solchen Zeiten empfindet man doppelt, daß nur aus philosophischer Selbstbesinnung Vertiefung der höheren Classen kommen kann. Sie wird bei Ihnen mehr der Begründung religiöser Lebensstellung direkt dienen. Bei mir ist sie zunächst darauf gerichtet, die selbständige Macht der Geisteswissenschaften zu erhöhen, wodurch dann die Selbständige Geltung der sittlich=religiösen Motive auch mehr zur Anerkennung gebracht wird. In den Ferien möchte ich nun das Grundgerüst einer erkenntnißtheoretischen Logik, sonach einige der Hauptcapitel des zweiten Bandes nach so langem Nachdenken ausarbeiten und in der Akademie Ende April vorlegen. Jetzt bin ich noch an der Fortführung der historischen Parthie. Längere Zeit hat mich die Fertigstellung der literarhistorischen Aufsätze beschäftigt und ich bin doch so weit daß im Frühling deren Druck anfangen kann. Sie sollen mit einem Aufsatz über die gegenwärtige Poesie endigen, der auf einen über Dickens und den englischen Roman folgt; sonst würde das Buch der Aktualität entbehren. Was für Gesprächsstoff Alles für uns! wozu dann der lebhafteste Wunsch sich einfindet, mich mit Ihnen über unsre Beschäftigungen auszusprechen. Die Gedanken werden durch solche Gespräche mobil gemacht.

Auch will sich diesmal Alles so schicken, daß wir Ihrer erneuten freundlichen Erinnerung an Klein=Oels sehr dankbar folgen möchten, wenn nur das Trifolium: meine Frau, Max und ich Ihnen nicht zu viel werden ...

96] Graf Yorck an Dilthey.

Klein=Oels den 10. III. 92.

Lieber Freund.

Trotz mannigfacher Inanspruchnahme doch wenigstens einige Worte des herzlichen Dankes für Ihre freundlichen Wünsche und der Freude über die Zusage Ihres Besuchs. Hierbei tragen wir, meine Frau und ich die Bitte vor, daß Sie beide außer Märchen auch Klärchen mitbringen möchten. Das gute Kind entfremdet sich sonst den Freunden gar zu sehr. Auch Bertha bat mich zu sagen, daß sie so gern Klärchen bei sich haben möchte. Diese könnte ja nach eigenem Belieben die Ferienzeit zwischen hier und Hoeckricht theilen. — Möge unser hoffentlich baldiges Zusammensein eine freundlich warme Sonne bescheinen. Gegenwärtig herrscht hier noch voller Winter.

Von hier nichts Neues. Desto mehr, wenn auch nicht Differentes geschieht in Berlin. Ich habe die Empfindung das laufende Jahr werde uns Krieg bringen. Die Unbefriedigtheit ist ein ganz allgemeines Gefühl und die internationale Spannung doch so groß, daß der kleinste Anstoß die Entladung herbeizuführen genügend ist. Unsere Zeit hat etwas von dem Ende einer Epoche. Ein Zeichen dafür ist das Schwinden der elementaren Freude an der historischen Gegebenheit. Das Gefühl der Vergänglichkeit durchschauert wieder einmal die alte Welt. Es ist merkwürdig, ein trauriges Vorrecht schwerfälliger Innerlichkeit, wie in Deutschland alle allgemeinen Fragen zu Religionsfragen werden. In England ist die sozialistische Bewegung nicht minder radikal, doch aber psychisch partikular. Ebenso in den romanischen Ländern. In Deutschland, dem klassischen Lande der Religionskriege ist die ganze Psyche affizirt, daher die Bewegung religiös resp. irreligiös. Dem gegenüber sucht der Staat, der seinem Wesen nach zwischenkirchlich ist, seine Zuflucht in und bei der Kirche. Damit sind die Voraussetzungen des dreißigjährigen Krieges gegeben. Mit der Simultaneität, die aber allerdings nicht christlich indifferent sein darf, so daß sie den Judaismus einschlösse, giebt der Staat das Wesen seines kulturellen Rechtes auf. Die Ausdehnung der friedrizianischen Toleranz über die Christlichkeit hinaus bildet eine Marke zwischen dem Staate des großen Königs und dem der großen Revolution. Die scheinbar paradoxe Aufgabe den christlichen Charakter des staatsmännischen Denkens Friedrichs nach= zuweisen wäre einer Bearbeitung und Lösung werth. — Zedlitzs wohlgemeinter aber schlimmer Versuch einer Bewußtseinsregelung wird ja nun voraussichtlich das Schicksal seiner Vorgänger erleiden d. h. in der Commission stecken bleiben. Die Weisheit ist zu billig. Nur der polizeiliche Gesichtspunkt wird hervorgekehrt. Der Staat aber, der sich darauf beschränkt eine rechtliche und polizeiliche Einheit zu sein, wird, wie ein Schiff, hin und hergeworfen von den Wogen der elementaren historischen Gewalten. Die Dynamik der Sozietät läßt den status — Staat — nur als vorübergehende Erscheinungs= weise — Einzelfall — gelten. Die Bewegungstheorie hat die Staats= praxis ergriffen. Wieder ein Fall und ein brennender Fall der großen geschichtlichen Consequenz. Wie hohl sind doch gegenüber solch innerem geschichtlichen Prozesse Comtes historische Schemata. Im Grunde Trivialitäten und daneben Irrthümer. — Doch Stopp! Sonst komme ich von dem Hundertsten zum Tausendsten. Das sei lebendigem Gespräche vorbehalten.

97] Dilthey an Graf Yorck.

Montags [28. März 1892.]

Immer noch, lieber Freund, unsicher wann zu reisen möglich. Furchtbare Correkturen von mir setzen noch die Setzer in Schrecken ...

Die Welt hier ist nicht schöner geworden. Es stellt sich immer mehr heraus daß das Zusammentreffen der Kurzsichtigkeit der Con= servativen damit daß von dem Kaiser keine nähere Außerung über seine Auffassung bis zum Kronrath zu erlangen war, den Sturz von Zedlitz herbeiführte. Ihm folgt die entschiedenste Anerkennung seiner reinen Handlungsweise. — Bosse kenne ich aus der staatswissen= schaftlichen Gesellschaft, er ist wissenschaftlich tüchtig geschult, sehr gescheidt, und so hoffe ich daß die Wahl eine gute sein wird. — Doch was kann das helfen, da ja keine Majorität da ist mit welcher regiert werden kann!

Aber wozu schreiben? Ich bin glücklich in der Hoffnung Sie
bald zu sehn und zu sprechen ...

...

Nun noch Einiges Neue. Bötticher geht, Herrfurth wahr=
scheinlich auch. Bosse tritt eher ausschließender conservativ als Zedlitz
auf. Zedlitz hat jeden Staatsdienst in der einfachsten edelsten Art
abgelehnt. In seiner Abschiedsrede im Cultusministerium hat er in
der offensten und doch feinsten Art seinen Schmerz darüber aus=
gesprochen daß ihm nicht gelungen sei das Vertrauen seiner Majestät
zu erwerben. Althof sagt, er habe wie ein Puritaner geredet, Alles
als Urtheil Gottes hingenommen, da er selber in der Sache große
Fehler begangen habe. Von der Stimmung hier können Sie sich
keine Idee machen dh. in den Kreisen die im Staat leben. Niemand
glaubt daß auf die Dauer überhaupt mit den vorhandenen Faktoren
und Kräften werde regiert werden können. Hätte Zedlitz Ernst
gemacht mit dem Gedanken des christlichen Staats, der eine wirk=
liche Seele hat, anstatt die confessionelle Aufttheilung des Staats zu
versuchen: vielleicht wäre ihm jetzt schon eine starke Parthei zu=
gefallen: sicher wird sie es thun Jemandem der in ein paar Jahren
dies Programm mit geistiger Kraft aufnimmt. Denn diese Seelen=
losigkeit des Staatslebens ist unerträglich geworden.

98] Graf Yorck an Dilthey.

Klein=Oels den 8. Juni 92.
Mein lieber Freund.

Vergegenwärtigen Sie sich einen Menschen der in widerwärtiger
prozessualischer Selbstvertheidigung, in resultatlosen landwirthschaft=
lichen Geschäftsbemühungen Zeit und Aufmerksamkeit darangeben
muß, der in einem seiner Grundstimmung konträren milieu gefangen
ist — mein Bild wird vor Ihnen stehen und mein Schweigen werden
Sie verstehen. Zur Betrachtung gehört Distanz, mit einer aggressiven
Materie kann der Künstler nichts anfangen. Da bleibt kein anderes
Verhalten als der Kampf. Heute aber will ich einen Moment Luft
schöpfen, indem ich an Sie schreibe. Freilich nicht so wie ich möchte
aus dem Ganzen meiner Ansicht heraus und von Innen heraus
über Ihre schöne letzte Abhandlung. Solche Ruhe kann ich mir
nicht gönnen. Nur Einzelnes vermag ich zu berühren. Zunächst
aber lassen Sie mich Dank sagen für den Genuß, den die Lektüre
mir gewährte und für Ihre beiden freundlichen Briefe. Amüsirt

142

hat mich die Notiz Ihres letzten Briefes, daß Helmholtz seine Erkenntnißtheorie in Goethe wiederzufinden meint. Die dem zu Grunde
liegende historische Unkenntniß kann eben nur einem großen Naturwissenschaftler nachgesehen werden. Einen Historiker, der im Doktor-
examen dergleichen sagte, würde ich durchfallen lassen. Solch ein
Naturwissenschaftler kennt aber nur Einzelheiten, die er dann nach
ihrer etwaigen, wenn auch nur scheinbaren Tauglichkeit verwendet.
Freilich hätte sich Helmholtz schon an eine andere Einzelheit erinnern
können, die ihn gewarnt haben würde: an die kritische Paraphrase
des Spruchs: Ins Innere der Natur 2c. von demselben Goethe.
Übrigens ists doch ein eigen Ding mit Helmholtz' Vindikationen:
‚meine Wahrnehmungstheorie', ‚meine Erkenntnißtheorie', obschon
nicht nur Mill sondern schon Brown im Wesentlichen die gleiche
Theorie aufgestellt haben. Subjektiv ist Helmholtz damit nicht im
Unrecht, weil eine geniale Natur das Eigene nicht auf die Provenienz
ansieht, wohl aber objektiv. Doch dergleichen ist im Grunde für
jeden Menschen, er müßte denn ein moderner Philologe sein, gleichgiltig. An sich werthvoll ist das Wie und nicht das Woher. Das
Wie einer großen historischen Epoche bringt, in Fortsetzung, Ihre letzte
Arbeit zur Anschauung. Die Lucidität und Transparenz der Darstellung ist nicht genug zu bewundern. Sie haben damit erreicht,
daß ein großer Kreis theilnahmsvoll sich genähert hat. Und wer
einmal den Versuch unternommen hat eine große historische Bewußtseinsstellung zu analysiren, der vermag die Schwierigkeit und die
Kunst ihrer Überwindung zu ermessen. Freilich daß die Analysis
nicht noch weiter geführt werden könnte, möchte ich nicht behaupten.
Noch mehr lassen sich die Gestalten in Kraft verwandeln und damit
das Vergangene vergegenwärtigen. Auch spärliche Rankesche Ver-
bindungen wie: ‚ein neues Moment trat hinzu' welche m. E. die
Grenze der Analysis bezeichnen und welche Ranke stets anwendet,
um bequem über einen Graben zu kommen, würden dann fortfallen.
Mit vollem Rechte haben Sie das Willensproblem in den Mittelpunkt der Betrachtung gerückt. Um Gewißheit und Sicherheit handelte
es sich dem bodenlos gewordenen Menschen. Diese Merkmale kon-
stituirten, resp. bestimmten ihm die Wahrheit. Luther gewinnt
die Sicherheit in der Transposition des Gemüths, der moralische
Rationalismus (Erasmus, Zwingli 2c.) in der mittelst Abstraktion
erreichten Conzentration des Willens. Ich bin nicht Ihrer Ansicht, daß
die Rechtfertigungslehre nur so lange existire als ihre dogmatischen
Voraussetzungen gelten. Ihre dogmatische Fassung ist überhaupt m. E.

gar nicht ihre Voraussetzung, sondern nur ihr theoretischer Reflex. Luthers Grundstellungnahme einer Transzendenz gegenüber aller, auch stoischer Metaphysik ist als Aufgabe weit aktueller als der moralische Rationalismus. Ich kann wohl nachempfinden eine nationale Vorliebe für das Frohgefühl persönlicher Selbstherrlichkeit, wie es Zwinglis Lebensodem ist. Aber anders steht es m. E. bei historischer Werthung — und Werthung für die Historie. Sie vindiziren jenem Standpunkte bei Ihrer Besprechung Francks die Bedeutung eines Organs für Geschichtsauffassung. Ich kann auch den Begriff der Geschichte nicht finden bei einem ethischen Nominalismus, dem alles Geschehen nur ein Paradigma. Dem gegenüber finde ich immerhin noch mehr Geschichtssinn in dem nicht gebrochenen Katholizismus, dem die Geschichte eine Erziehungsanstalt ist. Ich kann fernerhin mich davon nicht überzeugen, daß sowohl in dem Lutherthum als auch in dem moralischen Rationalismus organisatorische Potenz gewesen sei. Eine lutherische Kirche giebts überhaupt nicht, sondern nur eine lutherische Lehre — Bekenntnißgemeinschaft. Die reformirte Kirche aber ist auch keine eigenthümliche Organisation, sondern ein sitten-polizeiliches Institut. — Die Bewegung des 15. und 16. Jahrhunderts, wie sie sich in Deutschland und den unmittelbaren Nachbarländern besondert und vertieft, erscheint mir als eine originale Erneuerung des großen Gegensatzes: Augustinus-Pelagius. Pelagius ist ein brittischer Mönch gewesen. Er ist die erste Zwingli-Natur in der Kirchengeschichte, getragen von einem fröhlich aktiven Selbstherrlichkeitsgefühl, welches wir nicht mit Stoizismus konfundiren müssen. Luther ist augustinisch — aber eines fehlt: Die Garantie der Gnade, der Gnadenverband der Kirche. Wie Descartes als Garanten Gott braucht, wie Hamilton ebenso wie sein Gegner Mill als Trueholder ihn nöthig haben, so war Augustin die Kirche nöthig als Gnadengarantie. Das fällt bei Luther fort, der darum ein ganz freies Verhältniß zu Gott hat, statt aller Garantie nur persönliches Vertrauen. Das liberum arbitrium ist ihm allein auf Seiten Gottes. Darum ist er allein der religiöse, alle Anderen sind säkular. Darum ist er allein der Empiriker, alle Anderen in der Wurzel metaphysisch. M. E. muß er als historische Kraft, als geschichtliches Motiv, nicht als Lehrgestalt betrachtet werden und zwar gar nicht als Lehrgestalt. — Aufgefallen ist mir, daß ich den Namen Calvins gar nicht gefunden habe. — Ein Anderes: Ich würde für wünschenswerth halten, wenn man den Versuch machte von all den Kategorien: Pantheismus, Monotheismus, Theismus, Panentheis-

144

mus abzusehen. Sie haben an sich gar keinen religiösen Werth, sind nur formell und von quantitativer Bestimmung. Weltauffassung, nicht Gottesauffassung reflektiren sie und bilden nur den Umriß einer intellektuellen Verhaltung, auch hierfür nur eine formale Projektion. Auf das Rhematische dieser Formbezeichnungen aber kommt es für das religiöse Moment wie für die geschichtliche Erkenntniß an. Mit dem ‚Einen‘ ‚Alleinen‘ u. f. w. ist über den Werth nichts gesagt. — Ich habe den Eindruck gewonnen, wie wenn der Traktus der Gedanken des Verfassers, in so weit jene Arbeit ihnen Ausdruck gewährt, zu Lessing, Kant, Schleiermacher als zu historischen Erfüllungen, als zu fortdauernden Gültigkeiten, als zu auch der Gegenwart im Wesentlichen genügenden Lösungen führte. Ist der Eindruck richtig, dann würde dem Verfasser von Ihnen doch wohl widersprochen werden. Differenzen der Ansicht manifestiren sich ja zwischen uns bei Schätzung der Genannten. Sie werden dem nicht beistimmen, wenn ich sage, daß Luther der Gegenwart präsenter sein solle und müsse als Kant, wenn sie eine historische Zukunft in sich tragen wolle. Daß die Geisteswissenschaften den Kampf gegen die Naturwissenschaft nicht erst unternehmen sollen, wenn nur Waffen der Vergangenheit vorhanden sind, die höchstens reparirt und neu geschärft werden müßten, das ist ja auch Ihre Ansicht und im Grunde Motiv Ihrer Lebensarbeit. Dann würde, immer wenn mein Eindruck richtig ist, die Neigung für deutsche Selbstherrlichkeitsempfindung Sie zu Werthsbestimmungen hinausgeführt haben, die der Systematiker beschränken würde. Wahrscheinlich aber trägt die Schuld an der Unsicherheit über des Verfassers Intention die bruchstücksweise Veröffentlichung einer großen historisch-philosophischen Conception. Sie wissen, daß ich dahin gehende Bedenken schon früher ausgesprochen habe.

Doch genug der, wie ich selbst am besten empfinde, unzureichenden Bemerkungen. Ich wünschte, daß ich mich so recht vom Grunde her analytisch aussprechen könnte. Aber dazu fehlt Zeit und Stimmung. Möge beides mir wieder werden, ehe es zu spät.

. . .

99] Dilthey an Graf Yorck.

[Juni 1892.]

Jeden Tag, mein lieber Freund, wollte ich auf Ihren mir höchst interessanten Brief erwiedern, um so mehr als aus ihm ein Ton von Müdigkeit und Verstimmung über die augenblicklichen Störungen, die aus Ihrer Existenz fließen, klingt. Wir arbeiten alle in gewissem Sinne pro nihilo. Die Lebenshinderungen umlagern in diesen Zeiten doppelt Jeden. Aber es giebt dann Monate in denen solcher Druck vervielfacht erscheint. Dann thut wohl, wenigstens zu wissen, daß Freunde mitempfinden, und daran erinnert zu werden, wie viel tiefer doch andere Leiden ins Fleisch schneiden. Wie dem aber auch sei: ich hoffe lebhaft, die Schwierigkeiten möchten bald gehoben sein, und die Thurmstube möge durch keinen Proceß mehr beunruhigt und durch befriedigende Pachtverträge erfreut werden.

Die historische Werthung der verschiedenen Erscheinungen des 16. Jahrhunderts war mir ja nicht das Wesentliche, sondern die Aufdeckung der thatsächlichen Ausdehnung des religiösen Universalismus im 16. Jahrhundert. Die ganze Tragweite dieses Zusammenhangs würde mehr hervorgetreten sein, hätte ich nicht die englische Entwicklung mit Shakespeare zurückhalten müssen. Im Buch wird sich die Sache doch noch ganz anders machen. Ebenso werden schon die nächsten Stücke Ihnen den Zusammenhang dieser Seite der Bewegung mit den großen Aktionen des weiteren 16. und 17. Jahrhunderts zeigen.

Das aber bleibt ja letzte Differenz: Die Positivität des Christenthums, dann der lutherischen Glaubensform ist mir für sich kein letztes Datum; auch die ‚Transposition des Gemüths‘ hat mir die Begründung ihres Rechtes nicht in dem bloßen religiösen Erlebniß der einzelnen Person; dessen Zeugnißkraft reicht nicht über dies Individuum hinaus; dasselbe kann sich geltend machen; aber gerade darin liegt die Schwierigkeit einer solchen Kraftprobe, weil die Mitmenschen, für welche man doch einmal schreiben muß, dem religiösen Erlebniß wenig Neigung und Anerkennung entgegenbringen. Daß ich dem religiösen Moment eine solche Bedeutung, einen solchen Zusammenhang mit allen geistigen Gewalten des 16. Jahrhunderts zu erweisen strebe, ist ja schon das Äußerste was diese Zeit verträgt. So werden Sie ja auch zur Analysis dieses Erlebnisses, wie jedes Erlebnisses fortgetrieben. Damit auf die hohe See der Menschheit. Was einmal hat geschehen und erlebt werden können, und war es auch in Christus, das ist in der Menschennatur gegründet, sonach im religiös Universellen. Die ‚Transscendenz gegenüber aller Metaphysik‘ ist eben das Heldenhafte und Religiöse in der Menschennatur, das sich selber wegwerfen kann. Wir können es nicht begreifen. Aber wir dürfen es auch nicht isoliren.

146

Die bequemen Rankeschen Übergänge, die Begränzung der Analyse, das Zurücktretenlassen des eignen doch erst aus der Kritik des 19. Jahrhunderts resultirenden Standpunktes: Das sind schriftstellerische Kunstgriffe, die Sie dem alten Praktikus nachsehn müssen, der wirken möchte und an Wirkungen auf die philosophischen Kollegen nicht denkt.

Übrigens bin ich wieder in der Unterwelt. Schelten Sie! Aber ich habe versprochen daß zum Juliheft ein Stück wieder gegeben sein soll! Es geht mir wie dem Kollegen Jhering 2c.: nur wenn ich muß werde ich fertig!

Ich wate in einer See von Folianten: Socinianer, Leveller, Deisten, Naturrechtslehrer, wälze Cicero und Seneca, Telesio und Bruno.

. . .

100] Graf Yorck an Dilthey.
Klein-Oels den 18. Juli 92.
Mein lieber Freund.

Der helle und fröhliche Reiseruf Ihrer verehrten Frau erklang soeben. Der gefesselte Prometheus beneidete offenbar den Adler des Zeus um seine Schwingen. Er war nicht fester gebunden als gegenwärtig ich an meine Scholle. Ich wünsche neidlos Glück, mich resignirend. Ich muß zunächst noch weiter Kärrnerdienste thun, um hoffentlich mir Freiheit und die Mittel zu ihrer Bethätigung zu schaffen. Wer es nicht an sich selbst erfahren, kann die finanzielle Schwierigkeit des letzten Wirthschaftsjahres nicht ermessen. Mir hat es durch seine Ertragslosigkeit den Ertrag der Erkenntniß gebracht, daß das allgemeine wirthschaftliche Leben unserer Zeit frühere Nutzungsformen untersagt, insbesondere einem gebundenen Eigenthümer. Ich bin daher an die recht große Arbeit gegangen die Nutzungsformen wenigstens partiell zu vertauschen . . . Bis ich dies Alles hinter mich gebracht habe, bin ich unfrei. Ich fühle mich geradezu als ein Anderer. Wie viele Tage vergehen ohne daß ich ein Buch aufschlage! Meine Gedanken, das stille ernste Wort, welches von Innen her und darum allgemein der Gegenwart gesagt werden muß, aus einer Region, welche hinter dem Kräfte- und Verhältnißspiele naturwissenschaftlicher Wissenschaftlichkeit liegt, ertönend, dies Wort welches kritisch ist, weil es die Realität ausdrückt, beinahe verklingt es meinem inneren Ohre. Der brutalste Ersatz der Vernünftigkeit: Der Kampf ums Dasein macht sich als ‚schlechte Wirklichkeit‘ bemerkbar. Ist er durchgeführt, die Aufgabe ausgeführt, dann hoffe ich den Weg zurückfinden zu können in meine geistige Heimath. Ob die Jahre dann noch ein Parergon, wie eine Reise nach England und Schottland gestatten werden, ist mir fraglich. Meine Reisewünsche stehen in einem inneren Zusammenhange mit meinen Arbeitsplänen. Schottland hat keinen gegenwärtigen Geschichtswerth trotz Carlyle. England mit seiner starren Legalität und doppelten moralischen Buchführung ist kein uns verborgener geschichtlicher Faktor. Die griechischen, italienischen, niederländischen Schätze, die es birgt, freilich die möchte ich gern einmal sehen und erfahren. Die stillen, tiefgründigen Wandelungen des geschichtlichen Bewußtseins, sie gehen doch stets von dem Continente aus. England setzt sie dann ins Werk und das Werk der Hände fällt dann den Ansatz verdeckend ins Auge. Dürfte ich mich jung verhalten, ich wäre jetzt in Katania, um die Kräfte am Werk zu sehen, die leidenschaftliche Schönheit zerstörend erzeugen. Als Bewußtseinsmächte wirken dort die Naturgewalten und umgekehrt. England, Amerika das ist ganz fertig, accomplished; das zeigt wieder Gladstones Triumph. — Und wie steht es nun bei uns? Wahrheit ist doch die größeste Macht. Die Wahrheit aber ist bei Bismarck. Ich meine, daß man die Veranlassung ihrer Geltendmachung außer Acht lassen kann. Wäre diese an sich schmerzliche Veranlassung nicht eingetreten, eine andere hätte im Laufe der Dinge sich ergeben. Das Tragische ist der Conflikt der Gefühle oder vielmehr, daß das beste Gefühl in Spannung tritt gegen einen bisher festen und festzuhaltenden politischen Grundsatz. Die Revolutionen sind nicht die gefährlichsten, bei welchen geschossen wird, die Krankheiten, welche das Messer erreichen kann, nicht die bedenklichen, sondern die schleichenden, verborgenen, weil allgemeinen Affektionen des lebendigen Systems. Bismarck erfährt, daß er einen institutionellen Fehler gemacht hat, indem er die Stellung des Kanzlers nur dem Kaiser und nicht auch den deutschen Bundesfürsten gegenüber bestimmt und dadurch gesichert hat. Der atomistische Gedanke des Mandats fand auf dies Verhältniß Anwendung. Es wäre zu wünschen gewesen, daß vom Königthume her jene imperialistische Konstruktion eine Modifikation erfahren hätte — und erführe. Luther hat einen ähnlichen Fehler gemacht in seiner Kirchenpolitik. Bismarcks Rolle ist nicht ausgespielt. Aber nicht mehr konstruktiv wird er wirken können, sondern kritisch und von Innen heraus für

148

die Zukunft. Rom, Polen, Freisinn ist gegenwärtig zu stark für einen entwaffneten Helden. Deutschlands geographische und historische Mittellage ist verhängnißvoll. 1870/71 ist keine feste Größe, möge sie dazu werden. Das Alles eignet sich aber besser für ein Gespräch.

Helmholtzens Vortrag finde ich, wie ich meiner verehrten Freundin bemerke, durchaus nicht unklar, aber als Lobrede auf Goethe unwahr. Daß Goethe keine purifizirten Farben gesehen, erklärt und ,entschuldigt' nicht seine Farbentheorie. Es giebt keine Überbrückung des Gegensatzes Goethe—Helmholtz. Solch Versuch krankt an objektiver Unwahrheit. Helmholtzens Geschichtsunkenntniß ermöglicht ihm die volle Gutgläubigkeit.

Doch genug für heute. Gutes und Bestes und einen vollen Reisegenuß wünschend

Ihr
treuer Freund
Yorck.

Janitschek, der Nachfolger Springers hat sich über Dante und Giotto vernehmen lassen — dünn! Da habe ich doch etwas tiefer hineingesehen.

101] Graf Yorck an Dilthey.

Klein=Oels den 5. 8. 92.

Mein lieber Freund.

. . .

Gestern aus Hannsens Rundschau lernte ich Ihre aesthetische Abhandlung kennen. Das ist doch Ihre eigenthümliche Domaine. Fein und schmiegsam in Wort und Gedanken und aus einem ganz eigenen Näheverhältniß von Empfindung und Vorstellung heraus und daher von der feinsten Begrifflichkeit. Und wie viel noch steht zwischen den Zeilen! Wie viel Exzitamente zu weiterem Denken! Die historische Artikulation ist vortrefflich und die drei Epochen gut herausgehoben. Groß und umfassend weil von Innen her gesehen. Einzelnes Vortreffliche wie z. B. das über das Porträt Gesagte zu erwähnen ist leider keine Zeit. . Fast jede Seite bringt derartige innerliche Rektifikationen. Gefällig und würdig ist übrigens die äußere Nachbarschaft der Stauffer'schen Briefe, Äußerungen einer substanzialen selbstwerthigen künstlerischen Natur. Ich nahm mir vor alsbald das Heft der Rundschau mir zu kaufen. Da kam heute Ihre freundliche, besonders dankbar begrüßte Sendung des Separat=

drucks, begleitet von dem Sonderabdruck aus dem Archiv. Dem soll die nächste ruhige Stunde gewidmet sein. Heute für Beides herzlichen Dank. Haben Sie Sohm: Kirchenrecht angesehen? Bedeutend. Aus einem inneren Totalverhältnisse zu der Sache heraus. Eine fundamentale Richtigstellung der bisherigen säkularen Ansichten über das ursprüngliche Verfassungsleben der Christen. Meine eigene nothgedrungene Säkularität hat mich noch in den Anfängen des schönen Buchs festgehalten. Auch hier ein Kopf, der sich über den Sinnesmechanismus und seine Anschauungsweise erhebt. Es kommt, wenn auch schüchtern, eben eine neue Zeit. Und in diesen Zusammenhang gehört Bismarcks Jenaer Rede, die in der That etwas Lutherisches hat. Und da glauben die Weltklugen klug zu urtheilen, wenn sie Bismarck als redeseligen greisen Reiseprediger bezeichnen! Wo der Mann Wind in seine Segel sammelt für eine parlamentarisch populare Erhebung! Möge der Enthusiasmus sich organisatorisch bilden, damit er Kraft äußere. Dem alten Manne gehört die Zukunft.

102] Dilthey an Graf Yorck.

[Herbst 1892.]

Mein lieber Freund,

Ich muß nur ein Lebenszeichen von mir geben, obwol ich meine Schuld nicht zahlen kann: der in der Hälfte abgebrochne Brief aus Moritz oder Rigi wird wol Bruchstück bleiben. Ich arbeitete in der zweiten Hälfte der Reise piano fort, schlief aber immer schlechter, kam recht leidend hier an, und fahre fort mich sehr schlecht zu befinden. Der Wind in der hohen feinen Luft von Moritz hat uns Allen nicht gut gethan. Hier bin ich nun von Arbeit aller Art überfallen worden. Und so starrt mich das Bruchstück der Abhandlung desperat an.

Neben der Vorlesung arbeite ich am Historischen sachte weiter. Lese eben Melanchthon. Dieser sittlich zartsinnige Mensch, der nach Art der griechischen Lehrer römischer Zeit an der Sittigung der Menschheit arbeiten wollte, der aber den massiven religiösen Leidenschaften des Zeitalters nur in der Stimmung, nicht in produktivem Denken überlegen war, und so melancholisch von Freund und Feind aufgezehrt wurde, ist eine rührende Erscheinung. Eine Kraft war er nur für die Bildung und den höheren Unterricht. Seine dogmatischen Begriffe in den loci sind alle elastisch. Das natürliche Licht und die Offenbarung sollen in den loci in ein Gleichgewicht kommen, eine äußerliche und todte Operation, die Erbsündenlehre, wenn sie sich zusammenzieht, giebt dem natürlichen Licht und der mit ihm verbundenen Freiheit das stärkere Gewicht: dann schnellt die Offenbarung in die Luft. Wird dann die Erbsünde stärker und massiver gemacht, so geht Freiheit, Sittengesetz, natürliches Licht in die Lüfte. Was für eine Satyre könnte man auf die großen Dogmatiker des 16. Jahrhunderts, Zwingli de vera et falsa religione, Melanchthon loci und Calvin institutiones schreiben! Wie irrt man sich ehe man diese sonderbare und fruchtbare Zeit kennt und die Reformation aus der inneren Erfahrung, etwa zusammen mit der Schrift ableitet. Die ganze Luft ist damals voll von Panpsychismus, Dämonen, Gespenstern, historischen Fabeln. Unter diesem Druck haben diese großen Menschen arbeiten müssen.

Die Ansicht ist hier allgemein daß die Steuergesetzgebung und auch die Militärvorlage im Ganzen durchgehen werden. Über das protestantische Concil das hier tagt herrscht Schweigen. Barkhausen gilt als so ausnehmend schlau daß ihm zugetraut wird, er werde den Theaterbrand leicht löschen. Harnack ist mir hier wie überall nur unvollkommen verständlich. Es sind zwei Menschen in ihm, ein nach Ritschls Regel Glaubender und Kirchenregulirender und ein Kritiker. Im Grunde hat diesmal der erste sich ausgesprochen. Denn diese Vereinfachung des Apostolicum wäre zugleich eine Verschärfung der rechtlich zwingenden Autorität desselben. Er selbst wird von den unzähligen anonymen Briefen und dem gänzlichen Mißverständniß dessen, was er als Ritschlianer doch eigentlich will, sehr schmerzlich berührt.

Mit lebhaftem Antheil verfolgen wir die furchtbare Erkrankung Ihres auch von uns so sehr verehrten Schwagers. Wir hören weniger als wir möchten, da wir Wildenbruchs mehrmals nicht getroffen haben. Dazu zürnt Wildenbruch seinen Freunden, eigentlich allen zusammen, weil Niemand seiner bei der scharfen und ganz ungerechten Kritik des Meister Balzer in der Presse sich annimmt. Zumal die eben so widrige als colossal gelesene Zukunft, ein rechtes Zeitprodukt mit der Schriftstellerei al Fresco, hat sich zur Aufgabe gemacht, das Stück zu zersetzen. Indeß ist jede Antikritik eine Unmöglichkeit, wenn man nicht ein gelesenes Blatt ganz zur Verfügung hat, in welchem man jederzeit Schlag mit Gegenschlag erwiedern kann. Denn sonst wäre man ja den Insulten später hoffnungslos ausgesetzt, da man doch nicht immer Berichtigungen veröffentlichen kann, sondern in einem regulären Krieg müssen die Waffen gleich sein, und man muß Seitenhiebe mit Seitenhieben erwiedern können. Was ich also thun kann, wird nur sein, wenn die Theaterlage dann noch so ist wie jetzt, bei der nächsten Schillerprämiirung meinen Einfluß geltend machen. Daß der Schluß so ungenügend sei habe ich Wildenbruch gleich als ich von Ihnen zurückkehrte mit Vorschlägen zur Besserung auseinandergesetzt. Dieser Schluß ist es den auch die ihm Wohlwollenden durchweg tadeln.

103] Graf Yorck an Dilthey.

Klein=Oels den 15. Dezemb. 92.

Lieber Freund.

Ich wähle eine stille Abendstunde um Ihnen von meiner Freude über Ihren zweiten Artikel: Natürliches System der Geisteswissenschaften im 17. Jahrhundert zu sprechen. Die weit und tief angelegte Arbeit führt den Leser mit sich fort wie ein Strom den Schiffer, der die mannigfaltigen Arme des einen Stroms in der Bewegung, die, einheitlich, ihn fortführt, übersieht. Nicht ein chartographisches Neben= und Aneinander wird gegeben sondern der historische Athem weht einem entgegen: die heroische Art des moralischen Rationalismus ist empfunden und wird demzufolge nachempfunden. Die Breite des begründenden Studiums giebt eine Menge des Neuen auch dem, der eine der Ihren gleiche Ansicht von jener Zeitphysiognomie sich gebildet hatte. Und die Neigung und definitive Werthung jener bedeutenden Bewußtseinsstellung wie sie hier und da prononzirt zum Ausdrucke gelangt, gereicht der Darstellung zum Gewinne. Zwar finden sich Hinweise auf die historische Insuffizienz jener ‚Glaubensstellung‘, aber die Freude an der aufrechten Heldenhaftigkeit überwiegt. Diese im Allgemeinen bis zu einem Endurtheile sich steigernde Werthschätzung bildet das persönliche Element in der auf genaues Studium der geschichtlichen Gegebenheit gegründeten Arbeit. Ohne jene nicht die Verlebendigung, ohne sie aber auch nicht die Möglichkeit der Differenz. Eine Darstellung der Verschiedenheit würde der umfangreichen Arbeit Schrittweise folgen müssen, selbst eine erhebliche Arbeit sein. Ist nun auch zuzugeben, daß einer Arbeit wie die Ihrige nicht anders nahe getreten werden dürfe als mittelst zusammenhängender arbeitsvoller Untersuchung, so darf von dieser Regel ein kurzer Brief eines konversirenden Freundes sich dispensiren. Denn hier handelt es sich

152

nur um Eindrücke und nicht um Kritik. So wähle ich auch nur einzelne Punkte heraus, welche als Merkzeichen einer verschiedenen Gesammtwerthung betrachtet sein wollen.

Nach Ihrer in Früherem wie Gegenwärtigem dokumentirten Auffassung neigt die eine Seite Luthers mehr dem Mittelalter zu als Zwingli und der Rationalismus. Ich meine, daß das Verhältniß ein umgekehrtes ist. Viel stärker als bei Luther ist der Nominalismus bei den Rationalisten ausgeprägt. Demgemäß ist die Denkweise des Rationalismus eine der katholischen verwandtere und bleibt so.[1] Denn der Neokatholizismus des Tridentinums ist radikal auf den νομος gegründet wie die Weltanschauung des Rationalismus.[2] Die Tiefe des souveränen Gemüths bildet eine größere Differenz als die Independenz des Willens. Nicht eigentlich religiös sondern national gegründet ist der Widerspruch der Rationalisten. Es ist das germanische Eigengefühl, nicht das Gottesgefühl, welches gegen fremde Willensorganisation im Rationalismus — bei den Reformirten — aufbäumt.[3] Diese Gesetzesstellung — ob Eigengesetz oder Gesetz eines Anderen — vermag nun auch das Dogma nicht anders zu beeinflussen als daß Satzungen aufrecht erhalten oder verworfen werden. Daher ist gegen die Motive des Dogmas, die eigentliche intellektuellen Seele desselben der Rationalismus blind.

Nicht eine Auflösung der Kirchenlehre findet durch Socinianer und Arminianer statt, weil keine Analysis, sondern eine mehr oder weniger weitgehende Streichung. Die Grenze des Abstrichs ergiebt sich aus der Art der ‚Glaubensstellung‘ der Polemiker — und sehr interessant ist eine erkenntnißtheoretische Untersuchung hierüber. Sie würde klarstellen, warum bezüglich der Theologie am vereinfachten Theismus, bezüglich der Anthropologie an der individuellen Unsterblichkeit festgehalten wird,[4] warum die Soteriologie entleert wird.

Anmerkungen von Diltheys Hand:

[1] Katholisch als: Mittelalter, umfaßt natürlich Rationalismus, Protestantismus ebenso, weil es eben die Tendenz nicht Autonomie der Vernunft, und Katholisch: als kirchlich regimentales Band bestimmt Dogma.

[2] Probabilismus zu fides implicita.

[3] ist dasselbe: germanischer Fortschritt in Religion — Protestantismus nicht universell.

[4] Allerdings! Die individualistisch atomistische Voraussetzung des 15. 16. Jahrhunderts.

Autonomie und Heteronomie haben eine quantitativ ganz verschiedene Glaubenslehre aber beiden ist der Lehrinhalt Satzung, Dogmen sind fertige Größen. Die intellektuelle Verwandschaft der inneren Form dokumentirt sich in der gleichen Lehre von der natürlichen Vollkommenheit, für welche Gnade Zuthat — etwas innerlich Zufälliges — ist. Die Zuthat wird verschieden, ja gegensätzlich bestimmt, aber die Denkrichtung ist die nämliche. Aus dem stoischen Nominalismus, der abstrakten Willensstellung, der Isolation des Wollens als des Erkenntnißorgans ergiebt sich die Unfähigkeit religiösen Zusammenhang zu verstehen. Auch die neukatholische Kirche ist stoisch-nominalistisch bestimmt. Auch sie erklärt nicht, sondern nimmt lediglich gegebenen Zusammenhang auf, verhält sich satzungsmäßig positiv, wie der Rationalismus satzungsmäßig negativ. Die Dogmatik war der Versuch einer Ontologie des höheren, des historischen Lebens. Die christliche Dogmatik mußte dieser widerspruchsvolle Niederschlag eines intellektuellen Lebenskampfes sein, weil die christliche Religion höchste Lebendigkeit ist. Das nicht adäquate Verhältniß von universaler Lebendigkeit und Vorstellungsgemäßheit erklärt den Charakter der religiösen Wahrheit als Dogma, Wahrheit muß Postulat werden.[5] Der hinter die fertigen Gegebenheiten zurückreichende lebendige Verband gewährt nun gleichsam das Capital für die Entnahme der dogmatischen Begriffe, welche — und darin liegt das unterscheidende Merkmal zwischen Gnosis und Dogmenbildung — soteriologisch gefordert waren. Daher die Bestimmung Jesu als Sohn Gottes, nach dem lebendigen Verhältnisse absoluter Zugehörigkeit und Abhängigkeit — gegenüber der Fremdheit und Abhängigkeit des Machwerks. Daher die Lehre von der Sünde und von der Erlösung. Sie sagen: ‚Unerträglich ist die Lehre von der physischen Fortpflanzung der Sünde (sagen wir lieber Sündhaftigkeit) von Generation zu Generation, empörend und widerlich geradezu die Vererbung der Schuld und der Verdamniß.‘ Und an anderer Stelle: ‚Wie verschoben ist doch nun dies ganze Verhältniß (Opfer) in der paulinischen Anwendung dieses Symbols auf den Tod Christi! Hier ist der, welchem das Opfer zu Gute kommt ein anderer als der welcher es bringt ... Nie nach der meisterhaften socinianischen Kritik ist die

---

[5] Jede begriffliche Analysis schafft ein Außereinander. Die Analysis des religiösen Lebens, nicht Dogmatik, muß synergistisch sein — oder Dogmatik muß überhaupt nicht sein — und dies ist das Ende.

Opferlehre und Satisfaktionslehre von einem wahrhaften und klaren Denker (?!) wieder vertheidigt worden. Sie war für alle Zeiten gerichtet.' Das sind Verdikte und ich halte sie für unrichtig und ungerecht. Auch die metaphysischen Dogmen der Trinität und Zeugung erklären Sie für abgethan und von keinem aufrichtigen und klaren Denker erneuert! Auch hier ein Verdikt und ein ungerechtes! All jene dogmatischen Bestimmungen existiren noch in der lebendigen christlichen Gemeinde. Sie müssen doch also einen Werth repräsentiren. Wir dürfen als Psychologen und Historiker uns doch mit dem was Socinianer pp. begriffen, nicht zufrieden geben. Ein Dogma lebt so lange als das intellektuelle oder allgemein lebendige Motiv wirksam ist, welches es hervorgetrieben. Die dogmatischen Begriffe, welche Sie mit der rationalistischen Kritik erwähnen, sind alle, weil Christenthum Leben ist, der Tiefe der natürlichen Lebendigkeit entnommen. Hier allein war der fond für das ausreichende Symbol. Der ethische Nominalismus kann allerdings einen virtuellen Zusammenhang nicht ergreifen. Nicht ein Anderer sondern ein Mensch und historische Kraft ist Jesus: Das Kind gewinnt durch das Opfer der Mutter, ihm kommt es zu Gute. Ohne diese virtuelle Zurechnung und Kraftübertragung giebt es überhaupt keine Geschichte [6] — wie denn der Rationalismus den Geschichtsbegriff nicht kennt. Und Sündhaftigkeit — nicht Sünde als Einzelnes — dem Religiosen ist sie auf Grund seiner Erfahrung ein unvordenkliches. Ist weniger ‚empörend und widerlich' wenn wir sehen — ein alltägliches Bild — Krankheit und Jammer sich vererben? Aus der Tiefe der Natur sind die Symbole geschöpft, weil die Religion an sich — ich meine die christliche — übernatürlich, nicht unnatürlich ist. Der Rationalismus hat seine Rolle ausgespielt. Beweis dafür der intellektuelle und moralische Jammer unserer Zeit, die Haltungslosigkeit des Gesammtbewußtseins. Die Aufgabe Ihres Werks ist eine neue Grundlegung der Geisteswissenschaften. Werden Sie nicht das Zuviel der Werthung, welche Sie einer Bewußtseinsstellung gewährten unter dem Zauber des Gegenstandes, widerrufen müssen, wenn die positive Aufgabe der Neugestaltung herantritt?

. . .

---

[6] umgekehrt: alle Geschichte ist solche Kraftübertragung, nicht blos das Christenthum.

104] Dilthey an Graf Yorck.

Mein lieber Freund,

Heute sende ich unsre herzlichen Wünsche zum schönen Weih=
nachtsfeste Ihnen und Ihrem ganzen Hause, wo die Söhne nun die
Freude des Festes erhöhen werden.

Dann herzlichen Dank für Ihren Brief über meine Abhandlung.
Sie haben recht, und furchtbar rasch nähern sich uns die Katastrophen;
die Glaubenslosigkeit dieses Zeitalters d. h. seine Unfähigkeit, Über=
zeugungen, welche den Menschen gegen die armselige umzingelnde
geschwätzige, begehrliche, bietende, unterstützende gesellschaftliche Menge
frei machen und ihn dem wahren im Unsichtbaren gegründeten Zu=
sammenhang gegenüber finden, zu erhalten oder — was dasselbe —
neu hervorzubringen, führt uns in diese Katastrophen. Ich bin
weiter mit Ihnen darin einverstanden, es giebt zur Zeit keinen
effektiven, ordentlich auseinandergelegten Glauben, welcher eine
Fähigkeit besäße, zusammenzuhalten, sonst würde er zusammenhalten.
Dies wird am besten durch die furchtbare nervöse Unruhe bewiesen,
die sich hier im Centrum dokumentirt (Zeitschr. Zukunft, eth. Gesellsch.,
Broschürenfluth, ein neuer drastischer Styl 2c.). Sie haben endlich
recht, mein Buch könnte ungeschrieben bleiben, wollte es einen der
alten verbrauchten Standpunkte, etwa den moralischen Rationalismus,
anpreisen. Sie haben alle gewirkt was sie konnten. Sie haben
alle abgewirthschaftet.

Fragt man nach dem letzten Grund der jetzigen Lage, so liegt
er darin, daß nun erst die Naturwissenschaften aus der Position des
17. Jahrhunderts die letzten Consequenzen gezogen haben. Die auf
das Gesetz der Erhaltung der Kraft gegründete Lehre von den
psychischen Begleiterscheinungen, diesen Irrlichtern auf dem Sumpf
der geistlosen Materialität, ist in der ganzen Literatur der Gegenwart
das einflußreichste Agens. Vorgestern las uns Wildenbruch das
neuste Stück von [?] vor: wiederum ist es die räthselhafte, diesmal
die hypnotisirende Animalität was nach ihm über das Leben ent=
scheidet. Die Frage ist also vornemlich, welche Kräfte mobil gemacht
werden können, diesen Einfluß zu überwinden. Nun ist mein Buch
aus der Überzeugung hervorgegangen, daß die Selbständigkeit der
Geisteswissenschaften und der in ihnen enthaltenen geschichtlichen
Wirklichkeitserkenntniß hierzu beitragen könne. Anders ausgedrückt:
die geschichtliche Welt führt durch die Selbstbesinnung auf eine sieg=

reiche spontane Lebendigkeit, einen im Denken nicht formulir=
baren, aber analytisch aufzeigbaren Zusammenhang im Einzel=
leben, im Wirken aufeinander, schließlich in einen höheren
Zusammenhang besonderer und die naturwissenschaftlichen Mittel
übersteigender Art, welchen herausheben, kraftvoll aussprechen
nothwendig ist, soll er wieder zu gehobener und selbstbewußter
Geltung kommen. Ich zweifle nicht daß ich mich in diesen Sätzen,
wie anders Sie sie auch formuliren möchten, doch auch nach ihrer
Formulirung ziemlich in Einverständniß befinde.

Fragt man worin der Nutzen einer solchen Unternehmung für
die thatsächlichen Kräfte von Religion, politischem Leben, Wirthschaft 2c.
bestehe, so folgt aus dem obigen Prinzip daß jede theoretische Arbeit
nur Kräfte, Leben frei machen, mit dem Bewußtsein ihres Gehaltes,
Zweckes 2c. erfüllen könnte. Darin sind wir sicher wörtlich einig.

Gerade in Bezug auf Theologie und Religion ist nun die
Durchführung hiervon besonders schwierig. Ich habe in den letzten
Jahren, in günstiger Lage, mit der größten Penetration sowol die
geschichtlichen Gestalten des Christenthums als die jetzige religiöse
Denkart der Menschen studirt. Dankbar konnte ich dabei die besseren
Mittel der Analysis, die Technik des theologischen Metiers wie die
Schule Ritschls sie ausgebildet (der Hauptgrund ihres gesteigerten
Selbstgefühls) benutzen. Mein Ergebniß aber ist dem Geiste dieser
Schule ganz entgegengesetzt. 1) Ich finde überall die neuen religiösen
Gemüthsprocesse von einer allgemeineren geistigen Disposition
getragen. Das ‚als die Zeit erfüllet war‘ wird für die Empfangenden
anerkannt: man sieht nicht, daß es dann auch für den Gebenden
gelten muß. Nach der einen Seite hat man es dann jedesmal mit
einer vereinfachenden Zusammenfassung zu thun, 2) nach der
anderen ist es eine Neuschöpfung. Der heilige Bernhard, Franz
v. Assisi sind solche Momente: über das vorhandene gehen sie
hinaus. 3) Luther, und zwar diese Person, hat, wie ich in der
ersten Abhandlung nachzuweisen suchte, über die vorhandene christ=
liche Religion hinaus eine höhere Stufe erreicht. Er thut das ver=
möge des bildlosen, freiheitsbedürftigen, impetuosen germanischen
Geistes. Er hebt das Bildmäßig (begrifflich) Anschauliche und das
Regimentale auf: er findet den ganzen Menschen, nicht katholisch
den Vernunftbestandtheil, wofern er seine eigene Haut zu Markte
trägt und die religiöse Arbeit selber leistet, nicht von theologischen
Büchern und Priestern leisten läßt, dadurch in einem Zusammenhang
mit Gott, der ihn über den Teufel und den Tod siegreich und

wirksam macht. 4. Wenn nun aber der Inbegriff der centralen Dogmen des Christenthums von ihm festgehalten wurde, als selbst= verständliche Voraussetzung seiner ganzen neuen Glaubensstellung, dies dann aber von den Socinianern ab in Zweifel gezogen: so finde ich über das Recht beider Partheien Folgendes zu sagen. Gewiß haben Sie recht, daß die Dogmen des Christenthums das nothwendige Erzeugniß des Glaubens in mit Intelligenz aus= gestatteten Subjekten sind und sein mußten. Auch darin stimmen wir überein: wie sie aus der schöpferischen Macht des Christenthums geschichtlich entsprangen, sind sie der einzige Ausdruck desselben und es ist eine unsinnige Anmaßung der Ritschlianer sie durch andere neue Dogmen, gemacht nicht von Missionaren, Aposteln und Märtyrern, sondern von angenehm situirten Professoren, ersetzen zu wollen. Aber alle Dogmen müssen auf ihren universellen Lebenswerth für jede menschliche Lebendigkeit gebracht werden. Sie waren einst in einer geschichtlich begründeten Beschränkung ent= worfen. Werden sie von dieser befreit, dann sind sie freilich wenn Sie so wollen das Bewußtsein von der übersinnlichen und überverständigen Natur der Geschichtlichkeit schlechthin. In diesem Satze schließe ich mich an die universale Tendenz dessen an, was ich als universalen Theismus, transscendentale Theologie bezeichne. Ich verwerfe aber in demselben die intellektuelle Fassung des Dogma. Diese herscht gerade so gut als in der speculativen Interpretation Hegels und Baurs in der Bekämpfung durch Ritschl und Harnack.

Hiernach sind die Dogmen erster Ordnung, welche in den Symbolen Sohn Gottes, Genugthuung, Opfer 2c. enthalten sind, in ihrer Einschränkung auf die Thatsachen der christlichen Geschichte unhaltbar, in ihrem universellen Sinne bezeichnen sie den höchsten lebendigen Gehalt aller Geschichte. Aber in diesem Sinne verlieren diese Begriffe ihre starre ausschließende und so Alles in besondre Fakticität wandelnde Beziehung auf die Person Jesu, welche alle anderen Beziehungen ausdrücklich ausschließt.

Meine Aufgabe war nun, in der Epoche der Reformation in nuce Alles aufzuweisen, was sich später entwickelte. Ich faßte es in die drei Classen: Orthodoxie, Rationalismus und transscendentale Theologie (religiösen Universalismus) zusammen. Zu zeigen wie der religiöse Universalismus todtgeschlagen wurde. Wie nun der Rationa= lismus der Orthodoxie gegenüber Recht behielt. Nachher wird sich zeigen daß er der transscendentalen Theologie gegenüber sich ver= ständntßunfähig erweist.

Es wäre umständlich und unwirksam, stets zu wiederholen, das Dogma in seiner von mir geschilderten harten ausschließenden Partikularität sei aufgehoben. Sie schreiben ganz wie ich denke zu meiner Billigung der socinianischen Kritik: ‚Nicht ein Anderer, sondern ein Mensch und historische Kraft ist Jesus: das Kind gewinnt durch das Opfer der Mutter, ihm kommt es zu Gute.' Indem Sie selbst Opfer so als Symbol für ein universelles geschichtliches Verhältniß, aufgefaßt in seiner Lebendigkeit, gebrauchen: glaube ich hieraus das Recht erschließen zu dürfen, das thatsächliche Dogma des 16. Jahrhunderts, welchem Jesus in der That ein Anderer war, jede Ahnung des Verbandes geschwunden, jede Vergleichbarkeit dieses Opfers in die Hölle und den Scheiterhaufen verdammt, als durch den Socinianismus aufgelöst festzustellen. Was den von Ihnen geltend gemachten Glauben der Christengemeinschaft betrifft, so ist dieser eine fides implicita in einem etwas anderen Verstande. Beruhend auf der traditionellen Sicherheit und dem geistigen Übergewicht der äußerlich erscheinenden Kirche soweit er in der Masse noch vorhanden ist. Bei Nachdenklichen aller Classen, aus der Gemüthstiefe Alles was in diesen mächtigen Symbolen von einem übersinnlichen geschichtlichen Zusammenhang eingewickelt ist: ganz unabhängig von der theologischen Partikularität.

105] Graf Yorck an Dilthey.

Klein=Oels den 23. 4. 93.

Mein lieber Freund.

Ich vermuthe Sie nunmehr wieder in Berlin von Ihrer Karlsbader Tour zurückgekehrt und richte daher diese Zeilen nach der Burggrafenstraße. Ihr freundlicher Gruß traf mich mitten in den Nebeln einer langdauernden Grippe, überdem in Anspruch genommen von landwirthschaftlichen Nöthen. Die Verpachtungen haben sich zerschlagen und mehr als je bin ich glebae adscriptus. Preisen Sie Ihr Loos, daß sich Ihnen das Lebensinteresse mit dem Berufe deckt. Gestern kam das Archiv mit Ihrer Fortsetzung. Ich habe erst hineinblicken können und freue mich auf die Lektüre. Weil ich keine Arbeitszeit fand, habe ich Vielerlei durcheinander gelesen. Die letzte kleine Arbeit von Diels ist sehr hübsch. Man sieht und erfährt, daß das Prinzip des Mechanismus schon damals die theoretischen Consequenzen aus sich herausgetrieben hat. Das darf aber den Unterschied der Zeiten, der Bewußtseinsstellung nicht verdecken.

Experiment im modernen Sinne, welches an der Hypothesis hängt, hat es eben vor dem Dynamismus nicht gegeben weder bei Straton noch sonst und nicht geben können. Es ist nicht ohne Gefahr über den Gleichförmigkeiten, die derselbe prinzipielle Ansatz hervorruft, die Unterschiede der lebendigen Verhaltung, welche der wissenschaftliche Träger ist, aus dem Auge zu verlieren. Das ‚modernste physikalische Theorem' (pag. 14) hat zum wissenschaftlichen Inhalt nicht die Analogie der Erscheinungen sondern ihre Vertauschbarkeit. Der an der Ähnlichkeit haftenden Anschauung bleibt die Rechnung, welche die Sache selbst ist, unmöglich. Wenn Diels p. 12 sagt: dem Straton ‚war die Schwerkraft der letzte Grund des Seins und Wirkens' so scheint mir diese Behauptung die Beläge weit und auf allen Seiten zu überragen. Diels hätte Gleichgewicht sagen müssen an Stelle von Schwerkraft. Er ist sich, wie aus Anmerkung 3 auf derselben Seite sich ergiebt, über die weltweite Differenz der beiden Begriffe nicht klar. Straton hätte, wenn jener Satz Diels' richtig wäre, die Aristotelischen Qualitäten nicht konserviren können. Sie können sich denken, daß sehr nach meinem Sinne und Geschmacke das Werk des Stagiriten als Compromiß bezeichnet ist. Nur finde ich darin weniger ein Compromiß zwischen Platon und Demokrit, cf. die Qualitätenlehre, als zwischen Platon und Antisthenes. Erst eine Kritik des Aristotelischen Lehrgebäudes nach dem Gesichtspunkte der Quellen des Compromisses wird volle Erkenntniß des Aristoteles herbeiführen. — Wenn Sie die Güte hätten Diels meinen besten Dank auszusprechen, so wird ihm das lieber sein als ein paar Worte von mir, dem Laien.

Haben Sie einmal Augustin de trinitate gelesen? Acht der fünfzehn Bücher habe ich hinter mir mit dem Gefühle der Enttäuschung. Nur an einzelnen Stellen wird die Tiefe des Motivs sichtbar. Aus der Irrationalität blickt der Tiefsinn, das religiöse Postulat hervor und der Rekurs auf die lebendige psychische Struktur — selten genug — ist das Neue. Im Allgemeinen aber die überkommene todte, beobachtungslose Seelenlehre, ein Wirthschaften mit forma dei, forma servi und viel rhetorische Dialektik. Zu dem Merkwürdigsten gehört, was als nicht zu erörternde, fraglose Wahrheit angenommen wird: die Personalität des heiligen Geistes. Die Fraglosigkeit spricht für die geschichtliche Erkenntniß am Deutlichsten. An sich ist Personalität ein religiöses Postulat. Speziell aber wirkt nach der Philonische Semitismus. — Ob ich die fünfzehn Bücher hinter mich bringe, ist mir fraglich.

160

Der Buchhändler schickte Schrader: die bewußte Beziehung zwischen Vorstellungen als konstitutives Bewußtsein. Scheint nicht erheblich. Fatale Identifikation von sich vorstellend verhalten und Vorstellungen, als einzelne, haben.

Wetter: neue umgearbeitete Auflage von Wundt, Ethik. Welch ruheloses Wirthschaften mit demselben nicht ausreichenden Capitale!

Abends im Bette Polybius: Welch sittliche und sachliche Tauglichkeit! Noch ungetrennt die sachliche Erwägung und die moralische Gesinnung. Die verständig = sittliche Persönlichkeit als maßgebende geschichtliche Größe. Wie viel gesunder und kräftiger dieser Standpunkt als z. B. der des Seneca.

Hier noch immer trockene kalte Luft. Der bringend erwünschte Regen bleibt aus. Seit einigen Tagen schüchterne Gesangsversuche der Nachtigall.

Mit Bestimmtheit rechnen wir auf Ihren und der Ihrigen freundlich zugesagten Pfingstbesuch. In dieser freudigen Erwartung mit herzlichen Grüßen von Haus zu Haus

Ihr

treu ergebener

Yorck.

106] Graf Yorck an Dilthey.

Klein=Oels den 21. Juni 93.

Lieber Freund.

Über das Hiesige sind Sie unterrichtet und damit auch, warum ich wenig Muße und Sammlung zum Lesen, Nachdenken und Schreiben gehabt habe ...

Meine Bemerkungen über Erdmanns Logik können daher nur kurz sein und beziehen sich nur auf p. 1 bis 428. Die Schluß= lehre habe ich noch nicht gelesen. Überdem fürchte ich zu spät zu kommen. Früheres Schreiben war aber in der That unmöglich.

Der Totaleindruck des Buchs wird durch einen Vergleich deutlich. Ich kenne nur ein gleich ödes, lebloses Buch: Scherers Poetik. Die Logik Erdmanns ist im Wesentlichen rein formal, schematisch. Er unterscheidet zwar ausdrücklich seine Logik von der formalen, indem er die Bestimmung dem Vorstellungsinhalte ent= nimmt. Methodologisch aber macht die Provenienz keinen Unterschied. Gegeben, ein vorhandenes Inventar, sind ihm Vorstellungen, welche

nach der todten Vorfindlichkeit als Dinge, Vorgänge, Beziehungen
bestimmt sind. Die innere Differenz dieser Vorstellungsinhalte bleibt
außer Betracht, weil von aller Psychologie, von aller psychologischen
Provenienzbestimmung abgesehen wird. Diese negative Stellung zur
Psychologie ist die Marke methodologischer Metaphysik. Daran
ändert nichts die skeptische Reservation bezüglich der unabhängigen
Wirklichkeit und bezüglich ‚des Transzendenten'. Diese Zurück-
haltung bleibt ein metaphysisches Separatvotum, nur daß vielleicht
die Entfernung von der Frische der Wirklichkeit aesthetisch die
scholastische Blässe erklärt. Eine unwirkliche oder wenigstens problematische Ontologie verbleibt als Basis. Sie ist die Grenze aller
Analysis, die darum rein okular und formal bleibt. Der Ausgangspunkt der großen rational=mechanischen Logik ist beibehalten — aber
des Geistes entkleidet. Die ‚Vorstellungen', wobei zwischen Vorstellung und Anschauung, Bild und Begriff gar nicht unterschieden
wird, denn Erdmanns Inbegriffe sind nur quantitativ, nicht generisch
weil nicht genetisch bestimmt, sind das Material, wie für die rationalen
Mechaniker. Aber hier bei Erdmann ist das Material das Be-
stimmende, während dort die Bestimmung der geistigen Synthesis
zufiel. Hier tritt das moderne pathologische Moment zu Tage, der
Zusammenhang mit der sensualistischen Naturwissenschaft. Erdmann
leugnet alle Synthesis, indem er sie als Ableitung unvollständig
gegebener Merkmale faßt, cf. p. 121. Gegeben ist eben Alles und
zwar als Vorstellungsinhalt — und als Vorstellungs= resp. Denk-
nothwendigkeit. Die letztere Gegebenheit enthält: das Identitäts-
verhältniß als maßgebend für Vorstellen und Denken (Denken
gleichbedeutend mit Urtheilen und Schließen genommen) und das
Gesetz des Widerspruchs als giltig für das Denken allein. Diese
verschiedenartigen Gegebenheiten sind einfach nebeneinandergestellt,
nicht anders wie bei Kant außereinander, nur im Effekt verbunden.
Der faustische Versuch einer Herleitung der beiden intellektuellen
Gegebenheiten wird schulmeisterlich abgewiesen, weil es an jedem
historischen Verständnisse fehlt. Die außerordentlich reiche litterarische
Bezugnahme ist stets eine todte philologische. Deutlich tritt bei der
Anziehung Lockes, bei der billigen Kritik Booles jenes Manko zu
Tage. — Betrachten wir die Stellung, welche Erdmann der Logik
zur Erkenntnißaufgabe giebt. Das Urtheil ist dem Verfasser die
durch den Satz sich vollziehende, durch die Inhaltsgleichheit der
materialen Bestandtheile bedingte, in logischer Immanenz vorgestellte
Einordnung eines Gegenstandes in den Inhalt eines anderen,

162

pag. 262. ‚Das Urtheil vollzieht sich durch den Satz' drückt nur unvollkommen den Sinn des Verfassers aus. Der einzige Inhalt des Urtheils ist Explikation und zwar nur sprachliche, pag. 290. Urtheil ist also nichts als Aussage, wenn auch nicht jede Aussage Urtheil. Urtheil ist sonach dem Wesen nach ein rhetorisches Gebilde, es führt über den Inhalt des Subjekts nicht hinaus. Die Subjekts=vorstellung ist Inhalt und Maß. Man kommt mit dem Urtheile nicht weiter. Danach kann eine Erzählung nur eine Nebeneinanderstellung von Subjektsinhalten dem Wesen und Inhalte nach sein. Das Urtheil verwandelt bloß verbal das Zusammen in ein Nacheinander, das Geschlossene in eine Reihe. Ist nun aber Urtheil das aus=schließliche Erkenntnißmittel, dann ist alle Erkenntniß gegenüber der Wahrnehmungs= und Erfahrungsgegebenheit verbal, rhetorisch. Die Naturerkenntniß, die dem Verfasser besonders präsent ist, nach den gewählten Beispielen zu urtheilen, ist sonach in dem Fortgange vom Wahrnehmen zum Erfahren (Abstraktion) gelegen, kein Urtheils=ergebniß. Dem entsprechend ist die logische Nothwendigkeit zum Zwange degradirt. Sie hat keinen inneren Bezug. Sie folgt aus dem Satze des Widerspruchs. Aus der Controlle wird auf die Provenienz geschlossen, cf. pag. 373. Undenkbarkeit wird bald darauf mit der Unmöglichkeit der Verbindung identifizirt. Wie denn bei scheinbarer, distinktionssüchtiger Genauigkeit die Termini: unmöglich, unvollziehbar, nothwendig unvermeidlich, sicher — wahrscheinlich, wahr — wahrscheinlich 2c. durcheinander geworfen werden. — Auf dem Gebiete des Thatsächlichen verbleibt somit die logische Leistung des Urtheilens. Der Gedanke daß es sich um einen Rechtsgrund handelt, ist von vorn herein abgewiesen. Die Thatsächlichkeit entscheidet über die Richtigkeit, und richtig und wahr bezeichnen dasselbe. Die Logik hat keinen spezifischen Werth mehr. — Hätte ich Zeit, so würde ich dem Gange des Buches folgend mein Urtheil und meinen Widerspruch bei jedem Paragraphen, beinahe bei jeder Nummer geltend machen. Aber zu der Abfassung einer ‚Gegenlogik' gehört weit mehr Zeit als Sie mir gesetzt haben. Ich kann daher mit flüchtigem Griffe nur weniges Einzelne herausnehmen: Gattungen und Arten werden wie Gegebenheiten ohne Weiteres eingeführt. Ihre spezifische Differenz wird mißkannt, ein Vorwurf der allerdings ungefähr alle bisherigen Lehrbücher der Logik trifft. Aber eine neue Logik ist doch auch darauf anzusehen, ob sie etwas Neues bringt. Zusammenhängend hiermit ist der Vorwurf der völligen Mißkennung des inneren Werthunterschiedes von Subjekt und Prädikat. Beides

‚Vorstellungen' nur nach dem Orte im Satze unterschieden. Damit basta! Schon damit ist gesagt, das ein Mehres und Eindringlicheres als bisher nicht gegeben werden kann. Die Annahme einer positiven Abstraktion, die mit unreinen tropischen Ausdrücken wie Verschmelzung, Verdichtung operirt, ist sachlich nicht begründet, nur ein Postulat einer wissenschaftlichen Voreingenommenheit. Abstraktum wird durchgängig mit Allgemeinem Unbestimmten identifizirt. Dies wie die dogmatisch auftretende Ansicht wonach das Continuum von dem Diskretum abgeleitet sei, ist lediglich eine Folge bestimmter allgemeiner, historisch bedingter Denkstellung. Man lese und staune, p. 113 § 21: die psychologische Grundlage unserer Stetigkeitsvorstellungen sind die Vorstellungen erfüllter Räume und Zeiten. Da wird der Nonsens recht deutlich: eine Vorstellungslehre zu geben ohne vorher das Problem der Verräumlichung angefaßt zu haben. Aber problematisch ist dem Verfasser nichts als das rhetorisch Problematische. Bei der Gelegenheit wird in der Nachfolge Anderer von dem Verfasser auch ‚Unbestimmt' und ‚Unendlich' konfundirt. Über Nothwendigkeit eine herausgegriffene Stelle: p. 402 folgert Verfasser aus der Nothwendigkeit eines Gliedes der Disjunktion die gegenseitige Ausschließung der Glieder. Es folgt aber natürlich daraus nicht das Verhältniß der Gegensätzlichkeit, die gegenseitige Ausschließung, sondern nur die Unmöglichkeit der Giltigkeit des anderen Gliedes. — Die Reichhaltigkeit der Beispiele ist eprouvant. Sie steht in geradem Verhältnisse zu der Armlichkeit der Gedanken. Eine Menge der Beispiele betrifft das Rhetorische, nach meiner Ansicht gar nicht das Logische. Ich habe mich daher im Allgemeinen enthoben der Prüfungsmühe. Nur weniges Einzelne greife ich heraus: Allgemeingiltig, weil allgemein gewiß und denknothwendig ist das ‚Urtheil': ‚Burg Giebichenstein liegt an der Saale', cf. pag. 6. Zur Verdeutlichung des übrigens ganz falsch bestimmten Unterschiedes zwischen Allheit und Ganzheit die Beispiele: ‚Alle Bäume dieses Waldes sind Eichen' und ‚der ganze Wald ist sein Eigenthum', wo in dem zweiten Satze auch über das Eigenthum des in dem Walde befindlichen Wildes ausgesagt sein soll! Der zweite Satz hätte lauten müssen: ‚Dieser ganze Wald besteht aus Eichen', wo denn das Beispiel aufgehört hätte beweiskräftig zu sein. Doch Sie werden ermüden und ich ermüde. — Das Buch hat nicht genug Schwergewicht um bei der Abfassung einer Logik berücksichtigt zu werden. Es kann ganz beiseite bleiben. Es ist wohl behufs eines Lehrstuhls geschrieben. Ob dieser Effekt abwendbar ist freilich sehr fraglich.

Günstig für diesen Effekt ist, daß es nicht gelesen sondern mit Hilfe des Registers höchstens eingesehen werden wird. Überdem erkennen und empfinden Wenige die Gefahr radikaler Abtrennung 'theoretischer und praktischer Weltanschauung', eine Abstraktion, mit der auch Erdmann sich salvirt. Nehmen Sie mit diesem Wenigen und Eiligen vorlieb. Wie schon anfänglich gesagt: Wäre mehr Zeit gewesen und bei uns der Unglücksfall nicht eingetreten, ich hätte Ihnen ein in sich zusammenhängendes und umfangreicheres Promemoria geschickt.

Leben Sie recht wohl, kämpfen Sie ohne Verstimmung, mit dem Gefühle selbsteigener souveräner Freiheit. In Treuen der Ihre

Yorck.

p. 11 Identifikation von Erkenntnißtheorie und Methaphysik!

107] Dilthey an Graf Yorck.

Berlin d. 1. Nov. 93.

Mein lieber Freund,

Die Pause ist lange geworden; aber ich habe in einem Druck von Verpflichtungen, täglich mit Briefen belastet, gelebt, daß ich erst den heutigen Wahltag, an dem die Universität nicht liest und ich nicht wähle, benutze, Ihnen von uns zu schreiben. Meine Frau hat Ihrer verehrten Frau Gemahlin wol schon geschrieben, wie beim Gang von Klösterli auf Rigischeidegg ein Gewitter uns überraschte und sie seit dieser Zeit sehr zu leiden hat. Wir verbrachten drei Wochen in tiefster Einsamkeit auf dem Rigi, wo sie meist zu Bette lag; ich habe da in tiefstem Schweigen, allein mit den Bergen, sehr viel gedacht und gearbeitet ...

Die philosophische Frage ist also nun so erledigt, wie es mir von Anfang als das Wahrscheinliche erschien. Stumpf kommt und Paulsen wird Ordinarius. Stumpf hatte bereits abgelehnt: mein Eingreifen hat gänzliche naturwissenschaftliche Radicalisirung der Philosophie hier verhütet. Sie wissen daß ich selbst diese Dinge sehr philosophisch ansehe. Das wodurch ich die Studenten wirklich philosophisch revolutionire, meine allgemeine Geschichte der Philosophie kann ich nun zur Perfektion bringen und kann doch dabei meine Bücher schreiben. Ich lese fortan nur Ein Kolleg im Semester und ich bin in der Lage nach dem Bedürfniß meiner Arbeiten Urlaub zu nehmen, zumal da zudem Zeller nun doch bleiben zu wollen scheint, was ich nie nach der Ernennung von Paulsen für möglich gehalten hätte. Es stellt sich heraus daß schon im Sommer, bei Anregung der ganzen Frage, Paulsens Ernennung von dem Ministerium beschloßne Sache war, Bosse selber es ihm persönlich zusicherte und es persönlich gewollt hatte, natürlich in Rücksicht darauf daß ein solches Zugeständniß an das Realgymnasium und seine Gönner seine Position verstärken würde. Wir werden nicht mehr regiert. Die Presse und die Partheien regieren die Regierung, die doch der Verfassung nach die Mittel hätte selber zu regieren. Die Kraft der Monarchie in Preußen war, angesichts der fortschreitenden Demokratisirung der Welt, eine Episode.

Meine zwei Aufsätze für Sie lagen hier, da die Hand meiner Frau fehlt. Den neuen werden Sie im Archiv schon erhalten haben. Ich bitte ihn nur so anzusehen, daß ich die große Gruppirung der Entstehung des natürlichen Systems und die Materialien und Gesichtspunkte publiciren wollte, troß des Zustandes meiner Augen in Juli und August und der damaligen Amtsgeschäfte. Ich bin froh daß ich es that. Denn ehe noch die Exemplare ausfliegen erhalte ich begeisterte Äußerungen, die mir eine Herzensfreude sind. Aber der Herbert ist mir ein Räthsel geblieben, der Styl ist durchweg abscheulich: Zusammenstoppelung. Das thut aber wenig. Ich schreibe nun an der Fortseßung. Da ich aber in Psychologie und Erkenntnißtheorie begeisterte und viele Zuhörer habe, so hat das doch zur Folge daß mich diese Fragen mehr als für die historische Arbeit gut occupiren. Eben brüte ich über Bruno. Eine mächtige mir höchst sympathische Gestalt, dieser classische Philosoph der Renaissance. Möchte ich ihn herausbringen können daß Sie Freude an ihm haben. Seine dunklen Beziehungen zu Shakespeare, Spinoza, Leibniz, rückwärts zu seinen Vorgängern!

108] Graf Yorck an Dilthey.

[Nov. od. Dez. 1893.]

Lieber Freund.

Bei stark beseßten, wenn auch wegen des Mangels der Congenialität der Aufgabe nicht erfüllten Tagen kam ich nicht dazu Ihnen nach der Lektüre der leßten Archivabhandlung alsbald zu schreiben, so sehr ich wünschte mich auszusprechen, ich möchte sagen: zu antworten. Denn Ihre schönen Arbeiten, Erfüllungen mancher Gespräche erscheinen mir in meiner Isolirung als Fortseßungen der

166

lebendigen Rede. Überblicke ich die Gesammtheit des in den einzelnen Abschnitten bisher Gebotenen, so stellt sich mir das planvolle Ganze in seiner bedeutungsvollen Neuheit dar. Burckhardt ergriff und analysirte eine historische Epoche von einem immerhin beschränkten Gesichtspunkte aus, ohne zukunftsreichen Ausblick, mehr als Künstler denn als Philosoph. Ranke sah nur und erkannte daher nur ein Spiel der Kräfte, eine historische Phaenomenalität, den Reflex einer zwar bezugslosen, doch aber vorhandenen wenn auch beschwiegenen Metaphysik. Taine rückte und zwang Alles in das Schema des Sensualismus, Buckle unter den alterirenden Gesichts= punkt der baaren Utilität. Die beiden letzteren negirten den Begriff der Geschichte. Andere aitiologische Historiographien als die der genannten Männer liegen seit Hegel nicht vor Ihnen. Und hier tritt nun das Neue auf, daß nicht eine dogmatische Position — in weitem und wissenschaftlichem Wortverstande — die Voraussetzung der Auffassung ist, sondern das Leben das Organon für die Auf= fassung der geschichtlichen Lebendigkeit ist. Der Standpunkt wird zur Geltung gebracht, daß Leben das primäre Datum ist, von dem alle, auch die allgemeinsten Kategorien derivirt sind. Daher die Nähe des Verständnisses, die Wärme der Darstellung. Sie geben hiermit die Anwendung vor der Begründung. Ich möchte von meinem Stand= und Gesichtspunkte aus bemerken, daß die wissenschaftlich adaequate Darstellungsweise regressiv sein würde. Die Geschichts= erkenntniß, welche von der eigenen Lebendigkeit aus sich rückwärts wendet zu dem der Erscheinung nach Vergangenen, der Kraft nach Aufbehaltenen würde in der Darstellung eine Analysis der Gegenwart der Vergangenheit vorausschicken und damit zugleich eine Controle bieten für das Geschichtliche gegenüber dem Antiquarischen. Nur was der Kraft nach gegenwärtig, in der Gegenwart aufzeigbar ist, gehört zum Bereiche der Geschichte. Aber solche analytische Unter= nehmung würde den künstlerischen Reiz einbüßen, der Ihre Wieder= erweckungen auszeichnet. Sehr schön und mit breitem Pinsel gemalt ist das Gesammtbild des ersten Abschnittes der letzten Abhandlung, und das viele Einzelne, dem ich ein ,sehr schön', ,sehr gut' bei= gesetzt habe, zu erwähnen, würde den Umfang eines Briefs über= schreiten. Lassen Sie mich lieber einige Punkte der Divergenz oder des Belehrung suchenden Zweifels berühren und durch eine allgemeine Bemerkung einleiten. Alle geschichtliche Kraft wirkt universal. Tritt eine neue historische Epoche ein, so geschieht dies, weil eine der Grundfunktionen der Lebendigkeit gleichsam die Dominante wird. Einzeln hervorgehoben bestimmt sie den ganzen psychischen Inhalt, ein Bewußtseinsvorgang, der für den Anheber der Epoche, den Eponymen derselben, häufig eine tiefinnere Tragik wirkt und birgt. Von hier aus läßt sich das Leiden der wirklich Großen verstehen, welches im Grunde Eigenleiden ist und nicht in ihrem Verhältnisse zur Welt besteht. Alle mit, um, und nach ihm Aufstehenden, wenn auch nicht wie er ergriffen, gleichen ihm doch darin, daß ihre Wirkung eine universale ist, wenn sie historische Potenzen sind. Solche Wirkungsweise gehört in Eins dem Gebiete der Cultursysteme wie dem der Organisation an. Scheinbar abstrakte Leistungen — Galilei, Helmholtz, um gleich aus der gegenwärtigen scheinbaren Weltfremdheit ein Beispiel zu nehmen — sind geschichtlicher Natur, weil und in so fern sie Einzelausdrücke einer universalen Richtung sind und weil sie universal wirken, mag der Träger derselben dies wünschen oder nicht. Neben diesen Fußstapfen des geschichtlichen Geistes giebt es reflektorische Erscheinungen, die Betrachter und Systematiker zweiter Hand, die nicht universal, nicht organisatorisch wirken. Diese Negation ist für ihre Art beweisend — Beweis des Geistes und der Kraft. Wenn ich nun von hier aus zwei der von Ihnen behandelten Männer betrachte, so geschieht dies insbesondere bezüglich des Einen mit aller Belehrung erbittenden Reserve, bei dem Anderen liegt eine erhebliche Verschiedenheit der Werthung vor. Ist Herbert von Cherbury thatsächlich von der geschichtlichen Importanz, daß er neben den Großen rangirt? Hat er in der That den Streit zwischen fides und ratio beigelegt? Und hat nicht Bodin, der schon sechzehn Jahre nach der Geburt Herberts starb, die rationale Religiosität mit einer von jenem wohl nicht überbotenen Klarheit ausgesprochen? Mir ist Herbert unbekannt. Ich kann daher nur bekennen, daß die durch Sie mir gewordene Kenntniß von des Mannes Denken für mich nichts Zwingendes bezüglich der Werthung gehabt hat. Eine von mir weniger mangelhaft motivirbare Differenz betrifft Spinoza. Aber hier liegt die andere Schwierigkeit vor, daß eine Begründung meiner Ansicht beinahe ein Buch erfordern würde. Zu Grunde liegt wohl eine Verschiedenheit der historischen Auffassung. Kraft und Nerv der geschichtlichen Lebendigkeit des 17ten und der ersten Hälfte des 18ten Jahrhunderts sehe ich in dem moralischen Mechanismus. Ich schreibe diese ungewöhnliche Wortverbindung absichtlich. Der religiöse Reflex ist der abstrakte Theismus. Die Werkthätigkeit des arbeitenden Verstandes bildet den Traktus der großen Geschichte. Descartes, Hobbes, Galilei, Huygens,

Grotius, Leibniz sind Faktoren und Organe der gewaltigen Be=
wegung, deren Wesen konstruktiv=erfinderisch ist. Philosophisch am
Klarsten, religiös am Großartigsten in der Erscheinung von Leibniz.
Und hier überall der historische Wahrheitsbeweis, der Erweis der
Kraft — die mächtige und universale Wirkung. Den Strom der
Bewegung finde ich abgedämmt zu einem Teiche, der auch nicht
einmal ein Mühlenrad treibt, bei Spinoza. Er war nicht umsonst
Jude. An Stelle der Erfindung die Praxis des Brillenschleifens.
Das klingt trival, ist's aber nicht. An Stelle des werkthätigen
Theismus, ein todter, im Grunde nur räumlich umfassender oder
logisch=grammatisch verbindender Deismus — nicht eigentlich
Pantheismus, denn dafür fehlt die Wärme des Lebensgefühls den
einzelnen Erscheinungen gegenüber. Der amor dei inhalt= und
arbeitlos. Der Jude stand damals nicht an der geschichtlichen Arbeit.
Die mechanische Psychologie ohne ingeniösen Eigengedanken, die
Affektenlehre desgleichen — litterarisch Herübergenommenes und dies
— für mich die Hauptdiskrepanz seines Systems — ohne die logische
Spitze, das kosmische Complement der Kraft, unter die Glasglocke
des Contemplationsresiduums, der Substanz gestellt. Sehe ich wie
ein einzig Competenter wie Leibniz über Spinoza urtheilte, so er=
kenne ich schon hieraus, wie gefälscht und verschönt der Spinoza
Goethes und Schleiermachers ist. Da aber erst und in der natur=
widrigen Umgestaltung kommt eine Wirkung Spinozas zu Tage.
Da wird die bloße Copula erfüllt mit poetischem Eigengefühl.
    Unabhängig von dieser Werthungsfrage ist der außerordentlich
interessante und arbeitsreiche Nachweis der Zusammenhänge Spinozas
mit den Alten. Ich drücke mich so allgemein aus, weil die Stoa
doch nicht als alleinige Rüstkammer erscheint. Auch scheint mir trotz
Schmekel eine genaue Contourirung der zeitlich verschiedenen
stoischen Richtungen eine noch ausstehende Aufgabe. Cicero sind
scharfe Begriffsbestimmungen doch kaum zu entnehmen. Und Galen,
der nachchristliche Kleinasiate, steht unter dem Einflusse der mannig=
faltigsten Richtungen. Mich interessirte alsbald die Frage nach der
psychischen resp. erkenntnißtheoretischen Möglichkeit der Spino=
zistischen Adaptionen und ich denke, daß sich diese Frage lösen
läßt. Doch Sie werden den Schluß dieser Epistel herbeiwünschen,
die vor Allem Ihnen bezeugen soll, welche Anregung und freudige
Theilnahme ich wieder und immer wieder Ihnen verdanke. Was
Sie mir von dem Ergehen Ihrer verehrten Frau während des
Schweizer Aufenthalts schrieben, war mir ganz unerwartet. Nach

dem Briefe Ihrer Frau an die meinige glaubten wir Sie beide bei guter Gesundheit und freuten uns für die Freunde des herrlichen Wetters in der herrlichen Umgebung …

Um das Lesen nicht zu verlernen, nehme ich des Abends den jüngst erschienenen 1. Band der Griechischen Geschichte von Beloch vor. Der Name klingt semitisch, das Buch macht nicht den Eindruck. Die ersten 100 Seiten die ich gelesen, finde ich vortrefflich gearbeitet. Das Buch ist O. Ribbeck zugeschrieben. Für E. Meyer nicht angenehm, dessen griechische Geschichte in naher Aussicht steht. Durch die Affaire Stumpf haben Sie sich in aller Stille ein wahres und großes Verdienst erworben … Doch genug nun endlich. Ich freue mich auf den Winter, der mich wieder dem Schreibtische etwas näher bringen wird. — Wie recht haben Sie: Der Begriff der Regierung ist verloren gegangen. Regieren heißt jetzt Administriren. Effekt der Bewußtseinsstellung auf die Organisation.

109] Dilthey an Graf Yorck.

[Dez. od. Nov. 1893.]
Sonnabend.

Lieber Freund,

Haben Sie vielen, vielen Dank für Ihre so freundschaftlichen und unterrichtenden Worte über die letzten Aufsätze: Sie sind der Leser, an den ich immer denke, wenn ich mich zum Schreiben niedersetze: von Ihnen kommt mir Alles vertieft zurück.

Mein Kopf ist ganz unter Wasser, in einer See von Arbeit … Einen ganzen Monat habe ich über dem Problem einer monumentalen Kantausgabe gebrütet, für welche ich nun einen genau specificirten Plan von zwölf geschriebnen Bogen verfaßt habe. Sie wird so gut als sicher zu Stande kommen, eine große Sache die mich mit hoher Befriedigung erfüllt: Wiederauferstehung des Kant der mittleren Lebensjahre. Nun bin ich wieder zu den Aufsätzen zurückgekehrt, leider mit Hast, noch ist erst Eine Seite des Bogens geschrieben, und Anfang Januar soll er erscheinen. Es könnte das Beste werden: Giordano Bruno als Philosoph der Renaissance und sein Verhältniß zu Spinoza. Aber dahinter steht schon der Aufsatz über Süvern für die Biographie. Was würden Sie dazu sagen, wenn ich die Gelegenheit beim Schopf ergriffe und denselben so erweiterte, daß eine kurze Darstellung der Unterrichtsreform von 1810 ff.

daraus würde, als Gegenbild gegen das planlose Treiben von heute? Ich würde es dann Zeller zu seinem 80. Geburtstag widmen. Die Sache lockt mich. Doch erst muß der Bogen geschrieben sein.

Heut nur soviel über meinen Arbeitstisch, als armen Dank für Ihren schönen Brief, sobald der Aufsatz fertig, Mehreres.

Stumpf heut da, heut Abend mit H. Grimm zusammen bei mir. Gestern tafelten wir sehr vergnügt bei Althoff.

110] Dilthey an Graf Yorck.

Berlin 30. Dec. 93.

Mein lieber Freund,

Unsre herzlichsten Wünsche zum neuen Jahr. Wir hörten schon daß Sie es heiter, umgeben von angenehmem Besuch antreten werden. Möge es Ihnen nur Gutes bringen und uns zum Philosophiren nach Art der Alten wieder vereinigen.

Mein neulicher flüchtiger Brief konnte auf Ihre schönen Darlegungen nicht eingehen, die Sie an meinen letzten Artikel knüpften. Heut habe ich etwas mehr Zeit. Ein neuer Artikel (über Giordano) ist von mir eben in zweiter Korrektur gelesen. Auch der unglückliche Süvern schreitet vorwärts. Und dazwischen schreibe ich ein paar Seiten, einen Scherz zu Zellers 80. Geburtstag am 22. Januar über das merkwürdige Diktat Goethes an die Stein Ende 1784 bei Anlaß ihrer gemeinsamen Spinozalektüre. Gegenüber den Schulmeistern, welche meinen Goethe sei Spinozist mit einem Zusatz von Leibniz, oder durch dessen Brille Spinoza betrachtend, gewesen, will ich den eigenen Lebenspunkt der Speculation in Goethe an dem Aufsätzchen aufzuzeigen suchen. Es ist das Bewußtsein von der Verwandtschaft jedes Wirklichen mit uns, dabei aber doch der Unerfaßbarkeit einer jeden Realität, ihrer Aneignung in einer dunklen Totalität unsrer Kräfte, dabei aber doch der extensiven und intensiven Unendlichkeit dieses uns einschließenden Universums. In dem Erscheinen des Erdgeistes und dem Monolog in Wald und Höhle hat er damals seine ganze Philosophie ausgesprochen und diese [kann] ganz nun an dieser Niederschrift erläutert werden. Er steht also im schärfsten Gegensatz gegen den Rationalismus des Spinoza. Daher erhielt auch diese Weltansicht als sie durch Naturstudium sich näher ausbildete einen ästhetisch lebendigen Charakter, der dann auch Metamorphose, Evolution, Monade zu einer Art von Interpretation des Univerſums aus der äſthetiſchen Lebendigkeit der Phantaſie und ihres Lebensgefühls einſchließen konnte. Es iſt keine Philoſophie, es iſt keine Naturwiſſenſchaft, es iſt eine Reproduktion der Lebendigkeit des Univerſums in der Einbildungskraft und daher nach ihrem Grundvorgang von Metamorphoſe und Evolution. Leſen Sie doch bitte die zwei Seiten einmal. Sie ſtehn in Geigers Goethe=jahrbuch, ich denke im vorletzten Bande, und ſchreiben mir ein Wörtchen darüber.

Aber ich komme zu Ihrem Brief zurück. Herbert muß Ihnen bei mir einen unzureichenden Eindruck machen. Dies kommt daher weil ich ohne hinter ihn zu kommen abſchließen mußte. Ich konnte aus meinen Studien keinen entſcheidenden Schluß in Bezug auf die Geneſis und den Kern des merkwürdigen Mannes machen. Dann heben Sie den ‚moraliſchen Mechanismus‘, ‚abſtrakten Theismus‘, ‚Werkthätigkeit des arbeitenden Verſtandes‘ gegenüber dem Pan=theismus hervor, als den wirkſameren Zug des 17. Jahrhunderts. Sie ſehen aber S. 75 daß ich mir dies auch vorbehalte. Da ich aber von Spinoza zeigen werde daß er ſich mehr an die Renaiſſance in ſeinem Kern anſchließt, ebenſo von Shaftesbury, wogegen von Descartes ab der Deismus dh. die Lehre vom unabhängigen Beſtand und geſetzlichen Verlauf des Univerſums gegenüber ſeinem Bau=meiſter bis Leibniz und Newton, ja bis Voltaire und Friedrich den Großen einen einheitlichen Charakter und einheitliche Machtwirkung gehabt hat: ſo habe ich dieſe Gruppe vorausgeſchickt. Den Spinoza nur aus äußeren Gründen, das lange Bedachte los zu werden. So denke ich werden Sie ſchließlich zufrieden ſein. Im Buch wird natürlich die Ordnung eine andere, ſie iſt ja hier durch den Gang der Unterſuchungen bedingt.

Der Plan der kritiſchen Kantausgabe — ein Gegenſtück zu der Goetheausgabe, aber von einer ganz andren Fruchtbarkeit wie ich hoffe, iſt von mir in einem ganzen Buch von Denkſchrift dem Miniſterium übergeben, findet Beifall und ſeine Ausführung iſt nun wol geſichert. Damit kommt dann die lange lange Arbeit der Kantphilologie zu ihrer wahrhaften nutzbringenden Beſtimmung und abſchließenden Benutzung.

Meine Frau wird gewiß ſelber ſchreiben. Es geht ihr ganz leidlich. Mir leider nicht. Ich bin müde. Die Arbeit wird mir ſchwer. Ein paar Tage habe ich gefaullenzt, bin dabei aber nur auch noch ſchwermüthig geworden.

111] Dilthey an Graf Yorck.

6. Jan. 94.

Eben, mein lieber Freund, vernehme ich aus dem Brief Ihrer verehrten Frau Gemahlin, für den wir sehr dankbar sind, daß neben Augen Gichterscheinungen Sie belästigen. Ich bitte herzlich zu probiren ob Fachinger oder Obersalzbrunn täglich eine Flasche Ihnen besser thut ...

Nur diese Worte. Tief unten in einer dunklen Fluth. Über=morgen der Aufsatz über die Goethe=Spinozasache für Zellers Ge=burtstag (22. Jan.) zum Druck nöthig. Wie gern spräche ich mit Ihnen darüber! Das geistige Reich wird mir in seiner Continuität immer klarer. Silvern vor fünf Tagen abgebrochen, im Hintergrund lauert Giordano Bruno — Papiermassen.

...

112] Graf Yorck an Dilthey.

Klein=Oels den 11. I. 94.

Mein lieber Freund.

Kommt es heute auch nur zu einem Zettelchen, länger kann ich meinen herzlichen Dank nicht anstehen lassen für Ihre freund=schaftlich fürsorglichen Zeilen, durch die Sie mir eine große Freude bereitet haben. Weder mit den Augen noch mit den gichtischen Er=scheinungen ists schlimm ...

Freudig überrascht hat mich das gute Klärchen durch einen freundlichen Brief zum Jahresschlusse. Treue des Gemüths ist doch die beste Gabe. Wäre ich nicht ein so schlechter Briefsteller, ich hätte dem liebenswürdigen Kinde längst geantwortet. In den nächsten Tagen soll es geschehen. Und was möchte ich Ihnen Alles schreiben! Gedanken aus dem Lande der Verheißung, in das die Füße nicht tragen sollen, Betrachtungen über die zerrüttete Gegenwart, Be=merkungen über litterarische Neuigkeiten, über Zeichen der Zeit, Fragen über Berolinismen wie ,Verdun= und Schiller=Preis'. Eine Mannigfaltigkeit für das Gespräch einiger Tage. Nun ich hoffe auf Ihr Kommen im Frühjahr. Denn Berlin sieht mich nicht ... Lassen Sie dem Archenbewohner wieder einmal freundliche Botschaft zukommen und seien Sie mit all den Ihrigen herzlich gegrüßt von Ihrem

treu ergebenen

Yorck.

113] Graf Yorck an Dilthey.

Mein lieber Freund.

Soeben ist Mitternacht vorüber, der 31ste hat zu sein begonnen. Ich sitze in meinem Thurmzimmer als derzeitig einziger Bewohner des ganzen Hauses ... Da ich nun am Tage schwer dazu komme einen Brief zu schreiben, von zwar nichtigen aber nothwendigen Ge=schäften in Anspruch genommen, so wähle ich diese nächtliche Stunde und Stille Ihnen Gruß und Antwort auf Ihre Zeilen vom 26. d. Mts zu senden. Hoffentlich treffen diese Worte Sie wieder gesundet und frisch an. Wir müssen den Kopf abwenden von der sich bemerkbar machenden Relativität des körperlichen Befindens, über welches ich auch ein Liedlein singen könnte, lieber aber verschweige. Sie haben doch den großen Vortheil der Conkordanz der Aufgabe und Neigung. Das ist doch eine große Sache und zu Dank verpflichtend. Ich bin noch nicht dazu gekommen Gomperz zu lesen. Was Sie mir als durch die Lektüre veranlaßt sagen, interessirt mich sehr, wenngleich ich nicht abzusehen vermag, was uns veranlassen sollte dem innerlich so wahrscheinlichen Ausspruche den Glauben zu versagen, Pythagoras sei der Erfinder des Kosmos gewesen. Denn Kosmos ist nicht das All oder das Ganze, ihm vorgehende Bezeichnungen, sondern die harmonische Fügung des Ganzen und daher ein von Verhältniß=bestimmung abhängiger Terminus. Kosmos ist der erste, der aesthetische Ausdruck des Logos. Es ist ein neuer Schritt zu ihm von dem πέρας und ἄπειρον, der Schritt von der Dichotomie zum Syndesmos, von der Dialektik zur Logik. Ganz eigentlich ein er=finderischer Fortschritt. Es ist ein neues konstruktives Moment, welches, Gedanke eines universalen Menschen, — denn ich glaube nun einmal an die Person Pythagoras und daß Menschen und nicht daß hand= und fußlose Ideen die Geschichte bewegen — sich auch zum ersten Male sozial=politisch geltend macht. Es ist der erste große Schritt hinter die Erscheinung zu kommen. Die anschauliche Umgebung hatte das Denken bestimmt. Die Bühne des πέρας und des ἄπειρον war die maritim=terrestrische Artikulation der klein=asiatisch=griechischen Welt. Überall mare clausum. Das Uferlose, Unbegrenzte als Hintergrund, das entsprechende Symbol oder Bild eines anschaulichen Denkens für das Freiheitsgefühl des sich auf=richtenden Denkens. Nicht das Wasser als solches — das Meer jenseits der Buchten ist das Prinzip des Thales. Das Unbekannte,

Geahnte wird immer als radix gewerthet. Auch wenn ich Zeit und Muße hätte, so würde ich meiner Meinung folgend zu den Fragmenten selbst zurückkehren, erst wenn ich mir meinen Vers gemacht, Referate Anderer einsehen. Denn mit den Fragmenten, wenn sie nicht zu spärlich, steht es doch so, daß sie lauter Segmente sind, die den Kreis angeben und nachzeichnen lassen. Philosophisches Denken ist an sich systematisch. Doch ich gerathe in Passion. Und doch, um mich eines Ausdrucks von Dickens zu bedienen, ist dies ein Echo verklungener Schritte. — Was Sie von der landwirthschaftlichen Augurenversammlung sagen, ist ganz meine Ansicht. Man denkt so formalistisch, daß man Organisation als Güterquelle ansieht. Durch solchen Stein anstatt des Brodes wird sich die Bewegung nicht beruhigen lassen. Das Land wird in steigendem Maße sich betonen dem Staate gegenüber. Ein weiteres und das elementarste inhaltliche Moment hat der Staat sich selbst überlassen. So wird es als eine eigene Macht sich erheben. — Arnim-Brentano habe ich gelesen. Zunächst vom Herausgeber schlecht gemacht. Das ist höhere Buchbinderarbeit. Der Mann hätte doch etwas wenigstens von Ihrem Schleiermacher lernen sollen. Brentano nicht neu; bodenlos und ohne ernste Wahrheit. Dies ists worin Arnim ihm so weit überlegen ist. Da ist noch Wirklichkeit der Stimmung. Aber mehr nicht. Eine reiche reine stimmungsvolle Natur, gewiß von großem persönlichen Zauber aber ohne jede Gestaltungs- und Erfindungskraft. Wo er dichtet, macht er Anleihen. Und das Wort ist Farbe, nicht Gestalt. Das ist nichts als Vergangenheit. Schreiben Sie Ihren Schiller. Das ist lebendige Geschichte.

Aus dem ganzen Kreise sind doch die wirklich Bedeutenden die beiden Grimms. Wie schön die Vorrede von Wilhelm Grimm zu den dänischen Heldenliedern!

114] Dilthey an Graf Yorck.

Berlin den 14. 12. 94.

Lieber Freund,

Seitdem Sie fort sind lastet ein trüber Himmel auf uns, ich besorge meine Geschäfte, aber die Correktur liegt unüberwindlich vor mir. Zweierlei ist klar: erstens der Begriff der Hypothese 2c. muß besser auseinandergesetzt werden. Zweitens S. 61 ff. ist die Darstellung des Strukturzusammenhanges selbst nur hypothetisch.

Es muß zuerst entsprechend dem späteren Begriff eines subjektiv und immanent zweckmäßigen Zusammenhangs aus der inneren Erfahrung das Erforderliche eingeschaltet werden, das folgende dann unter dem einer objektiven Zweckmäßigkeit in seinem hypothetischen Charakter folgen. Von Ihren Bemerkungen auf den Bogen erwarte ich diesmal die Anregung zu einer Thätigkeit, die von innen heraus verfagt. So bitte ich Sie recht herzlich mir sobald als thunlich und so ausführlich als möglich aber lieber ausführlicher als bälder, wenn beides einander ausschließt, die Correktur mit Ihren Bemerkungen senden zu wollen. Jeden Morgen erwarte ich mit Spannung den Briefboten, der dann manches Andere bringt, das Erwartete bisher nicht.

So viel heute in großer Eile! Nur noch daß die Helmholtz Todtenfeier heute so war wie Alles in Berlin. Die dehors und Außenwerke, Ausstaffirung, Musik, Kaiserpaar, Hofgesellschaft brillant. Der Kern, die Rede von Bezold ein Conglomerat ohne Ahnung von dem Zusammenhang dieses Lebenswerkes in sich und mit der Zeit.

Nächstens mehr, lieber Freund, sobald ich Ihre kostbaren Blätter in Händen halte.

. . .

115] Graf Yorck an Dilthey.

Klein-Oels den 15. Dezember 94.

Lieber Freund.

Die Lesung Ihrer schönen Arbeit hat sich doch länger verzögert als ich annahm und erhoffte. Und doch war die Zeit, die ich darauf verwenden konnte, eine sachlich ungenügende. Gern hätte ich meine wenigen Randbemerkungen erst nach Kenntnißnahme des Ganzen gemacht anstatt während der Lektüre. Dann hätte ich wohl Manches nicht oder anders gesagt. Die Anmerkungen können leichtlich mit Gummi fortgewischt werden. Einige Druckfehler bitte ich zu beachten. Ein Umstand ist es besonders, der den Wunsch einer anderen Art der Annotirung begründet: der in seiner Geschlossenheit und Energie von der früheren Betrachtungsweise sich abhebende Charakter des 5ten Kapitels, welches mir das Wesentlichste erscheint. Die Kautelen an einzelnen Stellen der früheren Darstellung: das sich wiederholende ‚zur Zeit', die Nebeneinanderstellung von erklärender und beschreibender Psychologie als Complementärerscheinungen 2c. wird aufgegeben und

176

voller Ernst gemacht mit der Opposition. Zwei Merkmale scheinen mir gegenüber der erklärenden Psychologie — deren Bezeichnung als konstruktive ich doch auch jetzt noch, auch wegen der historischen Parallelen der Benennung, empfehlen möchte als sachlich klärend — polemisch besonders hervorgehoben und durchgeführt zu sein. 1. Die Insuffizienz dieser Psychologie gegenüber der Fülle der eigenen und geschichtlichen Lebendigkeit. 2. Das Problematische und Unsichere ihrer Hypothesen. Jene ist aus der eigenen Lebensfülle heraus zumal im 5ten Capitel breit, mächtig und wirksam dargestellt. Auch finden sich die Grundzüge der Erkenntniß jener Insuffizienz angegeben, die Antwort auf die Frage des Warum angedeutet, der Ort wo Recht zu nehmen und zu finden ist, bezeichnet. Die Selbstbesinnung als primäres Erkenntnißmittel, die Analysis als primäres Erkenntniß= verfahren werden fest hingestellt. Von hier aus werden Sätze formulirt, die der Eigenbefund verifizirt. Zu einer kritischen Auflösung, einer Erklärung und damit inneren Widerlegung der konstruktiven Psycho= logie und ihrer Annahmen wird nicht fortgeschritten. Es verbleibt dabei sie als im Widerspruch mit dem Erlebniß und ihre Annahmen als problematisch aufzuweisen. In Folge dessen ist die Behandlung und Berücksichtigung, welche die Sphäre des Intellekts erfährt, eine weniger eingehende und umfangreiche als die schönen Beschreibungen der gestaltenden, der in weiterem Sinne bildenden Psyche. Zumal wo von der Seelengeschichte geredet wird, dokumentirt sich Ihre besondere, feine Gabe Inneres zu sehen. Von der echt deutschen Werthung von Kindheit und Jugend erzählte ich Bertha und freute mich, als sie, die ihren Schiller in treuem und starkem Gedächtnisse bewahrt, mich auf eine Parallelstelle in einer Rede des Marquis Posa hinwies. Die Kürze jener Behandlung[1] nun, das Absehen von kritischer Auflösung = psychologischer Provenienznachweisung im Einzelnen und in eingreifender Ausführung steht meines Erachtens im Zusammenhange mit dem Begriffe und der Stellung, welche Sie der Erkenntnißtheorie zuweisen. Seite 5 sagen Sie, unmöglich könne der Erkenntnißtheorie eine Psychologie vorausgeschickt werden. Auf Seite 9 und 10 wird dies näher dahin einschränkend erläutert, daß die Erkenntnißtheorie in derselben Weise aus der beschreibenden und analysirenden Psychologie einen solchen Zusammenhang von Sätzen entnehmen könne, wie sie ihn bedarf 2c., in welcher sie allgemein=

Anmerkungen von Dilthey:

[1] der Intelligenz.

giltige und sichere Sätze auch aus anderen Wissenschaften entnehme. Weiter: ‚eine Erkenntnißtheorie, welche sich allgemeingiltiger und fester Sätze, die aus Anschauungen in den Einzelwissenschaften schon abgeleitet und bewährt sind, bedient.' Mir scheint Erkenntnißtheorie den psychischen Selbstbefund und nichts Weiteres, zumal keinerlei ‚Sätze' aus den Einzelwissenschaften zur Voraussetzung haben zu sollen. Das Bedürfniß nach einer Erkenntnißtheorie erwachte, als die Tragweite der intellektuellen Mittel zur Frage gestellt war. Die Skepsis als solche führte noch nicht zu einer selbständigen Disziplin: Erkenntnißtheorie, sondern bereitete sie nur vor. Gewiß liegt allem Philosophiren eine bestimmte Erkenntnißtheorie, weil eine bestimmte Erkenntnißverhaltung, zu Grunde, kann aus ihr herausgehoben werden, aber sie ist darum nicht explicite vorhanden. Die deutsche romantische Philosophie, Schelling, Schleiermacher, beginnen frischweg mit dem Erkennen, aus dem großen historischen Zusammenhange somit heraustretend. Man kann den historischen Zeitpunkt des Hervortretens dieser Disziplin angeben. Die Voraussetzung war eine bestimmte Bewußtseinsverfassung, eine bestimmte Stellung der Wirklichkeit gegenüber. Unter dem Vorzeichen des lebendigen historischen mechanistischen Verhaltens bildete sich die Erkenntniß= theorie an der Frage nach der Wirklichkeit.[2] (Identifikation von Wahrheit und Wirklichkeit.) Von dem Wirklichkeitsfaktor, dem Willen aus wurde die Theorie entwickelt. Alle Wahrheitsprädikate wurden darauf zurückgeführt. Das Machen, Wirken war der Garant des Seins als Gemachtseins. So erschien alle psychische Gegebenheit als Material. Die Handlichkeit verlangte das Einzelne, dessen ab= solute Form das Atom ist, das Eindeutige, hindernißlos synthetisir= bare. Das reine Material mußte qualitätlos somit zusammenhangslos sein. Die einzig erforderliche Eigenschaft war die der Zusammen= fügbarkeit, Assoziabilität. Der ganze Gedanke der Assoziation ist unabtrennbar von dem mechanistischen Boden und, wo er festgehalten wird auf anderem Standpunkte, ein widerspruchsvoller überkommener Rest. Wurde nun die synthetische Kraft in das Material verlegt, der theoretische Schritt, welcher dem Aufgeben der Transzendenz des Denkens entsprach, ein Schritt, den z. B. Wundt wieder zurückthut,

---

[2] = ob das Construirte, was in sich in Mathematischen Sätzen Wahrheit enthält, darin auch äußere Wirklichkeit (Descartes, Spinoza)
= ob das Constructive Erfolg, und Wirkung der Construktion die Gesellschaft.

ohne damit etwas Neues oder Zukunftsreiches zu thun, so blieb das todte, in sich zufällige, nicht weiter erklärbare sogenannte Assoziationsgesetz, ein übertragener Ausdruck, der nichts erklärt, ebenso wenig wie die modernen der Chemie entnommenen Tropen. Jene souveräne Willensstellung aber formte die ganze Inhaltlichkeit des Bewußtseins um und die phantasievolle Erweiterung der Psychologie zur s. g. Biologie hat darin nichts geändert. Sie ist nur eine äußere Horizonterweiterung. Von jener Erkenntnißtendenz sind aber auch alle Grundhypothesen getragen, deren Schwäche — und darin weiche ich wohl von Ihnen in etwas ab — nicht in dem Charakter des Problematischen liegt. Der Effekt, ihre konstruktive Kraft verleiht ihnen eine Art von Realität. Sie sind Willenskonsequenzen, man kann sagen Derivate der konstruktiven Tendenz. Wo es sich nun um Willensdaten, um Wirklichkeit im engeren Sinne, populär gesprochen: um die äußere Natur und Welt handelt, da ist die Konstruktion — der Provenienz wegen — dem ‚Objekte‘ adaequat. Wo das Somatische (Organische) in Frage steht, welches in seiner Funktion — nicht in seiner Struktur — nie ohne Psychisches gegeben ist, wird durch jene Tendenz der Befund nicht nur reduzirt sondern alterirt. Dies im Einzelnen nachzuweisen und aus der Provenienznachweisung zu erklären, ist Sache der Erkenntnißtheorie. Eine konstruktive Psychologie soll es also nicht geben, da Wahrheitsermittelung in Frage steht, nicht nur nicht zur Zeit, nicht als Complementärerscheinung, sondern entsprechend den Ausführungen des 5ten Capitels gar nicht. Und das haben Sie ja im Gegensatze zu jenen einzelnen restringirenden Stellen, die ich um der Einheit und Bedeutung des Ganzen Willen entfernt sehen möchte, ebenso klar wie schön, mit dem Affekte der Wahrheit ausgesprochen und auseinandergesetzt. Die bewußtseinswidrigen Consequenzen jener Applikation haben Sie aufgezeigt, an die Selbsterfahrung als letzte Instanz appellirend. Und eine höhere Instanz ist nicht erfindlich. (Alle psycho = physischen Versuche, die Thätigkeit jener psychologischen Versuchsstationen, die ich für wissenschaftlich recht nebensächlich, für ein Opfer, das man dem Zeitgeist und Zeitgeschmack bringt, halte, können nicht weiter zurückführen. Sie mögen ungestört ihr Werk treiben einer quantitativen Bestimmung der Vorgänge. Erklären können sie sie nicht.) Aber — und damit komme ich auf den Ausgangspunkt dieser Auseinandersetzung zurück — die Erklärung der Unanwendbarkeit — die Thatsache ist hingestellt und deutlich gemacht — giebt nur eine Erkenntnißtheorie. Sie hat Rechenschaft abzulegen über die Adaequatheit der wissenschaftlichen Methoden, sie hat die Methodenlehre zu begründen, anstatt daß jetzt die Methoden den einzelnen Gebieten — ich muß sagen auf gut Glück — entnommen werden. Ihre Voraussetzung ist, wie Sie richtig sagen, psychologisch, sie hat auszugehen von der Selbstbesinnung, von dem durch keine Einzeltendenz verkürzten psychischen Befunde. Ihre Mittel sind: Selbstbeobachtung, Analysis und intellektuelles — gegenüber dem handlichen — Experiment. Allgemeingiltigkeit, Sicherheit 2c. werden von ihr erst bestimmt; so können sie nicht von Außen her ihr zugeführt werden. Sie betrachtet den Vorgang des Verräumlichens, des Wahrnehmens, Vorstellens und wird zu Ansichten führen, welche ein gutes Theil der gegenwärtigen einschlägigen Theoreme als alten Sauerteig des Mechanismus erkennen lassen werden. Sie erkennt den psychischen Ursprung von Substanz, wie diese Kategorie ein Ferment jeden intellektuellen Aktes ist, und von Caufalität. Sie wird die Grenzen, die innerpsychischen Grenzen der Erkenntniß nachweisen, den Vorgang des Erkennens über sich selbst ins Klare setzen. So wird sie, wie sie nach ihrem Ausgangspunkte nicht anders sein kann, gleichsam Psychologie in Bewegung sein, die intellektuellen psychischen Vorgänge beobachtend, mitschreitend auf ihre Natur und Tragweite prüfen. Sie wird viel mehr und viel früher Unerkennbarkeit finden und an anderem Orte als Hamilton. Sie wird den Intellekt aus seinen Voraussetzungen und seiner Verhaltung als nicht ausreichend nachweisen zur Erklärung der gewiß somatisch bedingten aber nicht somatisch gearteten Geschichtlichkeit, als nicht ausreichend zum Ergreifen der Persönlichkeit, die in ihrer Lebendigkeit auch nicht durch Charakterbestimmungen zur deckenden Beschreibung zu bringen ist. — Die große Zeit der Renaissance=Philosophie begann mit Erkenntnißtheorie. Die neue Zeit muß auch damit beginnen. Und trotz unserer Differenz bezüglich der Stellung der Erkenntnißtheorie sehe ich in Ihrer neuen Arbeit wie in den früheren grundlegende Beiträge zu einer neuen Erkenntnißtheorie.

Die heutige Post brachte Ihren Brief. Die Druckbogen sende ich heute zurück. Den anderen Wunsch genauer und eingehender Annotationen verbietet mir leider die Zeit zu erfüllen. Es würde dies auch ein ganzes opus abgeben.

116] Dilthey an Graf Yorck.

[Frühjahr 1895.]

Lieber Freund,

Täglich gedenke ich der schönen Tage bei Ihnen, täglich freue ich mich auf die kommenden Pfingsttage, aber zum Schreiben komme ich nicht: nicht als fände ich das Stündchen nicht dazu, oder die Stimmung nicht, vielmehr kann ich von so wenig Fertigem schreiben daß ich selber gern nicht zurückblicke: und zwar trotz des größten Fleißes.

Zu der Abhandlung lese ich, sehe im Museum, sinne: aber äußerlich erkennbar ist wenig von ihren Fortschritten. Manchmal verzweifle ich an der Möglichkeit, erhebliche sichre Ergebnisse aufs Trockne zu bringen.

Nun haben mich aber auch die Vorlesungen sehr occupirt. Zu den Indern habe ich unter Anderem Oldenbergs Buddha gelesen: mit innrem Verdruß über die allgemeine Begeisterung ... Zu den älteren Griechen las ich den zweiten Band von Meyer in den entsprechenden Parthien mit großer Förderung durch sein ächtes geschichtliches Denken. Zumal die orphische Bewegung ist historisch gesehen. Dagegen enttäuschten mich die entsprechenden Parthien Rohdes Bd II sehr: er ist offenbar ein ganz unphilosophischer Kopf. So hat er sich aus etwas Spinoza 2c. den ganz falschen Gegensatz eines auf die Außenwelt gerichteten Denkens, für welches es dann keine Fortdauer der Psyche geben darf, und eines auf diese Psyche gerichteten gebildet, und ist nun in Einem Erstaunen, daß Heraklit, Parmenides 2c. sich so nicht wollen einschachteln lassen. Zudem ist die eigentliche philologische Arbeit hier durchaus nicht imponirend.

Dann fodert Kant seinen Tribut. Vorgestern und gestern kam ich nun endlich mit Adickes zu einem gewissen Abschluß. Gestern aßen mit ihm bei mir Mommsen, der hinreißend liebenswürdig und vergnügt bei gutem Rauenthaler war, sodaß ich Sie zehnmal dazu wünschte, und Stumpf, und ich glaube jetzt über ihn und mit ihm im Ganzen im Reinen zu sein. Nun ist auch mit Vaihinger zu verhandeln, und dann zu wählen. Ferner mit Heinze über die Vorlesungen. Mit der Regierung. Also noch ein Stück Arbeit.

Dazu ist mir bei der Arbeit über Geschichte der vergleichenden Wissenschaften das Stück Goethe so nahe getreten, dann bei der Arbeit über das 16. 17. Jahrhundert Shakespeare, daß ich wieder ver=suche ein Stück zum Abschluß der: ‚Dichter als Seher der Menschheit‘

in der erſten Hälfte zu machen, damit ein oder zwei Bändchen zu
Weihnachten erſcheinen könnten.

Eine zerſplitterte Exiſtenz die aber durch die Umſtände eben ſo
bedingt iſt.

. . .

Ich ſitze hier ganz ſtill, werde täglich mit Einladungen beehrt,
kann aber das einſame Nachdenken nicht aufgeben.

117] Dilthey an Graf Yorck.

Lieber Freund, hoffentlich hat Ihre Frau Gemahlin rechtzeitig
am erſten Feiertag meine Zeilen erhalten, ſodaß das Unbehagen
einer unbeſtimmten Erwartung eines Gaſtes oder vielmehr gleich von
vieren nicht länger als in der Sache lag andauerte. Ich habe einmal
wieder eine recht tüchtige Sorge um den Jungen gehabt. Der un=
glückliche Fall, der die Lunge drückte, hatte ein zeitweiliges Auftreten
von Kurzathmigkeit, Luftmangel und ſtarken Schmerzen in der Lunge
zur Folge . . .

Es liegt in der Liebe zu Kindern eine eigene Süße. Eine
Zärtlichkeit des Starken der den noch Schwachen ſchützt. Ein
Gefühl das für Shakeſpeares männliches Zeitalter überhaupt in
aller Liebe herſchend war. Wie lebhaft empfinde ich es wieder an
dem Bett des guten Jungen.

Erſt wenn er wieder munter iſt werde ich ganz ermeſſen was
ich durch die Vereitelung dieſer Reiſe verliere: wie ſehnte ich mich
nach Klein Oels — freute mich für die Kinder, was Alles hatte ich
über meine Arbeiten und von ihnen Ihnen vorzulegen und zu
beſprechen.

Ich hätte Ihnen auch ſo gern vorgeleſen was ich jetzt über
Shakeſpeare ſchreibe. Ich ſuche der vergleichenden Methode ſo viel
als möglich abzugewinnen. Auch auf dieſem Gebiete zeigt ſich, daß
die geſchichtliche Bedingtheit auch der größten Erſcheinung, welche
ſich eben ſo in der Kraft Shakeſpeares zu ſehen, was niemand vorher
ſah, als in den Gränzen dieſes Sehens und Hinſtellens zeigt, nur
durch vergleichende Methode zum Bewußtſein gebracht werden kann.
Was und wie ein großer Dichter die räthſelhafte Individuation auf
dieſem Erdball, die Beziehungen von Umſtänden, menſchlichen Ver=
hältniſſen zu Charakter und Schickſal erblickt und bis in den Vers

182

hinein darstellt: das kann nur durch Verbindung wahrer Psychologie mit vergleichender Literaturgeschichte und mit vergleichendem Studium der Kulturen gesehen werden. Ein unermeßliches Thema!

Ich habe jetzt vor zu Weihnachten folgende Aufsätze 1) Shakespeare und seine Zeitgenossen, 2) Lessing, 3) Shakespeare und Goethe, 4) Goethe, 5) Schiller und 6) Novalis in 2 Bändchen unter dem Titel Dichter als Seher der Menschheit, jedes Bändchen nur als neue Folge bezeichnet, thunlichst billig, ohne besondere Ausstattung, sodaß es jeder in die Tasche stecken kann, drucken zu lassen — nächste Weihnachten zwei weitere Bändchen. Sehr viel fehlt an den zwei ersten Bändchen nicht mehr. Ich möchte nur so viel als möglich von dem Innersten einer wahren Philosophie, in einer ganz freien und männlich offenen Darstellung, darin aussprechen. Besonders suche ich es in Shakespeare und Schiller zu legen; das Gefühl zu geben wiefern sie Führer sind, ohne daß wir es wissen oder mit unsrem Wissen. Unter Seher verstehe ich den Dichter sofern er auf eine uns unfaßbare, nicht am Gängelband der Logik fortgehende Weise den Menschen, die Individuation, den Zusammenhang, den wir Leben nennen, und der aus Umständen, Relationen der Menschen, individueller Tiefe, Schicksal gewebt ist, darstellt.

Ich nehme ein Beispiel. Shakespeare verbindet überall mit dem tragischen Schicksal eine in der eigenen Natur liegende Ver= ursachung, die man in einem weitren von Moral gar nicht berührten Sinn als Schuld bezeichnen mag. In diesem Sinn ist auch Desdemona schuld an dem was ihr begegnet. Daß in dem emotionellen tief= menschlichen, von universeller Sympathie mit Allem was schön, süß und tief anklingt getragenen Inhalt des Lebens ein unverlierbarer Kern desselben da ist, so kurz es auch sei, so tragisch es auch ende, in uns etwas, das von der Länge von Glück und Leben unabhängig: das ist ein Grundgefühl in ihm, Heroismus der Renaissance. Seine wirklich moralisch Schuldigen aber sterben nicht nur, sondern er läßt in die Qualen ihres Gewissens hineinsehen, und hierin, nicht im Tod als solchem, ist ihm die [Strafe aller Schuld]. Sie verstehn mich auch auf die Andeutung: das Lebensgefühl der Renaissance und die eigenthümliche moralische Religiosität des englischen Protestantismus: wie er diese beiden Weltpotenzen verbindet: diese Bewegung trägt ihn und von ihr aus entsteht ihm das Neue das er zu sagen hat.

118] **Graf Yorck an Dilthey.**

Lieber Freund.

Gestern kam Ihr aufklärender Brief. Hoffentlich schreitet die Genesung bei Max rasch vor und Sie sind aller Sorge bald ganz überhoben. Grüßen Sie den armen Jungen, dem wie seiner kleinen Schwester ich Luft, Freiheit und die unmittelbare Nähe der Frühlingsnatur recht gegönnt und gewünscht hätte. So ist denn unser schöner Plan zu Wasser geworden. Zu dieser Zeit, in Mitten dieses Meeres von Licht und Grün wäre ein Zusammenleben besonders genußreich gewesen. Was Sie mir über Shakspeare schreiben und andeuten ist sehr schön und innerlich. Ihre Aufsatzreihe: Dichter als Seher der Menschheit verspricht ein Gegenstück zu Carlyles Helden zu werden. Halten Sie nur an Plan und Termin der Edition fest. Nach der Verschiedenheit der historischen Bewußtseinsstellung ist auch das Sehertum ein verschiedenes. Entsprechend seiner Zeit läßt Shakspeare sehen nicht so das Ungesehene als das Unsichtbare. Wie der Geist seiner Zeit geht er hinter alle Grenzen von Form und Gestalt zurück. Die Formen des Seins und des internen Seins: der Intellektualität werden aufgelöst und flüssig. In einem in die Unendlichkeit projizirten Punkte treffen sich die Linien von Sinn und Wahnsinn, Weisheit und Narrheit, Kraft und Schwäche, natürlichem Vorgang und Zauber, Wirklichkeit und Gespensterreich. — Von hier aus muß das Gespenst und der Zauber bei Shakspeare verstanden werden. — Über dem Ganzen als Stimmung des Dichters: tiefe der Stoa entwachsene Resignation. Concordantia oppositorum: das Leben, nicht Seinsgestalten, das ist sein Problem. So handelt es sich bei ihm nicht um Charaktere sondern um Motive. Er ist der erste, der das Motiv zum Angelpunkte der Dichtung macht. Motiv ist aber niemals eine einfache, diskrete Größe. Ein Motiv ist aber an sich nie sichtbar, es will immer, auch wenn es aus dem Grunde heraufgehoben ist, verstanden, gedeutet sein. Daher das Halbdunkel über Shakspeares großen Dichtungen und Figuren. Damit zusammenhängend seine tiefsinnige Sprache. Man kann sagen, Shakspeare ist aus jeder Zeile die er geschrieben erkennbar. Was er zu sagen hat, läßt sich nicht aussprechen, nur andeuten. Daher der Bilderreichtum, daher die überraschenden Vergleiche und Vertauschungen. Ein Vikariiren der Sinne ist Charakter jeder Sprache. Wo es in ungeahntem Umfange, durch neue Bezüge, durch gesteigerte Freiheit der Ver=

tauschung und Verbindung geschieht, da ist eine neu= und nach=
schaffende Kraft vorhanden. Darum wurde ein Sprachgenie wie
Homer als sprachlicher Prototyp von dem ganzen Griechenthum
behandelt. An der Steigerung und Sichtlichmachung lernten sie das
Eigene kennen, wie alles Sehen einer Entfernung bedarf. — Das
uns gemeinsame Interesse Geschichtlichkeit zu verstehen leitete mich
die letzten Tage auf einem sehr verschiedenen Gebiete. Wären Sie
gekommen, Sie hätten mich in Mitten der Dogmengeschichte gefunden.
Da ist mir denn Eines als sehr merkwürdig aufgefallen: Sie kennen
den großen grammatisch=philologischen Gegensatz von Alexandria
und Antiochia. Philosophie hatte sich in die Rhetorik und von da in
die Grammatik veräußerlicht. Die Auffassung der Grammatik ist
durchaus von den philosophischen Gedankenergebnissen bestimmt. So
ergab sich eine Sprachwissenschaft welche abhängig war von dem
stoischen Gedanken mechanischer Causalität — Antiochia —, eine
andere, welche die Substanzialität zur Norm nahm — Alexandria.
Ganz derselbe Unterschied zeigt sich, an jene beiden Zentren an=
knüpfend, auch der national=politischen Differenz entsprechend, wie
sie sich zur Zeit der Diadochen aussprach, bei der Dogmenbildung.
Antiochia, seine große stets im Gegensatze zu Alexandria sich aus=
sprechende Schule macht den Willen zum Organon des Verständnisses,
dagegen Alexandria die Seinszuständlichkeit. Es liegt von welt=
historischer Bedeutung geradezu ein landschaftlicher Gegensatz vor für
ungefähr tausend Jahre. — Ich hätte noch viel zu erzählen und hatte
mich gefreut dies viva voce zu thun. Im Briefe ist dies nicht
möglich. So nochmals die allerbesten Wünsche! Ende dieses Monats
komme ich wohl für ein paar Tage nach Berlin. Da sehen wir uns
und müssen dann auch die Ausstellung, insbesondere die Franzosen
zusammen sehen.

119] Dilthey an Graf Yorck.

[Juni 1895.]

Lieber Freund,

Längst hätte ich Ihnen für Ihren zu vielem Nachdenken auf=
fodernden Brief geantwortet: aber kein Sommer sah ein solch Ge=
dränge von Arbeit und einen so gänzlich arbeitsmüden Mann.

Sie haben recht, ich muß zugreifen die Aufsätze herauszubringen.
Da mich nun Hertz, der für dergleichen der beste Verleger ist, darum

früher gebeten hatte, sie verlegen zu dürfen, ging ich neulich zu ihm hin. Er war in allen Bedingungen so wie ich es jetzt nicht für möglich gehalten hätte: doch ging mir ein Punkt tief zu Herzen: soll es ein Weihnachtsbuch werden, wie ich mir gewünscht, so muß es Mitte October fertig gedruckt sein.

Die Kantausgabe hat sich aber seit vierzehn Tagen sehr anhaltend meiner bemächtigt. Eben komme ich von Halle zurück wo ich zwei Tage mit Erdmann und Vaihinger darüber verhandelt. Heinze macht und leitet also die Edition der Vorlesungen, Kants Logik, Anthropologie, physische Geographie werden eine ganz andre Figur machen als bisher. Vaihinger ist zuletzt doch als der sicherste befunden und macht die Aufzeichnungen. Erdmann giebt ihm alle seine Vorarbeiten. Er wird wol die Vernunftkritik herausgeben. Reicke die Briefe. So wird in wenigen Wochen Alles geordnet sein: der Regisseur kann sich hinter die Bühne zurückziehen und das Stück beginnt.

Es ist ein frischer Wind in den Segeln und man fühlt schon daß nach Beendigung des Kant die schlechte Leibnizausgabe von Gerhardt durch eine würdige ersetzt werden muß.

Mit der psychologischen Abhandlung geht es langsam langsam! Mit dem Shakespeare wenig schneller!

Sie müssen kommen, jeden Tag erwarte ich Sie, freue mich darauf unbändig, bald zu zweien bald mit Wildenbruch wollen wir von den Dichtern handeln. Unter höchsten gleichsam pädagogischen Gesichtspunkten, welche die literarhistorischen als untergeordnete sich unterwerfen müssen. Täglich warte ich jetzt auf Sie.

. . .

Richten Sie sich ja so ein daß wir recht viel zusammen an möglichen und unmöglichen Orten diniren, Schauspiele der ‚Seher' sehen und bereden können. Ich möchte am liebsten jetzt ganz hierin leben. Den Aufsatz will ich nur so weit führen als er mit der Poesie parallel geht und ein Stück weiter: aber die Fortsetzung später. Die Poesie darf nicht gestört werden, könnte ich sie nur in Klein Oels schreiben, anstatt auf meinem Balcon.

Erfreuen Sie sich Ihres Glückes in Haus, Hof und Familie und Park, aber kommen Sie bald etwas von Ihrer Stimmung mitzutheilen: ich habe sie nöthig.

186

120] Dilthey an Graf Yorck.

Bad Kreuth [Sept. 1895.]

Mein lieber Freund, ich erhalte die Nachricht vom unerwartet raschen Tode Ihres von mir treu verehrten Bruders und bin davon tief erschüttert. An sich ist der Verlust eines solchen Mannes für seine Familie und für die Welt unersetzlich. Aber zugleich was für ein schönes brüderliches Verhältniß ist für Sie dadurch für diese Welt zerrissen. Wie für den Christen so auch für den Philosophen bleibt der Trost, daß sie in einer dieser armen Animalität trans= scendenten Welt leben, in der Alles wahrhaft Lebendige in Zu= sammenhang bleibt.

Sehr tief empfinde ich auch dabei, was Sie in dieser letzten Zeit bei Ihrer tiefen Fähigkeit mit zu leiden, gelitten haben müssen. Möge das nur ohne zu große Betheiligung Ihrer Gesundheit ge= schehen sein.

Ich habe eine sehr große Sehnsucht Sie wiederzusehen und was ich kann zu thun Sie dem, was in Ihnen nachwirkt und innerlich nacharbeitet, zwar nicht zu entreißen, doch aber es über= zuführen in gemeinsame Gedanken. Wir werden, sobald das jetzige schlechte Wetter es gestattet, an die Brennerstraße gehen, wol zunächst nach Brixen in den Elephanten. Ich werde dann den 17ten Oct. etwa von da nach Berlin reisen ...

Die vielen überraschenden, höchst plötzlichen Todesfälle der letzten Monate und eigenes sehr schlechtes Befinden, haben den schon für den vorigen Winter gehegten Gedanken zur Reife gebracht, die Fortführung meiner Arbeiten nun nicht mehr zu verzögern und darum für den nächsten Winter einen Urlaub zu nehmen. Ich habe hier einen großen Schiller für die Aufsätze geschrieben. Immer mehr tritt für diesen eine eigene Beziehung von Studium der Lagen des Bewußtseins, seherischer Stellung der Dichter in ihnen und ver= gleichender Literaturgeschichte in den Vordergrund. So wächst die Hoffnung, durch sie der Literaturgeschichte einen Impuls in die Tiefe des menschlichen Bewußtseins zu geben. Und ich darf hoffen, etwa zu Weihnachten den Druck der zwei Bände beginnen zu lassen. Vorlegen muß ich Ihnen aber erst was davon fertig ist.

Die erste Hälfte der Abhandlung über vergleichende Psychologie ist in der ersten Correktur jetzt Gegenstand meiner Umarbeitung. Ich sende Ihnen dann die Bogen der zweiten Correktur. Denn ich kann nicht sagen wie nützlich mir Ihre Randbemerkungen zum letzten

Auffatz waren. Es werden etwa vier Bogen, und auch so bleibt das erste Stück incomplett.

Eine sehr große Befriedigung und Freude war mir die Berufung des Grafen Kalkreuth nach Karlsruhe, und zwar zusammen mit einem Genossen seiner Richtung, so daß er nun dort freies Feld erhält. Wollen Sie ihm das aussprechen.

121] Dilthey an Graf Yorck.

Brixen, Tirol (im Elephanten)
den 13. Oct. 95.

Lieber Freund,

Ich habe eine rechte Sehnsucht, von Ihnen ein Wörtchen zu vernehmen, wie es nach der langen schweren Zeit Ihnen und Ihrer verehrten Gräfin geht. Ihr Schweigen, wenn es nicht bedeutet daß Sie abwesend sind, spricht dafür daß Sie sich wenig wohl fühlen.

Auch ich habe über meine Gesundheit viel zu klagen ... Die Erkrankung von Max im Sommer, all diese Zwischenfälle, dazu sehr angestrengtes Arbeiten in Kreuth, haben es für mich zu keiner Erholung kommen lassen, und ich habe sehr viel mit dem Herzen zu thun. Das so entspringende Gefühl daß ich nicht weiß wie lange ich noch mit einigem Erfolg werde arbeiten können, die vielen Todesfälle um mich her, der Gedanke an all die Arbeitsbruchstücke um mich her, ungedruckte und gedruckte, haben mich denn bestimmt den langgehegten Plan endlich auszuführen und für den Winter Urlaub zu nehmen. Ich kehre in ein paar Tagen nach Berlin zurück, und will sehn was ich meinem Körper noch zumuthen kann. Zunächst habe ich in Kreuth an der vergleichenden Psychologie gearbeitet, die nun ein neuer Grundstein der Fortsetzung des Buches wird. Zunächst habe ich das früher, theilweise bei Ihnen, Geschriebene auf mehr als das Doppelte gebracht und ganz umgearbeitet. Das erste Stückchen davon werden Sie in diesen Tagen erhalten haben, es ist fast ganz neu und aus der Lektüre des letzten Bandes von Wundt entsprang mir das Bedürfniß, gegenüber den von ihm, Windelband u. a. immer wiederholten Erklärungen von den unlösbaren Widersprüchen im Begriff der inneren Erfahrung und der Unmöglichkeit den Begriff des Geistigen zu ihm in Beziehung zu setzen und so den Begriff von Geisteswissenschaften auf ihn zu

188

gründen, diese Grundlage zu rechtfertigen. Während Wundt in seinem Bande thatsächlich in dem, was über das Übliche hinausgeht, dem ersten Bande der Geisteswissenschaften sich in seiner Manier, umarbeitend gleichsam, anschließt, hat er die Geschmacklosigkeit gehabt, nicht mich nicht zu nennen, das konnte er, aber dies dann an Einer Stelle S. 84 . . . zu thun, wie dies seine Gewöhnung — natürlich weil ich Stumpfs Berufung erwirkte! Ich habe daher im Übersandten und im Folgenden an den Hauptstellen den ersten Band und daneben seine Umarbeitung ohne jede Bemerkung citirt. Er soll sehen, daß ich sehr wohl Bescheid weiß um sein Verfahren. Es würde mir nun sehr erfreulich sein, wenn Sie das Gesandte sich ansehn und durch Ihre Randbemerkungen mir die schwachen Punkte merkbar machen wollten. Haben Sie etwa seine Logik II 2 Aufl. 2 zur Hand, so werden Sie im Übersandten und im Folgenden die Auseinandersetzung mit ihm näher bemerken, die zugleich nun auch gründlicher Windelband betrifft. Die Hauptsache ist natürlich ob Sie mit meiner Darlegung nach ihrem positiven Inhalte selber einverstanden sind. Da die Abhandlung zu groß würde (es werden nun so schon drei bis vier Bogen sein) habe ich den letzten dreiviertel Bogen für die Fortsetzung zurückgelegt. Aber dieser habe ich nun mit großer Anstrengung gebrütet, ohne daß ich einstweilen mehr als einzelne Skizzen hätte aufschreiben können, in denen ich freilich hoffe einen Fortschritt gethan zu haben. Ich will diese Abhandlungen sobald sie zum Schluß gekommen zusammen als: Vergleichende Psychologie, ein Beitrag zum Studium von Geschichte, Literatur und Geisteswissenschaften, abdrucken lassen, damit sie für sich, auch außerhalb des größeren Werkes, als Schrift von etwa einem Dutzend Bogen wirken mögen.

Dann habe ich für die Verbindung meiner literarhistorischen Aufsätze zu einem Ganzen über Schiller als den Begründer des historischen Drama das Erforderliche geschrieben. Eben jetzt bin ich noch bei Corneille, Racine und Molière. Sie sehen es nähert sich das einem Ganzen, welches die vergleichende Literaturgeschichte von der bloßen Geschichte der Stoffe fortführen soll zu dem tiefsten Punkte, den Bewußtseinsstellungen und der dadurch bedingten poetischen Form bis in Dialog 2c. hinein. Eine sehr große Arbeit: wobei ich aber bei der Einheit meiner Gedanken darüber von früh auf, Altes und Neues verbinden und gerade hierdurch dem Buch einen eignen Reiz der Mannichfaltigkeit und des Reichthums vielleicht geben kann. Sie werden sich doch erstaunen, wie anders das Alles ausſieht wenn man es auf die menſchlichen Tiefen von Sinn des Lebens, Charakterauffaſſung, die zugleich geſchichtliche Tiefen ſind zurückführt. Gegen Weihnachten beginne ich den Druck davon.

Die Hauptarbeit ſoll aber der Fortſetzung der Einleitung nun gewidmet werden. Wie ich aus einer ſolchen Papiermaſſe, die mich erdrückend umgiebt, werde auftauchen können, muß ich ſehen und — hoffen. Später als jetzt würde der Verſuch wol gar nicht mehr möglich ſein.

Ich kann es nur indem ich nach meiner Rückkunft mit dem hiſtoriſchen Theil Seite 1 anfange und ſo hintereinander fortfahre, unbekümmert was ich von zu Unterſuchendem zurücklaſſen muß. Denn bei der Univerſalität des Objektes kann ja nur in der Energie, die Hauptpunkte herauszugreifen und ordentlich zu behandeln, der Werth liegen. Wundt hat einen öden Formalismus durch Excerpte aus den bekannteſten einzelnen Schriften und geiſtreiche Bemerkungen dazu durchgeführt. Ich gehe den entgegengeſetzten Weg: was ich eigen durchgearbeitet ſage ich.

Und nun laſſen Sie ſich, lieber Freund, dieſe Mittheilungen von mir Anlaß werden, mit einem kurzen Wort auch von Ihrem Ergehen zu melden. Schreiben Sie gleich, ſo trifft es mich noch Brixen in Tirol, im Elephanten, wo ich bis c. zum 20ſten bleibe: danach in Berlin.

122] Graf Yorck an Dilthey.

Kleinöls den 21. 10. 95.

Lieber Freund.

Was ich habe erleben müſſen, heiſchte Stille und auch den theilnahmsvollen Gruß des Freundes konnte ich nur mit ſtillem Danke beantworten. In Ihrem letzten Briefe werfen Sie die Frage auf, ob ich verreiſt ſei. Die Meinigen wünſchten es und eine kleine Tour nach England war eine Zeitlang ins Auge gefaßt. Aber ich habe den Plan fallen gelaſſen. Im Moment bin ich zu müde zum Reiſen und wirthſchaftliche Rückſichten unterſtützten die Abneigung. Bis zum Januar bleiben wir ſtill hier. Dann ein mehrmonatlicher Aufenthalt in Berlin, wo ich ſchon jetzt eine paſſende Wohnung ſuchen laſſe. Denn das Hôtelleben kann ich nicht mehr ertragen. Wenn Sie nun den Urlaub in Berlin zubringen, ſo könnte uns ein schönes ungestörtes Zusammensein beschieden sein, wonach ich recht verlange. Möge nur das Befinden Ihrer Frau ein ganz zufrieden= stellendes sein, die Hausfrau im eigenen Hause walten können und alle Sorge Ihnen fern stehen. — Ihre schöne Abhandlung habe ich recht genossen und daß Sie sie mir sendeten, als Freundesdienst und Freundschaftsgabe empfunden. Sie transponirte mich in die eigene intellektuelle Lebenssphäre, von der die Tagesaufgaben mich ja fern halten. Lassen Sie mich vorweg auf das beigefügte Verzeichniß der Druckfehler verweisen, die auch in dem Stadium der Revision noch stehen geblieben sind. Dann aber zur Sache: der ganze Abschnitt 4: Die Kunst als Darstellung 2c. ist einfach meisterhaft. So kann sich nur aussprechen, wer in der Innerlichkeit der Poesie wohnt. Solche ‚Kritik‘ existirt überhaupt vorher nicht. Es ist dies mehr als was Goethe, Tieck, die Schlegel je gesagt haben über Dichter und Dichtungen. Hier ist ohne Weiteres und thatsächlich der Beweis erbracht für die Selbständigkeit der Geisteswissenschaften. Der Be= griff des Typus ist der Schlüssel, der die feinsten und schwierigsten Schlösser öffnet. Er ist mir jetzt erst klar geworden in seinem lebendigen Bezuge und in seiner wirksamen Tragweite. In ersterer Beziehung als wurzelnd in dem Vollkommenheitsgefühle oder wie Sie lieber sagen in dem Zweckmäßigkeitsgefühle. Er konstituirt ein Lebensmaß, eine geschichtliche Kategorie, von gleicher Bedeutung für die Erkenntniß der Historizität, wie irgend eine der logischen Kategorien für das Ontische. In diesem neuen Prinzipe und seiner glänzenden Anwendung ist mehr enthalten: eine schärfere Absage der naturwissen= schaftlichen Prätensionen, als 1—3 der Abhandlung in Anspruch nehmen — die mir, worauf ich zurückkomme, zu wenig die generische Differenz zwischen Ontischem und Historischem betonen. Shakspeare und Schiller sind die Glanzpunkte. Die lebendige Analyse ist eine so vollkommene, daß die andeutende Kürze an anderen Stellen, die Eile des Verfassers die Abhandlung zu schließen, als ein Verlust empfunden wird. Hier bleiben Fragen offen. Gestatten Sie mir einige auszusprechen: Der Bildungsroman hat meines Erachtens seinen Ursprung bei Rousseau — Emile — nicht bei Goethe. Der Roman als poetische Form entsteht vorher in England. Man sehe die klassischen Romane des vorigen Jahrhunderts in England. Gerade das Romanproblem, wie Sie es scharf herausheben, die Bewegungsfreiheit unter gesellschaftlichen Bedingungen und Einflüssen entsteht zuerst, wo ‚Gesellschaft‘ sich bildet, in England. Ein Anderes: wenn Sie alle historischen Stücke vor dem Wallenstein als Ver=

bindung historischer Bilder bezeichnen, werden Sie da dem Don Carlos gerecht? Ich halte ihn für ebenso ‚geschichtlich' wie jenen. Den Absturz von geschichtlichen Bedingungen zu den pathologischen Abhängigkeiten finde ich nicht betont. In diesen aber im Gegensatze zu der inneren Geschichtlichkeit Schillers treibt sich die moderne französisch=deutsche Dichtung umher. Als Dramatiker ist Kleist der Repräsentant. Doch genug solcher Einzelheiten. Lieber Freund, Sie nehmen ja durch solche Abhandlung Nℯʳ 4 dem guten Erich Schmidt die Existenzberechtigung als Mitglied der Akademie!

Nun einiges Wenige über Nℯʳ 1—3. Entschuldigen Sie das Fragmentarische und Ungeordnete der Bemerkungen. Ich will aber nicht länger zögern ein Lebenszeichen zu geben und dies nicht ohne von Ihrer Abhandlung zu sprechen, die mich erfüllt. So habe ich nicht die Zeit zu arbeitsmäßiger Darstellung.

Die Objektivität ist ein konstitutives Element des Bewußtseins, nicht das einzelne Objekt. Das naturwissenschaftliche Verfahren geht dem Postulat der Handlichkeit entsprechend von dem einzelnen Objekte aus, welchem gegenüber das Subjekt frei erscheint — schon Lockes Ausgangspunkt. Ebenso ist die ‚Humanität' in dem Verstande eines Analogons zur Objektivität ein konstitutives Element des menschlichen Einzelbewußtseins — nicht der einzelne homo. Der Rapport zu diesem ist wenn er stattfindet, wenn der einzelne homo nicht nur Erscheinung bleibt, ein von jenem Verhältnisse her bestimmter, ein primärer. Nichts von Übertragung hat hier statt, vielmehr unmittelbare lebendige Zugehörigkeit. Daher ‚bilden nicht äußere Wahrnehmungen die immer gegenwärtige Grundlage auch für die inneren'. (p. 4). So findet ein besonderer Akt ‚der Verlegung eigener innerer Erfahrung in andere menschliche Körper nicht statt' (p. 11). Ein Solipsismus wie er da in Ansatz gestellt wird, ist eine Abstraktion, die an sich ein interessantes wohl zu erklärendes psychisches Phänomen ist. Daher ziehe ich dem Ausdrucke Gleichartigkeit den Ausdruck Zugehörigkeit vor. Weiter: So sind geistige Thatsachen nicht ‚an sinnlichen Objekten gegeben' oder vielmehr es ist dies ein ganz irrelevanter Bezug und ‚treten die geistigen zu den physischen Zuständen nicht hinzu', ‚treten an den Körpern nicht auf'. (p. 12). Oder vielmehr diese rein okularen Bestimmungen sind irrelevant. Luther, Augustin, Paulus wirken auf mich gegenwärtig und körperlos. Die Wirkung ist eine unmittelbare und selbständige, welche mit der unwirksamen Reflexion daß ich ihren Körper würde sehen können, wenn sie noch lebten, nichts zu thun hat. Und daher sind ‚systematisch

192

die Naturwissenschaften nicht Grundlage der Geisteswissenschaft' p. 13. Die geschichtliche Wirkung von Person zu Person, wie sie auch zwischen Zeitgenossen, persönlich Bekannten stattfindet, ist nicht nur nicht ontisch sondern auch somatisch nicht bedingt. Wie diese Thatsache möglich, hat eine Kritik der Erkenntniß nachzuweisen. Eine kritische Erkenntnißtheorie hat den Vorgang des Erkennens, alles Erkennens, auch des naturwissenschaftlichen zu untersuchen, Grenzen und Trag= weite festzustellen und durch Feststellung der Competenz die vor dem Erkennen gelegene Lebendigkeit in ihr Recht zu setzen. Der natur= wissenschaftliche Anspruch und Übergriff ist nur durch Nachweis der Relativität ihrer Postulate, der sekundären Natur ihrer Verhaltung dogmatisch zu widerlegen. Thatsächlich thut es N^er 4 Ihrer Ab= handlung, wie jener durch das Schreiten die behauptete Unmöglich= keit der Bewegung widerlegte. — Ein anderes nun wie die historische Wirkung ist die Vollständigkeit der historischen Erkenntniß. Auch für diese ist das erste die Erfahrung der Wirkung von Leben auf Leben. Es kann jemand alle historische Bedingtheit, das ganze milieu Cromwells kennen, und doch von Cromwell nichts wissen. Aber um ihn ganz zu erkennen bedarf es auch der Kenntniß seiner somatischen und seiner temporellen Bedingtheit. Diese Gebiete sind erkenntnißmäßige, die Erkenntnißseiten des durch lebendige Bewegung zu Erfassenden. Daß Leben allein das Organon für das Leben sei, haben Sie selbst ausgesprochen, aber an anderen Stellen auch andere Vermittelungen gelten lassen. Insbesondere das Verfahren der Ver= gleichung wird als Methode der Geisteswissenschaften in Anspruch genommen. Hier trenne ich mich von Ihnen. Sagen Sie doch selbst an einer Stelle, daß das Mittel der Vergleichung nur die somatische Seite der Sprache erfasse. Auch finde ich nicht, daß Vergleichung das historische Erkenntniß der N^er 4 erschlossen oder bewirkt hätte. Vergleichung ist immer aesthetisch, haftet immer an der Gestalt. Windel= band weist der Geschichte Gestalten zu. Ihr Begriff des Typus ist ein durchaus innerlicher. Da handelt es sich um Charaktere, nicht um Gestalten. Jenem ist Geschichte: eine Reihe von Bildern, von Einzelgestalten, aesthetische Forderung. Dem Naturwissenschaftler bleibt eben neben der Wissenschaft als eine Art von menschlichem Be= ruhigungsmittel nur der aesthetische Genuß. Ihr Begriff von Geschichte ist doch der eines Kräftekonneres, von Krafteinheiten, auf welche die Kategorie: Gestalt nur übertragener Maßen anwendbar sein sollte. Sie exemplifiziren mehrfach auf die vergleichende Sprachforschung. Für die Wissenschaft der Sprache ist damit nichts erreicht als die

Kenntniß des sprachlichen Soma. Diese Betrachtungsweise hat die logisch=rhetorische abgelöst. Die psychologische Herkunft und der psychische Werth der Sprachtheile, der psychische Vorgang von Satz und Urtheil, die Erkenntniß von Subjekt und Prädikat — seit dem Kratylos ist dafür nichts geschehen. Und dieser Einblick in das Leben der Sprache ist der Vergleichung unzugänglich.

Nun noch ein Anderes: Neben äußere und innere Erfahrung — Termini, über die ich nicht handeln will, um diesen Brief nicht allzu unförmlich anschwellen zu lassen — stellen Sie (p. 13) als Ergänzung der letzteren die transszendentale Methode. Ich bekenne hier nicht folgen zu können. Die transszendentale Methode wirkte doch eine Somatisirung des Ontischen, eine Subjektivirung des Objektiven. Sie hob, wenn man so will, den Bereich des Objektiven auf, aber sie erweiterte doch nicht das Reich des Geistigen. Subjektiv ist nicht Geistig, wie Somatologie nicht Pneumatologie ist. Da als Bezugspunkt des apperzeptiven Vermögens das Ontische verblieb, wurde das Apperzeptions=Vermögen nicht bereichert, es verbleibt der mechanische Faktor, eine dem Wesen nach natürliche Potenz. Mit dem Character der Subjektivität ist doch das Gebiet des Geistes nicht berührt. Ich kann in jenem Dogma nur ein Theorem sehen, welches nicht wie ,äußere' und ,innere' Erfahrung eine Erkenntniß= quelle sondern nur ein historisch bedingtes Erkenntnißresultat ist. — Doch nun zum Schlusse die Bitte um Nachsicht mit diesem wenn auch langen doch eiligen Briefe. Ich stecke noch in dem zweiten Bande von Wundts Logik. Ich bedauere, nicht mehr mathematische Kenntnisse zu haben. Wundt erinnert in der Art geistreicher Benutzung von Lesefrüchten außerhalb seines eigenen Forschungsgebietes sehr an Ihering. Die von Ihnen erwähnte Stelle im dritten Bande habe ich nachgeschlagen. Eine böse Absicht ist mir nicht erkennbar gewesen, wohl aber die naturwissenschaftliche Art oder Unart der Einzelbenutzung. Bei solchem Standpunkte und solcher Arbeits= schnelligkeit ist die Versenkung in einen fremden großen Zusammen= hang ausgeschlossen.

Bitte, mich bei Versendung der Abhandlung nicht zu vergessen.

123] Graf Yorck an Dilthey.

Klein-Oels den 3. Novemb. 95.

Lieber Freund.

Endlich finde ich ein Stündchen freier Zeit zur Beantwortung Ihrer beiden letzten Briefe. Den mir überschickten Aufsatz von Ebbinghaus habe ich zu nächtlicher Zeit gelesen und er hat mir eine schlechte Nacht bereitet. Auch wenn man zurückgeht bis zu dem Streite Jacobi-Schelling findet man nicht ein derartig gehässiges — unqualifizirbares — Vorgehen ... Mein erster Eindruck war: gar nicht antworten, sondern gelegentlich einer Arbeit kühl und objektiv die Einwendungen besprechen und richtig stellen. Dann aber erschien es mir doch erwünscht daß Sie in dem Archiv eine besondere Antwort geben, allerdings gleichfalls in eisig scharfem objektiven Tone. Eine kalte ein für alle Male gegebene Zurückweisung der schulmeisterlichen Überhebung und dann zur Sache.

Was nun die Sache betrifft, so würde sie ganz einfach sein, wenn nicht in dem ersten Theile Ihrer Abhandlung an einzelnen von E. vereinzelt herausgehobenen Stellen Sie dem Assoziationsprinzipe Conzessionen gemacht hätten, die ich schon bei meinen schriftlichen Äußerungen über das Druckbogenexemplar erwähnt habe. Es sind die Stellen, welche eine Vereinbarkeit, eine gegenseitige Ergänzungs= fähigkeit der descriptiven (lieber analytischen) und der erklärenden (lieber konstruktiven) Methode einräumen. Mein Wunsch war damals, daß eine schärfere Grenzlinie gezogen würde zwischen jenen beiden Methoden, welche, wenn auch beide analytisch, wenn gleich mit verschiedenen Mitteln, doch dadurch sich unterscheiden, daß die eine die Tendenz der Construktion hat. Ihre allgemeine Tendenz, von der wie von dem historischen Zusammenhange E. keine Ahnung hat, ist die des Machens. Dem gegenüber sprechen Sie es aus, daß das Bewußtsein nicht hinter sich selbst zurückgreifen könne. Die mechanistische Tendenz postulirt die Annahme von Einzelvorstellungen, Einzelempfindungen. Wenn E. meint, daß Herbart von Ihnen getroffen werde, nicht aber die Assoziationspsychologen, so irrt er durchaus. Der unterscheidende metaphysische Intellektualismus Herbarts ist hierfür ganz irrelevant. Das Gemeinsame und Wesent= liche ist die Vereinzelung der psychischen Vorgänge. Dieser Differenz= punkt ist E. nicht klar geworden. Wenn er in seiner frechen Weise p. 192 sagt: Dilthey hält die Erklärungsmittel und den Erklärungs= gegenstand nicht scharf genug auseinander, und wenn er nun als

Erklärungsgegenstand, nicht Mittel, den lebendigen Zusammenhang bezeichnet, so hat er den Sinn Ihrer Ausführung gar nicht erfaßt. Gerade der Zusammenhang ist das Erklärungsmittel. Und dies der fundamentale Gegensatz gegen E.s Ansicht, der den Zusammenhang induktiv erst finden will. Wie Induktion zu der Annahme eines Zusammenhangs führen könne, ist nicht einzusehen. Aus ihr könnte sich immer nur ein Mit- und Nacheinander ergeben, wie auch Assoziation nichts anderes ausspricht. p. 192 sagt E. der Strukturzusammenhang wird nicht erlebt, er ist nicht lebendigste Erfahrung. Woher wird er dann erschlossen? Woher frage ich wird dann seine Kenntniß gewonnen? Abhängigkeiten werden primär erfahren, sonst könnten sie nicht erreicht werden, von einer Methode aus, die alogisch nur ein Nebeneinander kennt. Alle der Physik, insbesondere der Chemie entnommenen Tropen: Anziehung, Verschmelzung der Einzelempfindungen setzen das Zusammenhangserfahrniß voraus. Assoziationen sind an sich begriffliche Übertragung der strukturellen Zugehörigkeit. Der Assoziationsgedanke entnimmt seine ganze Kraft der mechanistischen Tendenz. An sich hätte er nie eine Werthung erfahren. Sie sind Postulate des Experiments im engeren Sinne. Ich hätte gewünscht Sie hätten die Bedeutung der konstruktiven (erklärenden) Psychologie beschränkt auf das Gebiet der experimentellen Psychologie. Diese hat eine eigene Domäne, im Wesentlichen die Ermittelung der somatischen Abhängigkeiten und zeitlichen Verhältnisse der einzelnen psychischen Funktionen. Will sie mehr, so überschreitet sie die Grenzen der Wissenschaftlichkeit. Geht sie fort zu einer Bestimmung der Wesenhaftigkeit, so wird sie, wie die Assoziationspsychologie in ihrem Ansätze von sich rufenden und abstoßenden Einzelempfindungen metapsychisch, metaphysisch, der Gravitationsgedanke ist das Dogma, das Ideal Einheit der Bewegung. Da liegt nun ein logisches Mißverständniß des s. g. Gesetzes von der Erhaltung der Kraft zu Grunde. Wärme, Licht, Elektrizität sind nicht bloße Bewegung, sondern der Begriff der Bewegung ist das Mittel sie in Gleichung zu setzen. Art ist nicht bloß genus. Grenze der Quantifikation, der Quantifizirbarkeit ist Selbstbesinnungsresultat. Hierbei bemerke ich als Gegenstand künftigen Gesprächs: das Verhältniß zwischen allgemeinem Gesetz und besonderen Gesetzen ist gar nicht das von Gattung und Art. Doch davon, wie gesagt, ein andermal.

Ebbinghaus verwahrt sich dagegen, daß die modernen Psychologen die Einheit oder vielmehr die Einheiten des Bewußtseins mißkennten. Um die Einheit aber handelt es sich nicht, Einheit ist auch das Atom, sondern um den Zusammenhang dieser Einheit. So polemisirt er an falscher Stelle.

Also: auf die wissenschaftliche Hauptsache, auf die Hauptposition würde ich die Antwort, die alle Ungezogenheiten zunächst mit kurzem Worte abweist, konzentriren.

Ich folge nun nach der Seitenzahl der E.schen Besprechung indem ich diejenigen meiner Anmerkungen, die das häufige Wort: frech zum Inhalte haben, fortlasse sowie oben im Allgemeinen schon Erwähntes.

p. 163. Selbigkeit ‚vermuthlich das Selbstbewußtsein gemeint'. Nein sondern ein Charakter desselben.

p. 172. ‚Die beschreibende Psychologie will wohl dasselbe wie die erklärende'. Nein. Denn sie will nicht konstruiren.

p. 172. ‚Eine solche konkrete Behandlung hätte zur Hauptsache gemacht werden müssen'. Mißverständniß der ganzen Tendenz, die darin besteht den methodischen Ausgangspunkt zu finden und klar zu stellen.

p. 173. ‚Statt ein einzelnes schwieriges Problem 2c.' Wie vorstehendes wissenschaftlich falsch gesehen von jemandem, der nur Einzeluntersuchungen kennt, weil er nur Einzelannahmen macht.

p. 173. ‚Das eigentlich Psychologische bietet nirgends etwas Neues von eigenem Belang'. Abgesehen von der Ungezogenheit ein Zeichen, daß E. nur Einzelheiten kennt.

p. 173 am Ende: Mißverstand des Begriffs des Strukturzusammenhangs.

p. 177. ‚Solche Dinge wie räumliches Ausgedehntsein 2c.' Wer sind die Psychologen die sie nicht als Composita ansehen? Wer sind die Psychologen die nicht Bedingungen als Faktoren fassen?

p. 178. Hat Taine die Einheit des Ich nicht als bloße Bündelvereinigung gefaßt? Das ist doch einfach aus de l'intelligence zu beweisen.

p. 178 letzter Satz zeigt daß E. gar nicht begriffen hat, was Sie wollen.

p. 181. Unkenntniß des historischen Traktus, der Alles auf Empfindung radizirt. Dies Merkmal rechtfertigt die Äußerung über die begrenzte Zahl von Elementen.

p. 181. Nativismus bezeichnet den Ursprung und bestimmt nichts über die Zerlegbarkeit. Irreduktible ist ein anderes, man müßte denn den Nativismus in das Stadium des fetus verlegen.

p. 186. ‚Die Wiſſenſchaftlichkeit der Naturforſcher ganz unabhängig von der Hypotheſe der mechaniſchen Erklärbarkeit'. Nach der Tendenz der Naturwiſſenſchaft, die als mathematiſch nur ſich wiſſenſchaftlich nennt und will, eine falſche, beweisloſe Behauptung.

p. 186. Schlußſatz der Nummer III. Der Mann verwechſelt ſich mit der modernen Pſychologie.

p. 190. ‚Das zunächſt an der Eidechſe Gefundene überträgt ſich unter Anderem auch auf meine eigene Seele'. Gründlich falſch und ins Gegentheil des Gewollten verkehrt. Vielmehr das Ver= halten der Eidechſe, in ſo fern Cauſalzuſammenhang in Frage, meiner ‚eigenen Seele' entnommen.

p. 190. ‚Die Entwickelung des Seelenlebens kann nur aus anderswo Erlebtem errathen werden.' Falſch und bloße Behauptung. Gerade das Gegentheil haben Sie dargelegt.

p. 190. ‚Ich frage nur mit größter Verwunderung' 2c. Er fragt weil er gar nicht begriffen hat, daß im Gegenſatze zu den Aſſozi= ationiſten Sie von dem Ganzen des Erlebniſſes als Organon des Verſtehens ausgehen.

p. 191. Nicht aus ſonſtigen Erfahrungen bei Königen pp. ſondern primär aus meiner Motivmöglichkeit verſtehe ich Könige und dann Napoleon.

p. 191. ‚D. konſtruirt aus Theilinhalten einen Zuſammenhang, welcher als ſolcher in dieſer Wirklichkeit nicht vorkommt.' Wenn er in dieſer Wirklichkeit nicht vorkäme, wäre die Conſtruktion falſch. E. meint, welcher in dieſer Wirklichkeit nicht ſichtbar vorliegt. Der Zuſammenhang wird aber nicht von D. konſtruirt, ſondern empfindend das Nichtſichtliche ergänzt aus dem eigenen trans= ponirten Zuſammenhang und nicht von Theilſtücken aus, ſondern aus dem eigenen Zuſammenhang an der Hand der ‚Theilſtücke' von welchen jedes die Marke des lebendigen Zuſammenhangs gleichſam als pſychiſche Orts= und Werthsbeſtimmung an ſich trägt.

Damit auch das p. 193 über das Errathen des Zuſammenhangs falſch und mechaniſtiſch Geſagte erledigt.

p. 194. „Privilegium des richtig Errathens". Nur der Erfolg, der pſychiſche Tiefblick der ſich ſelbſt Beweis giebt, verbürgt hiſtoriſch= pſychiſches Verſtehen. Denn Logik und Experiment tragen nicht weiter wie das Somatiſche.

p. 195. ‚Sie übt ſeit lange das Verfahren das D. empfiehlt.' Folge des radikalen Mißverſtändniſſes der Abſicht D.s, aus welchem

Mißverständnisse sich auch die weiteren Bemerkungen, insbesondere ‚D.s Polemik durchaus gegenstandslos' erklären.

p. 199. Erkenntniß ist eben nicht = Construktion.

p. 120. ‚Physiologie blüht und gedeiht' weil sie eben einem anderen Geschlechte (logisch) angehört als Psychologie. So erscheint dem Verf. natürlich seine Psychologie als in bester Ordnung, p. 202.

p. 203. Hier muß ich denn doch die Frechheit der Bemerkung, wonach Ihre Arbeit Fernerstehenden schädlich sei, betonen.

p. 204. Das der Mensch der Geschichte pp. ein anderer sei als der der Psychologie — von wem wird dies behauptet? Bodenlose Trivialität.

Doch genug des Unerfreulichen. Zum Schluße wünsche ich Heiterkeit und olympische Ruhe.

In Eile und Treue
der Ihre
Yorck.

124] Dilthey an Graf Yorck.

[Zwischen 3. u. 10. Nov. 1895.]

Lieber Freund,

Ich lege mir meine Antwort nun zurecht ...

Sie haben Hume, die Mills viel genauer als ich gelesen. Könnten Sie mir nicht zum Nachweis des construktiven, auf Machen gegründeten Gedankens der Associationspsychologie und zur Widerlegung von Ebb. 179—186 Einiges aus dem Schatz Ihrer Anmerkungen senden? Wie man ohne die Annahme das Produkt in die Faktoren auflösen also diese darin vorhanden finden zu können (nach causa aequat effectum) die Probe irgend einer Hypothese der Associationspsychologen soll machen können ist mir unerfindlich.

Dringende Geschäfte der Kantausgabe belasten mich ebenfalls gerade jetzt.

Eiligst und treulichst
Ihr
W. Dilthey.

Dienstags.

Wie schön wäre es, und wie gut thäte es mir, und vielleicht auch Ihnen, kämen Sie auf ein paar Tage...

125] **Graf Yorck an Dilthey.**

Lieber Freund.

Im Augenblicke bin ich hier mannigfach durch Geschäfte in Anspruch genommen, habe daher Mill und meine Anmerkungen noch nicht nachsehen können. Ob sich übrigens wörtliche Zugeständnisse, daß assoziative Vereinzelungen postulirt seien von der Constructionstendenz, daß diese den Rechtsgrund abgebe für die Annahme von Einzelvorstellungen, Einzelempfindungen, die Behufs der Möglichkeit der Verbindung die Neigung sich zu verbinden erhalten müssen, vorfinden, ist mir zweifelhaft. Das philosophische Motiv bleibt ja meistens der Unterstrom. Nur aus ihm aber erwächst Erkenntniß. Wer das Motiv nicht sehen will und kann, ist eben blind zu belassen.

Aus meiner Geschäftslage folgt auch, daß ich nicht angeben kann, wann ich auf ein paar Tage zu Ihnen komme, was ich in Folge Ihrer heutigen Zeilen zu thun beabsichtige ... Die Berliner Wohnungsfrage ist übrigens nach der positiven Seite erledigt. Wir haben ein hübsches Quartier in Ihrer Nähe, Nürnbergerstraße, vom 1. Januar bis 1. April genommen. Bücher sende ich zur Zeit per Fracht voraus und freue mich auf eine der Landwirthschaft ferne Existenz und gemeinsame Gedankenarbeit.

Somit hoffentlich auf baldiges wenn auch kurzes Wiedersehen! Wieder schließe ich mit dem Wunsche der Heiterkeit, die sich einstellen muß, wenn Sie die Einheitlichkeit Ihrer ganzen Lebensarbeit sich vor Augen halten einem einzelnen, geistig minderwerthigen Angriffe gegenüber. Angriffe mußten kommen, ein neues Prinzip fordert sie heraus. Und ich denke es wird sich gerade aus dem Streite heller, bestimmter und radikaler herausheben.

Wieder eine neue Zeitschrift: für immanente Philosophie! Hineingesehen. Nichts. Mit halben Gedanken darauf los geschrieben.

126] **Graf Yorck an Dilthey.**

Lieber Freund.

Ihre beiden Briefe trafen mich wiedereinmal in dem Zustande einer Augenentzündung, die das ganze Fest über anhielt und noch nicht ganz beseitigt ist, so daß ich auf wenige Worte mich beschränken muß.

Ihr erster Brief erschreckte mich sehr, ich bedauerte, nicht bei Ihnen sein zu können. Was Sie mittheilten war so allgemein ge= halten, daß für ein Urtheil kein Anhalt geboten war, die Sorge um so freieres Spiel hatte. Nun kam bald darauf die gute Nachricht und entlastete. Halten Sie sich nur die nächsten Monate recht ar= beitslos. Man darf das Leben nicht nach der Arbeit, sondern muß die Arbeit nach dem Leben bemessen, wo sie denn auch gewinnt als volle Lebensäußerung. Goethe, Leibniz sind darin meine Ideale. Ich nehme bestimmt an, daß Sie ganz frisch und gekräftigt zurück= kehren. Das ist die Hauptsache. Hart und empfindlich genug ver= bleibt, daß unser Zusammensein, auf das ich mich so gefreut hatte, hinweggefallen ist. Es wäre mir bei meinen hiesigen Beschäftigungen solche geistige Festzeit zu gönnen gewesen. — Eine genaue Durch= sicht Ihrer angesagten Druckbogen kann ich bei dem Zustande meiner Augen nicht versprechen. Die Affektion war diesmal eine recht hart= näckige. Ich hatte gerade begonnen die Ihnen und Ihrem Bruder gewidmete Arbeit Useners zu lesen. Gern spräche ich mit Ihnen darüber, schreiben geht jetzt noch nicht. Gelegentlich der neuen Mythologie von Golther bemerke ich, wie die philosophische Boden= losigkeit sich in den einzelnen Disziplinen manifestirt, die Methode beeinflußend. Es fehlt an der Grundlage einer in Wahrheit empirischen Psychologie. Rohdes und die sonstigen Gespenster treten an die Stelle geistiger Realitäten, so daß es so weit gekommen ist den Gottesglauben auf das Alpdrücken zurückzuführen. Letzte Sen= sationsweisheit. Dahin kommt es, wenn Philosophie aufhört der Rektor zu sein. — Von Grimms letzten Sachen den Raffael theil= weise gelesen, bis ein Halt geboten wurde. Mir geradezu unerträg= lich. Wahre Lebendigkeit hat doch nur eine Forschung — und nur eine solche ist eine wissenschaftliche — die die Dinge zum Reden bringt. Der unwahre Schein der Lebendigkeit, der durch ein Sich= hervorkehren, durch ein Feuerwerk mehr oder minder geistreicher Einfälle bewirkt wird, ist wie alles radikal Pietätlose nicht aus= zuhalten. Doch dies Zeug ist im Grunde nicht werth der Be= schäftigung damit. Wie viel mir nahe und am Herzen Liegendes hoffte ich in benachbartem täglichen Verkehre mit Ihnen zu besprechen. Nun — wenn Sie nur ganz frisch und gesund wiederkehren. Seien Sie herzlich gegrüßt und beglückwünscht zu dem neuen, einem hoffent= lich recht hellen und von Sorgen freien Jahre! . . .

Am 6. Januar siedeln wir nach Berlin über, Nürnbergerstraße 69.

127] Graf Yorck an Dilthey.

Berlin. W. Nürnbergerstraße 69.
15. I. 96.

Mein lieber Freund.

Anbei in zwei Couverts die Druckbogen. Erst gestern habe ich sie lesen können. Denn alternirende Augenentzündung, die ganz noch nicht beseitigt ist, legte mich lange Zeit ganz lahm. Es ist eben auf meine Augen kein Verlaß mehr und die Arbeitsfähigkeit dadurch sehr reduzirt. Wir sitzen nun hier fern der Stadt und die Nähe Ihrer Wohnung ist wirkungslos. Hoffentlich treffen diese Zeilen Sie in aufsteigender Gesundheit und Kräftigung.

Was nun die Beiträge angeht, so kann ich sachlich nur erfreut zustimmen. Das Gegebene ist so ausgeglichen, daß die Ausschaltungen nicht bemerkbar sind. Ganz vortrefflich Alles über das historische Verstehen — Abweisung des Analogieschlusses — Gesagte. Über Typus habe ich mich schon früher ausgesprochen. Die Prägung des Terminus: Vergleichende Wissenschaften im Unterschiede von generellen Theorien, nicht ganz ohne Bedenken. Vergleichung ist doch auch das Mittel Gleichförmigkeiten zu finden. Nur die Absicht desselben Verfahrens ist eine verschiedene. Das sich Bewegen von Leben zu Leben, die Art des historischen Verstehens und der Erfassung von Persönlichkeit vollzieht sich überdem ohne Vergleichung, oder wenigstens ist diese nicht wesentlich. Eine ausgeführte Erkenntnißtheorie würde da vielleicht über diesen Terminus hinausführen, wie denn Ihre eigene Darstellung ihn überschreitet. Doch ein Terminus ist, sobald sein Sinn eindeutig bestimmt ist, sachlich nicht von Bedeutung.

Im Übrigen habe ich nur kleine Formalien durch Bleistiftstriche bezeichnet. So ist pag. 7 Analogie als zweite vergleichende Methode bezeichnet. Ich meine, daß es keine Vergleichungsmöglichkeit ohne Analogie giebt. Welches die erste? Auch halte ich Analogie für keine Methode, sondern für ein methodisches Hilfsmittel. Übrigens wird m. E. der Begriff der Methode im Allgemeinen zu unbestimmt und vereinzelt angewendet.

pag. 8 würde ich nicht sagen, daß an der Materie psychische Vorgänge auftreten. Materie ist ein Abstraktum aus der psychophysischen Gegebenheit derivirt, nichts Selbständiges. Auf derselben Seite würde ich das: Also streichen. Eine Folgerung stellt der Satz nicht dar.

pag. 10. Differentiation — Integration oder Differentiiren und Integriren. Eben dort müssen die Worte ,in der Individualität' fortfallen. Bleiben sie stehen, so lautet der Satz: die Individuation erreicht aber hier in der Individualität ihren Höhepunkt. Jede Individuation schafft doch Individualität und Individualität ist doch nicht nur die volle und reiche menschliche, für welche der Ausdruck auch nur eine Grenzbezeichnung ist.

Was nun endlich die Anmerkung betrifft, so ist sie ja sehr ab= getönt aber diese kühle Form ist vielleicht die richtigste. Sachlich habe ich zu bemerken, daß die Ansicht von den Berührungspunkten zwischen konstruktiver und ableitender Psychologie durch den früheren Aufsatz gerechtfertigt ist, aber daß ich sie gern vermieden gesehen hätte. Wundt in seinem letzten Aufsatze ist m. E. mit Recht darüber hinausgegangen, indem er die ganz verschiedene Art der Hypothesen begrifflich festgestellt hat. Der Berührungspunkt bleibt da wirklich nur ein Punkt. Meines Erachtens ist aber noch über Wundt hinauszugehen. Der Begriff der Hypothese bedarf der Klärung. Eingreifender ein Anderes: die Sicherheit des Strukturzusammen= hanges wird mit Recht behauptet, diese Sicherheit aber nicht zu einem unmittelbaren Gegebensein ,gesteigert'. Dann wäre die Sicher= heit eine vermittelte und als solche keine völlige. Und wodurch ver= mittelt? Damit wird ein starker Schritt nach rückwärts gethan. Die Sicherheit wird verifizirt aber nicht gewonnen. Sie ist unmittel= bar gegeben. Reflexion erkennt sie, aber Reflexion produzirt nie. Selbst Wundt betont ,den unmittelbaren, direkt in der Erfahrung gegebenen Zusammenhang der psychischen Vorgänge'. Und that= sächlich sind der Selbstbetrachtung nicht einzelne Empfindungen, Vorstellungen, gegeben sondern zusammenhängende ganze Ver= haltungen. Was ich primär erfahre, ist meine strukturirte einheitliche Lebendigkeit. Sie ist das Organon für Erfassung und Erkenntniß aller Lebendigkeit. Der Zusammenhang wird auf Grund der strukturellen Differenz gelöst in jeder Projektion, in jeder Vorstellung. In dem rein Ontischen ist davon abgesehen. Aber die Tendenz der Erkenntniß führt in ihn zurück. Erkenntniß ist Aneignung. Das rein Ontische wird erkannt mittelst einer Übertragung des Zu= sammenhangs. Das Menschliche oder Historische bedarf einer solchen Übertragung nicht. Hier ist das Verhältniß ein unmittelbares. Ein Mensch wird dem anderen nie zur Sache. Dies haben Sie ja sehr schön betont bei der Abweisung der Analogie. — Sein ist ein Derivat des Lebens, eine partikulare Lebensmanifestation.

Soviel für heute mit müden Augen und einem lahmen Beine, was mir Ausgehen und Bewegung verbietet. Berlin bekommt mir körperlich schlecht wie immer.

Nun lassen Sie ein Wörtchen hören, hoffentlich nur Gutes über sich, Ihre Frau und Kinder.

128] Dilthey an Graf Yorck.

Meran, Villa Hohenstein
22. Jan. 96.

Mein lieber Freund, das sind ja Zeiten, in die man sich schicken muß, wie es gehen will. Tagtäglich dachte ich in der tiefsten Wehmuth seit dem 8ten, an welchem Tage ich Sie mir in der Nürnberger Straße vorstellte, an Berlin, Sie und meinen unermeßlichen Verlust nicht mit Ihnen in so nachbarlicher Art beisammen zu sein. Und nun sagt mir Ihr Brief dazu daß Ihr Augenleiden immer noch nicht überwunden ist, wobei ich Ihnen doch noch besonders tröstlich hätte sein können.

Ich sitze hier beim Läuten der Abendglocken noch mit offener Balconthür. Meran hat mir viel mehr gehalten als ich mir irgend versprach. Meist wolkenloser Himmel, Sitzen im Freien, eine Gegend von wunderbarer Heiterkeit. So ist auch nach dem neuesten Urtheil des Arztes meine Erkrankung wieder gemindert, und man kann nun wol mit Sicherheit sagen daß sie ihren Grund in einer nervösen Störung hat, die überwunden werden kann. Doch lange, lange werde ich in dem Arbeiten mich sehr mäßigen müssen, und wie das bei Fortdauer der Vorlesungsthätigkeit und der übrigen Amts= geschäfte möglich sein soll, ohne mich brach zu legen, ist mir un= erfindlich. So darf ich zunächst immer nur an den nächsten Tag denken um nicht tief, tief traurig zu sein.

Doppelten Dank beim jetzigen Stande Ihrer Augen für Ihre Striche, welche ich sorgfältig durchdenke, und die dazu gehörigen brieflichen Bemerkungen.

Über den Hauptpunkt, das unmittelbare Gegebensein des Strukturzusammenhangs möchte ich mich so aussprechen, nach langer Beobachtung meiner Selbst darüber. Wenn ich die Glieder des Zu= sammenhangs distinkt und absichtlich auffasse, probirend oder in der Erinnerung distinguirend, kann ich, ähnlich wie man zwei Urtheile nur in zwei Denkakten auffassen kann, nur in verschiedenen Akten nacheinander den Zusammenhang einer Vorstellungslage mit Ge=

fühlen, dieser mit Willenshandlungen zu ganz klarer Auffassung bringen. Die Einschränkung des Umfangs der Aufmerksamkeit macht mir nicht möglich den Zusammenhang von einer Vorstellungs= lage zu einem Gefühl und von diesem zu einem Willensvorgang in Einem Akte des Bewußtseins aufmerkend zu durchlaufen. Natür= lich sind die Glieder zusammenhängend, aber zum aufmerksamen distinguirenden Bewußtsein kann ich mir nicht den ganzen Zusammen= hang bringen. Wo im Lebensverlauf so rasch eine Willensintention entsteht aus einer Lage, daß ich in Einem Akte der Aufmerksamkeit den Zusammenhang mir bewußt mache, sind die Glieder nicht distinkt. Mir scheint daß die Einschränkung des Umfangs der Aufmerksam= keit der Grund ist daß wir nicht distinkt und klar den ganzen Zu= sammenhang der Glieder zugleich umfassen können. Stumpf schreibt mir im selben Sinne als Sie für die Unmittelbarkeit der inneren Erfahrung des Strukturzusammenhangs: ‚In der That sind uns doch Beispiele des Strukturzusammenhangs fortwährend in der inneren Wahrnehmung unmittelbar gegeben; aus diesen Beispielen können wir uns den allgemeinen Begriff abstrahiren, den wir dann auf das Ganze übertragen. So wenigstens möchte ich die Sache auffassen.' In diesen Sätzen scheint mir aber der Unterschied des Zusammenhangs, sofern wir im Lebensverlauf seiner inne werden, und des in Theilen stattfindenden Heraushebens seiner distinkten genau aufgefaßten Glieder und ihrer einzelnen Zusammenhänge, wodurch erst die wissenschaftlich brauchbare Wahrnehmung entsteht, nicht beachtet. In distinkter klar deutlicher Auffassung besitzen wir den Zusammenhang auch im einzelnen Fall nur vermittelt. Die Feststellung des unmittelbar Gegebenseins der einzelnen Theile der Struktur und ihres Zusammenhangs von einer Vorstellungslage durch das Gefühl zur Willensbestimmung kann doch nur geschehen durch Probiren, das eine innere Situation herbeiführt, oder durch nachträgliches aufmerksames distinguirendes Erinnern dieses Ablaufs. Sie nennen das Reflexion. Der Ausdruck ist gleichgiltig. Aber nur durch solche Vorgänge stelle ich fest. Denn ich kann nicht den Vorgang von einer Lage zu einer Willensbestimmung im Leben vollziehen und zugleich zu aufmerksamem, distinguirendem Auffassen seiner Theile und des Zusammenhangs derselben bringen. Daher kann ich mir nur den Zusammenhang einer Vorstellungslage mit einem Gefühl, das daraus hervorgeht, zu klarem Bewußtsein bringen, oder des Gefühls mit einer Willensbestimmung, oder auch zusammen= ziehend und dunkel einer Vorstellungslage mit einer Willenshandlung zu aufmerkſamem, feſtſtellendem Bewußtſein bringen. Handelt es ſich dagegen um Erinnerungen aus meinem früheren Leben oder Zukunftsbilder, ſo kann ich dieſe wol mit einheitlichem Bewußtſein des Zuſammenhangs durchlaufen. Doch wird natürlich auch im erſteren Falle nur der einheitlich beſtehende Zuſammenhang in getrennten Akten durch das aufmerkſame conſtatirende Bewußtſein feſtgeſtellt.

So iſt vielleicht folgende Faſſung angemeſſener? ,Wie ſeine einzelnen Glieder ſtückweiſe erfahren ꝛc. S. ꝛc. dargelegt. Doch wird in den einzelnen probirenden oder die Erinnerung nachträglich auf= merkſam diſtinguirenden Akten nur der im Lebensverlauf ſelber un= getrennt ablaufende Strukturzuſammenhang von einer Vorſtellungs= lage bis zu einer Willensbeſtimmung, wie er der Ausdruck unſerer einheitlichen ſtrukturellen Lebendigkeit iſt, zu diſtinguirendem, auf= merkſamem Bewußtſein erhoben. Und in Zukunftsbildern und in Erinnerungen aus unſrem früheren Leben durchlaufen wir den ganzen Zuſammenhang. Aus den einzelnen Fällen wird dann der allgemeine Begriff abſtrahirt und auf das Ganze des Seelenlebens übertragen. In dieſem einfachen Sinne war der Ausdruck ꝛc.‘

Dann: zwiſchen die Methode, welche Eine Erſcheinung durch die andre begränzt und erleuchtet, und die wiſſenſchaftlich vergleichende Methode der Sprachwiſſenſchaft, Mythologie ꝛc. ſtelle ich die Methode der Analogie, als Übergang, die ich nun lieber ſo bezeichnen will: vereinzelte und unmethodiſche Verwerthung der Analogie für Auf= findung von Generaliſationen (cf. Polybius, Macchiavelli, Vico etc.). Vergleichende Methode überhaupt iſt mir das Verfahren die In= dividuation ſtufenweiſe durch Analogie zu Erfaſſung ihres allgemeinen Zuſammenhangs zu bringen.

In der Anmerkung möchte Stumpf daß der abſchließende Satz: ,es werde dabei bleiben daß Seelenleben incommenſurabel ſei‘, wegen ſeiner Unbeſtimmtheit wegſtele. Trotzdem ſcheint mir dies Souteniren des Standpunktes, wenn auch in unbeſtimmter Allgemeinheit, wichtig; wie denken Sie?

Bis zu dieſem Schluß ſind wieder Tage des herrlichſten Wetters vergangen. Ich ſteige täglich, und hoffe zu geſunden.

Zu 5. März leider Vortrag zur Akademie einzuſenden. Der Faden der Arbeit reißt nicht.

Möge es bei Ihnen gut gehn. Heute Wildenbruchs Stück. Möge es gut ablaufen. Nächſte Tage ruhiger.

129] Graf Yorck an Dilthey.

Berlin W. Nürnbergerstr. 69
den 1. II. 96.

Lieber Freund.

Seit mehr als vierzehn Tagen bin ich von rheumatischer An=
schwellung der Füße und Hände befallen und seit zehn Tagen an
das Zimmer gebannt. Das dadurch hervorgerufene Gesammtbefinden
macht mich wenig tauglich zu ernstem Nachdenken. Aber ich meine,
daß ich auch bei frischer Stimmung nichts Anderes bezüglich der
Anmerkung würde sagen können als ich letzthin schrieb. Ich könnte
mich nur wiederholen. Aus Ihren Correkturen, die durchgestrichen
sind, also von Ihnen verworfen sind, kann ich mich nicht zurecht=
finden. Mit der Streichung der Worte: ‚so wenig ich diese Sicher=
heit zu einem unmittelbaren Gegebensein gesteigert habe' bin ich
natürlich einverstanden. Dagegen müssen die Schlußworte entgegen
der Ansicht Stumpfs erhalten bleiben. Stumpfs Standpunkt ist eben
ein anderer.

Haben Sie den Ihnen und Ihrem Bruder gewidmeten Usener
angesehen? Eine Wolke der Gelehrsamkeit umgibt einen. Aber die
gelehrte Arbeit bleibt nicht bloßes Material sondern dient einem
geistvollen Gedanken. Die Grenze zwischen primär göttlich Gefaßtem
und abstrakt und willkürlich Personifizirtem ist allerdings unbestimmt
gelassen, und wie bei neuem und eigenem Gedanken häufig geschieht,
scheint mir der geistreiche Verfasser den Geltungsbereich seines Ge=
dankens häufig zu weit auszudehnen. Ich möchte glauben daß von
dem religiösen Gefühle her sich diese Grenze festlegen läßt und daß
sich daher als Norm der Satz ergiebt, daß jede religiöse Personifikation,
welche eigene Zuständlichkeit zum Inhalte hat, ein Kunstprodukt ist.
So ist Hybris, Phobos Kunstprodukt, nicht aber Nike 2c. Denn
dem religiösen Gefühle ist Gott stets eine unabhängig dem Religiosen
gegenüberstehende Potenz. Bei meiner Unbeweglichkeit habe ich
natürlich so viel gelesen als die Rücksicht auf die eben in Ordnung
gebrachten Augen es gestattete. Über die mittlere Stoa von Schmekel
theile ich Zellers Urtheil. Das Buch ist ein Zeugniß eines philo=
sophisch stumpfen Geistes. Sachlich interessant ist mir, wie wenig in
philosophischer Beziehung bei Mancherlei in philologisch=antiquarischer
aus Cicero zu entnehmen ist. Man fühlt es, wie rhetorisch=populäres
Raisonnement die Conture von an sich schon minderwerthigen Ge=
dankengebilden verwischt hat. Von der originalen Größe der alten
Stoa nur noch wenig übrig.

Gomperz beendet. Gut und das Beste das Pythagoreische Welt=
bild und Demokrit. Schlecht und modern überschätzt die Sophisten.
Der Hauptsatz des Protagoras falsch aufgefaßt trotz aller Mühe der
Vertheidigung.

Wildenbruchs Heinrich IV. gesehen trotz schon damals ge=
schwollener Füße. Introduktion und die beiden ersten Akte vor=
trefflich. Dann kommt der Jammer. Theater und Coulissenwirkung
tritt an die Stelle des Dramatischen. Somit alle früheren Vorzüge
und Fehler. Schade daß das Halbe nie ein Ganzes werden kann.

Was sagen Sie zu Grimms pour le mérite? Nun ist die
Akademie unvermeidlich. Und dies nach solcher Schreiberei wie der
Raffael!

Soviel für heute. Sie sehen aus der Weltstadt kann ich nichts
erzählen.

130] Dilthey an Graf Jorck.

Meran, Hôtel Ortenstein
10. März 96.

Mein lieber Freund, ich habe eine rechte Sehnsucht, von Ihnen
ein Wörtchen zu vernehmen, wie es Ihnen geht, wie Sie leben,
welche Pläne Sie haben, ob dieselben sich irgendwo und irgendwie
mit den Anforderungen meiner eigenen so vielfach bedingten und
mitten in der zauberhaften Schönheit der hießigen Gegend doch
vielfach unbefriedigten Existenz vereinigen lassen.

Was diese äußerlich betrifft ist der feste Punkt daß ich am
15. April wieder zu Hause sitzen und die Vorlesungen vorbereiten,
sowie die nöthigsten Kantgeschäfte abmachen werde. Ich habe eine
körperlich recht schlechte Zeit wieder durchgemacht. Da war denn
auch mein Gemüth wieder recht niedergedrückt bei dem Gedanken
an all das was unvollendet und nun wol theilweise unvollendbar
daliegt. Aber ich muß die Gedanken mit Gewalt fern halten, die
mich bedrücken wollen: denn die nächste Aufgabe ist doch daß ich
mich in den Stand setze die Vorlesungen des Sommers zu halten
und doch zugleich ein Weniges die eigenen Arbeiten jetzt und im
Sommer zu fördern. Ob ich die nach meiner Natur für mich immer
sehr anstrengenden Vorlesungen ohne einen Rückfall, der dann recht
bedenklich wäre, aushalte, muß der Erfolg zeigen.

Von meinen Arbeiten konnte ich hier nur die Aufsätze fördern.
Sie greifen mich am wenigsten an. Ich lese sehr viel Poesie, mehr

als zu irgend einer früheren Zeit meines Lebens. Für meine Förderung dabei las ich Großes Anfänge der Kunst. Ist schon der Weg ab initiis irrig (Irrthum historisch construktiven Denkens), da vielmehr rückwärts aus den uns zugänglichen Entwicklungen die Anfänge gedeutet werden müssen: so wird ein Verfahren das sich an Naturvölker hält und nicht die Analyse der ältest erhaltenen Poesie 2c. der Kulturvölker hinzunimmt ganz unfruchtbar. Dann Groos, Einleitung in die Ästhetik. Mit systemspinnendem Talent und entsprechender Geduld, aber ein Dokument, wie der Irrthum, man sei im Besitz der bewegenden Kräfte des Seelenlebens und könne daraus nun weiter Ästhetik 2c. ableiten, die philosophischen Geisteswissenschaften mit Spinneweben überzieht. Physique sociale von Tarde so weit ich zu lesen über mich brachte, eben solche auf Comte und Taine gebaute Construktionen. Wie anders Usener! mit dem ich mich nun viel beschäftige. Eine meisterhafte Induktion; abweichen muß ich nur, wenn er von dem so höchst verdienst= lichen und fruchtbaren Nachweis: Sondergottheiten (dh. durchsichtige prädikativ Kräfte vereinzelnde Götter) und Augenblicksgötter sind bei Römern und Litthauern offen liegend, bei Griechen bilden sie eine Stufe v o r ihrer Mythologie, überall sind sie als frühere Stufe anzunehmen, und die Bedingung der Fortentwicklung zum Mythos lag in der Verdunkelung der Namen, wodurch sie Eigennamen von Personen werden konnten — wenn er, sage ich, von diesen meister= haft induktiv festgestellten Resultaten zu einem allgemeineren Er= gebniß gelangen zu können glaubt durch Zuhilfe=Name nominalistischer (so bezeichnen kann man das Vorurtheil das vom Einzelnen Ding und seinem Namen ausgeht, und die Worte zu Vehikeln der Ent= wicklung macht) Voraussetzungen. Wenn er sonach den Gott der im Einzelding steckt (= Einzelvorstellung), den Gott, der als Einzelkraft eine Funktion übt (= Artbegriff), und die in einen Zusammenhang systematischer Art zu einem Ganzen eintretende Gottheit (= Begriffe höchster Ordnung) als Stufen aufeinander folgen läßt. Schon die Annahme, die Augenblicksgötter seien Reste einer Stufe, die v o r der Stufe der Sondergötter liege, ist un= beweisbar. Wol aber tritt sein Ergebniß ungezwungen in den Zu= sammenhang einer Religionsgeschichte als wichtiges Glied ein, welche das religiöse Verhältniß des in der Noth helfenden, das Leben er= möglichenden Gottes zum Menschen als das mächtigste Motiv an den uns zugänglichen neueren Entwicklungen erkennt und nun auch als der Mythologie schließlich zu Grunde liegend darthut. (Diels schrieb mir, Useners Buch sei ihm nicht culturhistorisch genug (übrigens seien die Etymologien eine Schwäche desselben, das kann ich ja gar nicht beurtheilen), wahrscheinlich meint er etwas Ähnliches?). Dieses mächtigste Motiv documentirt sich ebenso im Todten= und Ahnencultus, welchem dieselbe Allgemeinheit zugeschrieben werden muß. Wenn Usener aber dem Himmels= und Lichtgott wie der Erde eine besondere Stellung in der Religiosität zuweist, so ist in diesem dritten Ausgangspunkte Mythos mitgegeben 2c.

All solche Empirie führt den Psychologen auf seelische Processe, die zunächst ohne das weitbauschige nichtssagende Associationsprinzip festzustellen und zu registriren sind. Auch an diesem Punkte sinne ich über Verstärkung der psychologischen Position der Abhandlung.

Von Lipps in München dieser Tage ein Brief, ob ich nicht auf dem psychologischen Congreß Herbst in München über meinen psychologischen Standpunkt einen Vortrag halten wolle. Ein Brief auch von James der auf den Congreß kommt. Ich kann nur sagen daß ich unter keinen Umständen in demselben Raum wieder mit Ebbinghaus zusammen sitze, wodurch ich in die Lage käme einen Gruß oder ein Wort mit ihm zu wechseln.

131] **Graf Yorck an Dilthey.**

Berlin den 13. III. 96
Nürnbergerstraße 69.

Lieber Freund.

Endlich zwei Worte herzlichen Dankes. Auch über den sehr hübschen Brief von Max habe ich mich sehr gefreut. Für sein Alter frei und hell gesehen und leicht und liebenswürdig im Ausdruck. Bitte danken Sie dem guten Jungen in meinem Namen. Vielleicht kann ich sein gegenwärtiges Ideal noch einmal verwirklichen, gemein= sam mit ihm in Oels auf die Jagd zu gehen und ihn in die Kunst des Jägers einzuweihen. Seit Kurzem geht es mir besser, ich glaube mit der Zeit wieder leistungsfähig werden zu können. Die Füße sind zwar noch geschwollen und gestatten noch nicht längeres Sitzen. Daher müssen Sie die wenigen Worte entschuldigen. Länger als sieben Wochen bin ich nun an das Zimmer gefesselt. Luftwechsel wird gewiß heilsam wirken. Und ausnehmend freue ich mich auf die großen hellen wohlgelüfteten Zimmer des eigenen Hauses, auch wenn das Wetter mir Fahrten und Gänge im Freien noch ver= bieten sollte. Am 31. dieses Monats fahre ich spätestens nach Oels.

Ich habe in meiner Einsamkeit viel gelesen und in der letzten Zeit doch mit der Kraft der Reaktion, also mit Genuß. Schopenhauer merkwürdig als dichterische Kraft. Aber welch erkenntnißtheoretisches Manko! Das Instruktivste und Eigenartigste doch seine vierfache Wurzel des Satzes vom Grunde. Welche Verwechselung von Erkennen und Denken! Im Grunde Vergangenheit, leider nicht für den s. g. Zeitgeist, aber für die Philosophie. — Weiter 2ten Band des Lebens Ritschls von seinem Sohne. Es ist doch schade, daß mir Zeit und Muße nicht gegeben ist über Ritschl zu schreiben. Es ist in ihm eine bemerkenswerthe Zweiheit. Von nachhaltiger Bedeutung seine antimetaphysische Tendenz, wobei er, abstrakt, nicht die psychologische Unvermeidlichkeit approximativer Ontologisirung (Intellektualisirung) in Rücksicht nimmt. Auch darin Harnack ganz Ritschlsch. Als Complement der über Bord geworfenen Metaphysik, die er von Transzendenz nicht unterscheidet, die partikulare Satzung. Hier dokumentirt sich die Enge der Persönlichkeit. Das Eliminiren des innerlich Persönlichen ist das mir Entsetzliche seiner Religion. Von contritio nicht zu reden, was wird bei ihm sogar aus der attritio? Die Mangelhaftigkeit — objektiv genommen — der Erkenntnißtheorie (Lotze und im letzten Grunde Kant) trägt die Schuld. Also bornirt genial! Diese Lehre ist der unendlichen Bedürftigkeit des religiösen Menschen gegenüber machtlos und machtlos gegenüber dem Katholizismus. Das erleben wir und wird über uns hinaus erlebt werden. Interessant auch die Methode der Forschung. Schriftmäßige Vereinzelung. Auch wo er Recht hat, ist er ärmer als Baur. Überall macht sich die philosophische, also historische Begrenzung fühlbar. Der intimste Punkt, der aufzuhellen wäre, das von ihm behauptete Verhältniß von Ethik und Religion. Ethik war sein Hauptkollegium. Der psychologische Gegensatz offenbar mißkannt. — Doch die Füße mahnen mit dem Sitzen ein Ende zu machen . . .

Bleiben Sie recht gesund und wenn ich nicht nach Wiesbaden muß, was droht, dann hoffe ich auf ein gesundes Wiedersehen in Oels zu Pfingsten.

Ritschl: Repristination des einst großen moralischen Rationalismus im Gegensatze zu dem aesthetischen resp. formalen Rationalismus (Intellektualismus) den er ausschließlich Rationalismus nennt.

132] Graf Yorck an Dilthey.

Klein Oels den 4. Mai 96.

Lieber Freund.

Nur wenige Worte, da ich wegen noch immer andauernder Anschwellung der Beine nicht lange sitzen kann. Mir ist es schlecht gegangen. In letzter Zeit haben sich aber die Kräfte gehoben. Arbeitsfähig bin ich noch immer nicht und Schlaf ist auch sehr mangelhaft. Wenn das Wetter es zuläßt, denke ich am nächsten Freitag nach Wiesbaden abzureisen. Eine Nacht in Berlin, der nächste Tag Abends Ankunft in Wiesbaden. Sollte ich zu müde sein um am Sonnabend weiter zu reisen, dann lasse ich anfragen, ob Sie mich im Hotel Fürstenhof, wo ich unterzukommen hoffe, besuchen können. Ich bin zu unbeweglich um selbst kommen zu können. Möge Wiesbaden die harten letzten vier Monate günstig abschließen. Hoffentlich ist Ihre Besorgniß um Max und Ihre Frau bald ganz gehoben. Ich hatte gehofft daß Sie nunmehr in dem gefestigten Heim geborgen und versorgt wären.

Also den Schleiermacher haben Sie in Arbeit genommen. Da wird unter Anderem ein bedeutsamer Hinweis auf die modernste Theologie sich ergeben. Dabei ein Hauptpunkt, daß Theologie und Glaube keine psychische und darum keine historische Partikularität sein soll. Ich glaube daß der zweite Band einen dritten nach sich ziehen wird.

Treitschkes Tod ein großer nationaler Verlust. Er ist unersetzlich für die Bildung der vaterländischen Jugend. Ein so starkes reines Herz, solch germanische naive Kraft kommt nicht bald wieder.

Treitschke ließ Erne, wie dieser erzählte, sagen, der Schiller= preis werde ihm zugesprochen werden. Ich meine zu Recht. Wem sollte er werden, wenn nicht ihm? Dabei ist m. E. nicht ein einzelnes Stück zu berücksichtigen sondern der ganze dichterische Charakter. Die Schwächen auch des letzten Stücks sind ja zu Tage liegend. Es fehlt eben der normirende Verstand. Aber wer kann jetzt theatralisch verlebendigen wie es in dem Vorspiele und in dem bedeutenden II. Akte geschehen? Welcher Dichter sieht historisch wie die Gestalt Gregors des VII^{ten} gesehen ist?

133] Graf Yorck an Dilthey.

Wiesbaden Kaiserhof.
Den 22. 5. 96.

Lieber Freund.

Ihr so freundschaftliches Anerbieten kann ich in Ihrem Interesse nicht annehmen. Der Ort hier ist überfüllt, die Preise geradezu irrational. Ich habe manch theueres Pflaster kennen gelernt. Diese hiesige Erfahrung war mir neu. Seit dem 18ten bin ich hier allein, meine Frau in Karlsruhe. Ich halte still, weil mir die Bäder in der That vortrefflich bekommen ... Scholz kommt über die Pfingsttage zum Besuche seiner hier domizilirenden Schwester. Da werde ich ihn sehen. Ritschl katholische Kirche IIte Auflage beendet. Immerhin die bedeutendste Gegenschrift gegen Tübinger Geschichts= auffassung. Geschichtlichkeit als Virtualität bleibt draußen. Während der Anwesenheit meiner Frau und so lange das Wetter es erlaubte, habe ich mehrere Fahrten gemacht. Erstaunlich und von seltener Pracht der Baumwuchs hier. Kastanien, Platanen, Pappeln wie man sie außerhalb Italiens sonst nicht findet. Eine stille kräftige Vegetation. Die schöne vierreihige Allee nach Biebrich gefahren, mit Gedanken an Sie und Ihre Kindheit. Wie oft mögen Sie als Knabe den Weg hin und her mit heimathschwerem und heimatfrohem Herzen gegangen sein! Meine Gabe der Transposition ließ mich das voll empfinden und vergegenwärtigen. Bei dem Ausgang aus dem nicht ohne Anstrengung durchschrittenen herzoglichen Garten traf ich den Thorwärter, den ich nach der Pfarrei fragte. Wir verständigten uns sogleich, daß es sich um die ehemalige Pfarrei handele, ohne daß ich Ihren Namen genannt hatte. Der Mann sprach alsbald von dem alten Kirchenrath Dilthey, der habe ihn konfirmirt, sei ihm Freund gewesen, seine Photographie besitze er noch. Eine schöne warme Nachwirkung christlicher Pädagogie über so lange Zeit hinaus. Ich fand die alte Pfarrei, aber durchaus verändert. Eine Straßenanlage hatte das Terrain des Gartens in Anspruch genommen. Die alte Scheune Ihrer Kinderzeit aber stand noch abschließend da. Meine Beine erlaubten mir nicht mehr die Droschke zu verlassen. So erkannte ich von der an dem Hause angebrachten Inschrift nur das eine breit eingemeißelte Wort: mors. — Wie anders die geistige Atmosphäre der hiesigen und unserer Gegend, im Zusammenhange damit, daß die Natur hier sich darbietet, bei uns bewältigt werden muß. Ich sehe hier nicht arbeiten, sehe keine Armuth. Daher stille satte Partikularität, kein Staatsbewußtsein.

134] Dilthey an Graf Yorck.

[Ende Mai 1896.]

Sehr schwer, mein lieber Freund, fällt es mir, Ihren eben erhaltenen Brief vor mir, es aufzugeben Sie ein paar Tage wenigstens zu sehen. Aber zu dem was Sie schreiben kommt hinzu daß ich ja doch nicht gleich abreisen könnte, da verschiedne Arbeiten vorher gethan sein wollen. Und da muß denn doch die Vernunft siegen, nicht auf ein paar Tage die weite Reise zu machen, sondern lieber ein ordentliches ruhiges Wiedersehen in Berlin zu erwarten, das in der von Ihnen geschilderten Unruhe des Wiesbadener Bade=lebens doch nicht erreichbar wäre.

Aber wie freue [ich] mich über die guten Nachrichten von Ihrem Ergehen! . . .

. . .

Ich selbst bin sehr sehr angegriffen von diesem Chaos der Geschäfte: Vorlesungen (wozu jetzt oft wenig Vorbereitung nöthig und mir nun vergnüglich), Sitzungen, oft zweimal in der Woche, Kantvorbereitungsarbeiten, die nun endlich abnehmen und bald wenig merklich sein werden, zu denen ich auch einen guten Sekretär habe, Preisaufgaben, Dissertationen 2c. 2c. Dazu die Sorge um Max und entsprechende Correspondenz.

So ist die Vorlesung für die Akademie und die Arbeit im Schreiben: Schleiermacher in Stolpe, noch wenig gefördert. Aber Platonische Reihenfolge, Achtheit 2c. für Darstellung des Schleier=macherschen Plato viel nachgedacht und auch im Plato nachgelesen. Die Frage selbst unauflöslich. Schleiermachers Verdienst, nicht sie gelöst, sondern Plato verständlich gemacht zu haben. Sehr inter=essant mir die englischen Versuche und ihr jetziges Rumoren, den Parmenides und Sophistes an das Ende von Platos Schriftstellerei zu setzen und im Parmenides eine Vertheidigung des Fünfundsiebzig=jährigen gegen den fünfundzwanzigjährigen Aristoteles zu sehen. Mir scheint das, wie Sie auch öfters berührten, hinzusetzen: von Antisthenes ab müssen ja solche Sätze, wie vom $\tau\rho\iota\tau\sigma\varsigma$ $\dot{\alpha}\nu\theta\rho\omega\pi\sigma\varsigma$ — Idee des Schmutzes 2c. — gegen Nachbilder 2c. — schon oft auch von andern Gegnern entwickelt worden sein: Plato wählte nur den Aristoteles, welcher von Antisthenes 2c. diese Polemik auf=genommen hatte, zum Repräsentanten im Dialog. Sonst kann man die Achtheit des Parmenides nicht festhalten: Denn der Aristoteles darin ist unstreitig unserer. So erhalten auch Ihre oft geäußerten Ansichten über das Kompromiß zwischen Antisthenes und Plato in Aristoteles einen Rückhalt an Parmenides und Sophistes. — Plato spielt gegen Antisthenes den ächten Parmenides aus. Dann erhält man [die] Ordnung:

1) Sokratische Dialoge.
2) Jugendliche Darstellung der Ideenlehre als Ideen des Gut Schönen, übersinnliche Welt 2c. Protagoras, Gorgias, Phädrus, Symposion.
3) Männlich reife: Phädon — Kratylos? — Theätet — Politie.
4) Der Alte, der die ganze Nachbildungslehre dem Mythos zuweist (Timäos), dialektisch bis zu skeptischer Haltung gegen die Construktion der Welt aus den Ideen wird und die Ideen und Zahlen als ein allein dem Wissen zugängliches System behandelt.

Sowol im Parmenides als Sophistes scheint er mir über seine eigene jugendliche Lehre zu scherzen, Parmenides muß (Schleiermacher) unvollendet sein.

Ich bemerke noch: 1. man muß sich an die ganze Farbe der Dialoge halten, so sind typisch:

a) erste übermüthig dichterische Jugend: Protagoras Gorgias Phädrus. Das Überschwellende.

b) Männliche, die Ideenlehre durchdenkende, von ihr aus auf Lebensbeherrschung gerichtete Seelenhaltung: Theätet, Kratylos, Politie, Phädon. Das Dichterische ist nun mit Bedacht auf die großen Punkte concentrirt, zwischen Dialektik zerstreut.

c) Die Dialoge in denen das Dichterische zurücktritt und die hohe Symbolik des Alters in dem Auftreten des Parmenides, des Fremden aus Elea, des Aristoteles, des Verhältnisses zu den Pythagoreern in einer Art von Weltperspektive der Metaphysik sich äußert.

Entsprechend: während in a b die Polemik gegen die Sophisten, Antisthenes, die Herakliten, Megariker vorherscht, sind es nun die Angriffe von Antisthenes bis Demokrit (Sophistes) und Aristoteles (Parmenides), gegen welche er sich wendet, denen gegenüber er die Consequenz zieht: Weltbildungslehre 2c. ist mythisch, nur mathematisch dialektische Wissenschaft vom σύνδεσμος der Ideen und der Zahlen kann ausgebildet werden. Nun wird eleatische und pythagoreische Schule in grandioser Symbolik in den Gestalten der Dialoge als das was seine Ideenlehre schützt und trägt herausgestellt.

Entweder ist es so, oder Parmenides ist unächt, da die Polemik des Aristoteles gegen Plato im Parmenides nicht abgeleugnet werden kann. Da aber auf Antisthenes die aristotelischen Bedenken beruhen, so hat Aristoteles auch in seiner Kritik der platonischen Schule später das Seine nicht gegen den Parmenides des Plato zu wahren nöthig gehabt. Fällt Parmenides, so fallen Sophistes und Politikus mit ihm. Also entweder oder.

Es hat mich tief bewegt daß Sie in Bibrich meiner so gedachten. Wol mögen wir Jeder den Wegen des Anderen in Gedanken nach= gehen: denn die Freundschaft ist im Sinne der Alten außer der Philosophie das Höchste in diesem so problematischen Leben.

135] Graf Yorck an Dilthey.

Wiesbaden den 26. 5. 96

Lieber Freund.

Der Parmenides ist echt. Davon hat jede philosophische Kritik auszugehen als festem Punkte. Philologie mag aus Miß= verständniß die Frage aufwerfen und wird zu Mißverständnissen führen resp. hat dazu geführt. Wenn man sich die historisch=philo= sophische Lage Platons vergegenwärtigt, so erkennt man Ort und Nothwendigkeit des Dialogs. Die schriftstellerische Thätigkeit Platons zerfällt in drei Abschnitte. 1. Die ‚sokratischen' Dialoge im sachlichen Sinne. Sie haben vor sich die Skepsis, die von zwei Seiten her= kommt: a) Heraklit, b) Eleaten. Diese Dialoge sind natur= gemäß die frühsten und markiren sich in der Form, das heißt sie sind kurz und endlos. Sie haben keinen sachlichen Schluß sondern brechen ab mit der Confundirung des Gegners. Element derselben — echt sokratisch — der gesunde Menschenverstand, common sense. Die Wiederholung des sokratischen Nichtwissens keine Ironie — gegen die romantische Auffassung — sondern reine Wahrheit, da Wissen nach dem griechischen Ingenium ontisch bestimmt. 2. Die innerlich logischen Dialoge. Das Dialektische nur Form. (Gegen Schleiermacher, der die Tragweite der Dialektik nicht erkannt hat, wie seine eigene Dialektik beweist, die verschwiegenen Logismus zu Hilfe nehmen muß um weiter zu kommen.) Zwischen 1 und 2 fällt die italienische Reise — eine oder zwei gleichgiltig — die für Platon doch eine ganz andere Bedeutung hatte als für Goethe. Hier die große Erfahrung und die geniale Applikation des Pythagoreismus. Damit Möglichkeit der Überwindung des eleatischen Gegensatzes,

216

Möglichkeit eines Wissens der Welt in philosophischem Sinne auf Grund griechischer Denkweise, Möglichkeit einer Erkenntnißtheorie innerhalb des griechischen Ingeniums. Damit unabweislich gegeben die Auseinandersetzung mit den Eleaten und den Orthodoxen der sokratischen Schule, deren intellektuelle Voraussetzung der Eleatismus war. Also Kampf gegen den Petrus — Antisthenes. Was Schleiermacher für Heraklit gethan (Alles darauf folgende ist nicht bedeutend), das müßte für Antisthenes geschehen. Das steht noch aus. Damit aber ein wesentliches Moment für die Erkenntniß der schriftstellerischen Thätigkeit Platons. Aber man fängt jetzt an hellhöriger zu werden. Die Polemik gegen Antisthenes fällt in die zweite Periode. Dahin gehört der Parmenides. Die sachliche Verbindung ist hier wichtiger als die chronologische. Aber auch letztere trifft ungefähr zu. Außerdem nicht zu vergessen, daß Platon kein Chronist sondern ein Dichter ist. Die Synthese von Platon und Antisthenes ist Aristoteles, woher bei ihm die durchgehende Zweiheit z. B. bezüglich der οὐσία. Es wird dies klar, wenn Antisthenes' Nominalismus erst einmal im Zusammenhang dargestellt ist mit Belägen. Daher die Rolle des Aristoteles im Parmenides, wie Sie ganz richtig gesehen haben.

3te Periode die der Construktion des menschlichen Kosmos: Staat, Gesetze und als universaler Abschluß — Resultat der Lehr- und Wanderjahre Timaeus. Aber nichts von Skepsis in all Diesem. Ich schreibe passionirt und ohne alle Möglichkeit der Verifikation dieser Behauptungen.

Die letzten Tage gings nicht schön. Die Blutergüsse unter der Haut traten wieder auf und dann fühle ich mich angegriffen. Aber man ist wie ein alter Soldatengaul, der so gering es ihm geht, reagirt, wenn der Appell geblasen wird. Wäre man in Ihrer Lage und könnte schreiben und sagen, was man an Gedanken auf der Seele hat! Dies in Eile und umgehend, aus dem Bedürfnisse mich auszusprechen.

Gestern besuchte mich Scholz. Wir machten eine schöne Spazierfahrt. Jetzt erwarte ich ihn zur Wiederholung.

Haben Sie denn Wundts Psychologie angesehen? Knapp und kompendiös. Ein dünner Band. Mir war die Lektüre nicht zeitgemäß, daher ließ ich das Buch zu Hause. Leider habe ich mich vergriffen und von Grote den vierten Band an Stelle des dritten, der die griechische Philosophie behandelt, mitgenommen.

136] Dilthey an Graf Yorck.

Mein lieber Freund,

...

Mit Ihrer Skizze der platonischen Dialogenfolge einverstanden darin daß seine sokratischen Dialoge voranzustellen und so zu charakterisiren. 2. Gorgias, Symposion, Phädon, Kratylos, Theätet. Aber in diese Periode auch Politie.

Denn nun muß ich darauf bestehen daß mit der Rückwirkung gegen die Angriffe des Antisthenes, welcher die publicirte Ideenlehre vor sich haben mußte, gegen die homologen des Aristoteles eine letzte und hochwichtige Periode beginnt. Ihr gehört Parmenides an, da der Aristoteles, der den τρίτος ἄνθρωπος ꝛc. vorbringt, eine Hin=deutung auf den Schüler Platos Aristoteles sein muß. Entsprechend Sophistes, wo die φίλοι εἰδῶν nicht die Megariker sondern die Platoniker selbst sind. Diese Periode vollendet sich in Philebus, Timäus, Leges. Plato hat im Alter am meisten geschrieben. Ganz andrer Character dieser Schriften. Neue Intention von der inneren logischen Beziehung des ἕν zu dem πολλά, des πέρας zu [dem] ἄπειρον aus eine innere Dialektik der Ideen zu construiren welche zur Welt führt. Neuplatonismus als Consequenz anticipirt. Steht so neben der anderen Wendung in Aristoteles. Daß er in großartigen Trilo=gien nun an die Werke seiner Männlichen Jahre, Theätet und Politie anknüpft ist ja verständlich.

Tief in Schleiermachers Plato. Mußte die Hermeneutik Schleier=machers hinzunehmen. Ebenso seinen Paulus. Über Hermeneutik am 25. in Akademie Abhandlung, die ich drucken lasse. Plato dann fertigzustellen.

Freue mich unendlich auf unser Wiedersehen. Bitte recht lang, ruhig, vorherangekündigt, und ein Mittagessen wo wir Sie allein haben vorsehen, habe dann mit Ihnen zu besprechen: Heinze soll ich eine Seite für Grundriß über meinen Standpunkt schreiben. Kann Ihnen hoffentlich Skizze vorlegen. Er fragt: ob ich unter den Neu=kantianern bleiben soll?

...

Grotes Plato hätte ich gesandt, besäße ich ihn selbst. In der Geschichte hat er Platon nicht behandelt.

137] Dilthey an Graf Yorck.

[Anfang Juli 1896.]

Mein lieber Freund, es ist Sonntag Nachmittag, Stille, und wenn ich täglich seit Ihrer Abreise Ihrer gedachte, so wird mir heut ein ruhiger Brief möglich. Ich hoffe sehnlich daß die Wiesbadener Kur nun doch nachträglich ihre guten Wirkungen thut, wie das oftmals der Fall ist. Aber freilich hängt das von tiefster Ruhe und gründlichem Faullenzen ab das ich Ihnen immer wieder dringend empfehle; eben damit Sie später recht frei arbeiten können. Kein Geschäft darf jetzt für Sie so wichtig sein als das, gesund zu werden. Was gäbe ich darum könnte ich Ihnen durch meine Anwesenheit das Nichtsthun erleichtern: denn leicht ist es ja nicht, wenn man nicht ein Dichter ist.

. . .

Über Sybel und Treitschke hat Schmoller in der Akademie sehr schön gesprochen: wenn Sie die Münchner allgemeine Zeitung Beilage halten, so lesen Sie es ja darin eben . . . Eine bedeutende Erscheinung doch der neugewonnene Begründer der physikalischen Chemie Van der Hoff.

Wir quälen uns mit dem frei gewordenen philosophischen Extraordinariat. Döring, Lasson, Simmel, Dessoir — was für eine Serie! Nicht wenige portiren sich dafür, nach so langen langen Jahren da Zeller fern ist Lasson eine Anerkennung zu Theil werden zu lassen. Ich muß darauf bestehn daß das Extraordinariat für einen Ästhetiker offen bleibe den wir nöthig haben. Die theologische Hegelei Lassons, in ihrer dilettantischen Flachheit, macht mir wenig Lust, für ihn mich zu erwärmen. Jedenfalls ist eine Honorarprofessur, die Paulsen für ihn möchte, mir zu viel des Guten.

Meinen Vortrag über Hermeneutik habe ich mit Glanz gehalten. Er rief bei den Naturforschern viel Interesse hervor, da er ihnen ermöglichte, über ihr Gatter in fremde Gärten zu blicken. Drucken kann ich ihn doch erst lassen, wenn ich nächstes Mal die andre Hälfte gelesen habe.

Nach mancherlei Zwischenfällen überlege ich seit einigen Tagen die Darstellung für Heinze Ueberweg und fand es kürzer, zugleich eine ausführlichere Skizze anzufertigen, welche ich dem Aufsatz zur Begründung meiner psychologischen Stellungnahme zu Grunde legen könnte.

1) Frage was Philosophie sei ist erfahrend geschichtlich aus ihrer Funktion in der Geschichte zu beantworten, indem dieselbe aus

der Besinnung auf die Struktur aus der sie hervorging interpretirt wird. Die Struktur bringt Naturerkennen, Herschaft über Natur, Religiosität 2c. Recht 2c. hervor. Das Bewußtsein, das in diesen Formen wirksam ist, kann zur autonomen Verwirklichung, Gestaltung und damit Frohgefühl seiner Realität nur gelangen, indem es seinen inneren Zusammenhang nach Wirklichkeitserkennen, Werthgebung und Zwecksetzung, in dem sich seine Lebendigkeit manifestirt, sich zum Wissen erhebt. Die Funktion der Gesellschaft welche dieses vollbringt ist die Philosophie.

Da sich diese Schöpfungen des Geistes in Wissenschaften reflektirt haben, hat sie diese Wissenschaften zu ihrem Material. Aber schließlich sofern dieselben den Lebenszusammenhang des menschlichen Geistes in seinen Schöpfungen inmitten der Natur zur Erkenntniß bringen. Daher setzt die Philosophie sie in der Selbstbesinnung mit diesem Lebenszusammenhang in den Connex zurück, aus dem Naturerkennen, Religion 2c. hervorgingen, nur daß dieser nun analytisch zum Bewußtsein erhoben wird. Diese Analysis, welche von dem Zusammenhang der in die Wissenschaften erhobenen Bezüge des Menschen in den Lebenszusammenhang desselben zurückgeht, ist Philosophie.

Und zwar ist der erste Theil der Philosophie die Erhebung der philosophirenden Person zu dem gegenwärtigen Standpunkt dieses philosophischen Bewußtseins durch die Geschichte desselben. Diese Geschichte ist die unentbehrliche Propädeutik, da das Selbstbewußtsein des Menschen geschichtlich ist. 1) Die primitiven Ideen der Menschheit in ihrer gränzenlosen Mannichfaltigkeit, Variabilität derselben. 2) Die monotheistische Bewegung der östlichen Nationen und ihr höchster philosophischer Ausdruck in der indischen Priesterphilosophie. 3) Die Philosophie der Mittelmeervölker der alten Welt a) das ästhetisch-intellektualistische Verhalten der Griechen 2c.

Die Grundlegung der systematischen Philosophie ist Selbstbesinnung dh. Analysis des inneren Lebenszusammenhangs, welcher in dem Erkennen des Wirklichen, der Werthung des Lebens und der Ideale sowie in dem Zweckhandeln die Bedingungen und demnach die Rechtsgründe des Zusammenhangs enthält, in welchem die Menschheit als in ihrer Wirklichkeit lebt.

Ausgangspunkt muß sonach Bewußtsein und Analysis der Struktur dieses Lebenszusammenhangs bilden. Da aber alles weitere Philosophiren immer nur denselben genauer zum Bewußtsein bringt und analysirt, so kann es sich am Beginn der Philosophie nur um die Feststellung der Grundzüge handeln, wie sie in der inneren Erfahrung durch Besinnung als Zusammenhang aufgefaßt werden können.

Erster Satz: Die Philosophie hat keinen voraussetzungslosen allgemeingültigen Anfang. Der Anfang verfällt einem Cirkel. Wir können nur denkend, analysirend, sonach urtheilend und schließend Thatsachen als unwidersprechlich gegeben feststellen, und darum handelt es sich doch. Sonach setzen wir die Geltung der Denkvorgänge für Feststellung von Thatsächlichkeit dabei voraus.

Montag früh.

Lieber Freund, ich bin seit ich dies schrieb so in die Materie gekommen daß ich jetzt den Entwurf der Abhandlung, welche Sie zur Begründung und Rechtfertigung der psychologischen Abhandlung fodern, niederschreibe. Ich werde Ihnen immer einzelne Stücke ab= schreiben lassen. Hier kommt nur der Anfang. Auf diese Weise werden wir in lebendigen Zusammenhang des Denkens treten. Der Brief soll aber endlich fort, da ich eine gränzenlose Sehnsucht habe über Ihr Befinden zu vernehmen.

Auch das für Heinze, das Anlaß und Ziel bildet, sende ich Ihnen dann.

Bei uns Krankheit, Krankheit! ...

138] Dilthey an Graf Yorck.

15. Juli 96.

...

Wenn ich es irgend möglich machen könnte, wäre mir Bedürfniß wenn auch nur zwei drei Tage ehe ich in die Ferne gehe Sie zu sehen, Möglichkeiten des Zusammentreffens im Herbst mit Ihnen zu besprechen. Aber bestimmtere Projekte machen kann ich im Augenblick nicht. Noch liegen der Aufsatz und die Heinzeübersicht auf mir, vom liegen gebliebenen Plato nicht zu reden, und wenn es angeht will ich Ende des Semesters die ersten Kantsitzungen halten. Es geht ja in der Kantsache bisher Alles ungewöhnlich glatt und gut: doch fürchte ich den Neid der Götter. Sonst wäre ich bald ziemlich frei von dieser Last.

Heut haben wir Curtius begraben. Eine ergreifende Feier, die Matthäikirche ganz gefüllt wie von Einer trauernden Familie.

139] Dilthey an Graf Yorck.

[Ende Juli od. Anfang August 1896.]

. . .

Die Aufgabe für Heinze zwang mir auf, den Zusammenhang in dem was geschrieben und im Druck vorlag neu durchzudenken und auf die einfachste Form zu bringen. Es war sehr hart dicht nach der Anstrengung der hermeneutischen Abhandlung. Ich glaube aber dabei viel gewonnen zu haben. Insbesondre hat der Gedanke, daß die elementaren logischen Operationen des Vergleichens, Trennens, Verbindens, auch angewandt auf mehrere Glieder, eine Art von Wahrnehmen zweiten Grades, aus dem eigentlichen Logismus aus= gelöst werden können, in den inneren Wahrnehmungen so gut als den äußeren enthalten sind, auf welchem die ganze Lehre von der Gültigkeit der inneren Erfahrungen, der Art wie ein von mir Un= abhängiges gewiß ist 2c. beruht, eine erweisbare Gestalt angenommen durch ein vergleichendes Verfahren, welches das Gemeinsame am Wirklichkeitserkennen, Werthbestimmen und Zweck= und Mittel= Setzen und Verbinden aufsucht und so eine generelle Logik con= stituirt, von welcher das Wirklichkeitserkennen nur Ein Fall ist. Selbstbesinnung ist eben Bewußtsein dieses Ganzen in der Struktur angelegten Zusammenhangs.

Damit scheint mir ein wichtiger Schritt gethan, das was als Mystik und Idealismus von inneren Erfahrungen und Verstehen 2c. mißachtet wird, zu klaren Begriffen zu bringen, das höhere Leben der wissenschaftlichen Rechtfertigung zugänglich zu machen.

Ich habe nun das Gefühl, so weit zu sein, im Archiv in einem großen Aufsatz den Standpunkt der unermeßlich discutirten Ab= handlung streng begründen zu können, womit dann endlich die Akten für die Discussion offen liegen und freie Bahn des 2. 3. Bandes da ist.

. . .

140] Graf Yorck an Dilthey.

Klein=Oels den 22. 8. 96.

Lieber Freund.

Ein Wörtchen herzlichen Dankes für Ihre Zeilen. Mit mir geht es langsam vorwärts... Vor Weihnachten werde ich den Süden wohl nicht aufsuchen. Zunächst bin ich noch nicht reisefähig und außerdem habe ich wirthschaftlich viel zu thun und zu sorgen. — Die Condensation für Ueberweg-Heinze bringt wohl unvermeidlich Schwerverständlichkeit und Unvollständigkeit mit sich. Wer diese komprimirte Darstellung liest, wird um zum Verständniß zu gelangen Ihre Schriften und Arbeiten selbst aufsuchen müssen. Eine übrigens wünschenswerthe und vortheilhafte Nöthigung. Hierfür wäre aber eine vollständigere Hinweisung und Anführung Ihrer Schriften wünschenswerth gewesen. Den Schlußsatz: ,Philosophie der Geschichte ist unmöglich' sähe ich sehr gern gestrichen. Daß sie möglich ist und in wie fern haben Sie selbst ja durch die That dargethan. Und gerade hier ist Ihre Stelle innerhalb und oberhalb des Mißverständnisses der gegenwärtigen historischen Fraktionen — Lamprecht und die Sybelsche Schule —. Man muß nur Philosophie nicht als Construktion fassen. Ich würde sagen: Philosophie der Geschichte allein ist Geschichte als Wissenschaft. Aller geschichtliche Stoff ist durch empirische Forschung zu ermitteln und zum höchsten Grade der Sicherheit d. h. zur höchsten Wahrscheinlichkeit zu bringen. Dies historisch Ontische ist durch die lebendige Hinbewegung des Auffassenden zu beleben. So weit Geschichtsschreibung als Kunst. Die hinzugebrachte gleichsam eingewebte psychologische Analysis giebt die Dignität der Wissenschaft. Der zunächst ontische Stoff ist rein empirisch zu erfassen. Seine geschichtliche Qualität aber wirkt alsbald, sobald die archivalische, kritisch-diplomatische Schwelle überschritten ist, als zugehörig. Die Ergreifung des Stoffes geschieht dem ontischen Charakter des Stoffs gegenüber apriorisch. Aber es ist dies keine abstrakte Apriorität. Die Aneignung ist zugleich eine erweiternde Entäußerung. Ein höherer Vorgang der Vergeschichtlichung des Menschen. Das Erkenntnißorganon aber ist und bleibt der Mensch und die Erkenntnißmittel sind in dem psychischen Capitale strukturirter Lebendigkeit beschlossen. Trenne ich behufs Verständlichmachung den lebendigen Vorgang, so kommen auf die eine Seite die psychischen Kategorien zu stehen, von denen man sagen könnte, daß sie an den Stoff herangebracht werden, wenn nicht der Stoff eigen Fleisch und Blut wäre.

Das Buch von Gobineau kenne ich im Originale. Eine schöne Mosaikarbeit eines unterrichteten und geistreichen Mannes. Keine Methode. Die muß eine historische Erkenntnißtheorie erst bringen.

. . .

141] Graf Yorck an Dilthey.

Klein=Oels den 12. 10. 96.

Lieber Freund.

Den Heimgekehrten sollen diese Zeilen begrüßen. Schreiben, weil Sitzen, hat bei mir noch immer seine Schwierigkeit. So müssen Sie die spärlichen Mittheilungen entschuldigen. Im Ganzen aber geht es mir weit besser ... Den dritten Band — II. 2. — von Wundts Logik, dem ich bisher aus dem Wege gegangen war, habe ich vorgenommen. Hat man die beiden ersten Bände über=wunden, so verlangt schon die Rücksicht auf Vollständigkeit das weitere Opfer. Gewinn wird so viel ich bisher sehe, nicht heraus=kommen. Der prolixe Vortrag — man hört ordentlich die Schreib=maschine — ist schwer zu überwinden. Keine innere Gedanken=bewegung, sondern eine erstaunliche Masse von Lesestoff schematisch und formal behandelt. Bei Klarheit der Oberfläche Unklarheit des Grundes. Sie können zufrieden sein, daß er Ihnen opponirt, und einer speziellen Widerlegung bedarf diese Opposition nicht. — Zur Zeit meiner ungeregelten Lektüre las ich Kierkegaard von Höffding. Ersterer offenbar ein tiefsinniger Mensch. Höffding aber ruft mir auch in diesem seinem Buche wie in den anderen die Geschichte von dem Examinanden ins Gedächtniß, der auf jede Frage die Antwort mit den Worten begann: nichts leichter als dieses. Solche Nichts leichter als dieses=Leute werden in Worten mit jedem Probleme fertig. Viel Goethe gelesen. Gar oft, in den Maximen und Reflexionen, träuft doch Weisheit von seinem Munde. Seine innere Gestalt, sein Gang von Herder zu Platon ist mir recht anschaulich geworden. — Was Sie mir über Rousseau und die in Aussicht genommene Arbeit schreiben, hat mich sehr interessirt. Ein neues Capitel der Philosophie der Geschichte, die eine geschichtliche Philosophie ist. Ich nahm bisher den Gegensatz zwischen Shaftes=bury etc. und Rousseau als einen schärferen an, dort Teleologie, von der Weltauffassung bis zur Lebensgestaltung und Erziehung, hier nichts von Zweckgedanken, nur Naturgefühl und Menschheitsemp=findung. Absoluter Gegensatz gegen den Typus: Leibniz bis in die Erkenntnißtheorie hinein. Ich möchte die schlechten Zustände der französischen Gesellschaft nur als Okkasion ansehen. Das teleologische Prinzip hatte sich ausgelebt. Auch war die Gesellschaft nicht durchaus schlecht. Das Wesen konstruktiver Souveränität war gewichen, obschon es immerhin noch Leute wie Turgot gab, der Glanz der souveränen

Lebenswerthung, die Freiheit und Kraft des Spiels mit dem Leben, dem eigenen Leben war vorhanden und konstituirte eine formale Sittlichkeit. Der Mensch wurde gewerthet nach dem Grade persönlicher Unabhängigkeit, Ungebundenheit. Das Leben wurde gespielt, in zwiefachem Wortverstande. Und weil es ein Spiel geworden war, darum gings zu Ende und ein Neues trat ein. Rousseaus Lektüre ist aus verschiedenen Gründen unbehaglich. Z. B. weil Freiheitsgefühl, welches nur bestehen kann in der Herrschaft über die Empfindungen und über das Empfundene, fehlt, auch weil ein tiefer Widerspruch sein Denken durchzieht. Dem Gefühle will er das Construktionsmoment entnehmen. Das Gefühl ist ihm aber unartikulirt, es litte durch Bestimmung. Die Natur ist ihm ein Allgemeinbild, nicht Kosmos, der gestaltliche Unterordnung und Abhängigkeit heischt. Was folgt daraus für seine Sozietätsbildung? Daß obschon Menschheitsgefühl der Werthsmesser sein soll, der Mechanismus der Masse und Majorität entscheidet. Gefühlsrealismus, der durch das Gestaltsmoment der großen französischen Naturforscher, Winckelmanns, Goethes erst überwunden wird, für die Cultursysteme, nicht aber für die Organisation. Ein nicht artikulirtes Gefühl zerstört eigenes und Gesammtleben. Rousseaus eigene Zuständlichkeit ist eine Folge der Art seines Genies. Ich versage es mir von diesem Gesichtspunkte aus Rousseaus Erziehungsmaxime und die Versuche von Correkturen derselben durch Andere, gerade in Deutschland ins Auge zu fassen. Goethe als Erzieher wird von hier aus, aufnehmend und hinzuthuend verständlich . . .

Doch ich muß schließen. Die Füße melden sich. Da mir die Behandlung mit kühlem Wasser gut bekommt, gehe ich vielleicht gar nicht nach dem Süden. Dann würden wir im Januar nach Berlin kommen, wenn sich ein annehmbares Quartier findet. Wie schön wäre es, wenn wir dann einmal wieder einige Monate zusammensein könnten.

142] Dilthey an Graf Yorck.

5. Nov. 96.

Lieber Freund,

Sie können denken, wie mich die guten Nachrichten von Ihrem Befinden, die mich hier freundlich begrüßten, erfreuten. Und wie die Möglichkeit Sie könnten im Januar hier eintreffen und eine

Winterstation machen, mir in den Anstrengungen der Wintercampagne die froheste ermunterndste Aussicht ist. Möchte sie sich doch verwirklichen.

In der letzten Zeit der Reise befand ich mich schlecht. Reisen die zu lange sich dehnen machen mich immer innerlich elend. Auch jetzt bin ich noch angegriffen. So sind die Ausarbeitungen in denen ich begriffen war schändlich wenig gefördert worden. Ein Mißgeschick: da hier nun ganz Anderes über mich hergefallen ist. Zunächst beschäftigt mich der erste Theil der allgemeinen Geschichte der Philosophie wegen der religionsgeschichtlichen Parthien immer innerlichst sehr, und ich sehe stets Neues dazu. Dann überfiel mich Kant. Ich werde Ihnen nächster Tage Pläne der Anordnung der Werke senden, die ich unsrer Prüfung vorlege. Wie denken Sie? Das bequemste bei einer solchen Edition ist stets die vielbewunderte philologische Akribie: nämlich chronologische Anordnung und genauer Abdruck der Editio princeps wo kein Manuscript mehr vorhanden ist. Aber die chronologische Anordnung, wie sie Hartenstein in seiner 2ten Ausgabe gewählt, giebt ein so buntes Gemisch, daß wer über einen Gegenstand Kants Ansichten kennen lernen will in den verschiedensten Bänden nachsuchen muß. Die fundamentale Gruppe der drei Kritiken mit dem was sich auf sie bezieht wird ganz auseinandergerissen. Nun finde ich aber bei der systematischen Anordnung Schwierigkeiten, die ich bisher nicht zu überwinden vermochte. Bis hinter die Metaphysik der Sitten verläuft diese Anordnung ganz glatt: aber die Stellung von politischen Schriften, Pädagogik, Religionsphilosophie und Philosophie der Geschichte zu einander scheint mir bei Kant durch kein inneres Prinzip eindeutig bestimmt zu sein. Und kleine Schriften, die sich nicht einordnen lassen, bleiben als Reste.

Diese Bemerkungen wollen Sie freundlich nur zunächst ad Acta legen, bis die Übersichten Ihnen vorliegen, durch die sie erst benutzbar wären. Dann wäre ich für Ihren Rath sehr dankbar.

Schwieriger noch ist die Frage über den Druck. Sie werden mein Prinzip billigen, das ich als das der Übereinstimmung der äußeren Form von Grammatik Sprachgebrauch Interpunktion und Orthographie mit der inneren geschichtlichen Form des Autors bezeichnen möchte. Es ist historisch-ästhetisch. Der Autor muß ohne jeden Anstoß gelesen aber zugleich in der geschichtlich-persönlichen Form seines Geistes genossen werden. Sonach muß Alles was den ruhigen ungestörten und klaren Fluß der Auffassung wirklich stört, rücksichtslos ausgemerzt werden, dagegen Alles Eigenthümliche, welches ohne Störung genossen werden kann, als Hauch des Ausdrucks seiner inneren geschichtlichen Form festgehalten werden.

Nur über diese Prinzipien, welche natürlich nur eine subjektive Behandlung ermöglichen und daher natürlich von beiden Lagern beschossen werden müssen, bitte ich ein Wörtchen. Ich bin jetzt darüber hinaus, Unanstößig meinen philosophischen Lebenswandel zu führen und will auch in dieser Sache auf dem schwereren Weg nur das Objektive das sich dann durchsetzt.

Jedenfalls will ich aber sobald die Prinzipien der Edition der Abtheilung: Werke festgestellt sind die Abtheilung ebenfalls einem Leiter übergeben, um endlich freie Arme zu bekommen.

Hatte ich wol schon im Sommer das größte philosophische Privatcolleg, so habe ich jetzt etwa 180 Zuhörer, und fühle deutlich wie sie mitgezogen werden.

Harnack sagt mir daß er sich in dem eben uns zugehenden letzten umgearbeiteten Bande mit meinen Aufsätzen überall auseinandergesetzt habe. Ein leichtes Gefühl von Invasion eines ganz anderen philosophischen Prinzips in die Theologie hat er wohl. Vielleicht nehme ich daraus Gelegenheit meine almälig reife Ansicht über Natur und Entwicklung der Religion und Theologie zusammenzufassen. Gewirkt auf seine geschichtliche Ansicht haben meine Ansichten.

. . .

143] Dilthey an Graf Yorck.

25. December 96.

Mein lieber Freund, herzliche Wünsche zu der festlichen Zeit sende ich Ihnen, den wichtigsten, daß Sie bei zunehmendem Wohlsein sie verleben mögen.

Mit großer Spannung harre ich darauf welche Entschlüsse Sie für den zweiten Theil des Winters fassen. Diese erste Hälfte desselben war so überaus abscheulich, sonnenlos, lichtlos, wie nordische Mythologie, daß ich täglich Ihrer Einsamkeit gedachte. Auch bedauerte daß Sie nicht im Süden waren. Jedenfalls hoffe ich Sie denken nicht daran in Klein=Oels zu bleiben. Ich bin überzeugt daß das Stillsitzen zu dem Sie da genöthigt sind, Ihnen nicht gut thun kann für Ihr Gesammtbefinden von dem doch Alles Einzelne abhängt. Es wäre herrlich Sie kämen hierher. Zu jedem Dienst hiefür bereit.

Thun Sie das nicht, dann gehen Sie ja nach dem Süden. Das ist eine völlige Umkrempelung des Körpers im Winter. Für diesen Fall bitten wir Sie herzlich beide, bei uns auf der Durchreise zu wohnen ... Jedenfalls würde ich dann, wenn Sie bei uns behaglich versorgt sind, rathen, Einiges hier zu sehen und zu hören, ganz con amore. Der Kampf rast um Wildenbruch Hauptmann. Die Studenten sind ganz für Hauptmann: denn wie sie in den Tiefen aufgewühlt sind, verlangen sie solche letzte sociale und philosophische Positionen, wie Hauptmann sie nicht gestalten kann aber doch gestaltlos in sich bewegt. Die schroffe Partheinahme des Kaisers schadet, wie die Dinge einmal liegen, viel mehr als sie nützt. Sehen müssen Sie. Ein paar Tage in das uferlose und formlose Meer dieser Gegenwart eintauchen. Ein Ding dergleichen seit der Renaissance nicht da war, so formlos, so chaotisch, so in den letzten Tiefen des Menschlichen bewegt, fin du siècle mit Zukunft unfaßlich gemischt.

Das Befinden meiner Frau hält sich leidlich. Ich selbst habe mich in dem Wettstreit von Vorlesungen, Amtsarbeit und Eigenarbeit wieder überarbeitet und abermals wie Ende vorigen Sommers einen Rückfall erlitten. Es scheint als sei diese Verbindung von Arbeit für mich nicht mehr möglich. Schade ist es, da die Studenten wirklich begeisterten Antheil an meinen Vorlesungen nehmen: das kann ich sagen da Sie wissen wie frei ich von Eitelkeit bin. Der Grund liegt darin daß ein neues Geschlecht unter ihnen heraufkommt für das ich passe. Die regierungsunfähige Büreaukratie unter der wir zu leben verdammt sind, hat eine solche Stagnation der Maßregeln herbeigeführt mitten im socialen religiösen Vorwärtsdrängen, daß die Jugend das nicht mehr aushält. Ausgenommen natürlich eine Minderheit strebsamer, von jeder geistigen Bewegung durch ihre todte Faulheit abgesperrter Juristen. Die theologischen Studenten und jungen Geistlichen sind durch das Auftreten des Kaisers gegen ihre sociale Richtung tief verletzt: sie fühlen daß sie social sein müssen wenn sie existiren wollen. Die Jugend will ja Alles nur noch unter diesem Zweck=Gesichtspunkte ansehen und werthen. Der Oberkirchenrath thut dann in seiner grauenhaften Unsicherheit und Sclavennatur ‚das Seine', wie der Großinquisitor im Karlos. Innerlich kann die Ritschelei, mit der ich in immer schärferen Conflikt hier auch thatsächlich komme, nichts Andres als zu äußeren Mitteln blasen, um die Unhaltbarkeit ihrer inneren Position dadurch zu verdecken. So mischt sich Jugendlich=Achtes mit Falschem, ja absichtlicher Fälschung ... Die Philologen sind durch die

Experimente seit der unseligen Kommission und durch das alberne Regiment Stauder geradezu revolutionirt. Des Kaisers Einmischung in den Schillerpreis und damit verbunden seine Einmischung in die Literatur ärgert und verletzt. Erich Schmidts Auftreten hat das Cultusministerium erbost und die junge Welt entzückt. Ich könnte so immer fortfahren — mündlich mehr und viel mehr.

Ich selbst mache bei der Kantsache und der Büreaukratie Erfahrungen, die höchst belehrend sind 2c. 2c.

So auch: der Alte in Friedrichsruhe, seine Enthüllungen, die wahrscheinlich eine Drohung nach oben mit bedeuten, da er wichtige Kaiserbriefe hat.

Ich habe nun am Schleiermacher zu schreiben angefangen. Darüber mündlich. Ich stehe vor der Frage ob ich im Sommer lesen soll. Erkenntnißtheorie und Logik als Grundlegung der Philosophie habe ich angekündigt.

Ich muß heut schließen — mitten in einem Gespräch mit Ihnen dessen Fortsetzung Sie sich denken mögen. Denn nun wäre Plato gekommen in dem ich für den Schleiermacher eben lebe und webe.

144] Graf Yorck an Dilthey.

Klein=Oels den 30. 12. 96.

Mein lieber Freund.

Nehmen Sie herzlichen Dank für Ihre freundschaftliche Einladung, die ich ebenso dankbar empfinde als wenn ich ihr folgen könnte. Eine Lokomotion aber bekommt mir jedesmal wenig gut. Und Berlin mit seiner Unruhe ist für einen immer noch schwer Beweglichen besonders ungünstig. . . . Ob das Frühjahr uns nach der riviera führt, ist noch ungewiß, wird von der Art des Frühjahrs abhängen. Wenn Sie und ich nach dem Süden gehen, müssen wir uns irgendwo rendez-vous geben. Bleiben wir aber beide im Lande, dann hoffe ich, daß Sie mit Ihrer Frau hier während der Osterferien Aufenthalt nehmen. Denn wir haben doch seit langer Zeit uns nicht eingehend besprechen können. Was Sie von der Berliner — und nicht nur der Berliner — Gesammtstimmung schreiben, ist leider nur zu erklärlich. Das sozialistische Moment ist zur allgemeinen Passion geworden, ein pathologischer Zustand. Auch das Gemeindeprinzip wurzelt darin und entnimmt daher seine Kraft. Rhetorik aber ist das Machtmittel. Bandloser selbstsüchtiger Nietzscheanismus und genußsüchtiges Heerdenbewußtsein sind nur verschiedene Tonarten desselben Systems. Für die Jugend ist nun das beste Heilmittel gegen solche Exzentrizität sachliche Arbeit, aber wirkliche Schweiß treibende Arbeit. Die Herrn Studenten dürfen zu Geistreichigkeit und Urtheilsfreude auf keinem anderen Wege als dem sauerer, Selbsthingabe heischender Arbeit gelangen. Und die Lehrer dürfen in der Studentenschaft nichts anderes sehen als einen Lernkörper. An Sachen orientirt sich am leichtesten eine bodenlose Subjektivität. Daher wäre eine Reform des Unterrichtswesens so dringend nöthig.

. . .

Ich mache mir meine stillen Freuden durch zwar nicht ungehinderte und daher langsame, aber nicht erfolglose Arbeit am Schreibtische. Ich denke Einiges wird auch Ihnen gefallen. Und nun noch der Wunsch eines fröhlichen neuen Jahres, das uns zusammenführen möge.

145] Dilthey an Graf Yorck.

Berlin, 10. II. 1897.

Mein lieber Freund!

Diese Zeilen sollen Sie begrüßen, wenn Sie in Ihre Thurmstube zurückkehren ... Wie freute uns, zu vernehmen, daß der Aufenthalt bei dem jungen Paar Ihnen so gut gethan hat und die Besserung doch in beständigem Fortschreiten begriffen ist. Eine ganz besondere Freude ist, daß Sie an den Heraklit gegangen sind. Möchten Sie diesen nun auch für unser Archiv fertig machen, als würdigen Anfang Ihrer neuen Schriftstellerei, wieder aufgenommen nach so vielen Jahren und jetzt hoffentlich in Einem Zuge fortgehend, denn Sie haben der Welt viel zu sagen.

Daß Einem diese Welt nun besonders gefiele und besondere Lust machte, sich auszusprechen, läßt sich doch nur in eingeschränktem Sinne sagen. Es sind eigentlich nur ,die Jüngsten' ,die sich erdreusten', ein keckes, verwegenes Geschlecht von Studenten aus den ersten Semestern, an die ich jetzt alle Hoffnung einer bessern Zeit hefte. Diese sind wirklich eine ganz neue Sorte; umgewühlt bis ins Letzte und werden auch später schwerlich viel von Überkommenem gelten lassen. Aber es sind Idealisten. Wogegen wir jetzt wieder in der Universitätsfrage erleben, daß die Büreaukratie, die uns regirt, keine selbständige, auf sich ruhende Existenz mehr anzuerkennen gewillt ist. Wir werden erleben, daß unter dem Impuls des Klassenneides von Geheimräten und Unterstaatssekretären gegen die Situation der Professoren eine Art von sozialistischem Experiment gemacht werden wird, so sehen es auch Wagner und Schmoller an und sind deswegen dafür. Und dies Experiment werden die Conservativen und die national=liberale Partei mit Jubel begrüßen, weil sie die thörichte Hoffnung haben, eben dieselben Wagner, Schmoller ꝛc., andere unbequeme Existenzen, Harnack, Philosophen und dergleichen würden so in feste Zügel genommen. Das alte Deutschland beruhte mit der ihm eigenen Kraft auf selbständig gegründeten Existenzen. Mit diesen wird man nun anfangen aufzuräumen bis nichts mehr da ist, als Masse und Regierung: Dann ist man ja wohl beim Ende angelangt. Daher ist es denn gut, daß es noch eine Jugend gibt, welche schließlich Einiges zu sagen haben wird, das diesen regirenden Herren sehr verwunderlich vorkommen wird. Ich habe daran gedacht, ob ich über die Frage schreiben sollte, aber ich habe mich damit begnügt, meinen Einfluß mit zu üben in Bezug auf den Protest unsrer Universität; es besteht ja schlechterdings keine Hoffnung, daß etwas zu machen wäre. Die sogenannten staatserhaltenden Parteien sehen überhaupt nichts mehr als Stumm, Naumann, Weber und ein paar andere Professoren und Geistliche, dann als zweiten Zug Harnack und ein paar Ritschlianer. Leider sind ja auch bei uns die entsprechenden Fehler begangen worden. Heut so viel — der nächste Brief soll über Plato und Heraklit handeln.

146] Dilthey an Graf Yorck.

[Ende Februar 1897 ?].

Treu gedenke ich heute, mein lieber Freund, ob ich gleich fern bleiben muß, was dieser Tag auch für meine Existenz geworden ist. Die beifolgende Beethovenmaske habe ich bei Stumpf gesehen: die Originalmaske wurde über Beethovens Kopf als er im Wirthshaus saß gemacht: danach habe ich mir in Wien für Sie einen Abguß machen lassen. Möge sie Ihnen Vergnügen machen. Unter allen Wünschen, die man heut etwa für Sie noch hegen könnte, ist mir der nächste, daß die kommenden Jahre die Niederschrift Ihrer Gedanken bringen mögen die Sie der Welt schulden.

147] Dilthey an Graf Yorck.

Berlin, den 7. März 1897.

Mein lieber Freund,

Meinem neulichen sehr eiligen Geburtstagsbrief sende ich nun diese behaglicheren Zeilen nach, für welche Clara mein Sekretär ist. Gestern waren die Sitzungen über die Ausgabe Kants, durch welche nunmehr diese Periode von Arbeit, zumal des letzten Winters, abgeschlossen ist. Ich darf mit Befriedigung darauf zurücksehen. Aus über ganz Deutschland, hoffnungslos, wie es schien, zerstreuten Fetzen Kantischer Handschriften wird ein Bild der menschlichen und wissenschaftlichen Entwicklung und Art Kants entstehen, welches dem wilden Hypothesenmachen des letzten Menschenalters ein Ende macht und den Blick in die Entwicklung eines philosophischen Genies doch in höherem Grade ermöglicht, als es der Nachlaß von Leibnitz thut, der etwas von absichtlichem Versteckenspielen trotz aller Fülle bemerken läßt, und zudem in der Akademieausgabe schändlich schlecht ediert ist. Sieht man davon ab, daß Goethe noch mehr war als Kant, so greift die Leistung dieser Ausgabe tiefer als die der Goetheausgabe.

Ich bin aber auch von dem Zusammen der Amtsgeschäfte der Kantausgabe und elender Versuche, mit dem Schleiermacher weiter zu kommen, die ich nunmehr als Trümmer abreisend zurücklasse, so erschöpft und elend, daß ich den Sommer jedenfalls nicht lesen werde, da ich diese fortgehende Arbeitsspannung nicht länger aushalte. Es läßt sich wohl machen. Verantwortlich fühle ich mich an der Universität nur für die Geschichte der Philosophie, wie ich bei Paulsens Beförderung Althoff rundweg erklärt habe. Diese hat nun Stumpf den Sommer gern einmal lesen wollen. Ich selbst hatte die Logik übernommen und überlasse diese nun anderen.

Bei dieser Einrichtung ist es mir der weitaus am meisten angenehme Gedanke, daß meine Frau und ich hierdurch Freiheit zu einem endlichen behaglichen Wiedersehen in Kleinöls, und wir beide zu dem lang ersehnten Austausch unsrer wissenschaftlichen Gedanken in dem Park, zwischen den Feldern und in der Turmstube, erhalten. Wir werden Ende dieser Woche abreisen, nach Bozen, Meran gehen und etwa sechs Wochen ausbleiben. Dann habe ich hier laufende Geschäfte zu erledigen, was gewiß nicht mehr als vierzehn Tage beansprucht, danach bin ich dann für Kleinöls bereit und es wäre sehr schön, könnten Sie dann uns beide dort gebrauchen. Ich würde dann die Trümmer der Platokapitel mitbringen, welche zusammen mit Ihrem Heraklit Stoff zu den schönsten tiefersehnten Gesprächen darbieten würden. So sei denn auch, was ich alles Neues über Plato gefunden zu haben glaube, bis auf diese Gespräche verspart.

Wenn Sie nicht es noch schöner machen und wir uns vorher schon in Bozen, Meran finden. Ich bleibe dabei, daß das für Ihre Gesundheit absolut notwendig ist, und Sie gegen sich selbst nicht billig handeln, wenn Sie es anders machen ...

Ich füge heute nichts weiteres hinzu. Aber die Lage, welche dem Schiffbruch unausweichlich entgegen treibt, sage ich nichts. Die bevorstehende Feier Wilhelms des Großen ist durch die Art ihrer Inauguration allen Gutdenkenden verbittert. Gesprochen habe ich lange mit niemandem, da ich so lange durch meine Augen von jeder Gesellschaft abgesperrt gewesen bin.

148] Graf Yorck an Dilthey.

Klein=Oels den 8. III. 97.

Lieber Freund.

Nur wenige Worte herzlichen Dankes. Ihnen, Ihrer verehrten Frau, Klärchen, Max müßte ich recht herzlich dankend antworten. Aber mit dem Sitzen und in Folge dessen mit dem Schreiben geht es wieder einmal schlecht. Auch mein Arbeiten habe ich sistiren müssen, was für mich einiger Maßen hart ist. So wird Gespräch eine besondere Wohlthat sein. Ich freue mich außerordentlich Ihrer Zusage mit Ihrer Frau nach dem alten Oels zu kommen. Bis zum 1. August bin ich hier. Dann will ich dem Drängen der Meinen und von ärztlicher Seite nachgeben und Höhenluft aufsuchen. Ich habe zwar keinen Glauben an wiederherstellende Wirkung, aber will nicht eigensinnig erscheinen. Jetzt kann ich keine Reise unter= nehmen. Wirthschaftlich bin ich im Momente nicht abkömmlich. — Da ich nicht schreiben kann, lese ich. Die Stoa umfaßt doch die merkwürdigsten Nüancen. Die typischen Merkmale sind ja leicht zu fassen. Das feine Adergeflecht schwieriger zu verfolgen. Scheinbar Peripherisches, wie die Termini, höchst bezeichnend, aber mühsam aufzufinden. Das betreffende Capitel des Laërtius Diogenes das Wüsteste, was dieser todte Compilator geschrieben. Sextus Empiricus auch eine schreckliche Lektüre. Es lebe der alte Zeller, der als litterarischer Statistiker und mit seinem bon sens große Verdienste hat. Als echter Theologe giebt er nur intellektuelle Dogmengestalten, diese aber rational geprüft und geordnet. Wie komme ich auf die Stoa? Von der Frage her: warum war Heraklit für die Stoa verwerthbar? Wie konnte z. B. Sextus Heraklits Fragmente mit stoischem Referate umhüllen? stoisch alteriren?

Sehr bedeutsam daß Zeno semitischen Blutes war.

Könnte ich nur sitzen und arbeiten. So bleibt Alles Gesprächsstoff oder beschwiegen.

Also wann Sie kommen, stehen Thüren und Arme offen.

Sagen Sie meinen herzlichen Dank den Ihren. Clärchen hat mir so gut geschrieben aus ihrem festen und treuen Gemüthe. Dem guten Kinde wünscht ihr alter Freund das schönste Lebensglück. Max hat mich in seine Interessen hineinsehen lassen und dem elektrotechnisch Unkundigen imponirt. Seine Begabung nach dieser Richtung hin scheint mir ausgesprochen. Die Welt ist eine andere geworden. Man kommt sich im Platonischen Sinne als Stasirtes vor in Mitten des Flusses und der Unruhe dynamisch-mechanischer Bewegung. — Und nun zum Schlusse die besten Wünsche für Ihre Reise und auf ein fröhliches Wiedersehen am heimathlichen Orte! ...

149] Dilthey an Graf Yorck.

Brixen [Ende April 1897.]

Mein lieber Freund,

Uber sechs Wochen bin ich nunmehr unterwegs, wir haben erst über Gries in einer hochgelegenen Pension gesessen, dann ein paar Tage im herrlichen Waydbruck, nun in Brixen, und Morgen geht es langsam über den Brenner heimwärts. Ich habe mit Vorsicht Molken getrunken, Karlsbader nach zwei Gläsern fortgelassen und doch hat es mir meine Herzbeschwerden sehr vermehrt: allerdings wie ich glaube weil die Hitze zu groß war: vielleicht bin ich auch etwas zu viel gelaufen und gestiegen.

Besser ging es mit der Arbeit. Als ich Berlin verließ: geschah es unter einem Trümmerhaufen von Plato-Schleiermacher. Ich mußte diese wichtige, aber furchtbar schwere Parthie meiner Arbeit unvollendet hinter mir liegen lassen. Zu viel Bücher waren dazu nothwendig.

Ich nahm denn die systematischen Schriften Schleiermachers mit, um die zwei letzten Bücher des Bandes: Schleiermachers System als Philosophie und als Theologie anzufangen zu schreiben.

Wochen lang Chaos. Gedanken über seine Entwicklung nieder=
geschrieben. Ethik und Dogmatik als Mittelpunkt in ihrem Ver=
hältniß zu einander, nach alten Gedanken, die zu Ende gedacht
wurden. Dann fing ich definitiv zu schreiben an, und bin mit dem
schwersten Stück Arbeit, der Dialektik, bald fertig. Die Ethik ist
von mir so viel erwogen und ist so leicht daß sie nicht viel Arbeit
machen wird. Die angewandten Fächer, Politik, Ästhetik, sind schon
schwerer, so weit ich sehe. Über die Dogmatik und christliche Ethik
reden wir hoffentlich wenn wir uns wiedersehen recht viel. Mein
Hauptgedanke steckt am Schluß des Aufsatzes in den preußischen Jahr=
büchern. Christliche Religiosität ist eine geschichtliche Entwicklung der
europäischen Religiosität. Sie darf nicht an den Anfang festgebunden
werden: Die Katholicität des 12. und 13. Jahrhunderts war über
diesen hinaus ein Fortschritt, die Reformation eben so über diese Stufe
hinaus. Ebenso das transscendentalphilosophische Zeitalter Beginn
neuer Entwicklung. Die christliche Kirche kann als Protestantismus
nur bestehen, indem sie diesen progressiven Zug in der Entwicklung
der christlichen Religiosität ohne Rücksicht auf den Anfangspunkt
durchführt. Gerade in der Fülle großer religiöser Gestalten, welche
das Christenthum hervorgebracht hat, in der Fülle von religiösen
Schriften, Theologie, Bildern, Musik, Sitte und Cult aller Art, wie
der europäische Boden bedeckt ist mit diesem Allem, wie es uns als
Atmosphäre überall umgiebt: liegt die Macht, welche das
Christenthum erhält.

Zu einer Theologie dieser Art bahnt Schleiermachers Begriff
vom höchsten Gut — der davon abhängige vom Reiche Gottes und
vom Gemeinschaftsleben der Christen, die Stellung der Dogmatik
als Beschreibung der gegenwärtigen Religiosität dieser Gemeinschaft
den Weg.

Bei der Dialektik stelle ich dar wie sie eine Form von Kant
weiterzugehen, die dann Ritter, Trendelenburg, Sigwart, Windelband,
theilweise Lotze 2c. nur fortgebildet haben.

. . .

Ein Wort von Ihnen träfe mich in München oder in Stuttgart
poste restante.

150] Dilthey an Graf Yorck.

Sonntag früh [Anfang Mai 1897.]

Mein lieber Freund,

Vorgestern Abends bin ich hierher zurückgekehrt, und als ich Abends bei Wildenbruchs vorsprach, vernahm ich, daß Sie Herzbeschwerden haben und eine Marienbader Kur gebrauchen. Es bewegt mich tief zu wissen daß Sie leiden. Nicht nur meine Gedanken sind unablässig mit Ihnen beschäftigt: ich leide mit Ihnen als begegnete es mir selbst; denn ich kann mein Lebensgefühl von Ihnen nicht sondern, wir sind durch eine innere Verwandtschaft verwachsen welche so fest hält und einigt als jede physische vermag. Möge nun nur die Marienbader Kur sich heilsam und herstellend erweisen ...

Aber ich glaube auch daß mein Kommen während dieses Ihres Kurgebrauchs Ihnen nicht dienlich sein würde. Denn wie ich aus mehreren Erfahrungen über diese Kur weiß, ist ihr voller Erfolg, wie ich denselben ganz bestimmt erhoffe, von einer Art von geistiger und gemütlicher Passivität abhängig, einem behaglichen Dämmerzustande, in welchem man den Tag hinträumt, im Freien liegend und spazierend, und so einer thätigeren Zeit entgegenwartend. Ich bin ja diesen Sommer ein freier Mann, und bis zum Beginn der Sommerferien von Max, die im Anfang des Juli anheben, wo wir gemeinsam verreisen, stehe ich jederzeit ganz zu Ihrer Verfügung. So darf nur die Rücksicht auf Ihre Gesundheit und Ihr Behagen darüber entscheiden, wann Sie mich am schicklichsten und für Sie erfreulichsten bei sich sehen. Ich brauche auch nicht hinzuzufügen daß mein Vorschlag, mein Kommen bis zum Abschluß Ihres Kurgebrauchs zu verschieben, schlechterdings nur aus den Erfahrungen entspringt, welche man bei längerem Leben über die Normen eines solchen Kurgebrauchs sich gesammelt hat: mir persönlich würde ja jede Zeit gleich gut passen.

Auf meiner Reise war ich fleißig an der Ausarbeitung des Schleiermacherschen Systems; die Dialektik ist bald in der ersten Niederschrift fertig, das Andere angelegt. Daß mir dieser Theil der Arbeit am Schleiermacher besonderes Vergnügen machte, kann ich nicht behaupten. Das Schönste war der Aufenthalt im Schwabenlande. Stuttgart ist eine Königsstadt, ringsum Schlösser, fürstliche Gärten. Die Menschen kraftvoll, trotzig, in sich fest und still. Die Heimath der Hohenstaufen und Hohenzollern. Und auch von Schiller versteht man hier wie er von Kind auf politisch sehen und fühlen lernte, dynastisch mächtige Charaktere und königliche Verhältnisse seinem poetischen Verständniß nahe lagen. Zeller wieder ganz der Alte; wenn aus dem Teich der griechischen Philosophiegeschichte jemand den Kopf heben will, steht er immer bereit ihm drauf zu schlagen; so behauptet er seine Herschaft über dieses Territorium auch wo er Unrecht hat, was sehr oft der Fall ist; so kritisirt er eben die Platostatistiker, Campbell, Siebeck 2c. Malt täglich mit zitternder Hand seine Buchstaben gegen sie. Auch in Tübingen war ich einen ganzen Tag bei Sigwart, und wir bedauerten beide gleich sehr daß ich von seiner Fremdenstube keinen Gebrauch machen konnte, wie er so sehr gewünscht hatte. Er hat als Millionär das Uhlandsche Haus mit einem Garten oder besser Park, hoch hinauf am Berge sich vom Neckar aufwärts erstreckend, gekauft, fährt im eignen Wagen in der herlichen Umgebung herum, und ist so natürlich sehr bequem geworden. Klagt daß er sehr leicht ermüde bei der Arbeit, muß die Zeiten für diese aussuchen, ist also viel müßig; wenn er geistig ermüdet, glaubt er nicht gehen zu können, und versichert mich, außer ein paar psychologisch monographischen Arbeiten und deßgleichen mache er nichts mehr, an ein Ganzes dürfe er gar nicht denken. Wir waren außerordentlich vergnügt zusammen.

... In München Brentano übermüthig im höchsten Grade, Dove angegriffen und elend von seiner Redaktion, geht als Historiker nach Freiburg, weil fürs Literatenthum die Jugendkräfte fehlen, deren es bedarf. Doch schweren Herzens. Die Stadt selbst in völliger moralischer Zersetzung.

Für heut nun nur noch die treuesten innigsten Wünsche von Ihrem

allergetreuesten Dilthey

151] Dilthey an Graf Jorck.

Montag früh [Mai 1897].

Mein theurer Freund,

Meine Gedanken sind immer jetzt in Klein-Oels. Es hat mich mehr beruhigt von der Gräfin hier zu vernehmen daß die Besserung langsam fortschreitet, und ich will nur suchen unsren persönlichen Verkehr etwas durch regelmäßigeres Schreiben zu ersetzen, so wenig das für mich paßt: die Antworten behalte ich gut.

Gestern traf ich bei Raths den Fürsten Radziwill aus dem Reichstag: die Herren meinen, das Gesetz werde fallen, Hohenlohe aber bleiben, da er innerlich sich mit dem Gesetz nicht identificire. Merkwürdig war daß ein so hoher Herr so sehr im Partheigefühl verstrickt ist, daß er nicht fühlt, die Lage sei als eine unveränderliche in Bezug auf den Monarchen und seine Art zu handeln anzusehen, und so müßten alle die an der Erhaltung der Monarchie ein persön= liches oder staatliches Interesse haben, das faule Raisonniren auf= geben und, wie mit einem Hagelwetter ein Landwirth rechnend, die Monarchie und die noch vorhandenen conservativen Kräfte mit ihren Schultern zu schützen suchen, Interessen aber die gar nicht bedroht sind, wie die katholische Kirche, dagegen zurückstellen. Merkwürdiger noch: starke Staatsgefühle, wie die Zeitalter von Stein und Bismarck sie hatten, sind überall in der Abnahme begriffen, ich bemerke das auch bei den bravsten Menschen, die meisten sind inficirt von der zersetzenden Persönlichkeitsphilosophie und sehen die politische Welt als ein Schauspiel an. So angesehen kann es ja nichts unterhaltenderes geben als diese Auflösung einer politisch gesellschaftlichen Ordnung, welche sich im Mittelalter formirte, und nun zuerst von dem 16. Jahr= hundert ab eine erste Umgestaltung in ihren Grundlagen erfuhr, worauf seit der Revolution eine tiefere folgte, jetzt aber geht die Bewegung gegen noch viel weiter zurückliegende Fundamente, und sie hat einen noch gründlicheren und vielseitigeren Ausgangspunkt.

Ein spaßhaftes Zeichen der modernen Jugend! In Basel hat sich eine Gesellschaft ‚Neusokratiker' zusammen gethan, welche als philosophische Propaganda die persönliche Souveränität proklamiren, welche über Freude und Schmerz sich durch die Auffassung des Lebens als eines Spiels hinaussetzen will. Ihr Lebensprinzip bezeichnen sie mit: οὐκ ἔστιν ἀνδρὶ ἀγαθῷ κακὸν οὐδὲν οὔτε ζῶντι οὔτε τελευτήσαντι. οὐδὲ ἀμελεῖται ὑπὸ θεῶν τὰ τούτου πράγματα. παιδιᾶς χάριν. Für diese Genossenschaft, die Gemeindemitglieder sammelt, hat eben der Sohn von Gomperz, den ich von hier als sehr kenntniß= reichen begabten Menschen kenne, eine Programmschrift veröffentlicht. Am Schluß ist sie von einem unbekannten Häuptling der Genossenschaft in deren Namen approbirt. Ob nicht der nun verstorbene Dümmler, der sich in Basel todttrank, den Ausgangspunkt bildet? Joel auch als stiller Compagnon dabei.

Nietzsche hat doch wirklich das furchtbare Wort der Zeit aus= gesprochen. Der zweite Band seiner Biographie von seiner Schwester (Verhältniß zu R. Wagner) ungeheuer amüsant. Zwei gescheite aber ohnmächtige Gegenschriften gegen ihn von Tönnies und Riehl. Die berühmte ‚Socialisirung' ist nur die andre Seite desselben jetzigen

238

Lebensgefühls. Nur das geschichtliche Bewußtsein, daß der Mensch weder seine Häute abschälen und sich finden kann wie er an sich ist (worüber Nietzsche verrückt wurde) noch eine Gesellschaft machen (so wenig als eine Religion), kann über diese Standpunkte hinaus= führen.

Sehr amüsirt hat mich, wie hübsch ich mich nun im Ueberweg= Heinzeschen Grundriß der eben erschienen ist, ausnehme, eingekapselt in die Geschichte der Philosophie, in einem Paragraphen begraben zwischen Fechner—Wundt 2c. und Max Stirner und Nietzsche.

Meine Arbeitsfähigkeit ist zur Zeit gering, da nach einer Art von Sympathie das Herz mir auch zu schaffen macht. In Sachen des heiligen Kant lebe ich wie ein Theaterdirektor dessen Truppe schwer in seinen ästhetischen Grundsätzen zu erhalten ist: jeder will eine chargirte Charakterrolle spielen. Ich hoffe aber doch das Ensemble aufrecht zu erhalten. Am Schleiermacher schreibe ich langsam, von vorn an den ersten Capiteln, im System noch an der Dialektik, die ja den Hauptknoten bildet.

Wilamowitz noch nicht gesehen. Diels sagt daß seine Gesund= heit schwerlich Berlin aushalten werde. Seine öffentliche Vorlesung über das griechische Drama hat durch die anthropologische Grund= legung über Drama der Naturvölker 2c. große Begeistrung der Studenten erregt. Er nimmt mit Diels die Position einer ganz modernen Psychologie ein. Das Gegengewicht in Bonn wird schwächer: mein Schwager hat nun das Eine Auge ganz verloren, das andre ruft bei jedem Gebrauch Schmerzen in dem todten hervor: so ist diese gewaltige Kraft gebrochen.

. . .

Immer auf alle Weise zu Ihrem Dienst in Liebe und Treue

Ihr

Dilthey.

152] Dilthey an Graf Yorck.

[Frühsommer 1897]

Mein lieber Freund,

Mit großer Freude habe ich von der Familie Olfers ver= nommen daß es Ihnen immer etwas besser geht . . .

Ich selber lebe in völliger Einsamkeit, ganz in die Erfassung der Entwicklungsgeschichte Schleiermachers vertieft. Und wie sie von der seiner Zeitgenossen, zumal Schellings, gar nicht zu trennen ist, habe ich mich denn auch in diesen Abgrund stürzen müssen: eine Art von Phänomenologie dieser ganzen monistischen, auf den Entwicklungsgedanken gegründeten Speculation schwebt mir vor, aber noch fern und unbestimmt.

In Schleiermachers Entwicklungsgeschichte ist der herschende Gedanke das Lebendige, Mystische, Unmittelbare (in der Wortbedeutung jener Zeit), und wie Wissenschaft und Sittlichkeit nur auf Grund dieser religiösen Totalanschauung des Lebens sich vollenden können. Er faßt so das Problem der Transcendentalphilosophie, den ursprünglichen Vorgang, aus welchem die geistigen Leistungen von Wissenschaft, Kunst 2c. entspringen, zu erkennen, an einem neuen höchst fruchtbaren Punkte an. Nun wäre von diesem Problem aus seine Entwicklung zu bestimmen, verhältnißmäßig einfach; aber man stößt dabei immer auf eine eigene Beschränkung in der Auffassung der religiösen Phänomene, immer handelt es sich um Universum, Ganzes, Individualität, Nothwendigkeit, Einheit des Endlichen mit dem Unendlichen 2c., während doch diese Anschauungen und Begriffe nur einen eingegränzten Theil der religiösen Lebenserscheinungen beherschen. Sie gehören der Region der Lebensauffassung von Giordano Bruno, Spinoza, Shaftesbury, Goethe, Schelling an, sind aber allerdings bei diesen Denkern lebendiges religiös=künstlerisch= anschauliches Verhalten. So bemerkt man nun eine eigenthümliche Verbindung. Schleiermacher bezeichnet einen Standpunkt in der fortschreitenden europäischen Religiosität selber, und zwar denjenigen welcher Kant gegenüberliegt und ihn ergänzt, daher denn auch Ritschl zur Ergänzung von Schleiermacher und Hegel wieder auf Kants Position getrieben wurde: nur daß er ihn in das Pfäffische übersetzte. Dieses Aussprechen einer relativ neuen Religiosität verbindet sich in ihm mit der Richtung auf transcendentale Erforschung der Religion und läßt ihn nur Eine Seite sehen. Soviel sich Ritschl mit Schleiermacher beschäftigte und so selbstgewiß er in seiner Auffassung und Kritik ist, so hat er doch diesen Punkt gar nicht gefaßt. Auch inhaltlich ist seine Kritik der Reden: ihre Religion sei Kunstsinn — sehr billig und in dieser Einseitigkeit — thöricht. Es ist als hätte er die stärksten Brillengläser, aber so geschliffen, daß sie jede Erkenntniß verzerren.

Ruhig zusehen muß ich wie ich jetzt nicht selten discutirt, gelobt, gescholten, mißverstanden werde. Eben wieder in einer Philosophie der Geschichte von Barth in Leipzig werde ich als Vorstufe seiner eigenen Ansicht benutzt, so in Steins Soziologie 2c. Was ich zu sagen haben werde wird mir immer deutlicher, und ich fasse mich in Geduld.

Gestern in einer herrlichen Aufführung des Brahmsschen Requiem sah ich außer unzähligen Bekannten auch Wildenbruchs, die sehr fröhlich und aufgemuntert von der Reise zurückgekehrt zu sein scheinen.

153] Dilthey an Graf Yorck.

Sonntag Nachmittags.
[Frühsommer 1897.]

Mit einem Worte wenigstens, mein lieber Freund, will ich Ihnen meine Freude über die Kalckreuthschen Bilder in der neuen Aus= stellung aussprechen. Es ist besonders das Bild: Eintritt ins Leben, welches durch die tiefe Farbengebung, das plastische Heraustreten der Figuren auf dem leuchtend hellen Hintergrunde — ein wirkliches Beleuchtungskunststück, und doch so natürlich und wahr — das be= ständige Fortschreiten Kalckreuths zeigt. Die Häßlichkeit der Alten, ihre Gebeugtheit von Misere und Alter könnten schon etwas gemildert sein — dann würde das Bild einen rein bedeutenden Eindruck machen. Sehr schön ist auch in der Farben= und Lichtbehandlung und der dadurch ausgedrückten Stimmung, der Feldarbeiter mit seinem Schimmel in der Abenddämmerung. Der Gänsejunge, so wahr die Figur selbst ist, ist leider in einer grauen Manier gemalt. Das Portrait ist nach dem Gegenstande unsympathisch. Alles in Allem aber tritt Kalckreuth doch in dieser gar mittelmäßigen Ausstellung durch die Wahrhaftigkeit und eine gewisse schwere Größe in der Auffassung sehr wirksam hervor.

Wie mag es Ihnen gehen, mein lieber Freund? Meine Gedanken sind eigentlich immer zwischen der Arbeit bei Ihnen. Ich lebe, da ich nun auch durch kein tägliches Sprechzimmer und Audi= torium abgezogen werde, eigentlich in der tiefsten Einsamkeit und den ganzen Tag mit den Bildern der Schleiermacherbiographie beschäftigt. Ich habe eben eine Zeit wo sich nichts formen will — ich verzweifle dann ob ich je fortrücke. Entwicklungsgeschichte ist doch auch ein nur in engen Gränzen lösbares Problem, wenn man nicht phantasirend das eigne Innere hineinträgt, ohne Sorge um die Beweisbarkeit, einem möglichen Zusammenhang nachgehend. Das einzig Feste die großen Linien der geschichtlichen Denknothwendigkeiten, unter denen ein Mensch gelebt hat. Daß ich diese nun erkenne, das ist der einzige Vorzug vor dem jungen Menschen, der den ersten Band in einer Art von Dämmerung schrieb. Strauß hat einmal in irgend einem gedruckten Brief von meinem ersten Bande gesagt: ich sei zu sehr Schüler Trendelenburgs: die Einheit des Bildes leide unter dem peinlichen Streben nach Beweis im Einzelnen. Das schien mir früher sehr ungerecht: jetzt wo ich den Band wiederlese fühle ich doch daß etwas Wahres daran ist. Doch wird man die Ehrlichkeit ein document humain rein sehen zu lassen, der frechen Sicherheit von Kuno Fischer gegenüber, immer anerkennen müssen. Zu dieser Ehrlichkeit gehört auch das von außen sehen lassen, die so gegebene Unbestimmtheit an vielen Punkten der Entwicklung, die nur die mitschreitende Phantasie des Lesers ergänzen mag. Da ich nun aber gleichzeitig den vergriffenen ersten Band wieder drucken lasse, bringe ich doch ein paar große Linien an, oder vielmehr ich ziehe sie durch die ganze Entwicklung: das wird der Phantasie des Lesers zu Hilfe kommen.

Von Sigwart ein rührender Brief: wie wohl ihm in der Einsamkeit seiner Existenz gethan habe, sich mit mir einmal wieder ausgesprochen zu haben. Mit einigem souveränen Spott über seinen Collegen Pfleiderer. Wir tragen alle an dem was wir uns eingerührt haben. Er hätte mich haben können, wie gern hätte ich im Schatten der Giebel und Klöster dort mein Leben verbracht, aber er wollte doch seine Alleinherrschaft nicht eingeschränkt denken. Es war mir ein eigenes Gefühl wie er an der Bahn stand, schon sehr gebeugt, mit seinem gedankenschweren und gedankenmüden Kopf.

Nun habe ich Ihnen wieder etwas vorgeplaudert, und hoffe nur daß es in Ihrer Stille Sie eine halbe Stunde beschäftigt. Hoffentlich treffen Sie diese Zeilen bei fortschreitender Besserung ...

154] Dilthey an Graf Yorck.

Sonntag Nachmittags.
[Frühsommer 1897.]

Mein lieber Freund,

Frau Gräfin Berthas freundlich-lieber Brief sagt mir daß es immer jetzt ein wenig vorwärts geht. Wie meine Gedanken täglich bei Ihnen sind, darf ich doch mir Ihre Lage und Lebensweise immer etwas besser denken.

Es ist Sonntag Nachmittag. Heut früh war eine beinahe drei=
stündige Sitzung der Kantcommission auf meiner Stube, und Morgen
kommt Erdmann zu einer Berathung über die Art der Herausgabe
der Vernunftkritik, da er diese für die Ausgabe übernommen hat.
Das Ärgste habe ich hinter mir für diese Wochen, und ich schreibe
flott am Schleiermacher.

Ein interessantes Buch von einem Privatdocenten der Theologie
Bernoulli in Basel; er schickte es gestern; steht wesentlich auf unserem
Standpunkte.

Gestern war ich wieder auf der Ausstellung. Zwei Landschaften
von Bracht sind wirklich von heroischer Größe. Ein merkwürdiger
Maler ist Dettmann, ächt deutsch, gemüthstief, Thoma und Kalck=
reuth verwandt. Die Spanier mit ihrer äußerlichen stupenden Technik
angewandt auf todtes Kirchengepränge, Stiergefechte 2c. verlieren auf
die Dauer sehr.

In der Poesie regirt jetzt hier momentan — gewiß nicht
auf die Dauer — Hauptmann. Sein letztes Stück hat auch die
anderen zurückgerufen, und das Deutsche Theater, das doch das
verhältnißmäßig Beste leistet, ist ein vollständiges Hauptmanntheater
geworden. Merkwürdig wie Sudermann trotz seiner Virtuosität
versinkt, weil ihm ein fester Kern fehlt. Glänzender Goldschaum
um hohle Nüsse.

Ich sehe kaum einen Menschen, bin so tief in die Arbeit unter=
getaucht daß jede Unterhaltung gesellschaftlicher Art mir schwer wird.
Desto öfter denke ich zwischen der Arbeit an Sie, und wann Sie
nun wol wieder ein Buch in die Hand nehmen und diese herrlichen
Sommertage genießen können. Wie schön daß Sie Kinder und
Enkel zur Pflege und zum Plaudern um sich haben. Wenn Ihnen
da nun Jemand was vorliest, so empfehle ich sehr die Erzählungen
von Seydel. Sie sind heiter, von liebenswürdigem Humor, der aus
warmem Antheil an den Menschen stammt.

155] Graf Yorck an Dilthey.

Klein=Oels den 1. Juli 97.

Lieber Freund.

. . .

Wie hatte ich mich auf unser Zusammensein gefreut! Ich
wollte Ihnen eine wenn noch nicht beendete so doch dem Ende sich
nahende Arbeit vorlesen, die doch den Umfang eines Büchleins

erreicht hat. Gerade an dem Punkte wesentlicher Ausführung brach ich zusammen.

Ihre Mittheilungen über Ihre Arbeit am Schleiermacher beschäftigen mich sehr in der Stille meiner Krankenstube. In Goethes italienischer Reise ist eine Stelle aus Moritz ausgeschrieben, aber eine Goethesche Revindikation. Aus den Gesprächen Goethes mit Moritz ist sie eben in Moritz' Buch gekommen. Diese wundervolle Stelle im Keime der ganze Schelling und Schleiermacher. Mit der Kunst als Lebens- und Schöpfermacht fällt nun das Recht solchen Philosophirens. So naiv gehts doch nicht mehr, so spinozistisch naiv. Die Dialektik ist trotz aller Schärfe ‚der Dialektik' prinzipiell dogmatisch. Es ist doch nun einmal geschehen, daß das Prinzip solchen Denkens zum Postulate degradirt ist. (Lotze pp.) Damit ist nun natürlich nicht gesagt, daß der Spätere Recht habe, wohl aber daß der Frühere nicht mehr gegenwärtig sei. Es muß eben von Neuem wieder einmal hinabgestiegen werden zum tiefen Quell des Bewußtseins um neues Lebenswasser zu schöpfen. Ritschls Kritik ist gewiß historisch bornirt, aber erkenntnißtheoretisch doch nicht unrichtig. Ihn selbst freilich führte Mangel an allem Tiefsinn, Ärmlichkeit innerer Erfahrungsmöglichkeit zu der ‚Satzung', einem trivialisirten Kant zurück, bei dem bei aller Religion innerhalb der Grenzen der reinen Vernunft von Religion nichts zu finden ist — als Stimmung, die von Rousseau herkommt. Doch ich weiß: da liegen Differenzen der Werthung vor, die sehr groß sind. Wenn man Kant eine Art von philosophischen Chemnitz nennt, werden Sie dies mit freundschaftlicher Entrüstung zurückweisen. — Immer mehr wird mir klar, daß mit der Kritik des Raumproblems Ernst zu machen ist, mit anderen Worten: das Verhältniß von Empfindung und Anschauung ist zu untersuchen. Dogmatik des Sensualismus von Berkeley bis Helmholtz. Kant hierfür ganz bedeutungslos, der die Gegensätzlichkeiten von Räumlichkeit und Zeitlichkeit schematisch nebeneinander und auf gleichen Boden stellt. — Doch mein Herz mahnt. Ich muß schließen.

Nochmals tausend Dank!

In Treuen

der Ihre

Yorck.

244

156] Dilthey an Graf Yorck.

19. Juli 97.
Oberstdorf in Südbaiern,
Inselhaus bei Gschwender.

Lieber Freund, ich schreibe diese Zeilen von einem Gebirgssee über Oberstdorf, und es sind hier keine Briefbogen als diese närrischen, die mir nur erfunden zu sein scheinen, den Zuhause Sitzenden verdrießlich zu machen. Wozu besonders auch beliebige Vergrößerungen der Wirthshäuser, Berge 2c. angewandt werden.

Herzbeschwerden und Augenbeschwerden waren derart daß es mir ganz recht war mit der ganzen Familie bei Beginn der Kinderferien Berlin zu verlassen, und wir haben es mit dem vom Arzt gewählten Oberstdorf sehr gut getroffen, das zwischen Augsburg und dem Bodensee im bairischen Gebirge gegen 3000 Fuß hoch liegt. Hier werden wir bis zum Ende der Kinderferien bleiben, und dann werden meine Frau und ich noch etwas in die Schweiz gehen, die ich wiederzusehen mir wünsche.

Ich habe mich ganz darauf eingerichtet an der Darstellung des Systems von Schleiermacher und gleichzeitiger Sammlung für seine Entwicklungsgeschichte und für die Kritik weiterzuarbeiten. Bücherpakete fliegen ja zur Zeit noch ohne Schwierigkeit im Reiche umher, solange die finanzielle Fruktificirung der Post noch nicht gelungen ist.

Ihr Brief, der einige Tage vor meiner Abreise anlangte, hat mir große Freude gemacht: das erste Zeichen des Fortschreitens Ihrer Gesundheit. Wie gut wird Ihnen das herrliche Sommerwetter auch weiter thun ...

Daher freue ich mich auch sehr daß Sie zu schreiben begonnen haben und ich vertraue ganz fest darauf daß Sie die Arbeit zu Ende führen werden. Mir ist das um so werthvoller als ich selbst auf über ein Jahr in das historische Gebiet verschlagen bin. Bei der Durchsicht der vielen Vorarbeiten hat sich als nöthig herausgestellt, das über die Reform des preußischen Unterrichtswesens Gesammelte, da es den Rahmen des Schleiermacher sprengt, für sich fertig zu machen, und das hat mein Schüler Heubaum unternommen, ein Gymnasiallehrer: sodaß ich dann nur einleitend, schließend 2c. zufüge was mir nöthig scheint. So werde ich meine auf Unterrichtswesen bezüglichen Gedanken los.

In Bezug auf Schleiermacher stimme ich darin ganz mit Ihnen überein daß sein ganzes System, durch welches auch seine Religiosität gewiſſe feſte Punkte die ſie determiniren erhält, in der äſthetiſch gearteten Denkform Goethe-Schelling 2c. gegründet iſt. Die Stelle aus Moritz kenne ich nicht nur, ſondern eine halbfertige Unterſuchung von mir liegt, in welcher ich die Abhängigkeit von Kants Kritik der Urtheilskraft von Goethe vermittelſt Moritz nachweiſe: ſo löſt ſich das Problem der auffälligen äſthetiſchen Weisheit des ganz un-äſthetiſchen Kant. Doch haben andre Unterſuchungen über den Gang von Buffon bis Goethe mir erwieſen [daß] die Grund-vorausſetzung dieſer ganzen Richtung aus der Herſchaft des Natur-erkennens ſtammt: einmüthiger Cauſalzuſammenhang des ganzen Univerſums als eines Syſtems, das dem Satz vom Grunde unter-worfen iſt. Auch Spinoza iſt hier nur abhängig. Die äſthetiſche Auffaſſung iſt nur eine von Buffon 2c. gegründete Steigerung dieſer Bewegung.

Darin bleibe ich ſtandhaft: die andere Möglichkeit — nicht von der Natur ſondern vom Selbſtbewußtſein auszugehen — iſt durch Kant ſtabilirt, von Fichte aufgenommen worden. Ritſchl hat ſie theologiſch in bewußt für den kirchlichen Gebrauch eingerichteter Weiſe fruktificirt.

157] Dilthey an Graf Yorck.

Lindau, Hotel Lindauer Hof [1897]
[Ende Auguſt od. Anfang September.]

Mein lieber Freund, ich denke hier lebhaft an Ihre Liebe zum Bodenſee, dem großen deutſchen See. Geſtern ſind wir hier von Oberſtdorf angekommen... Inzwiſchen hatten wir in Oberſtdorf ein ſo geräumiges Quartier als wären wir zu Hauſe, und ſo habe ich unermüdlich an Schleiermachers Syſtem und ſeiner bei jedem Capitel eingeflochtenen Würdigung weiter gearbeitet. Es will mir wol manchen Tag ſcheinen, als ob ich zu viel Arbeit in Jahren, in denen ich ſo ſtark mit der Zeit zu rechnen habe, hineinſtecke, insbeſondre ſind immer noch einige Kapitel der Dialektik, nämlich die Ableitung ſeiner Formeln über die Gottheit unbewältigt; die Verſchiedenheit in den verſchiednen Redaktionen in einen inneren Zuſammenhang von 1811—31 zu bringen und die letzte kurze räthſelhafte Redaktion zu verſtehen, enthält mir immer noch Schwierigkeiten. Aber kein Theil ſeines Syſtems kann ohne dieſe Dialektik verſtanden werden, und bisher iſt von wirklichem Verſtändniß nicht die Rede, weil niemand

alle seine Vorlesungen zusammengenommen hat, und man sich bei
der Dialektik stets an die ganz schlechte Redaktion von 1814 gehalten
hat, die Jonas aus formalen Gründen in den Mittelpunkt stellen
mußte.

In dem Ausgangspunkte sind wir mit ihm einig. Auch die
Weltansicht kann nur von der Analyse des Subjektes in seinen
Relationen zu dem was auf es wirkt und auf welches es zurück=
wirkt entwickelt werden. Man kann die Natur nicht an sich haben
und ihr irgendwie abgucken was Welt und Leben seien und bedeuten.
Nur daß man zu dem geschichtlichen Menschen von da aus vor=
dringen muß: das erkennt seine zeit= und geschichtslose Auffassung
der Lebensformen nicht.

Auch in dem weiteren Hauptpunkte sind wir mit ihm einig,
weil wir es mit allen mystischen, allen geschichtlichen und allen
heroischen Philosophen sind. Man muß vom Leben ausgehen. Das
heißt nicht daß man dieses analysiren muß, es heißt daß man es in
seinen Formen nachleben und innerlich die in ihm liegenden
Consequenzen ziehen muß. Die Philosophie ist eine Aktion,
welche das Leben dh. das Subjekt in seinen Relationen als
Lebendigkeit, zum Bewußtsein erhebt und zu Ende denkt.
Das war das Größte in seiner Persönlichkeit: er wußte daß das in
uns Liegende, der auf ein als transcendent in der Symbolisirung an=
zusprechende Zusammenhang, von dem der Mensch sein will erlebt,
in seinen größten Gestalten nacherlebt (Hermeneutik) sein will. Den
Philosophen macht dann aus (φρονησις, sokratische Schule), ihn zum
Bewußtsein zu erheben und die in ihm liegenden Consequenzen zu
Ende zu denken. Dies zu Ende denken hat Schleiermacher in
der Dialektik durch seine Lehre von den Postulaten oder Voraus=
setzungen fehlerhaft ausgedrückt. Aber die Hauptsache bleibt: wenn
man vom Lebenszusammenhang ausgeht, bleibt Alles Heraus=
analysiren des Elementaren, Einzelnen als dessen aus dem der
Zusammenhang verstanden werden kann zurück: dieser deutet viel=
mehr auf die aufwärts liegende immanente Zweckmäßigkeit des
Lebens, als aus welcher das Elementare als sein Bestandtheil, nie
als seine erste frühere Grundlage zu verstehen ist. Die höchsten
Erscheinungen der Geschichte sind in ihrem inneren Verhältniß zu
diesem Zusammenhang zu verstehen, und sie bilden dann das Ver=
ständnißmittel. Diese waren ihm in seinem Christus repräsen=
tirt. Was uns die Geschichte, von höchsten Zusammenhängen aus
angesehen ist, was sie in gewissem Sinne Hegel und Ranke war, ob=

247

wol ungenügend, das war ihm sein Christus, secundär sein Sokrates-Plato. Und hier liegt nun die Einheit seiner Theologie mit seiner Philosophie: diese Theologie ist ja nur der synthetische Aufbau des so begründeten höheren (dh. die niederen Lust und Unlustgefühle dem idealen auf Gott begründeten Bewußtsein einordnenden) Lebens, in der individuell historischen Form des Christenthums.

Aber ich will heute nicht fortfahren. Nur daß Sie nicht denken, ich verkenne die Differenzpunkte. Sie liegen in erster Linie inhaltlich (von der schematisch speculativen Denkweise zu reden unnöthig) in der Voraussetzung daß das Universum eine dem Satze vom Grunde unterworfene einheitliche Gliederung sei. Wie er diese als räumlich zeitlich causales System von Wechselwirkungen, in denen sich aber ein ideales Begriffssystem realisire, auffaßt, ist er der direkte Vorgänger von Lotze. Seine Lehre vom metaphysischen Werthe der Erkenntnißformen geht von Ritter zu Ueberweg, Trendelenburg, Lotze. Die von den Postulaten und der Bedeutung des Begriffs 2c. zu Sigwart.

Mögen diese Zeilen Sie in fortschreitender Besserung finden. Möge dann nur die Reise nach dem Süden gelingen, da der nordische Winter Ihre Besserung unmöglich fördern kann.

Meine Gedanken sind täglich bei Ihnen. Sobald wir festes Quartier haben schreibe ich.

———— •••• ————

248

24a] Graf Yorck an Dilthey.

Lieber Freund.

Durch Heinrich hörte ich von Ihrem Unwohlsein. Hoffentlich ist, wenn diese Zeilen Ihnen vor Augen kommen, mit dem schuldigen Zahn das Übel mit der Wurzel beseitigt. Auch Ihre Frau möge den Anstoß, den sie an einer Tischecke genommen, sowie seine Folgen durchaus überwunden haben.

Am 23ten denke ich in Berlin zu sein und bei einem Aufenthalte von drei Tagen ein stilles Stündchen mit Ihnen zu genießen. Auch der wissenschaftliche Weg geht sich weit angenehmer zu zweien. Manches Wort wird erst durch Antwort. Ich verbreite mich nicht über meine oft verdrießlich fortgeführten Arbeiten. Wie lange ich noch mit Aristoteles beschäftigt sein werde, ist, zumal wenn die Schnupfen=Intermezzi sich häufen, nicht abzusehen. Er hat den Nachlaß echt griechischer Wissenschaftlichkeit inventarisirt und eine große Bewegung fixirt, also gehemmt. Die Hemmung der Einzelwissenschaften liegt auf der Hand wie bezüglich der Astronomie, welche sogar durch ihn zurückgeschraubt wurde; aber auch in zentraler Beziehung ist eine Hemmung nachweisbar. Und zwar in so weit und in so fern und dadurch hemmte er als er Repraesentant der opinio communis damaliger Zeit war. Die Merkwürdigsten und Interessantesten sind doch Pythagoras und Heraklit, diese beiden Gegenfüßler. Denn letzterer steht in bewußtem Gegensatze zu ersterem. Solche Schätzung hat den Anschein der gesuchten Überschätzung eines Praeraffaëliten. Aber Sie kennen meine Vorliebe für das Paradoxe, die ich damit rechtfertige, daß Paradoxie ein Merkmal der Wahrheit ist, daß communis opinio gewißlich nirgends in der Wahrheit ist, als ein elementarer Niederschlag verallgemeinernden Halbverstehens, in dem Verhältnisse zu der Wahrheit wie der Schwefeldampf, den der Blitz zurückläßt. Wahrheit ist nie Element. Staatspaedagogische

Aufgabe wäre es die elementare öffentliche Meinung zu zersetzen und möglichst die Individualität des Sehens und Ansehens bildend zu ermöglichen. Es würden dann statt eines so genannten öffentlichen Gewissens — dieser radikalen Veräußerlichung, wieder Einzelgewissen, d. h. Gewissen mächtig werden.
. . .

31 a] Graf Yorck an Dilthey.

Breslau 11. II. 84.
Lieber Freund.

Lange habe ich nichts von mir hören lassen, wie schon lange ich in Lektüre versunken die Feder habe ruhen lassen. Heute nun will ich wenigstens einige Worte der Benachrichtigung, ein Lebens= zeichen geben.

. . . Von meinen Arbeiten sage ich nur, daß je klarer der Weg vor Augen liegt, desto beschwerlicher und länger er den Füßen wird. Die antidogmatische und an die Person gebundene Art meines Denkens verhindert mich bisherige Resultate anzunehmen und frag= würdig erscheint mir, was als ausgemacht angesehen wird. Was soll, von dem persönlichen Gewinne abgesehen, aus solchem Ver= hältnisse resultiren? Eine Masse von vielleicht nur mir verständlichen Notizen. Wenn man Philosophie als Lebensmanifestation begreift, nicht als Expektoration eines bodenlosen Denkens, bodenlos er= scheinend, weil der Blick von dem Bewußtseinsboden abgelenkt wird, so ist die Aufgabe wie knapp im Resultate, so verwickelt und mühsam in seiner Gewinnung. Vorurtheilsfreiheit ist die Voraussetzung und schon diese schwer zu gewinnen. Sie erstaunen darüber, daß Lotzes windige Hypothese der Lokalzeichen Propaganda gemacht habe. Gewiß erstaunlich für den Vorurtheilsfreien. Aber die Neigung und Ab= neigung wird auch wissenschaftlich durch die Willenstendenz bestimmt. Und diese Hypothese, welche nicht einmal den formalen Anforderungen an eine wissenschaftlich zulässige Annahme entspricht, liegt in der Richtung der Denkweise der Zeit. Der Geist ist gebunden durch Veräußerlichung — im logischen und besonders psychologischen Ver= stande metaphysisch gebunden. Und die Freiheit eines Christenmenschen ist der Wissenschaft so fremd wie dem Kirchenglauben. Semiphilo= sophische Bemühungen von der Naturwissenschaft aus wie die Lotzeschen liebäugeln mit dem Himmel dem die Seele entwendet ist. Ich meine solch kleine Leute wie erheblich größere wie z. B. Kant können nicht anders als historisch verstanden und gerichtet werden. Wenn man genau und wörtlich Locke gelesen hat, der seinerseits auch wieder in starkem Abhängigkeitsverhältnisse steht, so sieht man z. B. die sehr weit gehende historische Dependenz Kants, den welches Motiv originaliter auszeichnet? — echt deutsch das theologische. — Weil philosophiren leben ist, darum — erschrecken Sie nicht — giebt es nach meiner Meinung eine Philosophie der Geschichte — wer sie schreiben könnte! — Gewiß nicht so wie sie bisher aufgefaßt und versucht worden ist, wogegen unwiderleglich Sie Sich erklärt haben. Die bisherige Fragstellung war eben eine falsche, ja unmögliche, aber ist nicht die einzige. Darum weiter giebt es kein wirkliches Philosophiren, welches nicht historisch wäre. Die Trennung zwischen systematischer Philosophie und historischer Darstellung ist dem Wesen nach unrichtig. Und unphilosophisch ist der in der ärmlichen und oberflächlichen Besprechung Ihres Buches in der Zeitschrift für wissenschaftliche Philosophie Ihnen gemachte dies bezügliche Vorwurf, d. h. der Vorwurf der Nichttrennung. Darum weiter kann ich bei allem Respekte vor der Gelehrsamkeit Useners sein wissenschaftlich-paeda= gogisches Pronunziamento in den Preußischen Jahrbüchern nur negiren. Was ist denn das für eine ‚absolute Wissenschaftlichkeit‘? Ich erschrecke vor der Klosterzelle des modernen Menschen in dieser Zeit wo des Lebens Wogen so hoch gehen, wo wenn irgend wann Wissen Macht sein soll. Hat aber diese Wissenschaft einen Boden, so ist es der einer Vergangenen Welt, der antiken. Ich erstaune über die historische Verkennung, welche einer Verabsolutirung Platons zu Grunde liegt. Nach meiner ich versichere durchaus bescheidenen aber unabweislichen Überzeugung sind bei solcher bedeutenden und feinsinnigen Gelehr= samkeit nichtsdestoweniger die Charakterköpfe eines Platon und Aristoteles mißkannt, die psychischen Grenzbestimmungen großer Zeitepochen verwischt, scheint mir der Vorwurf des Anachronismus gerechtfertigt. So wäre denn die Renaissance ganz und gar nichts weiter als die Entdeckung des Alterthums, ein bloßes Wiedererkennen und nicht neues Leben. Dann aber wäre es mit dem Leben über= haupt vorbei. Bliebe den Spätgeborenen dann etwas anderes als die Verehrung des — heiligen — ich unterbreche mich. — Ich meine, daß es eine rechte Gefahr für die Philologie ist, wenn sie etwas Anderes als historisch, wenn sie spekulativ sein will.

Es würde gezwungen erscheinen, wenn ich Gierkes Besprechung Ihres Buchs gar nicht erwähnte. Ich möchte aber in Anbetracht seiner freundschaftlichen Gesinnung Ihnen gegenüber nicht verletzen

251

und so werden Sie billigen, daß ich mich inhaltlich nicht äußere. Schade daß Sigwart sich noch nicht hat vernehmen lassen. Der denkt scharf und sieht Differenzen, worauf es beim primären wie beim Kunst=Denken zunächst ankommt. Nun noch ein paar Worte von Nebensächlichem. Mit großer Freude habe ich Rankes 4ten Band gelesen. Die da zur Behandlung stehende Zeit ist besonders ge= eignet für die virtuose geistreiche Teppichwirkerei. Entscheidende Momente scheinen mir vortrefflich gesehen. So der Charakter des imperiums als eines Amtes. Echt römisch. Und eine vortreffliche Einsicht. Dann weiter wie dieser Charakter sich ändert — ich denke wohl unter orientalischem Einflusse. Weiter die Andeutung der Macht der kirchlichen Gestaltung als resultirend aus der Deckung der kirch= lichen und der Verwaltungs=Bezirke. Die Erkenntniß der Einheit des Reichsgedankens bei der nur persönlichen und nur geographischen Trennung mehr der imperatorischen Funktionen als des imperiums selbst. Die Darstellung des Verhältnisses der germanischen Okkupa= tionen zu dem Reiche, wofür ich nach Rankes Darstellung die ver= deutlichende Parallele mit den von der Türkei abhängigen Staats= gebilden an der unteren Donau anführen möchte. Die Zerlegung und Auflösung des Begriffs der ‚Völkerwanderung' in über einen weiteren als den bisher angenommenen Zeitraum sich erstreckende Vorgänge, mit welchen weniger eine neue Zeit beginnt als daß eine solche dadurch vorbereitet wird. Die äußerliche Zeitabgrenzung wird damit beseitigt, der Nebelfleck einer undeutlichen Vorstellung in dis= krete Größen aufgelöst. Und mit dramatischer Meisterschaft werden aus dem Gewoge einer ideen= d. h. gestaltlosen Zeit die Figuren der titanischen Menschen herausgehoben, die sich von dem brand= düsteren Hintergrund einer in Fluß gerathenen Geschichte abheben, deren Seele und Kraft nichts wie Bewegung ist, von einem Schick= salswechsel wie Shakspeare ihn uns in der Reihe der Königsdramen enthüllt. Welche Fundgrube für einen Dramatiker, und gerade jetzt verwendbar bei den großen historischen Analogien. Und dabei ist dieser 4te Band geschrieben, daß kein Roman spannender ist, es eine lockendere, mehr und leichter mit sich fortführende Prosa nicht giebt. — Um von weiterer leichter Lektüre zu sprechen, so habe ich einiges Interessante in dem letzten Buche über Bismarck gefunden. Die Vergegenwärtigung des großen historischen Conflikts des deutschen Reichs und der römischen Herrschaft sowie seiner einzelnen, zum guten Theile nicht innerhalb des Parlaments sich abspielenden Phasen ist immerhin von Nutzen. Man beurtheilt dann einzelne

Conzeſſionen richtiger wie man richtiger von einem Berge aus die Gegend taxirt als zum Fenſter herausſehend. Meiſterhaft war wieder einmal Treitſchke; denn ihm ſchreibe ich den Artikel über Lasker in den Preußiſchen Jahrbüchern zu. Treitſchke iſt ein ſeltener Menſch, bei dem das Herz verſtändig iſt, Empfindung die Leuchte des Gedankens iſt. Wollte ich nun noch weiter erzählen, was Alles theils geleſen, theils eingeſehen, theils noch anzugreifen auf Schreibtiſch und Tiſchen herumliegt, der Brief würde zu lang werden. Laſſen Sie Sich nur noch ſagen, daß Antiſthenes mir erſt kürzlich als ein ausgezeichneter Kopf aufgegangen iſt. Wie denn mancher zu Ehren kommt bei einer Betrachtungsweiſe, die hinter die Syſteme zurückgehend über= drüſſig iſt der philoſophiſchen Dogmengeſchichte, die eine Erfindung der Neuzeit ein Zeichen falſcher Unterrichtsmethode iſt. Lebenskämpfe ſind zu dogmatiſchen Streitigkeiten gemacht worden. Und ſo iſt auch nicht eingeſehen worden, daß die dogmatiſchen Streitigkeiten der ſich vorſtellungsmäßig fixirenden Kirche Lebenskämpfe waren. Doch nun ſchließe ich abrupt. Sonſt geht's wieder los — und Sie werden genug haben.

32a] Graf Yorck an Dilthey.

Breslau 18. II. 84.

Lieber Freund.

Heute nur einige Zeilen in Eile.

Wirthſchaftliches ſowie Schnepfe führen mich in der erſten Hälfte des März nach Kl. Oels. Halten Sie alſo ja feſt an Ihrem Plane das Philoſophenzimmer aufzuſuchen. Wir könnten nach langer Unterbrechung einmal wieder Gott und die Welt nachdenklich be= ſprechen. Die wohl gebrochene Arbeitskraft Sigwarts — eine mir unerwartete und betrübliche Nachricht. Nicht zwar daß ich erwartet hätte, daß er — in der Vorausſetzung und Voreingenommenheit der Evidenz befangen, der Gedankenſtellung den Ruck zu geben vermocht hätte, der erforderlich und geboten iſt. Etwas Neues thut Noth. Das wäre keine üble Aufgabe eine erklärende hiſtoriſche Darſtellung der Hauptkategorien des erkennen wollenden Denkens. Hiſtoriſches Verſtändniß zuſammen mit kritiſchem Gewinne würde ſich ergeben. Ebenſo wild wie Denken, Begreifen, Erkennen wird noch immer Evidenz, Gewißheit, Sicherheit durcheinander geworfen. Der Haupt= angriffspunkt natürlich Mill, von dem ſo viele Andere leben und der mit Ausnahme ſeiner trefflichen Darſtellung naturwiſſenſchaftlicher

Methode überall falsch ist. Sigwart hätte das Land seiner Sehnsucht nie erreicht, weil er es außen sucht, lauter Ikarusflüge. Der Versuch aber wäre immer belehrend und interessant gewesen. Und er gehört abgesehen davon, daß er ausgezeichnet ist durch Schärfe und Schneidigkeit des Denkens, zu denen, die verantwortlich denken. Ich gratuliere zu jedem einzelnen Falle, wo Sie die dünne jüdische Routine, der das Bewußtsein der Verantwortlichkeit für die Gedanken fehlt, wie dem ganzen Stamme das Gefühl psychischen und physischen Bodens, von dem Lehrstuhle fern halten. — Daß das Neue welches Noth thut nicht alsbald dem Verständnisse begegnet, wie Sie es erfahren, ist nur natürlich. Nach und nach und durch Vermittelung des Lehrstuhls wird es schon wirken. Vielleicht auch durch oppositionellere Pointierung.

43a] Graf Porck an Dilthey.

Kl. Oels 4. 3. 85.

Mein lieber Freund.

Herzlichen Dank für Ihr freundliches und freundschaftliches Gedenken. Das Zimmer neben den meinigen steht zu Ihrer Disposition und ich rufe ein herzliches Willkommen!

. . .

Sehr interessant war mir Ihre Mittheilung von Useners Plänen und Untersuchungsresultaten. Weniger weil ich meinte, man könne auf diese historisch-litterarische Weise die Centralität Platons oder überhaupt einer geistigen Erscheinung treffen, als als klassisches Beispiel der philologischen Problematik. Fassen wir diese in der That in sich perfekte Philologie historisch auf. Diese ganze Nachkommenschaft Fr. A. Wolfs, dessen Untersuchungsmethode typisch ist — in ihm ist Boeckh und Hermann noch ungetrennt — ist selbst, wie der Meister, historisch bestimmt. Im Urheber eine merkwürdige Mischung von Romantik — aesthetischer Anschauung — und moderner Naturwissenschaft. Die äußerliche historische Fixation ist nicht entscheidend, wie Wolf dies selbst ausspricht. Die Untersuchung geht nicht mehr oder doch nur bis zum Sprungbrette, dann springt sie oder fliegt und die Flügel sind die Hypothese. Ich habe einiges über Hypothese überhaupt und die Bedingungen, die historisch-psychischen Voraussetzungen ihres Eintritts als eines wissenschaftlichen Hülfsmittels gedanklich bereinigt, worauf ich aber nicht eingehe. Hier nur daß das Material der philologischen Hypothesen Einzelheiten sind, worin

fich die Verwandfchaft diefer und der naturwiffenfchaftlichen Denk=
ftellung ausfpricht. Pfychifche Wahrfcheinlichkeit das Ziel, Über=
zeugungsgefühl ftatt Evidenz. Aber der Weg dahin von Außen,
vom Wort zum Sinn und der Glauben an die Richtigkeit diefes
Wegs eine Folge ontologifcher Voreingenommenheit, mangelnder
pfychifcher Erkenntniß. Man kann dies auch fo ausdrücken: der
Geift foll litterar=hiftorifch erfaßt werden.

Was fagen Sie zu dem letzten Bismarck? Ich denke, Sie
jubeln wie ich. Da ift einmal wieder das Pneuma der Weltgefchichte
zu fpüren gewefen. Und den Engländern kann man zurufen: qui
mange de Bismarck, en meurt.

. . .

46a] Graf Yorck an Dilthey.

Klein=Oels den 6. Oktober 85.

Mein lieber Freund.

Den erften freien Moment benutze ich, um Ihnen von ganzem
Herzen zu danken. Nach und nach kehrt die hiefige Lebensfluth in
die gewohnten Ufer zurück und damit die Möglichkeit wieder ftiller
Befchäftigung . . . Sie mein lieber Freund, der Sie mir fehr fehlten,
deffen ich gedachte, als ich am 3. Oktober die Inventur meines großen
lebendigen Reichthums machte, Sie fprechen in Ihrem letzten Briefe
wie zu fo aus meiner innerften Empfindung heraus, ein intimes
Sichverftehen, wie es fich eben nur ergiebt aus der Gemeinfchaft der
Lebendigkeit. Man nennt dies mit Recht Freundfchaft, wenn man
diefe Bezeichnung in hohem und befonderem Sinne verfteht. Wie
unfer Meiftes und Beftes ein Gnadengefchenk des Himmels, fo nach
der Art wie ich es anfehe, unfere Freundfchaft. Das Caufalgefetz
reicht eben nicht weiter als der phyfifche Faktor trägt, dem es ent=
ftammt, wenn gleich Wiffenfchaft genöthigt ift, aus technifchem Grunde,
es als unbefchränkt anzunehmen, ohne daß fie, will fie Wiffenfchaft
bleiben, Dogmatik an die Stelle der Kritik fetzend das Bewußtfein
verlieren darf, daß fie poftulirt. Hier haben wir eine Grenze der
Wiffenfchaft, die nur unbegrenzt ift im Wollen, als Wollen, die etwas
radikaler ift als die Dubois-Reymondfchen Grenzbeftimmungen, die
Ergebniffe falfcher Fragftellungen find. Die richtigen Grenzen, beffer
die Competenzen zieht die Philofophie, die keine Wiffenfchaft ift,
fondern Leben, und im Grunde Leben gewefen ift, auch da wo fie

Wissenschaft sein wollte, wo denn sie Metaphysik sein mußte, das heißt doch im Grunde Platonismus.

Wenn ich, sei es auch in solch abgerissener Weise, Ihnen schreibe, so ist mir zu Muthe wie Faust, als er von dem Genusse unmittelbarer Naturschönheit zurückgekehrt in sein Studirzimmer die Heimath seiner Gedanken betritt. Noch ist es nur ein flüchtiges Eintreten. Liebe und freundliche Menschen halten mich noch zurück ... Wenn nun Ruhe eingekehrt ist, will ich in erhöhtem Lebensgefühle thätig sein. Anfang Januar aber hoffe ich für zwei Monate nach Berlin zu kommen. Da wollen wir uns gründlich sehen. Es kann schön werden und wird schön sein wie einst in Breslau oder vielmehr noch lebendiger. Denn lieber Freund, wir wandeln uns nicht mehr aber wir wachsen. — Und Berlin nur fünf Stunden von Weimar.

46 b] Graf Yorck an Dilthey.

Klein=Oels den 16. Nov. 85.

Mein lieber Freund.

Lange habe ich nichts von mir hören lassen, wenn gleich ich täglich Ihrer gedacht habe in Mitten meiner wissenschaftlichen Einsamkeit ... Heute aber muß ich mein Schweigen brechen, um glückwünschend Theil zu nehmen an der Feier Ihres Geburtstages. Sie wissen, wie ich das Schönste und Beste wünsche als ein Selbstempfundenes und Zugehöriges. Sie halten diesen Festtag der Existenzialfreudigkeit auch vor Nahen geheim. Mir müssen Sie schon den Zutritt gestatten und daß ich mich hinter die Nächsten stelle. Nach Ablauf von sechs Wochen denke ich mich nun — und mit Freuden denke ich daran — als zeitweiligen Berliner bei Ihnen zu melden. Dann wollen wir in langentbehrter Weise die Gemeinsamkeit lebendigen Denkens genießen. Und es sei uns gegeben in ganzer körperlicher Frische mit einander fortzuschreiten, erwärmt und bewegt in ungeminderter Weise von dem Interesse an der Erkenntniß der Lebendigkeit, deren letzte methodologische Voraussetzung die eigene Lebendigkeit ist. Und lese ich, daß Pythagoras mindestens in Mitten der funfziger gestanden, als er Theano so leidenschaftlich zu lieben begann, daß seine Leidenschaft als Wahnsinn bezeichnet werden konnte, so sage ich mir daß wir Recht und Pflicht haben zu wachsender Freude an den mehr als sieben $\vartheta\varepsilon\dot\alpha\mu\alpha\tau\alpha$ der Welt.

...

256

Berichtigungen.

S. 2, 23. Z.: liegende, um deshalb.
S. 18, 9. Z.: Ministerresident.
S. 71, 8. Z. v. u.: Daß.
S. 72, 12. Z. v. u.: Banquerutt.
S. 84, 5. Z. v. 66: wo.
S. 219: Van 't Hoff.

Anmerkungen.

1] S. 1. Die Abhandlung ‚Über die Einbildungskraft der Dichter. Mit Rücksicht auf Hermann Grimm, Goethe, Vorlesungen. Berlin, W. Hertz, 1877', erschien im Herbst 1877 in der Zs. f. Völkerpsychologie X (1878), S. 42—104.

S. 2. Protest der Empirie gegen den Empirismus: In Diltheys Nachlaß befindet sich, wie Herr Prof. Misch mir freundlich mitteilt, ein Aufsatz aus der Mitte der 70er Jahre über ein solches Thema. Auf ihn spielt vielleicht Yorcks Bemerkung an.

2] S. 3. Was mit dem ‚Unglücksheft' und der ‚neuesten Berliner Philosophie' gemeint sei, konnte nicht mehr ermittelt werden.

3] S. 4. Dilthey kondoliert zum Tode des Yorckschen Generaldirektors: Wilhelm v. Ferentheil und Gruppenberg.

Yorcks Brief ist verloren.

Der Musiker Bernhard Scholz war ein Landsmann Diltheys und von Kind an mit ihm befreundet. In den 50er Jahren verlebten sie einen Teil ihrer Lehrzeit gemeinsam in Berlin und trafen sich regelmäßig in den Liebigschen Konzerten. Von neuem begegneten sich ihre Lebenswege, als Scholz im Herbst 1866, nach sechsjähriger Dienstzeit am Hannoverschen Hoftheater und einem längeren Aufenthalt in Italien, sich in Berlin niederließ. Zu dem deutschen Tedeum, das Scholz damals, unter dem Eindruck des preußischen Sieges komponierte, hat Dilthey den Text geschrieben ‚nach Worten der heiligen Schrift und kirchlicher Hymnen'. Durch das Olfersche Haus wurde hier auch die Bekanntschaft zwischen Yorck und Scholz vermittelt. Später, als Musikdirektor in Breslau hat Scholz reichlich Gelegenheit gehabt, diese Beziehungen zu pflegen.

4] S. 5. Der kleine Hammer: Diltheys Tochter Klara.

5] S. 6. Von Frühjahr bis Sommer 1878 dichtete Wildenbruch: ‚Die Karolinger'.

S. 8. Claasen: Gemeint ist wohl der Philologe Joh. Classen.

7] S. 10. Graf Carl Philipp Harrach, Herr auf Groß-Sägewitz in Preußisch Schlesien, starb am 25. Nov. 1878.

9] S. 12. Die schriftliche Confession: wohl philosophische Aufzeichnungen. Vgl. Brief Nr. 6, S. 9.

10] S. 13. Diltheys Brief vom 3. Okt. 1879 ist verloren.

12] S. 16. Der von uns mitgeteilte Ausschnitt ist Diktat.

Puttkammers Rede: wahrscheinlich die große Rede vom 28. Mai 1880 bei der ersten Lesung des Gesetzentwurfs wegen Abänderung der kirchenpolitischen Gesetze vom Mai 1873 (s. Ludwig Hahn, Gesch. d. Kulturkampfes in Akten dargestellt. Berlin 1881. S. 250 ff.). Die Schlesische Zeitung brachte ein Referat dieser Rede in der Mittagsausgabe vom 29. Mai. — Dilthey, der im ersten Teil des Briefes für einen Aufenthalt in Klein Oels dankt, hat augenscheinlich die Pfingsttage dort verbracht. (Pfingstsonntag 1880: 16. Mai.)

13] S. 16. Im Sommer 1880 reiste Graf Yorck zu den Passionsspielen nach Oberammergau. — Am 3. Juli 1880 beschäftigte sich das Herrenhaus mit dem Gesetzentwurf betreffend die Abänderung der Maigesetze. Yorck hat in der Sitzung nicht gesprochen. Auf die geplanten Artikel spielt auch der nächste Brief Diltheys vom 1. Sept. 1880 an (s. S. 18).

Dreber: Dilthey schreibt ‚Träber'.

14] S. 18. Über Yorcks Artikel vgl. Brief Nr. 13, S. 16.

15] S. 19. Die praktisch politische Schulung Carl Neumanns, auf die Yorck in diesem Briefe hinweist, hebt auch Partsch hervor (s. den Artikel in der A. D. B. und das Lebensbild in der Zs. f. Erdkunde XVII [1882], 81—111).

16] S. 21. ‚Le Nabab': Pariser Sittenschilderung von Alphonse Daudet.

17] S. 24. Im ersten Teil des Briefes, der familiäre Mitteilungen enthält, schlägt Yorck ein Zusammentreffen für den 2. Juni in der Scholtzischen Buchhandlung in Breslau vor.

18] S. 24. Der Brief von Hermann Usener, der eine genauere Datierung dieses Briefes ermöglicht hätte, war bisher leider nicht aufzufinden. — Diltheys Berufung nach Berlin fand statt am 22. Juli 1882, seine Übersiedlung dorthin: Michaelis 1882.

19] S. 24. Dilthey schreibt an der ‚Einleitung in die Geisteswissenschaften', Kapitel über das Mittelalter.

21] S. 27. Die katholische Professur: Die Statuten der Breslauer Universität bestimmen, daß der Lehrstuhl der Philosophie doppelt, mit einem katholischen und einem protestantischen Lehrer besetzt sein soll. Der damalige Inhaber der katholischen Lehrkanzel, Theodor Hubert Weber, war zum Altkatholizismus übergetreten und schien daher nicht geeignet als philosophischer Lehrer für die Studierenden der Theologie. So wurde ein anderes Ordinariat für Philosophie bewilligt und 1883 an Clemens Bäumker übertragen. (S. Georg Kaufmann, Gesch. d. Univ. Breslau. Festschrift. 1911.)

Mit Herzog ist wohl der Staatssekretär für Elsaß-Lothringen gemeint, der im Jahre 1880 seinen Abschied erhielt. Den Anlaß dazu bot ein Konflikt mit dem Statthalter Frh. v. Manteuffel über Konzessionen an den katholischen Klerus.

25] S. 31. Yorcks Geburtstag: 1. März.

S. 32. Der Streit zwischen Eduard Zeller und Franz Brentano: über den Kreatianismus, resp. die Präformation des νοῦς bei Aristoteles. 1882 veröffentlichte Brentano in den Sitzungsberichten der Wiener Akademie: ‚Sechs Untersuchungen zum Nachweis des Kreatianismus als aristotelischer Lehre'. Im selben Jahre erschien in den Sitzungsberichten der Berliner Akademie Zellers Gegenschrift: ‚Über die Lehre des Aristoteles von der Ewigkeit des Geistes'. (Wieder abgedr. in Kl. Schr. I, 263—290.) Darauf (1883) antwortete Brentano in einem Offenen Briefe: ‚Die Einwände von Eduard Zeller und ihre durchgängige Widerlegung'. Zellers Antwort erfolgte in der D. L. Z. vom 17. Febr. 1883, Nr. 7, Sp. 228 ff. Brentanos beide Abhandlungen sind zusammengefaßt in dem Buche: ‚Aristoteles' Lehre vom Ursprung des menschlichen Geistes' (1911).

26] S. 32. Yorck spricht seine Teilnahme aus zur tötlichen Erkrankung von Frau Diltheys Schwester.

S. 33. Die Stelle: Plutarch, plac. I, 23, mit Parallelstellen, ist von Dilthey zitiert im 3. Kap. des 2. Buchs seiner ‚Einleitung' (Ges. Schr. I, 171 Anm.).

27] S. 33. Geleitbrief zur ‚Einleitung in die Geisteswissenschaften'.

28] S. 34. Von Sigwart sind drei Aufsätze über Bacon bekannt:
1) ‚Ein Philosoph und ein Naturforscher über Franz Bacon v. Verulam' (gegen Liebig). Preuß. Jbb. XII (1863), 93—129.
2) ‚Noch ein Wort über Franz Bacon v. Verulam. Eine Entgegnung.' Ebd. XIII (1864), 79—89.
3) ‚Eine Berichtigung in Betreff Bacons'. Beilage zur Allgem. Zeitung vom 20. März 1864.
Das Buch an das sich die Lektüre des fraglichen Aufsatzes anschloß, braucht nicht die 'Einleitung in die Geisteswissenschaften' zu sein. Yorcks Bemerkung, ein schnell an den Rand geschriebenes postscriptum, steht nicht durchaus in Zusammenhang mit dem übrigen Briefinhalt. Da die Freunde reichlich Bücher austauschten, mag es sich um ein Buch handeln, das Dilthey jüngst an Yorck geliehen oder empfohlen hatte.

29] S. 34. Über den Aufenthalt der Frau Dilthey bei Brentanos berichtet auch der folgende, von Dilthey selbst datierte Brief in seinem weggelassenen ersten Teil. Die Datierung unseres Briefs wird außerdem festgestellt durch Diltheys Mitteilung, daß er noch keine Rezension seiner ‚Einleitung' gesehen habe. Ferner durch die zitierten Neuerscheinungen.

31] S. 37. Scherers Eintritt in die Akademie fand statt am 9. April 1884. — Müllenhoffs erster Schlaganfall: im Nov. 1883. Todestag: 19. Febr. 1884.

31 a] S. 251. Die Besprechung von Diltheys Buch in der Vierteljahrschrift f. wissenschaftl. Philos., 1883, VI. Heft (Bd. VII, S. 491—501), ist von Theobald Ziegler.

S. 252. Das letzte Buch über Bismarck: vermutlich Hermann Robolskys anonymes Buch: ‚Bismarck nach dem Kriege', das im Herbst 1883 erschien. Das 1. Kapitel handelt über Bismarck und Rom. Möglicherweise ist auch das ebenfalls anonyme Werk desselben Verfassers: ‚Bismarck. Zwölf Jahre deutscher Politik‘, gemeint, das wohl schon zu Anfang des Jahres 1884 erschien. Auch darin wird die Politik des Reiches gegen Rom, doch kürzer, besprochen, Ein Exemplar dieses Buches befindet sich in der Kleinoelser Bibliothek.

32] S. 39. Über Yorcks Vermutung betreffend den Verfasser des Laskeraufsatzes vgl. Nr. 31 a, S. 253.

32 a] S. 253. Der erste Teil dieses Briefes antwortet auf einen nicht aufgenommenen Passus des vorangehenden Briefes (Nr. 32, S. 39), worin Dilthey einen Besuch in Klein Oels für den März ankündigt. Ebenso bezieht sich das Wort über Sigwarts wohl gebrochene Arbeitskraft auf einen hier ausgelassenen Bericht Diltheys.

33] S. 39. Ein Gratulationsbrief Diltheys zum 1. März 1884 liegt uns nicht vor.

36] S. 41. Zwischen dieser Nummer und der vorangehenden liegt ein Briefchen Diltheys, in dem er die Geburt seines Sohnes anzeigt, und ein Glückwunsch Yorcks.
S. 41 f. Die Besprechung von Diltheys Buch, die in der ‚Nation‘ am 8. Juni 1884 (Jg. I, S. 506 f.) unter dem Titel: ‚Das Ende der Metaphysik‘ erschien, ist mit ‚W. R.‘ gezeichnet.

37] S. 43. Der letzte öffentliche Brief Mommsens ist wohl der an Ferd. Scheller in Coburg, Redakteur der ‚Fränkischen Leuchte‘, Charlottenburg 10. Mai 1884, betreffend die Verlängerung des Sozialistengesetzes. (Fränkische Leuchte, Nr. 58.) Gemeint ist aber vielleicht der bekanntere Brief vom 8. April 1884 über das selbe Thema (Fränkische Leuchte Nr. 45), der unter Weglassung der Einleitung in der Volkszeitung vom 17. April (32. Jg., Nr. 90) wieder abgedruckt wurde.
Der Wechsel in der Kronprinzlichen Umgebung: An Stelle des bisherigen Hofmarschalls Normann, eines Mannes von liberaler politischer Farbe, trat im Jahre 1884 Graf Radolin=Radolinski, bis dahin preuß. Gesandter in Weimar, später durch Kaiser Friedrich als Radolin in den Fürstenstand erhoben, zuletzt Botschafter in Paris. Bismarck hat bei diesem Wechsel seine Hand im Spiele gehabt.

41] S. 47. Der unterdrückte Anfang dieses Briefes schließt sich unmittelbar an eine kleine Gruppe hier nicht aufgenommener Briefe an, die die Wahl eines Hauslehrers für Klein Oels zum Gegenstand haben; er vermerkt obendrein daß es der letzte Tag des Jahres sei.

42] S. 48. Die Villa: ein kleines Haus am Rande des Yorckschen Parks gelegen.
Maximilian Yorck, Paul Yorcks Halbbruder, ist auch Verfasser der bekannten ‚Weltgeschichte in Umrissen‘.

44] S. 50. Fragment.

45] S. 51. Gräfin Bertha Yorck heiratete am 15. August 1885 den Grafen Leopold Kalckreuth.

262

46] S. 52. Brief zur filbernen Hochzeit des Grafen Yorck am 3. Okt. 1885. Herr Gräf: Hauslehrer in Klein Oels.

46a] S. 256. Weimar war damals Wohnsitz des Grafen Leopold Kalckreuth.

46b] S. 256. Diltheys Geburtstag: 19. November.

48] S. 54. Yorcks Brief ist verloren.
S. 55. Zu dem kleinen Buch über Einbildungskraft der Dichter vgl. Nr. 50, S. 57 unten, wo augenscheinlich auf dies in Bibrich geschriebene Buch angespielt wird, mit Bezug auf die Rede über dichterische Einbildungskraft und Wahnsinn, die dann im Laufe des Jahres 1886 erschien. Unser Brief geht also dem Briefe Nr. 50 offenbar voran. — Gedanken über die Gründe für Existenz der Außenwelt beschäftigen Dilthey seit Anfang der 80er Jahre für den 2. Band seiner Einleitung. Die genannten poetischen Arbeiten stehn in einem innern Zusammenhang damit. In unserm Brief kann für: ,Existenz der Außenwelt' auch ,Existenz und Außenwelt' gelesen werden.
Unter Useners Arbeit ist wohl der erste Teil seiner 1889 erschienenen Religionsgeschichtlichen Untersuchungen zu verstehen, der das Weihnachtsfest behandelt.

49] S. 56. Zum Ausdruck ,Metamorphose' vgl. Diltheys Rede über dichterische Einbildungskraft und Wahnsinn, Lpz. 1886.

52] S. 60. Diltheys Brief ist verloren.
S. 62. Im Sommer 1886 beging die Ruprecht-Karls-Hochschule ihre fünfhundertjährige Jubelfeier. Beim Festakt in der Aula am 3. August sprach Eduard Zeller im Namen der deutschen Hochschulen und Akademien, Jules Zeller aus Paris, derz. Präsident des Institut de France, im Namen der Universitäten und Akademien des Auslands. Kuno Fischer trat am 4. August als Festredner in der Heilig-Geist-Kirche auf.

54] S. 65. Was mit der ,Rarität' gemeint sei, konnte leider nicht mehr festgestellt werden.

55] S. 66. Craigenputtock: Name von Carlyles Haus in Schottland.

56] S. 67. Dilthey hielt seine Antrittsrede in der Akademie: am 30. Juni 1887. Der Brief kann also genau auf Anfang Juli datiert werden.

57] S. 68. Diltheys Brief ist verloren.

58] S. 70. Beide Briefe Diltheys sind verloren.

59] S. 72. Unter dem vergleichenden Coler ist offenbar der Jurist Josef Kohler zu verstehen, der 1888 nach Berlin kam. Beim Schreiben hat vielleicht der Name des bekannten Militärarztes Alwin Coler vorgeschwebt.

60] S. 73. Fragment.
Diltheys Brief ist verloren.

61] S. 75. Diktat.

67] S. 87. Diltheys Brief ist verloren.
Wildenbruchs geächteter ‚Generalfeldoberst’, verboten für alle Hofbühnen Preußens und auch alle Privatbühnen Berlins, wurde am 1. Jan. 1890 in Leipzig aufgeführt. Dilthey wohnte dieser Aufführung bei. (Vgl. die Wildenbruchbiographie von Berthold Litzmann II, 83.)

68] S. 89. Dies ist vermutlich der nicht eingetroffene Brief, der in Nr. 69 erwähnt wird. Er hat sich nicht in Klein Oels, sondern in Diltheys Nachlaß in Berlin gefunden.

69] S. 92. Vgl. die vorige Anm. Der Brief Diltheys, auf den dieser Brief antwortet, ist verloren.
S. 99. Über Zellers pädagogischen Standpunkt unterrichtet uns der Aufsatz: ‚Gymnasium und Universität. Ein Beitrag zur Schulreform’. D. Rdsch. Bd. 62 (1890), S. 216—239. (Wieder abgedr. in Kl. Schr. II, 516—552.) Über den von Paul Güßfeldt der Aufsatz: ‚Die Erziehung der deutschen Jugend’. Ebd., S. 25—51. Von Friedrich Paulsen s. den Aufsatz: ‚Hoffnungen und Wünsche beim Schluß der Schulreform’, der am 1. Jan. 1891 im Deutschen Wochenblatt erschien. (Aufgenommen in ‚Pädagog. Abhh.’ 1912, S. 82—96.)
S. 102. Der Schluß des Briefes legt die Vermutung nahe, daß Yorck schon im Winter 1889/90 einen Anlauf genommen habe, sich schriftlich zur Schulreform zu äußern. Eine größere Arbeit über dies Thema, die nicht vollendet wurde, ist wohl im Herbst 1890 begonnen und hat Yorck dann während des Jahres 1891 beschäftigt. Vgl. zunächst Nr. 75, 76, 77, 79. Ein Fragment dieser Arbeit befindet sich im Nachlaß.

70] S. 102. Dilthey gratuliert zur Verlobung von Yorcks jüngster Tochter: Veronika.
Der Vortrag in der Akademie über den Ursprung unseres Glaubens an die Außenwelt fand am 1. Mai statt.

72] S. 106. Die Abhandlung: ‚Beiträge zur Lösung der Frage vom Ursprung unseres Glaubens an die Außenwelt und seinem Recht’, die aus dem Vortrag vom 1. Mai erwuchs (vgl. die vorige Anm.), ist in den Sitzungsberichten der Akademie am 9. Sept. 1890 ausgegeben worden.
S. 107. ‚Comtesse Bertha’: ein starker Anachronismus, da Gräfin Bertha seit 1885 verheiratet ist.
Der Staatsrechtslehrer Hermann Schulze, 1857—1878 o. Prof. in Breslau, dann in Heidelberg, † 1888, Vater des Nationalökonomen Gerhart Schulze-Gävernitz, gehörte zu Diltheys Breslauer Bekanntenkreis. Schulze wurde kurz vor seinem Tode vom Großherzog von Baden geadelt, wobei ihm der Name seines väterlichen Gutes ‚Gävernitz’ beigelegt wurde.

264

Berthold Litzmann erzählt, daß Wildenbruchs derz. letztes Stück: ‚Der Neue Herr' erst im Nov. am Schauspielhause angenommen worden sei (f. d. Biogr. Bd. II, S. 113). Einer Vorlesung dieses Stücks Anfang Febr. hätten Yorck und Dilthey beigewohnt (f. ebd. S. 114).

73] S. 107. Über die Akademieabhandlung vgl. die entsprechende Anm. zum vorigen Brief.

75] S. 110. Briefe Diltheys zwischen diesem und dem vorigen Briefe Yorcks sind uns nicht erhalten.

Zu Yorcks Schrift über Unterrichtsreform vgl. die Anm. zu Nr. 69, S. 102. Diese Arbeit wurde zunächst durch Yorcks italienische Reise unterbrochen (vgl. Nr. 79). Endgültig aufgegeben wurde sie dann, als die Schulfrage reglementarisch und nicht durch Gesetz erledigt worden war.

76] S. 111. Yorck hat sich im Datum verschrieben und als Monat den 10. statt den 11. gesetzt. Daß dieser Brief dem Briefe vom 22. 10. zeitlich nachfolgt und kurz vor der dort erwähnten Landtagseröffnung am 12. Nov. verfaßt sein muß, wird bei aufmerksamem Lesen ohne weiteres klar.

77] S. 112. Chr. Julius Braniß war Yorcks Lehrer und ein häufiger Gast in Klein Oels. Yorck hat ihm seine Jugendschrift gewidmet, die sich aus einer Prüfungsarbeit für den höheren Verwaltungsdienst ergab: ‚Die Katharsis des Aristoteles und der Oedipus Coloneus des Sophokles' (Berlin 1866). — Braniß' Arbeit: ‚Über Schleiermachers Glaubenslehre' (1824), findet sich a. a. O. verzeichnet.

S. 113. Alfred Dove, seit 1884 Ordinarius in Bonn, gab 1890 sein akademisches Amt auf und kehrte zum Jugendberuf des Journalisten zurück. Von 1890 bis 1897 redigierte er die Beilage der Allgemeinen Zeitung in München.

78] S. 115. Mit dem hier erwähnten Aufsatz ist vielleicht der über ‚Schulreformen und Schulstuben' gemeint, der im VI. Bd. der Ges. Schr., S. 83—89, abgedruckt wird.

S. 116. Für: ‚aus denen eine Poetik erwachsen muß', kann auch gelesen werden: ‚aus dem eine Poetik erwachsen muß'. Die Klammer wäre dann mit dem Satz zu schließen. Aus der Handschrift ist nicht deutlich zu ersehen ob die Klammer nach ‚großen' durchstrichen ist. Sie fehlt jedenfalls nach ‚muß'. Wir glaubten die Meinung Diltheys mit unserer Wiedergabe am ehesten zu treffen.

In der Villa (vgl. Anm. zu Nr. 42, S. 48) wohnte damals Paul Yorcks jüngster Bruder Hanns mit Frau.

80] S. 118. Prof. Robert Koch trat 1890/91 zuerst mit einem Heilmittel gegen die Tuberkulose auf. Das preuß. Staatsministerium beschäftigte sich damals mit einer Vorlage, deren Ziel die Errichtung einer Anstalt zur Erzeugung und Vertreibung des Heilmittels war.

82] S. 121. Fragment.

Am 15. März vermerkt Yorck in seinem italienischen Tagebuch daß er einen Brief von Dilthey erhalten habe: ... ‚Dilthey kann nicht nach Rom kommen. Sie wollen ein paar Wochen in Pallanza zubringen.'

Am 30. April sprach Dilthey in der Akademie über den Wert der verschiedenen Methoden in der Ästhetik. Dieser Vortrag ist Grundlage des 1892 in der D. Rdsch. erschienenen Aufsatzes: ‚Die drei Epochen der modernen Aesthetik und ihre heutige Aufgabe'.

Über den Schulartikel vgl. die Anm. zu Nr. 78, S. 115.

84] S. 122. Das Datum dieses Briefes ergibt sich genau aus Diltheys Bemerkung, daß die Abh. über Ästhetik ‚heut in acht Tagen' in der Akademie zu lesen sei.

86] S. 125. Yorcks Brief ist verloren.

Über Yorcks Arbeit: Die Schrift zur Unterrichtsreform vgl. die Anm. zu Nr. 69, S. 102, und zu Nr. 75, S. 110.

87] S. 127. Diktat.

Das Übersandte ist der erste Teil des Aufsatzes: ‚Auffassung und Analyse des Menschen im 15. und 16. Jahrhundert'. Die im Brief angegebenen Zahlen beziehen sich auf den IV. Band des AGPh.

88] S. 129. Über Scipio Africanus vgl. den oben zitierten Aufsatz, Ges. Schr. II, 9. Die Stelle aus Livius ebd. S. 10: ‚se in armis ius ferre et omnia fortium virorum esse'.

94] S. 136. Das ‚Möglichst' bezieht sich auf den Wortlaut des § 14 im Entwurf des Volksschulgesetzes, den der Kultusminister Graf v. Zedlitz im Jan. 1892 dem Hause der Abgeordneten vorlegen ließ. Der Paragraph beginnt: ‚Bei der Einrichtung der Volksschulen sind die konfessionellen Verhältnisse möglichst zu berücksichtigen.'

97] S. 141. Das genaue Datum dieses Briefs ergibt sich aus einem weggelassenen Passus, worin Dilthey die Ankunft seiner Frau in Klein Oels für ‚nächsten Mittwoch den 30. März, in Aussicht stellt.

98] S. 142. Beide Briefe Diltheys sind verloren.

S. 145. Das Wort ‚Verhaltung' wird von Yorck regelmäßig im Sinne von Haltung, Verhalten, gebraucht.

99] S. 146. ‚Das Heldenhafte und Religiöse in der Menschennatur, das sich selber wegwerfen kann'. Dilthey meint: Das Heldenhafte und Religiöse in der Menschennatur, das Vermögen des Menschen, sich selber (sein sinnliches Dasein) wegzuwerfen. Das selbe sprachliche Kuriosum findet sich in den Beiträgen zum Studium der Individualität (f. Sitzungsber. der preuß. Akad. d. Wissensch. 1896, S. 299, Anm.), Dort ist die Rede von der ‚heroischen Willenshandlung, welche sich zu opfern vermag'.

103] S. 153 ff. Diltheys Notizen, die wir als Anmerkungen unter den Brieftext gestellt haben, sind mit Bleistift höchst flüchtig zwischen die Zeilen des Originals geschrieben. Der Sinn der stark verkürzten Rede in der ersten Anmerkung dürfte sein: der Katholizismus als Mittelalter, mittelalterliches Kultursystem, umfaßt

266

(schließt in sich ein) ein Stück Rationalismus, ebenso der Protestantismus, weil es eben die Tendenz vernunftbegabter Wesen ist, sich den Glaubensinhalt in der Vernunft anzueignen. Diese Tendenz der Vernunft, die nicht mit Autonomie der Vernunft gleichgesetzt werden darf, führt zur Bildung des Dogma. Außerdem aber wirkt bestimmend auf das Dogma der kirchlich regimentale Verband, Katholizismus verstanden als Willensverband, als äußere Organisation.

Von Diltheys Hand sind in dem Briefe folgende Stellen unterstrichen:

S. 153, Z. 12—13: Die Tiefe des souveränen Gemüths bildet eine größere Differenz als die Independenz des Willens.

S. 154, Z. 13—14: Die Dogmatik war der Versuch einer Ontologie des höheren, des historischen Lebens.

Z. 16—17: christliche Religion höchste Lebendigkeit ist.

Z. 20—24: Der hinter die fertigen Gegebenheiten zurückreichende lebendige Verband gewährt nun gleichsam das Capital für die Entnahme der dogmatischen Begriffe, welche ... soteriologisch gefordert waren.

S. 155, Z. 6—8. All jene dogmatischen Bestimmungen existiren noch in der lebendigen christlichen Gemeinde ... Werth repräsentiren.

Z. 13—15: weil Christentum Leben ist, der Tiefe der natürlichen Lebendigkeit entnommen. Hier allein war der fond für das ausreichende Symbol.

Z. 26: die Religion an sich.

104] S. 156. ‚Das neuste Stück von [?]': der erwartete Name fehlt. Daß Wildenbruch ein eigenes Werk vorgelesen habe und ein ‚sich' zu ergänzen sei, ist nicht wahrscheinlich. Gegen diese Annahme spricht zunächst das deutlich geschriebene Wort ‚Stück', das auf ein Drama deutet. Es liegt aber in der Zeit kein Drama oder Dramenentwurf Wildenbruchs vor, worauf Diltheys Aussage passen möchte. Das ‚von' ist letztes Wort einer Zeile. Dahinter ist ein auffällig großer Raum frei geblieben. Man möchte glauben daß Dilthey den Namen eines ihm neu vor= gestellten Dichters im Augenblick des Schreibens nicht gegenwärtig hatte und nach= träglich einfügen wollte. Da, wie Herr Geheimrat Litzmann mitteilt, von August 1891 bis Mai 1897 kein Tagebuch Wildenbruchs vorliegt, konnte über die hier erwähnte Vorlesung nichts Genaueres ermittelt werden.

105] S. 159. Ein Brief Diltheys aus dieser Zeit liegt uns nicht vor.

113] S. 174. Gomperz: vermutlich ist der Aufsatz ‚Zu Heraklits Lehre und den Überresten seines Werks' gemeint, der in den Sitzungsberichten der Wiener Akademie 1886 erschien, und der Yorck für seine eigene Arbeit über die Heraklitischen Fragmente besonders interessieren mußte. Ein Sonderabzug dieses Aufsatzes hat sich unter seinen Büchern gefunden. Bei den Worten über Pythagoras und den Kosmos scheint an die Auslegung von Fragm. XX (a. a. O. S. 1006) gedacht zu sein: ‚Das Wort κόσμος im Sinne von Welt befindet sich hier eben noch in statu nascendi, und mochte, um verständlich zu werden, eines Zusatzes von ἁπάντων, τῶν ξυμπάντων, τῶν ὅλων zu bedürfen scheinen. Zum mindesten dort, wo es zuerst gebraucht ward, und wer möchte daran zweifeln, daß solch ein Fundamentalsatz nicht weit vom Anfang des Buches entfernt zu lesen war? Daneben verschlägt es nichts, daß das bedeutsame Wort im Verlaufe der Schrift den bereits damit vertraut gewordenen Lesern auch ohne einen derartigen Zusatz dargeboten ward.'

114] S. 175. Diktat.

115] S. 176. Von Diltheys Hand angestrichen und z. T. mit einem NB versehen sind folgende Stellen:

S. 177, Z. 3—4: konstruktive ... wegen der historischen Parallelen.

Z. 16—17: Erklärung und damit inneren Widerlegung der konstruktiven Psychologie und ihrer Annahmen.

Z. 19—21: Behandlung und Berücksichtigung, welche die Sphäre des Intellekts erfährt, eine weniger eingehende und umfangreiche.

Z. 28—32: Die Kürze jener Behandlung nun, das Absehen von kritischer Auflösung = psychologischer Provenienznachweisung im Einzelnen und in eingreifender Ausführung steht meines Erachtens im Zusammenhange mit dem Begriffe und der Stellung, welche Sie der Erkenntnißtheorie zuweisen.

S. 178. Z. 21: Frage nach der Wirklichkeit.

Z. 24—25: Machen, Wirken war der Garant des Seins als Gemachtseins.

Z. 33—35: Wurde nun die synthetische Kraft in das Material verlegt, der theoretische Schritt, welcher dem Aufgeben der Tranzendenz des Denkens entsprach.

S. 179, Z. 8—16: Von jener Erkenntnißtendenz sind aber auch alle Grundhypothesen getragen, deren Schwäche ... nicht in dem Charakter des Problematischen liegt. Der Effekt, ihre konstruktive Kraft verleiht ihnen eine Art von Realität. Sie sind Willenskonsequenzen, man kann sagen Derivate der konstruktiven Tendenz. Wo es sich nun um Willensdaten, um Wirklichkeit im engeren Sinne, populär gesprochen: um die äußere Natur und Welt handelt, da ist die Konstruktion — der Provenienz wegen — dem ‚Objekte‘ adaequat.

Z. 38—40: die Erklärung der Unanwendbarkeit — die Thatsache ist hingestellt und deutlich gemacht — giebt nur eine Erkenntnißtheorie.

S. 180, Z. 6—7: intellektuelles — gegenüber dem handlichen — Experiment.

Z. 18—19: gleichsam Psychologie in Bewegung.

Z. 22—27: aus seinen Voraussetzungen und seiner Verhaltung als nicht ausreichend nachweisen zur Erklärung der gewiß somatisch bedingten aber nicht somatisch gearteten Geschichtlichkeit ... Persönlichkeit, die in ihrer Lebendigkeit auch nicht durch Charakterbestimmungen zur deckenden Beschreibung zu bringen ist.

S. 177. Die Parallelstelle aus einer Rede des Marquis Posa:

... Sagen Sie
Ihm, daß er für die Träume seiner Jugend
Soll Achtung haben, wenn er Mann sein wird.

(4. Akt, 21. Auftritt.)

S. 178. In Diltheys Anmerkung kann für ‚Wirkung der Construktion die Gesellschaft‘, auch gelesen werden: ‚Wirkung die Construktion der Gesellschaft‘.

117] S. 183. Ein kleines Stück des Briefes ist abgerissen, wodurch der Schluß des vorletzten Satzes verschwunden ist.

120] S. 187. Graf Peter Yorck, Fideikommißherr auf Schleibitz in Schlesien, starb am 11. Sept. 1895.

122] S. 191. Als 4. Abschnitt der Abhandlung ‚Beiträge zum Studium der Individualität‘ ist hier der mit 3 bezeichnete Abschnitt der 1896 veröffentlichten

Faſſung gemeint: ‚Die Kunſt als erſte Darſtellung der menſchlich geſchichtlichen Welt in ihrer Individuation'. In dem Neudruck, Geſ. Schr. V, wo die urſprüng= liche Faſſung hergeſtellt iſt, ſtimmt die Nr. überein.

123]   S. 195.   Beide Briefe Diltheys ſind verloren.
      S. 197.   p. 173.   ‚Das eigentlich Pſychologiſche bietet nirgends etwas Neues von eigenem Belang'. Ebbinghaus ſchreibt: ‚von einigem Belang'.

126]   S. 200.   Von den erwähnten Briefen Diltheys iſt nur einer erhalten, der Mitteilungen über ſchlechtes körperliches Befinden enthält.

127]   S. 203.   Die Anmerkung über den Strukturzuſammenhang in der Ab= handlung: ‚Beiträge zum Studium der Individualität' (S. 297 ff. in den Sitzungsber. d. Berl. Akad. 1896) pariert den Angriff von Ebbinghaus vom Oktober 1895.

128]   S. 206.   Der Druck des Akademie=Vortrages: ‚Beiträge zum Studium der Individualität', iſt am 12. März 1896 ausgegeben worden.
      Wildenbruchs Stück: ‚König Heinrich', erſter Teil des Doppeldramas: ‚Heinrich und Heinrichs Geſchlecht', wurde am 22. Jan. 1896 zum erſtenmal im Berliner Theater aufgeführt.

132]   S. 212.   Der Brief Diltheys auf den dieſer Brief ſich bezieht, iſt verloren.

133]   S. 213.   Diltheys Brief iſt verloren.
      Bernhard Scholz (vgl. Anm. z. Nr. 3) war ſeit 1883 Direktor des Hochſchen Konſervatoriums in Frankfurt a. M.

134]   S. 215.   Bei Ordnung der Platoniſchen Dialoge hat Dilthey, wie die Hſ. lehrt, urſprünglich 4 Gruppen angeſetzt. Neben 1 und 2 trug er zunächſt nur die allgemein charakteriſierenden Bemerkungen ein. Bei der 3. Gruppe empfand er augenſcheinlich ein Bedürfnis, einzelne Dialoge anzugeben, und fügte nun auch noch der 2. Abteilung die Namen: Protagoras, Gorgias, Phädrus, Sympoſion, zu. Sie ſind in Einem Zuge geſchrieben. Dabei kamen ihm die ſchon hingeſtellten Worte: ‚3) Männlich reife', in den Weg, und er ſtrich ſie durch. Auf der Zeile der geſtrichenen 3. Abteilung ſtehn jetzt: Gorgias, Phädrus, Sympoſion. In einigem Abſtand darunter, auf einer Zeile für ſich: Phädon, Kratylos, Theätet, Politie. Die 3 iſt nicht wieder hergeſtellt, auf Nr. 2 folgt Nr. 4. Die von uns verſuchte Herſtellung, wie ſie ſich als Diltheys Abſicht aus Beobachtung der Handſchrift ergibt, wird durch die Gruppen a und b in der Fortſetzung des Briefes geſtützt. Die Dreiteilung im Brief Nr. 136 iſt Ergebnis einer Reviſion unter Einfluß Yorcks und gibt keine genaue Auskunft über Diltheys Abſicht in dem früheren Briefe.

137]   S. 219.   Schmollers Gedächtnisrede auf Sybel und Treitſchke erſchien am 2. Juli in der Beilage der Münchener Allgemeinen Zeitung (Jg. 1896, Nr. 151).

140]   S. 222.   Fragment.
      S. 223.   Der letzte Abſatz über Gobineau ſcheint auf einen uns nicht er= haltenen Brief Diltheys hinzudeuten, worin von dieſem Buche ſchon die Rede war.

143] S. 229. Des Kaisers Einmischung in den Schillerpreis: Im Jahre 1896 war der Schillerpreis doppelt zu verleihen. Die Schillerkommission hatte Wildenbruch und Hauptmann vorgeschlagen. Durch Eingriff des Kaisers fielen beide Preise am 10. Nov. 1896 Wildenbruch zu. Wildenbruch aber nahm nur einen für sich in Anspruch und überwies den andern der Schillerstiftung in Weimar. Erich Schmidt antwortete dem Kaiserlichen Eingriff durch Austritt aus der Kommission.

145] S. 230. Diktat.

146] S. 231. Der Brief fällt jedenfalls in die Jahre nach Stumpfs Übersiedlung nach Berlin 1894. Da im Briefe vom 7. März 1897 ein kurzer Geburtstagsbrief erwähnt wird, haben wir ihn hier eingeordnet.

147] S. 232. Diktat.
    Die Leibnizausgabe von Gerhardt hatte sich einiger Unterstützung von seiten der Akademie zu erfreuen und wurde daher häufig ‚Akademieausgabe‘ genannt. Die Akademie selber hat eine Leibnizausgabe erst später in Angriff genommen und den ersten Band soeben vorgelegt.

151] S. 239. Wilamowitz, im Nov. 1896 nach Berlin berufen, folgte dem Rufe am 1. April 1897.

153] S. 242. Wie mir auf Grund von Akten der Tübinger Universität mitgeteilt wird, beruht Diltheys Behauptung, Sigwart habe ihn als Kollegen in Tübingen nicht gewollt, auf einem Irrtum. Vielmehr hat Sigwart ihn im Jahre 1877 an erster Stelle vorgeschlagen und die Fakultät den Vorschlag angenommen. Die Württembergische Regierung aber überging Dilthey, zugunsten des Schwaben Pfleiderer.

155] S. 243. Die fast beendete Arbeit, die Yorck bis kurz vor seinem Tode beschäftigte, ist die schon öfters erwähnte über die Fragmente Heraklits.

157] S. 247. ‚der auf ein als transcendent in der Symbolisirung anzusprechende Zusammenhang‘: der Zusammenhang ist anzusprechen auf ein als transszendent in uns Liegendes in der Symbolisierung, d. h. es ist diesem Zusammenhang eigentümlich daß er in uns als eine dem Erkenntnisvermögen transszendente Wirklichkeit da ist, die der Verstand nur in ihren symbolischen Zeichen ansprechen kann.

Register.

Die in unserem Register unter dem Namen eines Autors verzeichnete Literatur ist nach dem Zeitpunkt ihrer Erwähnung in den Briefen geordnet. Nur bei Diltheys Schriften haben wir sachliche Gruppen angesetzt. Innerhalb dieser Gruppen ist chronologisch verfahren. Neben den geschriebenen Werken sind hier auch projektierte, ferner Metamorphosen eines und des selben Werkes besonders verzeichnet.

Die Briefe des Anhangs sind nach ihrer natürlichen zeitlichen Stellung aufgeführt.

Ein Fragezeichen hinter einem Namen bedeutet daß wir den klar über= lieferten auf keine Person oder Schrift zu beziehen wußten oder die Beziehung uns fraglich blieb.

Die Zahl einer Seite ist wiederholt, wo das Erwähnte in verschiedenen Briefen wiederkehrt. Die Zeichen f., ff. sind nur bei Wiederkehr in der Folge des selben Briefes verwandt. Schräg gestellte Zahlen weisen auf die Anmerkungen hin.